Cruise Tourism Operation Management

NCS 해설

크루즈 관광 경영실무

양승훈 송삼범 윤여현 지음

이프레스

머/리/말

크루즈는 언제나 성장해 온 산업, 아직까지는 고객들에게 생소한 미지의 여행, 그리고 움직이는 호텔 혹은 움직이는 리조트라고 불리면서 모든 것이 포함된 여행의 끝판왕이라고 할 수 있습니다. 아쉽게도 한국 국적의 크루즈 선사가 아직 출범하지 못했지만 세계적인 크루즈 선사들은 끊임없이 기항지에 한국을 포함시키면서 한국 시장을 타진하고 있습니다. 한국민 역시 새롭게 다가오는 관광으로서 크루즈에 주목하고 꾸준히 여행사의 문을 두드리고 있습니다. 각급 학교의 관광전공에서도 크루즈 과목을 개설하고 있고 또한 승무원을 양성하는 학과가 속속 생겨나고 있습니다. 국가와 지자체에서도 크루즈 관광에 대한 정책적 드라이브를 강하게 걸고 있습니다.

우연히 세 명의 공저자는 크루즈 산업에 대한 국가직무표준(NCS)을 만들기 위해서 모인 자리에서 서로 의기투합하여 대학생과 실무자를 위한 크루즈 교과서를 만들기로 약속하였으며 수년이 흘러 드디어 작은 결실을 만들었습니다. 송삼범 대표께서는 2000년대 초 세계적인 크루즈 기업인 홀랜드 아메리카의 한국총판을 맡아 척박한 한국의 크루즈 시장을 개척하신 산증인입니다. 윤여현 교수는 STX그룹에서 크루즈 선박 기획 및 운영 실무 중심에서 최초의 한국 국적 크루즈 출범의 꿈을 키운 바 있습니다. 양승훈 교수 역시 당시 최대 규모의 로얄캐리비안크루즈의 보이저호에 탑승하여 승무원으로 젊은 날을 보냈습니다. 이제 모두 지금의 각자 자리에서 현장 근무의 기억을 되살리고 차곡차곡 모았던 실무의 보따리를 열심히 풀고 있습니다.

본 책은 〈크루즈 운영관리 국가직무표준〉에 대한 해설서이자 자매편이라고 할 수 있습니다. 따라서 가능한 NCS에서 개발된 내용에 의도적으로 맞추어 집필을 하였습니다. 총 4부 12장으로 구성되었으며 총론에 해당하는 1부, 승객이 먹고 자며 배 위에서 생활하도록 지원하는 2부, 승객이 선상과 기항지에서 엔터테인먼트와 관광을 즐길수 있도록 지원하는 3부, 그리고 선상의 개별 선박과 육지에 위치한 크루즈 본사가 어떻게 크루즈기업을 경영하는가에 관한 4부가 포함되었습니다.

독자에게 가독성을 높인다는 차원에서 책 전체를 컬러로 구성하였고 사진을 가능한 많이 포함하여 책을 통해서 크루즈에 대한 감(感)을 잡는 데 도움을 주고자 하였습니다. 무엇보다도 책 군데군데

공저자들이 보관하고 있던 크루즈 실무서류를 가능한 여과 없이 제시하여 크루즈 실무서로도 손색이 없도록 하였습니다.

내용의 많은 부분은 저자들의 독선도 있을 것이고 속단도 많을 터인데 원래 천자(天資)가 짧고 크루즈 산업에 대한 저량(貯量)이 부족함을 고백하지 않을 수 없습니다. 그럼에도 공저자들은 한국의 크루즈 연구와 크루즈 산업에 조그만 디딤돌이 되기를 기원하기에 조심스럽게 책을 내놓게 되었습니다. 불비(不備)한 책을 내기까지 여러모로 심혈을 기울여 주신 이프레스의 최용구 대표님 그리고 꼼꼼하게 원고를 살펴주신 편집부 직원분들께 깊은 감사를 드립니다.

2019년 9월

저자 일동

차/례

Part 03

크루즈 엔터테인먼트와 관광

Chapter 08 | 위락시설 관리

● NCS란?

국가직무능력표준(NCS, National Competency Standards)은 산업현장에서 직무를 수행하기 위해 요구되는 지식 · 기술 · 태도 등의 내용을 국가가 체계화한 것입니다. 따라서 일을 할 수 있는 On-spec인 능력, 직업인으로서 기본적으로 갖추어야 할 공통 능력, 해당 직무를 수행하는 데 필요한 역량(지식, 기술, 태도)을 확보하는 데 목적이 있습니다.

● NCS 크루즈 학습모듈과 교재의 관계

본 교재 목차	크루즈 NCS 학습모듈 분류번호 1203040304_16v2 대분류: 12. 이용 · 숙박 · 여행 · 오락 · 스포츠 중분류: 03. 관광 · 레저 소분류: 04. 관광레저서비스 세분류: 03. 크루즈운영관리
1장 크루즈와 해양관광	
2장 크루즈의 역사	
3장 크루즈 선박	
4장 크루즈 선사	
5장 프런트 관리	1. 크루즈 프런트 관리
6장 캐빈 관리	2. 크루즈 캐빈 관리
7장 식음료 및 조리 관리	3. 크루즈 식음료 관리 4. 크루즈 조리 관리
8장 위락시설 관리	7. 크루즈 위락시설 관리
9장 기항지 관광	5. 크루즈 기항지 관리
10장 여행사 판매지원	8. 크루즈 마케팅
11장 지상지원	9. 크루즈 지상지원 관리
12장 선상지원	10. 크루즈 선상지원 관리

주: 교재 1~4장은 크루즈 운영에 관한 종합적 이해의 장으로서 NCS 학습모듈 1-10과는 간접적으로 연결됨
NCS 학습모듈 6. 크루즈 카지노 관리는 육지에서의 카지노 운영과 큰 차이가 없으므로 제외함

PART 01

크루즈 산업에 대한 이해

CHAPTER

01

크루즈와 해양관광

1. 크루즈의 개념과 의의
2. 크루즈 시장
3. 크루즈의 세계화

Chapter 01

크루즈와 해양관광

크루즈가 가장 완성도가 높은 이유는 관광의 제 요소들이 유기적으로 연결되어 있기 때문이다. 또한 크루즈에 대한 만족도와 리피터율이 높은 것도 같은 맥락이라고 볼 수 있다. 본장에서는 크루즈에 대한 개념과 의의, 크루즈 시장과 고객 만족, 크루즈가 어떻게 세계화 경영을 해나가는지를 알아본다.

1. 크루즈의 개념과 의의

크루즈는 떠다니는 호텔 혹은 리조트(운송과 호텔기능의 복합성을 강조), 떠다니는 도시(거대한 규모를 강조)라고 불린다. 크루즈에 대한 학문적 정의와 법률적 정의 그리고 크루즈를 구성하는 세부 요소를 살펴보았다.

2. 크루즈 시장

크루즈 시장은 급속하게 성장하고 있지만 아직까지 다른 관광형태에 비하여 많이 알려지지 않은 잠재성이 풍부한 시장이다. 북미 및 유럽시장을 시작으로 최근에는 중국시장이 주목받고 있다. 다만 크루즈 수요를 창출하는 데 있어 이전의 정기여객선이 주는 고정관념과 오해를 깨느냐가 관건이라고 할 수 있겠다.

3. 크루즈의 세계화

크루즈는 이동이 가능하기 때문에 전 세계를 대상으로 경영이 이루어진다. 관광기업이 지향하는 글로벌 경영의 가장 좋은 예가 될 것이다. 본 절에서는 크루즈의 세계화 유형을 5가지로 제시하였다.

열쇠말

대우를 받는(pampering), 모든 것이 포함된(all inclusive), 번잡함이 없는(hassle free), 선실, 세계화, 쇼트 라이브드 소사이어티(short lived society), 에스닉 캐스트(ethnic cast), 크루즈, 편의치적(FOC), 해양관광, MROS

학 습 목 표

1. 크루즈의 개념과 정의를 이해한다.
2. 크루즈의 특성을 일반여행 및 정기여객선과 구분하여 이해한다.
3. 크루즈의 조건에 따른 분류를 이해한다.

본 1장 크루즈와 해양관광과 직접 관련되는 크루즈 NCS 학습모듈은 없으나 크루즈에 대한 도입부문으로서 전체를 이해하는 데 기초가 된다.

도입사례

크루즈 여행 "알고 떠나면 즐거움 백배"

여행을 좋아하는 사람들이라면 누구나 해보고 싶은 자신만의 여행이 있다. 그중 크루즈 여행은 여행객들에게는 말 그대로 꿈의 여행이다. 각종 매스컴과 예능 프로그램 안에서 비춰지는 크루즈여행의 풍경은 일반인이라면 누구나 선망의 대상이 되기에 충분하다.

크루즈는 바다 위의 '떠다니는 리조트'로 지역 간의 이동뿐만 아니라 최고의 부대시설과 함께 고품격 선상 라이프를 즐길 수 있다. 일반적으로 수영장, 조깅코스, 스파, 카지노, 암벽등반, 극장, 아이스링크, 미니골프, 뷔페 및 정찬 레스토랑까지 이용할 수 있는 모든 것이 포함된(올-인클루시브, All inclusive) 완성도 높은 최고의 여행이다.

하루 종일 횟수 제한 없는 다양한 식사가 무료로 제공되며 선상 대극장에서 즐기는 다양한 뮤지컬 공연과 마술쇼, 70년대 추억의 복고 파티가 크루즈 여행객들에게 잊지 못할 추억을 선사한다. 이 외에도 댄스 클래스, 요리 교실, 아이스쇼 등 재미있는 선내 프로그램이 준비돼 있다. 크루즈 안에서만 생활해도 즐겁게 보낼 수 있을 만큼 완벽한 시설을 갖추고 있다. 또한, 훼리와 달리 여러 국가와 도시를 방문한다. 크루즈 안에서 시설을 즐기거나 자는 동안 다음 목적지를 향해 가고, 다음날 아침 새로운 도시에 도착하면 짐을 싸거나 풀 필요 없이 몸만 이동해 편하게 관광을 할 수 있다. 예를 들어 동남아 크루즈를 탑승했다면 교통편, 호텔의 추가 예약 없이 크루즈 하나로 오늘은 싱가포르 내일은 말레이시아 관광을 할 수 있다. 한마디로 이동하는 5성급 호텔이다.

출처: 내외경제tv(2019. 2. 27.).

example

1. 크루즈의 개념과 의의

1) 해양관광과 크루즈

(1) 해양관광의 개념

해양관광은 공간적인 측면에서 해역과 연안에 접한 단위 지역사회에서 일어나는 관광이고, 활동적인 측면에서 직간접적으로 해양공간에 의존하거나 관련된 관광 활동으로 정의할 수 있다. 영어로는 바다, 강, 섬 등 해양공간을 범용적으로 포함하는 '마린투어리즘(marine tourism)', 연안에 보다 초점을 맞추어 '코스탈투어리즘(coastal tourism)' 혹은 에코투어리즘을 그린투어리즘으로 명명하듯이 물의 색깔에 착안하여 '블루투어리즘(blue tourism)'이라고도 한다.

그림 1-1 해양관광의 개념도

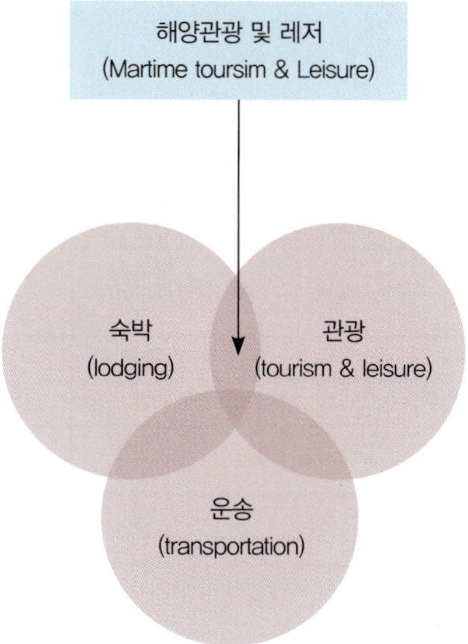

출처: Lois, Wang, Wall, & Ruxton(2004).

해양관광은 숙박, 관광 그리고 운송이라는 관광의 제반 요소들이 특히 해양이라는 공간에서 일어나는 관광이다.

(2) 해양관광에서 크루즈의 위치

휴양 혹은 레저기회를 제공하는 환경은 자연자원, 관리 정도, 이용 정도 등에 따라 다양한 스펙트럼을 보여준다. '휴양기회스펙트럼(Recreation Opportunity of Spectrum: ROS)' 혹은 '레저기회스펙트럼'은 환경이 개발 정도에 따라 원시지역에서부터 준원시지역, 자동화된 원시지역, 길이 있는 자연지역, 전원지역, 도시지역 등 6개의 공간으로 구분한다. 이러한 휴양활동 혹은 레저활동의 접근방식을 그대로 해양에 적용할 수 있는데, 해양에서의 휴양활동 혹은 레저활동이라고 하며 'MROS(Marine Recreation Opportunity of Spectrum)'이라고 명명한다.

육지로부터 멀리 떨어져 있는 순서로 5단계로 구분하는데 크루즈는 육지에서 가장 멀리 떨어진 5단계에 속한다. 각각의 단계에는 아래 표와 같이 다양한 레저활동이 이루어진다. 따라서 크루즈는 선박을 이용함으로 이용강도 및 인간의 영향이 비교적 낮으며 레저도구의 의존도가 높다고 할 수 있다.

그림 1-2 해양레저기회스펙트럼(MROS)

구분	1단계	2단계	3단계	4단계	5단계
육지로 편의거리	0	1~100m	100m~1km	1~50km	50km 이상
주요활동	일광욕 비치발리볼	스노컬링서핑 제트스키	보트 활용 스쿠버 다이빙	잠수함관광 요트	**크루즈**

← 높다 　　　 이용강도/인간의 영향

레저 도구 의존도 　　　 높다 →

출처: Orams(1999).

(3) 목적지 자체로서 크루즈

크루즈의 기원은 특정 지점을 직선거리로 오가는 정기여객선으로부터 본다. 인간 및 물자를 수송하여 가장 빠른 거리로 이동하여 목적지(destination)에 다다르게 하는 선박의 기능을 탈피하여, 크루즈선은 그 자체가 목적지의 역할을 한다. 어디를 향해하느냐도 중요하지만 어느 선사의 어떤 배를 타느냐가 예비 승객의 관심사가 될 수도 있다. 이러한 면에서 크루즈의 어원에서도 볼 수 있듯이 크루즈는 곡선이고 곡선은 완만하게 에둘러가는 특징이 있다. 크루즈 자체가 목적지가 되기 때문이다.

2) 크루즈의 복합성

운송의 개념을 지니는 '페리'와는 달리 '크루즈'는 순수 관광목적의 선박여행으로 숙박 · 음식 · 위락 등 관광객을 위한 시설을 갖추고 수준 높은 관광 서비스를 제공하면서 수려한 관광지를 안전하게 순항하는 여행이다.

크루즈는 운송 서비스를 제공하는 '선박', 숙박 및 음식 서비스를 제공하는 '호텔', 위락활동을 제공하는 '리조트' 및 '관광'의 개념을 공유하고 있다. 따라서 크루즈는 호텔 · 운송 · 관광 · 리조트의 요소로 구성된다.

(1) 호텔 요소

크루즈 선박에서 제공되는 선실은 호텔의 객실과 유사하며, 승선객의 객실 서비스 또한 호텔과 유사하다. 선상에서 제공되는 식사는 육상의 호텔에서 제공되는 메뉴 및 서비스 수준으로 운영되고 있으며 대부분의 선박이 1일 4회 이상의 식사 서비스를 제공하고 있다.

그림 1-3 크루즈 선실과 룸서비스

(2) 운송 요소

크루즈 선박은 항구를 출발하여 야간 시간 동안 항해하여 다음 날 오전 일찍 기항지에 입항한다. 선박이 항구에 정박하고 있는 주간 시간 동안에는 승객이 기항지에 하선하여 관광을 즐기거나 선박에서 휴식을 취하고, 오후 늦게 다시 승선하게 된다. 크루즈 선박은 다시 야간에 승객을 다음 기항지까지 운송하게 되며, 승객들은 이동 중 선상의 다양한 위락 시설과 프로그램을 이용하며 피로를 풀기도 한다.

그림 1-4 크루즈 기항지에서의 텐더링

따라서 승객은 주간에는 기항지 활동, 야간에는 선상 활동을 하고, 선박은 주간에는 정박과 선박 물품의 수급, 야간에는 운송을 위한 항해가 반복된다.

(3) 관광 요소

크루즈는 광의의 개념에서 여러 기항지를 순항하는 주유여행(circle trip, excursion)의 의미가 있으나, 협의로는 기항지에 하선하여 기항지관광(shore excursion)을 즐기는 의미를 지니고 있다. 크루즈 선사에서는 매력적인 기항지를 선정하면 크루즈 관광 상품의 가치가 상승하지만 반대의 경우에는 상품가치가 떨어지므로 크루즈 상품에 있어서 매우 중요한 요소가 된다. 크루즈 선박은 기항지 입항 전에 승객을 대상으로 기항지관광을 접수받아 운영한다.

(4) 리조트 요소

크루즈는 리조트의 시설과 서비스 및 관련활동을 제공하므로 육상의 리조트와 시장에서 경쟁하고 있다. 이 때문에 크루즈선박을 '떠다니는 리조트(floating resorts)'라고도 한다. 선상에서 제공되는 다양한 선상활동 프로그램이 위락, 즉 엔터테인먼트를 제공한다.

그림 1-5 대극장 마술쇼

그림 1-6 크루즈의 다양한 기능

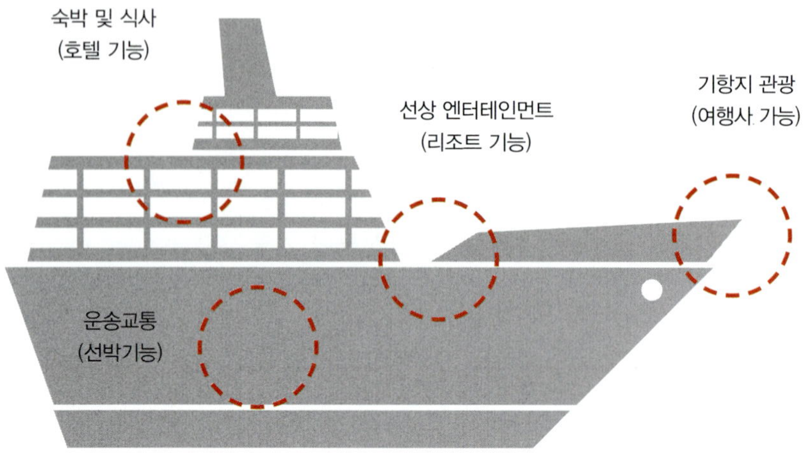

3) 크루즈의 정의

(1) 사전적 정의

크루즈(Cruise)라는 단어의 어원은 라틴어 'Cruc–'와 'Crux'로서 네덜란드에서 '가로지르거나 횡단하는 것'의 의미로 'Kruisen'이란 용어로 사용되다가 영어식 표현 'Cruise'로 바뀌게 되었다. 영어에서 'cruise'의 뜻은 '여러 항구에 방문하며 항해하는 것(to sail about touching at a series of ports)' 또는 '여행목적이나 목적지 없이 여행하는 것(to travel without destination or purpose)', '신속하고 평온하게 또는 힘들이지 않고 움직이는 것(to move or proceed speedily, smoothly, or effortlessly)'으로 나타나 있다.

크루즈(cruise)는 '가로지르다'의 뜻에서 '순항(巡航)하다', '돌아다니다', '여행하다', '순양(巡洋)' 및 '만유(漫遊)'의 뜻을 지니고 있다. 따라서 사전적 정의에 따르면 크루즈(cruise)는 여러 항구를 평온하게 순항하는 것이다.

(2) 법적 정의

① 크루즈산업의 육성 및 지원에 관한 법률

크루즈산업의 육성 및 지원에 관한 법률(약칭: 크루즈산업법)은 크루즈산업의 육성과 지원에 필요한 사항을 규정함으로써 크루즈산업의 기반을 조성하고 경쟁력을 강화하여 국민경제의 건전한 발전에 이바지함을 목적으로 제정되었다. 제2조의 정의에 의하면 '크루즈선'이란 국적 크루즈선과 외국적 크루즈선을 말하며, '국적 크루즈선'이란 「해운법」 제3조 제5호에 따른 순항(巡航) 여객운송사업에 사용하는 선박 및 같은 조 제6호에 따른 복합 해상여객운송사업에 사용하는 선박으로서 대통령령으로 정하는 선박이라고 규정하고 있다. '외국적 크루즈선'이란 국적 크루즈선에 상응하는 외국선박으로 외국정부로부터 관련 사업의 승인이나 면허 등을 받은 자가 해당 사업에 사용하는 선박을 말하며, '국제순항 크루즈선'이란 국적 크루즈선 중 국내항과 외국항 사이 또는 외국항과 외국항 사이를 주된 사업구역으로 운항하는 크루즈선을 말한다. '크루즈산업'이란 크루즈선 및 승객과 관련된 재화와 서비스를 통하여 부가가치를 창출하는 산업이며, '크루즈 시설'이란 크루즈선의 접안(接岸)과 승객의 이용에 필요한 「항만법」 제2조제5호에 따른 항만시설을 말한다. 또 '국적 크루즈사업자'란 「해운법」 제4조에 따라 순항 여객운송사업면허를 받은 자 및 복합 해상여객운송사업면허를 받은 자로서 대통령령으로 정한다. '기항'이란 크루즈선이 관광 등의 목적으로 특정 항만에 잠시 들르는 것을 말한다.

따라서 크루즈산업법상 정의는 '순항 여객운송사업면허 또는 복합 해상여객운송사업면허를 받은 자가 국내항과 외국항 사이 또는 외국항과 외국항 사이를 주된 사업구역으로 운항하는 국적 또는 외국적 크루즈선 및 승객과 관련된 재화와 서비스를 통하여 부가가치를 창출하는 산업'이라고 할 수 있다.

제3조에 의하면 국가와 지방자치단체의 책무로서 국가와 지방자치단체는 크루즈산업의 육성을 위한 종합적인 시책을 수립 · 시행하여야 하며, 크루즈산업의 기반조성에 필요한 행정적 · 재정적 지원 방안을 마련하여야 한다고 규정하고 있으

며, 제5조는 크루즈산업 육성 기본계획의 수립 등의 내용으로 해양수산부장관은 크루즈산업을 체계적이고 효율적으로 육성하기 위하여 5년마다 대통령령으로 정하는 바에 따라 크루즈산업 육성 기본계획(이하 '기본계획'이라 한다)을 수립하여 시행하여야 한다고 규정하고 있다.

② 해운법

크루즈는 여객을 대상으로 국내외 항구를 운항한다는 측면에서 '해운업'에 해당된다고 할 수 있다. 해운법 제2조(정의) 1항에 따르면 해운업을 해상여객운송사업 · 해상화물운송사업 · 해운중개업 · 해운대리점업 · 선박대여업 및 선박관리업으로 구분하고 있으며, 동법 제2조 2항에 '해상여객운송사업'이란 해상이나 해상과 접하여 내륙수로에서 여객선(13인 이상의 여객정원을 가진 선박)으로 사람 또는 사람과 물건을 운송하거나 이에 따르는 업무를 처리하는 사업으로 규정하고 있다. 또한 제3조 해상여객운송사업의 종류를 〈표 1-1〉과 같이 구분하고 있다. 또 제6장 보칙 제48조(적용제외)에 총톤수 5톤 미만의 선박에 대해서 해상여객운송사업을 적용하지 않는 것으로 되어 있다. 따라서 해운법상의 정의는 '국내항 간, 국내항과 외국항 간, 또는 외국항 간을 13인 이상의 여객정원을 가진 5톤 이상의 선박으로 정기 또는 부정기적으로 운항하는 해상여객운송사업'이라고 할 수 있다.

③ 관광진흥법

관광진흥법 시행령 제2조 3항에서는 '관광유람선업'을 관광객이용시설업의 하나로 보고, 〈표 1-2〉와 같이 일반관광유람선업과 크루즈업으로 구분하고 있다. 또한 관광진흥법에 나타난 관광유람선업의 등록기준은 〈표 1-3〉과 같다.

표 1-1 「해운법」의 해상여객운송사업 종류

종류	설명
1. 내항 정기 여객운송사업	국내항[해상이나 해상에 접하여 있는 내륙수로에 있는 장소로서 상시(常時) 선박에 사람이 타고 내리거나 물건을 싣고 내릴 수 있는 장소를 포함한다. 이하 같다]과 국내항 사이를 일정한 항로와 일정표에 따라 운항하는 해상여객운송사업
2. 내항 부정기 여객운송사업	국내항과 국내항 사이를 일정한 일정표에 따르지 아니하고 운항하는 해상여객운송사업
3. 외항 정기 여객운송사업	국내항과 외국항 사이 또는 외국항과 외국항 사이를 일정한 항로와 일정표에 따라 운항하는 해상여객운송사업
4. 외항 부정기 여객운송사업	국내항과 외국항 사이 또는 외국항과 외국항 사이를 일정한 항로와 일정표에 따르지 아니하고 운항하는 해상여객운송사업
5. 순항(巡航) 여객운송사업	해당 선박 안에 숙박시설, 식음료시설, 위락시설 등 편의시설을 갖춘 대통령령으로 정하는 규모 이상의 여객선을 이용하여 관광을 목적으로 해상을 순회하여 운항(국내외의 관광지에 기항하는 경우를 포함한다)하는 해상여객운송사업
6. 복합 해상여객운송사업	제1호부터 제4호까지의 규정 중 어느 하나의 사업과 제5호의 사업을 함께 수행하는 해상여객운송사업

표 1-2 「관광진흥법」의 관광객 이용시설업 중 관광유람선업의 종류

구분	내용
일반관광유람선업	「해운법」에 따른 해상여객운송사업의 면허를 받은 자나 「유선 및 도선사업법」에 따른 유선사업의 면허를 받거나 신고한 자가 선박을 이용하여 관광객에게 관광을 할 수 있도록 하는 업
크루즈업	「해운법」에 따른 순항(順航) 여객운송사업이나 복합 해상여객운송사업의 면허를 받은 자가 해당 선박 안에 숙박시설, 위락시설 등 편의시설을 갖춘 선박을 이용하여 관광객에게 관광을 할 수 있도록 하는 업

표 1-3 「관광진흥법」의 관광유람선업의 등록기준

구분	시설	내용
일반관광유람선업	구조	선박안전법의 규정에 의한 구조 및 설비를 갖춘 선박일 것
	선상시설	이용객의 숙박 또는 휴식에 적합한 시설을 갖추고 있을 것
	위생시설	수세식 화장실과 냉 · 난방설비를 갖추고 있을 것
	편의시설	식당 · 매점 · 휴게실 등 편의시설을 갖추고 있을 것
	수질오염 방지시설	수질오염을 방지하기 위한 오수저장 및 처리시설과 폐기물 처리시설을 갖추고 있을 것
크루즈업	일반관광유람선업에서 규정하고 있는 등록기준을 충족할 것	
	욕실이나 샤워시설을 갖춘 객실을 20실 이상 갖추고 있을 것	
	체육시설, 미용시설, 오락시설, 쇼핑시설 중 두 종류 이상의 시설을 갖추고 있을 것	

(3) 학문적 정의

CLIA(1995)는 크루즈를 떠다니는 리조트라 하였고, 한국관광공사(1987)는 운송보다는 순수관광 목적의 선박여행으로 숙박, 음식, 위락 등 관광객을 위한 시설을 갖추고 수준 높은 관광상품을 제공하면서 수려한 관광지를 안전하게 항해하는 여행이라고 정의하였다.

한국관광연구원(1999)에서는 숙박과 오락 및 여가활동을 할 수 있는 시설을 가지고 수준 높은 서비스를 제공하면서 2개국, 2개 기항지 이상을 연계하여 비교적 장거리의 일정에 따라 관광을 목적으로 운항하는 선박여행이라고 하였다.

Kendall(1983)에 의하면 위락추구 여행자들에게 다수의 매력적인 항구를 방문하게 하는 해안항해여행을 크루즈라고 하였다. 선박을 이용한 관광을 목적으로 하는 주요 항해라고 정의한 학자(Holloway, 1985)도 있으며, Ritter와 Schafer(1998)는 유영성(遊泳性)의 여가환경 구조에 맞게끔 만들어진 선상여행이라고 하였다. 국내 학자에 의하면 운송보다 순수 관광 목적의 여행으로 국내외항을 정기 또는 부정기적으로 운항하는 선박에서 다양한 등급의 숙박 · 음식 및 식당시설, 다양한 위락활동 등에 필요한 시설을 갖추고, 수준 높은 관광서비스를 제공하면서 기항지를 안전하게 순항하는 여행(이경모, 2004)이라고 하였다. 하인수(2004)는 SIT(Special Interest

Tour) 성격이 강한 위락 선박여행으로, 선내에서의 다양한 여가활동과 다수의 매력적인 항구방문 및 해안에서의 수상 레크리에이션 활동 등을 통해 관광욕구를 충족시키는 여행이라고 하였다. 김천중(2008)은 숙박이 가능하고 편의시설이 완비된 항해 선박을 이용하여 때대로 경치가 수려한 항구나 관광지에 하선하여 상륙여행을 실시하는 종합여행시스템이라고 정의한 바 있다.

4) 크루즈의 특성

(1) 일반 여행과의 차이

① 크루즈 상품

크루즈 상품은 일반여행과는 달리 특별분야관심관광(Special Interest Tourism: SIT)의 한 영역이다. 아직은 일반 패키지여행 또는 위락추구 여행에 비해 선박여행에 관심이 있는 일부 계층이 차기 여행상품으로 선택하는 경우가 많아 장기간 지속적으로 성장할 수 있는 여행상품 유형이라고 할 수 있다.

일반 여행상품이 단체여행 또는 개인여행으로 구분하여 선택하도록 되어 있는 것에 비해 크루즈 상품은 동일한 선박에서 단체로 특정 항로를 여행하되, 선상 및 육상에서의 활동을 개별적으로 할 수 있도록 하여 여행비용의 효율성과 활동의 자유성을 동시에 확보하고 있다.

또한 일반 선박(페리) 여행은 승선요금에 숙박은 포함된다고 하더라도 식사요금이 포함되지 않는 경우가 대부분이다. 그러나 크루즈 상품의 경우 승선요금에는 해당 선실의 숙박요금, 선내 식사, 선내 엔터테인먼트, 선내 스포츠 활동, 선내 각종 위락 프로그램을 비롯한 각종 활동에 필요한 비용이 포함되어 있다. 단, 스파마사지, 미용실 이용료, 팁, 드링크, 기항지관광, 카지노 등 개별적 서비스가 필요한 요금은 포함되어 있지 않은 것이 일반적이다.

그림 1-7 기항지를 바라보는 노부부

② 출입국 수속

항공을 이용한 입출국 수속의 경우 입국과 출국 시 승객 개인이 CIQ(Customs, Immigration & Quarantine) 수속을 밟아야 하는 것이 원칙이다. 이와는 달리 크루즈는 최초 승선시 여권을 선박의 사무장(Cruise Purser)에게 위탁하고 사무장의 협조하에 각 항구에서 입출국수속이 진행된다.

크루즈터미널이 있는 경우 출국에 대한 수속은 공항의 CIQ와 동일한 방법으로 수하물 체크인 후 CIQ수속을 마치고 버퍼존(buffer zone, 중립지대)을 지나 선박에 탑승한다. 대체로 간소화된 CIQ를 거치도록 하는 경우가 확산되는 추세이며, 크루즈 선박의 사무장에게 전원 탑승을 신용으로 확인하고 별도의 개별 면접 없이 일괄적으로 출국 수속을 해주는 경우가 많다.

입국 수속의 진행 시 입항 항구 행정당국의 사전협조로 다수의 CIQ관리들이 도선사(導船士, pilot)와 함께 항구의 외항에 위치한 도선사 탑승위치(pilot station)까지 동승하여 선박에 선탑하고, 도선되어 정박할 선석까지 유도되는 동안 일괄적으로 선상에서 입국수속을 진행하기도 한다. 이때 승객을 선내 라운지에 집합시켜 여권과 얼굴을 대조하는 방식으로 진행하거나 CIQ관리가 미리 선박 사무장에게 입국자 목록을 받아 개별 면접 없이 일괄 수속처리 하는 경우도 있다. 따라서 크루즈 승객은 항공여행과 다르게 출입국 수속을 간소히 진행할 수 있어 이러한 부분이 크루즈 여행의 장점으로 부각되고 있다.

표 1-4 출입국 수속 절차

구분		내용
육상 수속	크루즈 전용터미널이 있는 경우	수하물 체크인 → CIQ 개별수속 → 편의시설이 있는 버퍼존 → 승선
	크루즈 전용터미널이 없는 경우	국제여객터미널(또는 임시여객수속장)에서 CIQ 개별수속 → 도보 또는 셔틀버스로 선석으로 이동 → 승선
선상 수속	CIQ 직접 면접이 없는 경우	Pilot Station 접근 시부터 선실에서 대기 → 선내 라운지에서 직접 대면 없이 CIQ 일괄수속 → 하선 → 버퍼존 → 입국
	CIQ 직접 면접이 있는 경우	Pilot Station 접근 시부터 선실에서 대기 → 선내 라운지에서 개별적 CIQ수속 → 하선 → 버퍼존 → 입국

그림 1-8 포트로더데일 크루즈터미널의 승선수속

③ 항해와 기항

크루즈 선박은 일반적으로 야간에 항해를 하고 주간에는 기항지 항구에 정박하여 승객이 기항지 활동을 즐길 수 있도록 한다. 장거리 노선의 경우 전일 항해하는 날도 있으나 단기 크루즈에서는 거의 매일 기항지를 방문하게 된다. 예를 들어 야간

항해를 통해 부산에 입항한 크루즈 선박은 주간 기항하는 동안 승객이 육상 기항지에서 활동을 마친 후 재승선하면 당일 저녁 또는 밤에 부산을 출항하여 다음날 전일 항해를 마친 후 그 다음 날 승객의 기항지 활동을 위해 다음 상해항에 입항한다.

④ 수하물 관리

크루즈 여행은 수하물 관리가 용이하다. 최초 승선 시 수하물 수속 후 수하물은 수하물 택(Tag)에 기록된 승객의 선실로 배달된다. 일반 여행의 경우 목적지를 이동할 때마다 짐을 싸고 풀어야 하므로 번거롭지만 크루즈는 승선 후 수하물을 풀고 기항지마다 수하물 없이 승 · 하선할 수 있으므로 편리하다. 최종 하선 시에는 수하물을 다시 꾸려 하선 순서가 기록된 하선 수하물 택을 부착하여 선실 밖에 두면 승무원에 의해 배달되어 크루즈 터미널에서 수하물을 찾을 수 있다는 점도 크루즈 여행의 장점이다.

⑤ 기상환경의 영향

크루즈 여행은 기상 환경이 악화될 경우 승객들의 안전을 위해 선장의 책임 하에 기항지를 통과하거나 변경할 수 있다. 대부분의 대형 크루즈 선박에 장착된 스태빌라이저(stabilizer)는 선박의 흔들림, 즉 좌우로 흔들리는 롤링(rolling), 전후로 흔들리는 피칭(pitching)을 감소시키고 있으나 항공여행에 비해 기상 환경의 영향을 감수해야 한다는 점이 특징이다.

(2) 정기여객선과의 차이

① 부정기 운항

크루즈는 정기 여객선과는 달리 일부 노선을 제외하고는 계절 및 경제 · 정치적 상황과 시장의 수요 · 공급 상황에 따라 크루즈 항로를 변경한다. 따라서 단기적으로는 운항 지역 및 항로가 반복적으로 운항될 수 있지만 장기적으로는 부정기 운항을 한다고 볼 수 있다.

② 다양한 객실등급

크루즈 선실(cabin)은 적게는 5~10개, 많게는 20개 이상의 등급을 가지므로 등급에 따른 가격대가 다양하여 넓은 고객층을 공략할 수 있다는 점에서 한정된 소수 등급으로 구성된 일반 여객선과는 구분된다.

③ 선박 시설

일반 여객선 또는 페리의 경우 기본적인 숙박시설과 식사시설 및 오락시설을 가지고 있지만 크루즈의 경우 호텔 수준의 객실과 식음료를 제공하며, 극장과 카지노를 비롯하여 수영장, 피트니스센터 등의 스포츠 시설, 면세점, 스파, 사우나, 도서관 등의 각종 위락 시설과 프론트, 병원 등의 편의시설을 두루 갖추고 있다.

④ 예약관리

정기 여객선의 운송요금 체계와 예약 판매 시스템이 비교적 단순한 것과는 달리 크루즈 요금은 객실등급별, 유통경로별, 시장수요별로 서로 다른 요금을 적용할 수 있으며 예약과 판매 시스템도 복잡한 구조를 지니고 있다. 정기여객선보다 장기간의 판매기간(sales lead time)이 요구되며, 예약의 변경 또는 취소 시에도 엄격한 규정을 적용하고 있다.

⑤ 승무원 조직 및 직무

정기 여객선의 경우 승객의 안전과 운송을 위한 승무원이 업무가 비교적 제한되어 있는 반면, 크루즈 선박의 승무원의 경우 승객의 안전과 운송을 포함하여 편안한 숙박과 식사, 선상의 위락 활동을 지원하므로 직무의 종류가 많고 역할이 분화되어 있는 편이다. 이에 비해 정기 여객선의 승무원의 경우 제한된 업무를 소수의 인원이 감당하는 경우가 많으며 경우에 따라서 직무를 겸직하는 경우가 많다.

2. 크루즈 시장

1) 크루즈 수요와 공급

(1) 세계 크루즈 수요

전세계 글로벌 해양 크루즈의 승객은 2009년 17.9백만 명에서 2019년(예측치) 30.0백만 명으로 매년 증가해 왔다(CLIA, 2019).

그림 1-9 크루즈의 연도별 성장

(단위: 백만 명)

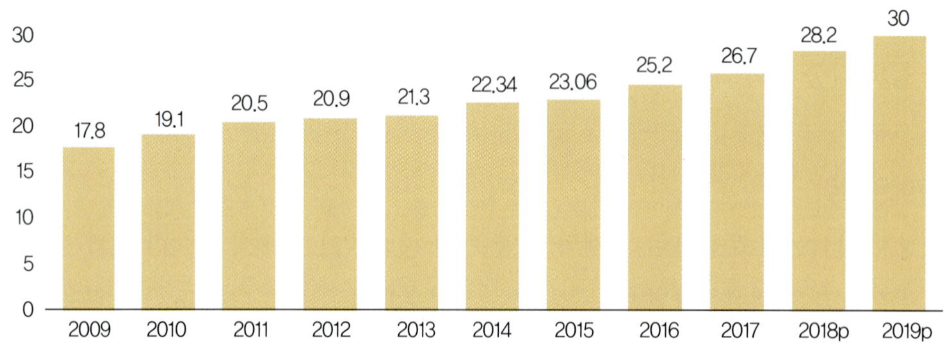

출처: CLIA(2019).

지역별로 보면 카리브해가 34.4%로 가장 큰 크루즈의 무대가 되고 있으며 지중해가 17.3%, 기타 16.2%, 지중해를 제외한 유럽이 11.1%로 뒤를 잇고 있다.

그림 1-10 크루즈의 지역별 점유율

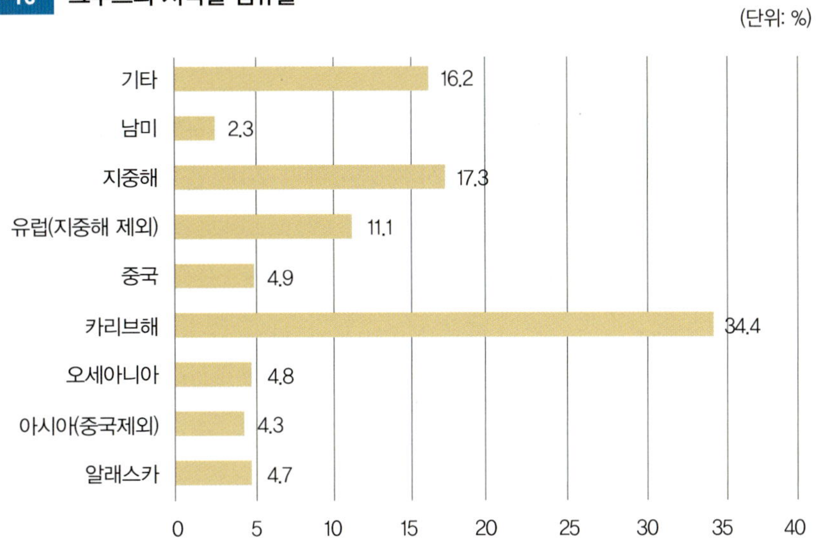

출처: CLIA(2019).

(2) 아시아 크루즈 시장

북미나 유럽 시장에 비해 아시아 · 태평양 시장의 크루즈 보급률은 0.1%에 불과하다. 하지만 이 시장은 아직 개발되지 않은 기항지가 많고, 다양한 문화가 존재하여 크루즈 승객의 욕구를 충족할 수 있는 잠재성이 풍부하다(한국문화관광연구원, 2013). 미국의 로얄캐리비안, 코스타, 프린세스, 스타 크루즈가 아시아 시장에 관심을 보이며 브랜드 확장 노력을 하고 있다(해양수산부, 2017). 아시아의 3대 허브항은 상하이, 홍콩, 싱가포르가 있으며 주요 항만으로는 중국의 텐진, 샤먼, 싼야, 칭타오, 일본의 요코하마, 후쿠오카, 한국의 부산 등이 있다.

아시아 지역의 크루즈 관광객은 2013년 기준 중국이 480,616명으로 선두를 달리고 있으며 이어 홍콩이 54,040명, 인도가 41,723명의 뒤를 잇고 있다. 특히 중국은 연평균 79.4%의 성장을 보여주고 있다(해양수산부, 2015).

(3) 국내 크루즈 시장

국내 크루즈 입항 실적은 2008년 88회(7만 명) 수준이었던 것에 비해 2012년 223회(28만 명), 2013년에는 433회(77만 명)로 크게 증가하였다(한국문화관광연구원, 2013). 아울러 15년 메르스 사태로 잠시 주춤하다가 2016년부터 급속한 성장을 보였다(부산광역시 외, 2016). 우리나라 입항 실적 증가는 한류 수요와 더불어 중국 크루즈 수요를 잡는데 지정학적으로 유리하기 때문이다. 국내 기항지 중 제주항이 2012년 81회 14만 명, 2013년 186회 35만 명으로 입항 실적이 가장 높았다.

표 1-5 한국 크루즈 입항(단위: 천명, %)

구분	2005	2014	2020	2025	2030	연평균증가율(%)		
						5~14	14~20	14~30
제주	3	591	2,093	2,595	2,642	79	23	10
(제주항)	3	591	1,313	1,628	1,658	79	14	7
(강정항)	–	–	779	967	984	–	–	–
부산항	25	245	663	1,056	1,205	29	18	10
인천항	–	184	625	752	761	–	23	9
기타	2	38	135	176	185	42	24	10
전국	30	1,058	3,516	4,579	4,793	49	22	10

출처: 해양수산부(2017).

(4) 크루즈 선 공급 전망

2019년에는 CLIA 회원사의 크루즈 선이 총 272척이 운항되고 같은 해 19개의 새로운 선박이 시장에 선보였다(CLIA, 2019). 전 세계적으로 2013년에는 283개의 크루즈가 공급되어 운영되었으며, 2018년 기준 World Wide급 크루즈 선박에서만 약 44만 명의 승객 수용력을 가지고 있다. 이는 2012년 대비 3.0%가 증가한 수치이다. 크루즈 선사는 선박 대형화, 선실 용량(berths) 확대, 그리고 지역 항구 개발을 통해 증가하는 크루즈 수요를 충족시키고 있다(한국문화관광연구원, 2013).

(5) 숙박 공급 비교현황

지상에서의 숙박시설(호텔 등)의 증가와 크루즈 시설에서의 숙박시설(선실)의 증가를 상호 비교하기 위하여 조사한 내용이다. 전 세계 각 지역별로 호텔의 수용시설능력의 증가율은 1980년도 대비 1990년도에는 50% 증가하였으나, 1990년도 대비 1998년도에는 26% 증가한 것으로 나타나 있다. 그러나 크루즈 선실 증가율은 1980년도 대비 1990년도에는 107% 증가하였고 1990년도 대비 1998년도에는 90%로 나타났다. 즉 일반 육상에서의 객실 증가율보다 해상에서의 크루즈 선실 증가율이 월등히 높았음을 잘 나타낸다.

표 1-6 전체 호텔과 크루즈의 연도별 수용 능력 비교

구분		1980	1990		1998	
		수용력 (천 명)	수용력	증가율(%)	수용력	증가율(%)
전체 (호텔숙박 포함)	유럽	8,542	9,824	15	11,869	21
	미주	6,436	8,616	34	10,329	20
	동아시아. 태평양	763	4,798	528	6,974	45
	아프리카	269	565	247	856	29
	중동	141	319	126	442	39
	남아시아	126	222	76	343	55
	Total	16,277	24,444	50	30,812	26
크루즈 공급		45	93	107	177	90

출처: 해양수산부(2016).

(6) 크루즈 선실 공급 증가

1990년부터 2001년까지 약 10년간 전 세계의 크루즈 선실의 증가와 선실 판매율을 보여주기 위하여 조사한 표이다. 매년 선실 공급량을 꾸준히 증가하여 왔으나 특별히 2000년대에 들어 괄목할만한 선실 공급량 증가를 알 수 있다. 한편 선실 판매율은 1997년 이후 90%가 넘는 판매율을 기록하고 있다.

표 1-7 세계 크루즈 선실 공급량 변화와 판매율

연도	세계 크루즈 선실 공급량	선실 판매율(%)
1990	83,533	88.89
1991	86,631	87.02
1992	97,539	86.56
1993	103,988	84.84
1994	103,296	85.62
1995	105,161	86.50
1996	110,230	87.50
1997	118,013	90.80
1998	138,373	91.60
1999	148,750	88.40
2000	156,201	90.40
2001	172,281	90.20

출처: 해양수산부(2016).

2) 크루즈 시장조사 및 고객만족

(1) 크루즈 시장의 확대 요인

① 가처분 소득의 증가

세계 인구 전반적으로 가처분 소득의 증가가 두드러진다. 3차 산업혁명 이후 대량생산의 길이 열리고, 그로 인하여 대량 소비와 함께 소득의 증가가 급속하게 이루어졌다. 그 결과로 가처분 소득이 증가하게 되고, 전 세계적으로 레저와 관광에 눈을 돌리게 되었다.

② 교통의 발달

교통수단의 발달이 관광 · 레저 산업에 비약적인 발전을 이루게 하였으며 이와 아울러 크루즈 산업도 전에 없는 호기를 맞이하게 되었다. 특히 항공 산업의 획기적인 발전은 고객이 원하는 지역으로 원하는 시간에 저렴한 비용으로 이동할 수 있게 하였으므로 크루즈 항으로의 이동이 용이하게 되었다. 크루즈는 그 특성상 특정한 장소(크루즈 항)으로 이동하여야만 탑승이 가능하기 때문에 크루즈 항으로의 접근 방법이 용이하지 않으면 크루즈 여행이 용이할 수 없다.

③ 다양한 정보의 접근성이 용이

정보의 양이 대폭 확대되고, 접근성이 대단히 향상되었다. 인터넷의 발전으로 인하여 원하는 모든 정보를 정확하게 아주 쉽게 얻을 수 있게 되었다. 또한 광고나 홍보도 저렴한 비용으로 얼마든지 확대하여 실시하게 되었다. 따라서 지구상의 그 누구도 쉽게 크루즈 정보를 접할 수 있게 되었다. 그 결과 크루즈 산업에 과격한 지각변동이 일어나고 있는 중이다.

(2) 크루즈 시장의 변화 추세

① 북미 시장의 성장 둔화 및 유럽 · 아시아 시장의 성장 강세

기존의 크루즈 시장은 미국 주도형 산업이었다. 미국의 크루즈 선사들의 통계에 의하면 1990년대까지 전 세계 크루즈 고객의 70%가 미국인이었다. 그러나 유럽과 아시아 지역에서 경제 발전으로 소득 수준이 높아지면서, 크루즈에 대한 선호도가 높아졌다. 한편 유럽과 아시아 지역에 새로운 기항지가 개발되면서 크루즈 목적지 역시 유럽과 아시아 지역으로 확산되었다.

② 수요 성향의 변화

크루즈 시장 변화와 크루즈의 매력이 더해지면서 크루즈 고객의 저변이 확대되어 갔다.

- 고소득 → 중산층으로
- 고연령층에서 → 젊은 층으로

– 일회성 이용객 → 리피터(Repeater)의 증가

③ 선박의 대형화와 요금 경쟁력

크루즈 업계에 의하면 최근까지 크루즈 선박은 1914년 타이타닉호의 건조기술로 크루즈 선박을 제조하였다. 따라서 선박의 크기에도 한계가 있었다. 이러한 방법으로는 크루즈 선박이 10만 톤 이내가 될 수 밖에 없었다. 그러나 1999년 진수한 156,000톤의 Voyager of the Seas가 건조되면서 새로운 크루즈 건조 기술이 개발 및 보급되었다. 이후 20만 톤이 넘는 대형크루즈 선박들이 등장했다.

④ 선사의 통폐합

크루즈 산업은 아주 다양한 활동에 의하여 비즈니스가 이루어지는 산업이다. 따라서 작은 규모의 선사로서는 다양한 사업을 전개하여 가는 데 무리가 있다. 이는 즉 사업의 경쟁력에서 어려움이 많다는 것이다. 따라서 경쟁력이 취약한 소규모 기업들이 합병을 통하여 대형 기업으로 탈바꿈을 함으로써 기업경쟁력을 확보하는 것이다. Carnival Corporation이나 Royal Caribbean Cruise가 좋은 예이다.

(3) 크루즈 만족도 조사

만족도 조사는 Holland America Line에서 2005년도 자체적으로 실시한 결과이다. 〈표 1-8〉에서 보듯이 첫 크루즈를 경험한 승객이나 자주 크루즈를 탑승하는 승객들의 만족도가 무척 높으며 그 만족도에는 큰 차이가 없는 것을 볼 수 있다.

(4) 크루즈 관광의 장점

- 이동 시간에도 즐거움
  - 육지관광에서의 주간 이동, 크루즈에서는 야간 이동을 함으로써 시간 절약
  - 이동 중에도 안락한 휴식과 오락을 즐긴다.

표 1-8 Premium & Luxury Cruise를 중심으로 크루즈의 만족도 조사 (일반 육지여행과 비교하여)

구 분	평가 내용	평 점(%)	비 고
First Cruise	Much Better	40	* Positive: 67% * Negative: 5%
	Some what Better	27	
	Same	28	
	Some what Worse	3	
	Much Worse	2	
Frequent Cruise	Much Better	38	* Positive: 63% * Negative: 8%
	Some what Better	25	
	Same	29	
	Some what Worse	6	
	Much Worse	2	

출처: Holland America Line(2003). 마케팅 보고서 참조하여 저자 작성.

 - 중간 이동시 짐을 따로 쌀 필요가 없다(hassle free).

- 여행의 질에 비해 요금이 저렴함
  - 숙박, 식사, 이동, 오락, 놀이, 파티, 공연 관람 등의 요금이 육지관광의 호텔비보다 저렴하다.
  - 모든 비용이 포함되어 있어(all inclusive) 별도의 지출을 할 필요가 없다.
- 안전한 여행
  - 신변의 안전, 재산의 안전, 심리적 안전, 환경의 안전
- 극진한 대접과 훌륭한 식사가 준비됨
  - 세계 각국의 진기한 식사를 즐길 수 있으며 어느 때든지 최고의 식사를 맛볼 수 있다.
  - 육상의 호텔보다 극진하게 대접을 받을 수 있다(pampering).
- 세계 각국의 사람들과 교제
  - 크루즈 중일 때는 승객 모두가 한 가족으로서 친구가 되어 소중한 추억을 만들게 된다.

• 훌륭한 엔터테인먼트
  – 영화, 공연, 각종 이벤트, 헬스, 바, 카지노, 쇼핑 등을 한곳에서 즐길 수 있다.
• 수려한 관광
  – 육지 관광에서 즐길 수 없는 해안의 절경을 관광하며 육로로서는 접근할 수 없는 특별한 지역(협곡, 빙하, 해양공원) 등을 관광할 수 있다.

그림 1-11 리버크루즈(아마워터웨이즈 선사, 아마스텔라호의 다뉴브강 크루즈)

(5) 크루즈에 대한 오해와 판매저항을 줄이는 방법

① 짧은 기항지 시간

• 많은 기항지가 포함된 상품을 소개하거나 항구에 1박을 하는 크루즈를 권한다.
• 자유롭고 다양한 기항지 활동 소개: '보는 활동'에서 '직접 체험하는 활동'까지 다양하다.
• 크루즈 전후(pre–cruise 혹은 post cruise) 관광지 프로그램 추천: 항공기 연계 일정을 감안하여 공항 이동 전에 항구 및 공항을 중심으로 간단한 여행이 가능하다.

② 갇혀있는 이미지

- 크루즈 선박의 승객공간확보율(Passenger Space Ratio, 1인당 얼마의 크루즈 면적이 제공되는가) 설명
- 외측 고급 선실 또는 베란다 선실 추천하고, 커넥팅룸(Connecting Room)을 이용할 경우 나란한 선실을 같은 집단이 칸막이를 트여 자유롭게 왕래할 수 있다.
- 선박의 규모를 설명하되 '축구장 세 개를 합친 것'과 같이 감이 오도록 설명

③ 선박의 안전성

- 선박의 안전성과 안전설비 설명: 선박의 안전을 위한 국제적 공동 노력(SOLAS), 최근에 큰 해사 사건이 일어나지 않았다는 것, 안전을 확보하기 위한 각종 시설의 구비 그리고 모든 승객이 배로부터 탈출할 수 있는 충분한 구명정 보유 등을 안내해 준다.
- 크루즈 선박과 타 교통기관의 안전성 비교: 크루즈 특성상 천천히 간다는 것과 파도가 높지 않은 잔잔한 바다를 이용한다는 것 등을 설명한다.

④ 크루즈 선박의 흔들림

- 크루즈 선박의 스태빌라이저(Stabilizer) 설명: 배가 좌우로 흔들리지 않게 하기 위해 만든 장치로 마치 생선의 지느러미를 펼친 것으로 비유한다.
- 배멀미의 극복방법을 제시하는데 선박에 위치한 병원에서 특별한 처방 없이 멀미약을 픽업할 수 있다는 것을 알려준다.
- 파도가 심하지 않은 지역과 기간을 추천하기도 하지만 대형 크루즈선 자체의 크기를 언급함으로써 안심시킨다.

⑤ 상품정보 부족

- 크루즈 여행안내서, 비디오, 책자를 제공하거나 인터넷 및 모바일 사이트를 추천한다.

- 유튜버들이 본인들의 크루즈 경험을 업로드한 것을 보여준다. 대체적으로 외국어로 되어 있으므로 번역 및 자막처리를 해서 이해를 돕기도 한다.

⑥ 높은 가격

- 1일 1인당 기준 가격을 다른 육지여행, 특히 리조트 체재 비용과 비교한다.
- 크루즈 티켓값이 비싸 보이는 것은 항공료가 포함되어 있기 때문인데 알면서도 비싸다고 느낀다.
- 다소 낮은 가격의 크루즈를 추천, 낮은 가격이 제시된 여행사로 옮길 것 제안한다.

⑦ 지루한 여행

- 선내 1일 프로그램을 통해 인생에 한번은 도전해 볼만한 미션을 제시한다.
- 적극적인 체험 활동이 포함된 크루즈를 추천한다.
- 크루즈의 사교적 특성을 설명하면서 새로운 사람(언어, 문화, 민족 등)을 만나는 즐거움을 강조한다.

⑧ 노인층을 위한 여행

- 젊은 층이 표적시장인 크루즈를 제시하고 젊은 층이 중심이 된 크루즈(브로셔의 표지) 안내서 속에서 젊은 층만을 위한 프로그램을 설명해 준다.
- 크루즈 참여 여행객의 연령 추이를 설명하면서 최근에 승객의 저연령화를 설명한다.

⑨ 형식에 구애받는 규격화 · 통제된 여행

- 캐쥬얼 크루즈 상품을 보유하고 있는 선사를 소개한다.
- 비정장 크루즈 및 비정장 저녁식사 소개하며 실제로도 포멀 나이트라도 반바지, 슬리퍼만 아니면 다이닝룸에서 식사 정도는 할 수 있다는 것을 알려준다.

3. 크루즈의 세계화

1) 목적지의 세계화

호텔은 육상에서 건설되면 비즈니스의 활황과 저조를 이유로 다른 곳으로 이동할 수 없다. 그러나 크루즈는 말 그대로 '선상호텔'이기 때문에 필요시 이동을 할 수 있다. 크루즈 비즈니스가 원활하지 않으면 좀 더 수요가 있는 곳으로 재배치(repositioning)을 하든지 반대로 비즈니스가 살아나고 있는 지역으로 유연하게 이동할 수가 있다. 예를 들면 알라스카 크루즈가 그러하다. 반면 새로 건조되어 시장에 선보이는 크루즈 선박은 기업이 전략적으로 선점하고자 하는 곳으로 위치시키지만 오래되어 노후된 선박은 테스트 마켓 차원에서 비교적 작은 시장으로 옮기기도 한다. 이러한 점에서 크루즈는 전 세계를 대상으로 전략적으로 위치를 점하고 항로를 개발한다.

2) 자본의 세계화

크루즈 기업은 배를 주문하고 건조하는 데 막대한 비용이 부담이 된다. 이러한 이유로 크루즈기업 차원에서 자본투자는 다양한 위험부담 요소를 제거하여 진행되는데 그중에 하나가 자금의 포트폴리오 전략이다. 크루즈 건조를 위한 자본지출은 다양한 이해관계자들에 의해 이루어지며 따라서 크루즈 기업 입장에서는 자본비용을 최소화하기 위해 전 세계의 투자자들에게 의존할 수밖에 없다. 자본의 이동 역시 그러한데 크루즈 기업이 대체적으로 북미 자본이라면 크루즈 건조를 담당하는 조선소는 주로 유럽에 위치하기 때문에 유럽에서 자본거래가 이루어진다.

3) 법체계의 세계화

편의치적(便宜置籍) 혹은 FOC(Flag Of Convenience)이란, 크루즈 선사 입장에서 등록한 국가에서 지출할 세금을 줄이고 비교적 인건비가 저렴한 외국인 선원을 승선시키기 위해 제3국에 치적하는 것을 말한다. 주로 선진 해운국 선주는 파나마, 리베리아, 바하마 등에 선적을 등록한다. 이러한 점에서 크루즈 선사는 전 세계적인 법체계의 적용을 받는다고 할 수 있다.

4) 노동력의 세계화

크루즈의 승무원은 크게 항해부문과 호텔부문으로 나뉘는데 각각 출신국의 전문성에 따라서 채용된다. 비교적 항해의 역사가 깊은 그리스, 노르웨이 출신의 승무원들이 항해부문을 맡게 되며 북미시장의 고객을 상대하는 호텔부분 특히 퍼서데스크는 미국인 출신이 많다. 이러한 점에서 크루즈는 노동력을 세계로부터 확보한다고 볼 수 있다. 크루즈의 노동력 세계화를 '에스닉 캐스팅(ethnic casting)'이라고도 명명한다.

그림 1-12 다양한 국가와 민족으로부터 온 승무원

출처: Rolling Pin(2002.10.).

5) 고객의 세계화

크루즈 승객은 전 세계로부터 공통의 관심사, 즉 크루즈 여행을 하기 위해 모인 사람들이다. 따라서 저녁에 메인 다이닝룸에서는 전세계로부터 온 고객들을 만날 수 있다. 한국 속담에 '한배를 탔다'라는 말이 있듯이 항해기간 동안에는 강렬한 동류의식이 발생한다(문보영 · 양승훈, 2016). 따라서 짧은 기간이지만 사회가 형성된다. 그러나 항해가 끝나면 각자의 집으로 돌아갈 운명이다. 말 그대로 잠시 지속하는 사회(short lived society)이다. 시민은 고객이고 대통령은 선장이 된다.

그림 1-13 고객의 세계화

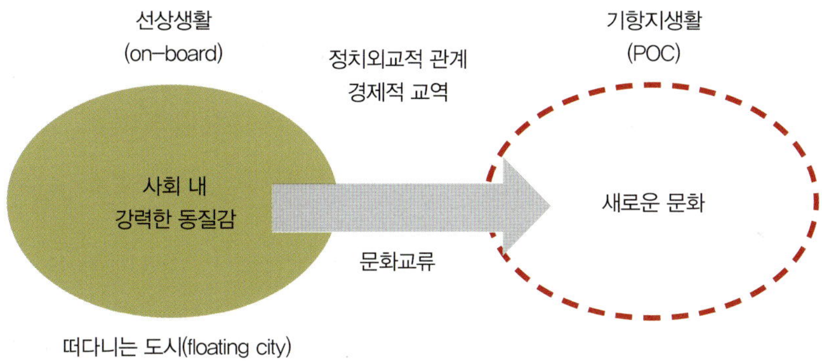

출처: Wood, R.(2000)의 논문을 참조로 저자가 재구성함.

CHAPTER

02

크루즈의 역사

1. 정기 여객선과 크루즈 시대
2. 크루즈 발전을 촉진시킨 10대 사건
3. 크루즈의 미래 트렌드

Chapter 02

크루즈의 역사

크루즈의 역사를 알아보는 것은 오늘날 크루즈 상품을 잘 운영하고 판매하고자 하는 데 목적이 있다. 대서양을 횡단하던 정기여객선에 대한 지식은 오늘날 '복고풍 스타일의 마케팅 및 상품개발'에 도움이 된다. 또한 본 장에서는 과거의 크루즈가 어떠한 맥락에서 변해 왔는지의 거시적인 사회변동을 포함시켰으며 미래에 대한 전망도 잊지 않았다.

1. 정기여객선과 크루즈의 시대

크루즈의 시대를 5가지로 나누어 대서양 정기여객선의 시대인 '잉태기'를 시작으로 하여 크루즈가 본격적으로 발전하기 시작한 1970년대 카니발의 '편십'과 프린세스의 '사랑의 유람선' 등을 다루었다. 선박의 탄생(잉태기)으로 부터 도약기, 침체기, 발전기, 절정기의 주요한 역사적 사실을 토대로 현재의 크루즈 시장에 대해 심도 있게 이해할 수 있다.

2. 크루즈 발전을 촉진시킨 10대 사건

타이타닉호 참사의 교훈은 이후 크루즈산업의 안전과 관련된 비약적인 노력을 이끌어 내었다. 이어 금주법, 이민법 등 법제의 변화가 가져온 크루즈의 위상 변화, 속도경쟁과 크기경쟁 그리고 최근의 인수합병까지 다루었다.

3. 크루즈의 미래 트렌드

CLIA의 연구보고서를 바탕으로 최근에 크루즈 시장의 변화, 즉 모바일 기술, 여유와 느림, 여성 및 솔로 크루즈 등을 정리하였다.

열쇠말

블루리밴드, 사랑의 유람선, 정기여객선, 제트여객기, 타이타닉, 편십

학 습 목 표

1. 크루즈 발달 과정을 이해한다.
2. 현대 크루즈의 특징을 이해한다.
3. 미래의 크루즈 트렌드를 예측할 수 있다.

교과서 2장과 직접 연관되는 크루즈 NCS 학습모듈은 없다. 그러나 본 내용을 바탕으로 학습모듈 8. 크루즈 마케팅을 포함하여 전반을 이해하는 데 기초가 된다.

도입사례

김인현의 바다와 배, 그리고 별, 인생 2막은 크루즈선 선장으로

삶의 모래시계가 끝으로 향하는 순간에도 선상에선 바이올린 선율이 울린다. 샹들리에가 반짝이는 내부는 얼마나 호화로운가. 미소 가득 승무원, 아인슈타인의 상대성 원리를 이 공간에만 적용해 쭈~욱 늘려 놓을 것 같은 여유로운 시간. 흡사 거대한 코끼리 등에 올라 끝없는 대륙을 횡단하는 느낌이라고 할까. 크루즈 여행 말이다. 비극의 영화 '타이타닉'을 보며 어떤 이들은 눈물을 훔쳤지만 나는 크루즈의 매력을 다시 곱씹었다

타이타닉호처럼 크루즈는 매력 덩어리다. 나는 카페리를 이용해 두 번 단체 해외여행을 다녀왔다. 이런 여행은 동료, 친구, 가족과 많은 시간을 함께할 수 있어서 좋다. '덩치 큰 외국인이라도 옆에 앉으면 어쩌지'라고 걱정부터 되는 비행기 여행에 비할 바 아니다. 오랜만에 만난 학교 동창끼리라면 수십 년의 거리감을 좁힐 수 있다. 여객선은 기울어져도 금방 제자리에 돌아오도록 무게 중심을 아래에 두면서도 좌우요동이 적도록 안전장치를 배 아래에 달아 흔들림이 적다. 육지처럼 편안하게 시간을 보낼 수 있다.

충분히 잘 수 있기 때문에 해외여행이 피곤하지 않고 귀국 후에도 바로 업무에 들어갈 수 있다. 무엇보다도 자연의 아름다움을 즐길 수 있다는 게 가장 큰 장점이다. 신선한 공기를 마시며 일출과 일몰의 아름다움을 감상하고 밤에 별자리를 찾아볼 수 있다. '하늘과 바람과 별과 바다'가 가슴으로 들어온다. 바다를 보며 '내가 얼마나 작은 존재였나'를 떠올리는 것도 매력이다.

출처: 동아닷컴(2018.11.23.).

example

1. 정기 여객선과 크루즈 시대

크루즈의 역사는 선박의 역사와 맥락을 같이 한다. 선박의 기술적 발전과 선박 운항을 통한 가치창출의 대상으로서 시장이 어떻게 변화해 왔는지에 대한 심도 있고 전문적인 논의가 필요한 주제이다. 그러나 본 교과서의 목적상 현 시점에, 선박의 종류 중에서 해양관광의 수단적 성격을 띠는 크루즈 그리고 크루즈를 어떻게 경영할 것인가에 초점을 맞추고자 한다.

따라서 현재 크루즈의 원형이 된 대서양을 횡단하던 정기 여객선(ocean liner)의 시대를 중심으로 그 이전 시대를 ① 잉태기(~1899), 대서양 횡단선의 전성시대를 ② 도약기(1900~1939), 세계대전의 여파로 여객선 이용객의 이동욕구가 위축되고 경쟁자인 제트항공기에 의해 수요격감을 겪었던 시대를, ③ 침체기(1940~1969), 카니발크루즈가 펀십(fun ship) 브랜드를 내세워 신개념의 크루즈를 선보이고 TV드라마 〈사랑의 유람선〉을 통해서 크루즈에 대한 대중적 관심을 폭발시켰던 ④ 발전기(1970년~1998년), 대형 크루즈선사의 인수합병을 통한 시장재편과 크루즈 크기경쟁으로 크루즈 자체가 관광 목적지화된 ⑤ 절정기(1999~현재)로 나누었다.

1) 잉태기

(1) 선박의 탄생

BC 3000년경 이집트인이 항해술을 발견한 이래 선박은 인류의 역사에 크게 기여해 왔다. 그리스인과 로마인 등 바다와 인접해서 생활하던 민족들은 선박 건조기술의 발전과 항해술에 전력하였지만 당시에 선상의 승객들의 안락함에는 관심이 없었다. 당시 선박들은 주로 무역과 전쟁을 위한 수단으로 이용되었고 승객의 운송 목적으로는 이용되지 않았기 때문이다. 탐험이나 교역, 정복, 이주 등의 목적으로 이루어졌던 고대의 선박 여행은 주로 생존을 목적으로 하고 있었고, 즐거움의 추구와는 거리가 있었다.

기원 후 2세기경 컴퍼스(Compass)와 항해도(Navigation Chart)의 개발에 힘입어 먼 대양으로의 항해가 가능해졌고 방향타의 발견으로 조종이 한결 수월해졌으며, 보다 튼튼하고 무거운 선박이 건조되기 시작했다. 1400년대에서 1800년대 후반기 사이 선박 디자인은 발전되었고 항로는 끊임없이 확대되었다. 현대의 선박 여행 개념은 19세기에 들어서면서 형성되었다.

(2) 선박과 비즈니스

최초의 상업적 목적을 지닌 대서양 횡단 증기선[01]은 1818년 블랙 볼 라인(Black Ball Line)에서 진수한 사바나(Savannah)호로, 1819년에는 미국 조지아주 사바나를 출발하여 영국 리버풀까지 29일 11시간 동안 항해하여 첫 대서양 횡단에 성공하였다. 승객과 화주에게 해상운송 서비스를 제공하고 그 대가를 받는 것을 목적으로 하는 해운업은 화물 운송이 본업이었으며, 여객 운송은 18세기 초 증기기관의 발명으로 범선이 동력선으로 이행하면서 그 부산물로 발생한 것이다.

1835년 스코틀랜드 「쉐틀랜드 저널(Shetland Journal)」에 '관광객에게 알림'이라는 제목의 크루즈여행 모집광고가 등장하는데 최초의 크루즈 광고다. 이 크루즈는 실제로 운행되지는 않았지만 아서 앤더슨(Arthur Anderson)은 스코틀랜드에서 아이슬랜드, 파로섬으로의 크루즈를 제안하고 스페인 겨울 크루즈의 안락함을 암시하고 있어 크루즈 개념을 제시한 최초의 광고라고 할 수 있다.

1840년 7월 4일에는 사무엘 큐나드가 외륜증기선(paddle wheel steamer)인 브리타니아(Britannia)호로 영국 리버풀(Liverpool)에서 북미 할리팍스(halifax)까지 북대서양 횡단을 실시하게 되며, 그 이후 브리타니아호를 비롯해 아카디아(Acadia)호와 콜럼비아(Columbia)호 및 칼레도니아(Caledonia)호로 우편물 운송서비스와 함께 대서양 횡단의 정기 여객운송 서비스를 개시하였다. 당시 사무엘 큐나드가 설립한

---

01 증기선(蒸氣船, steamship)이란 증기 엔진 또는 증기 터빈을 동력으로 추진되는 선박으로 기선(汽船)이라고도 한다.

영 · 북미우편회사(British and North American Royal Mail Steam Packet Company)는 큐나드 라인(Cunard Line)으로 개칭하며, 1840년 북대서양 구간의 정기여객운송 서비스를 시작한 이후 지금까지 매년 북대서양 구간에 여객운송 서비스를 운영하고 있다.

그림 2-1 사무엘 큐나드와 큐나드

출처: Sea Fever 홈페이지(http://www.seafeverrum.com).

1844년 P&O 선사(Peninsular and Oriental Steam Navigation Company)는 레이디 메리우드(Lady Mary Wood)호를 중심으로 영국에서 출발하여 지중해에서 간단한 항해를 실시하였다. 1853년 크림전쟁으로 크루즈를 중단하였으나 1880년대에 실론(Ceylon)호를 이용하여 세계로의 항해를 재개하게 된다. P&O는 레저 크루즈의 성격이 강했기 때문에 Dickinson과 Vladimir와 같은 크루즈 전문가들은 이들의 1844년 항해를 세계 최초의 크루즈로 지지하고 있다.

1848년 함부르크의 거부 로버트 슬로만(Robert M. Sloman)은 지역 신문에 '세계 일주 크루즈에 참가할 기회(Offering an Opportunity to take part in a cruise 'Round the World')'라는 광고를 게재하여 세간의 주목을 끌기도 했다. 1853년 증기동력이 발전하자 코르넬리우스 반데르빌트(Corneleus Vanderbilt)는 외륜선인 노스 스타(North Star)호를 용선하여 25명의 여행객을 초대하여 지중해에서 발틱해까지 크루즈를 실시하였다.

미국에서 처음으로 크루즈여행의 개념이 도입된 시기는 1867년으로 외륜기선인 퀘이커 시티(Quaker City)호로 뉴욕을 출발해 이집트 · 크리미아 · 그리스 등으로의 6개월간의 여행을 위해 던칸(Charles C. Duncan)이 참가자를 모집하였다. 이 여행에는 미국 소설가 마크 트웨인(Mark Twain)이 동참하여 크루즈 여행의 특성인 수하물 관리의 용이성과 친교성 등의 장점을 기록으로 남기게 되었다.

1891년 1월 22일 알버트 발린(Albert Ballin)은 독일의 함부르크-아메리카 라인의 증기선 아우구스타 빅토리아(Augusta Victoria)호를 이용해 241명의 승객과 함께 지중해를 항해하였다. 알버트 발린은 대형 호화증기선인 아우구스타 빅토리아호를 이용해 지중해와 동양으로의 장기 관광 목적의 크루즈 여행을 제안하였다.

1800년대 말에는 증기 엔진보다 강력한 증기 터빈 엔진이 도입되어 선박에 적용되었다. 최초의 증기 터빈 엔진이 장착된 터비니아(Turbinia)호가 1897년 선보인 후 터빈엔진을 장착한 여객선이 대서양 횡단 서비스를 제공하였으며, 이로 인해 대서양 횡단 페리서비스는 더욱 발전하게 되었다.

표 2-1 크루즈 잉태기(~1899)의 주요 역사

연도	내용
1300	북유럽 조선 기술자에 의해 방향타 기술이 개발됨.
1450	지중해 조선 기술자에 의해 최초로 완전한 장비를 갖춘 선박이 개발됨.
1801	예인선 샬롯 던다스(Charlotte Dundas)의 서비스 시작과 동시에 최초의 실용증기선으로 기록됨.
1818	블랙 볼 라인Black Ball Lines)에서 424GT급 사바나(Savanah)호 진수. 1819년 상업적 목적으로는 처음으로 대서양 횡단(8명의 승객을 태우고 미국 뉴욕-영국 리버풀 첫 대서양 횡단에 성공. 총 29일 11시간 동안 항해)
1835	아서 앤더슨(Arthur Anderson)이 스코틀랜드 「쉐틀랜드 저널」에 최초의 크루즈 광고 실시. 이 크루즈는 실제로 운항되지 않았음. 노스 오브 스콜틀랜드 해운사(North of Scotland)와 쉐틀랜드(Shetland) · 오크니스 해운사(Orkneys)가 단기 크루즈를 실시하였던 1886년까지 크루즈 선의 운항은 없었음.
1837	아서 앤더슨과 브로디 윌콕스(Brodie Wilcox)가 페닌슐라 기선사(Peninsular Steam Navigation) 창립. 이후 페닌슐라 & 오리엔트 기선사(Peninsular & Oriental Steam · navigation)로 변경(현재 P&O의 전신)

1838	시리우스(Sirius)호가 증기엔진의 동력만으로 대서양 횡단 성공(18일 소요), 그레이트 웨스턴(Great Western)호로 영국에서 대서양횡단 페리 서비스 시작
1840	사무엘 큐나드(Samuel Cunard)가 대서양 횡단 증기선 설립. 외륜 증기선인 브리타니아(Britannia)호로 북대서양횡단 실시
1843	이삼바드 킹덤 브루넬(Isambard Kingdom Brunes)의 3,270GT급 선박 그레이트 브리튼(Great Britain)호 진수. 최초의 철제 선박으로 프로펠러 동력 장치의 여객선
1844	P&O가 레이디 메리우드(Lady Mary Wood)호로 런던에서 비고, 리스본, 몰타, 이스탄불, 알렉산드리아 등 이베리아 인근 지역(지중해) 항해
1847	함부르크-아메리카 라인(Hamburg-America Line) 창립
1848	로버트 슬로만(Robert M. Sloman)이 지역 신문에 크루즈 여행객 모집 광고. 함부르크-카리브해-남미-아프리카-함부르크 노선의 모험 크루즈
1853	코르넬리우스 반데르빌트가 외륜선 노스 스타(North Star)호를 용선하여 25명의 여행자와 함께 지중해-발틱해 크루즈 실시
1858	최초의 크루즈선으로 알려진 P&O사의 실론(Ceylon)호의 유료서비스 시작
1867	미국에서 처음 크루즈 여행 개념이 도입된 시기로, 미국의 외륜기선인 퀘이커 시티(Quaker City) 호로 뉴욕-이집트-크리미아-그리스 등으로 선박여행 실시. 미국 소설가 마크 트웨인(Mark Twain)이 P&O 사가 제공하는 런던-흑해 항해 서비스를 그의 소설에서 '순수한 해외여행(Innocents abroad)'이라 극찬
1881	실론호가 순수 여객선 목적으로 선박 재정비
1891	함부르크-아메리카 라인의 알버트 발린이 증기선 아우구스타 빅토리아(Auguste Victoria)호를 이용해 241명 승객을 모집하여 현대적 개념의 크루즈 실시(동계기간 중 지중해 크루즈)
1897	최초로 증기 터빈 엔진이 장착된 터비니아(Turbinia)호 운항 개시

2) 도약기(1900~1939)

(1) 대서양 횡단 여객선 등장

19세기 말에서 20세기 초에 걸친 해양 여행은 주로 이민을 목적으로 유럽과 미주 대륙, 유럽과 호주·뉴질랜드를 여행하는 이주자들에 의해 행해졌다. 1900년대 들어 나타난 해양 정기여객선(海洋定期旅客船, ocean liner)은 과거의 여객운송선박과는 달리 웅장한 외관과 화려한 인테리어를 갖추고 이민자 수송에 이용되었다.

해양여객선은 주로 2~3등급으로 나누어져 있었으며, 1등급(first class)은 부유계

층, 2등급(second class)은 중간계층, 대부분의 승객이 속해 있던 3등급(third class, steerage)은 서민계층이 이용하였다. 1등급은 음악연주와 함께 우아한 분위기에서 식사를 즐기며, 호텔객실과 유사한 호화스러운 선내 객실을 사용하였다. 이에 비해 3등급 승객은 수프와 삶은 감자 정도의 식사에 불편한 침대가 설치된 대형 기숙사 같은 선실에서 생활해야 했다. 더구나 대부분의 선박에서 1등급과 3등급의 승객들은 서로 선상에서 접할 수 없도록 되어 있었다.

1900년대 초 선박의 특징 중 하나는 선박의 굴뚝(smokestack 또는 funnel)을 많이 설치해, 굴뚝의 수가 많을수록 훌륭한 선박이라고 믿었으며 선박회사는 용도와 관계없는 장식용 굴뚝을 추가하기도 하였다. 당시의 선박은 증기선(steamship)이었으므로 굴뚝의 수가 많을수록 선박의 동력이 강해 더 빠른 속도로 대양 횡단이 가능하다고 인식된 것으로 보인다. 당시 선박 여행은 즐거움보다는 고통스러운 이미지가 강했으며, 이 때문에 가능하면 빠른 속도의 선박으로 단기간에 여행을 끝내고자 하는 욕구가 있었다.

1906년 큐나드 라인은 모리타니아(Mauretannia)호와 루지타니아(Lusitania)호를 출항시켜 미국의 크루즈 시장을 공략하고자 했다. 이 선박들은 대형 고급 식당과 멋진 라운지 및 객실을 갖추고 있었다. 특히 모리타니아호는 1907년 블루 리밴드 상(Blue Riband Award), 즉 연간 대서양을 최단 기간 내에 횡단한 선박에게 주는 상 수상하며 '바다의 보석(Gem of the Ocean)'이라 불릴 정도로 유명했다.

(2) 타이타닉의 비극과 교훈

1912년 4월 14일 영국의 호화여객선 화이트 스타 라인의 타이타닉(Titanic)호가 뉴펀들랜드 그랜드 뱅크스(Grand Banks of Newfoundland) 남쪽 95마일 부근에서 빙산에 부딪혀 좌초되는 비극이 일어났다. 타이타닉호의 참사로 호화객선의 침몰과 함께 1,500여 명의 생명이 바다로 사라졌다. 그후 모든 선박의 안전 운항 규정에 큰 변화가 일어나게 되었다. 당시 세계에서 가장 큰 배였으며, 혁신적 기술이 접목된 타이타닉호는 이중 바닥, 16개의 방수격실(watertight compartment), 특정

수위가 되면 자동으로 닫히는 문 등 절대 가라앉지 않는 배, 일명 '불침선'으로 불리기도 하였다. 그러나 1987년 잠수함에서 찍은 사진에 의하면 빙산 충돌 시 방수격실이 관통되어 내부 구조물에 물이 차게 된 것으로 밝혀졌다. 또한 구조선이 될 수 있었던 캘리포니아(California)호는 통신사가 잠을 자고 있어 타이타닉호의 무선 구조요청에 응답하지 못했다. 타이타닉호 사고 후 조사를 통해 승무원의 판단 착오 및 위험해역에서의 무리한 속도, 구명보트의 부족 등의 문제점이 발견되었다.

그림 2-2 타이타닉 침몰 기사

New York American

J. J. ASTOR LOST ON TITANIC

1.500 TO 1.800 DEAD

John Jacob Astor was among the passengers who went down with the ship, according to a wireless dispatch received by Bradstreets last night from the liner Olympic. Mrs. Astor was saved and is being brought to shore by the Carpathia.

The Wireless Operator at Cape Race, Newfoundland, Flashes: "Eighteen Hundred Lives Have Been Lost in the Wreck of the Titanic."

출처: 뉴욕 아메리칸신문.

'세계 최대의 해난사고'라고 불렸던 이 사고 이후 선박 · 항해의 안전성 확보에 대한 국제적 조약의 필요성이 제기되어 1914년 1월 영국에서 13개국이 참가한 해상 인명 안전에 관한 국제회의가 열렸다. 전 탑승인원을 수용할 수 있는 구명보트 구비, 승객 탑승 후 구명보트 훈련, 항해 전 시간 무선통신의 주시 및 국제빙상경비(international ice patrol) 등의 규정을 포함하여 '해상인명안전을 위한 국제조약(International Convention for the Safely of Life at Sea: SOLAS)을 체결하였다. 해상인명안전조약(SOLAS)는 1914년 영국 런던에서 개최된 해상 인명 안전에 관한 국제

회의에서 최초로 체결된 국제조약이다. 1974년 조약(SOLAS 1974)이 최신의 것으로 몇 차례에 걸쳐 일부 개정이 되었으며, 선박은 항해하는 해역에 따라 소정의 무선 설비를 구비해야 하고 선박이 해상에 있는 동안 디지털 선택호출 및 그 밖의 조난 안전 주파수를 청수하도록 규정되어 있다. 국제 항해에 종사하는 여객선 및 300톤 이상의 화물선에 적용된다.

(3) 서구 열강의 해양선박 경쟁

선박 여행이 대서양 횡단 중심이던 시기에 선박 운항의 주도권은 영국, 독일, 미국, 프랑스, 이탈리아 등이 쥐고 있었으며, 이들은 선박을 통해 국가 경쟁력을 나타내려 하였다. 전통적으로 해양 강국인 영국은 일찍부터 대서양 횡단 운항의 여객서비스를 시작하면서 선박의 속도와 안전성에 치중하였다. 영국과 경쟁하던 독일은 확장주의 정책에 따라 1800년대 말부터 고속의 선박을 제작하여 1903년에는 대서양을 가장 빨리 횡단할 수 있는 4척의 선박을 보유하게 된다. 당시 이 선박들은 2만 톤급 이하에 승객 2천여 명을 수용하는 비교적 중소 규모였으나 속도는 23노트로 매우 빠른 속도를 자랑했다. 1914년 제1차 세계대전의 발발로 민간의 해상여행은 전쟁 종료 시까지 중단되었으며, 전쟁 중의 대부분의 대양여객선은 군용선으로 개조되어 사용되었다. 제1차 세계대전 종전 후 대양 여객선은 더욱 대형화되고 고속화되었다.

1920년대와 1930년대에 이르러서는 현대의 크루즈에서 나타나는 것과 유사한 형태의 선상 엔터테인먼트 프로그램이 가미되기 시작했고, 이는 중간계층의 승객을 유인하는데 효과적으로 작용했다. 당시 대양여객선은 퀸 매리(Queen Mary)호처럼 점점 대형화되어 국가의 번영과 국력의 상징이자 국가의 특징을 나타내는 도구가 되기도 하였다. 특히 1930년대 거대 여객선사를 지닌 영국 · 프랑스 · 독일 · 미국 간의 치열한 경쟁으로 전례 없이 호화롭고 편안한 대양여객선박이 건조되었다.

미국의 금주법(Prohibition) 시행은 1920년에서 1933년까지 단기 크루즈 상품을 판매할 수 있는 계기를 만들었다. 일반 승객들은 선박을 이용해 공해상에서 마음껏 알코올을 즐길 수 있었기 때문에 크루즈보다도 음주 목적의 이용이 늘어나면서 선박회사들은 주류 판매를 통해 높은 매출을 거둘 수 있었다.

1922년 아메리칸 익스프레스(American Express)는 제1차 세계대전 이후 크루즈 여행을 다시 시작하기 위해 큐나드 라인의 라코니아(Laconia)호를 용선하였으며, 당시 완공된 파나마 운하를 이용해 최초의 '세계일주 크루즈'를 성공적으로 시행하였다. 그후 아메리칸 익스프레스는 큐나드 라인의 모리타니아(Mauretania)호를 용선하여 당시로서는 매우 사치스러운 지중해 크루즈를 실시하였다. 이 여행은 부유층만 참여할 수 있었던 것으로 어느 철강 부호는 2만 5천 달러에 스위트룸과 선장 테이블에서 식사를 함께 하는 상품을 구매하였다고 한다. 아메리칸 익스프레스의 챠터 크루즈(charter cruise)가 성공하자 라코니아호의 소유주인 큐나드 라인은 프란코니아(Franconia)호를 이용한 자체 크루즈 상품을 기획했다. 이 여행에는 50명 이상의 부호들이 참가한 것으로 알려졌다. 1920년대에는 지속적으로 크루즈선박을 건조했으며 아시아나 남태평양 지역으로도 크루즈 여행이 실시되었다.

표 2-2 도약기(1900년~1939)의 역사적 사건들

연도	내용
1906	큐나드 라인의 호화선박인 모리타니아(Mauritannia)호와 루지타니아(Lusitannia)호 운항개시
1910	화이트 스타 라인(White Star Cruise Line)이 46,329GT급 올림픽(Olympic)호 소개. 1년 후 선박이름을 타이타닉(Titanic)호로 변경
1912	화이트 스타 라인의 타이타닉호 4월 15일 빙하 충돌로 인한 침몰
	큐나드사가 라코니아(Laconia)호와 프랑코니아(Franconia)호를 전형적인 크루즈용 선박으로 소개
1914	8월 15일 파나마 운하 정식 개통
1914~1918	제1차 세계대전 발발로 여객운송산업 침체 및 해양여객선의 군용선 개조
1920~1933	미국 금주법(Prohibition) 실시. 미국을 출발하여 쿠바, 버뮤다, 바하마 등을 방문하는 크루즈에 대해서는 허용했으므로 담배 등의 면세품 구매와 도박 등의 목적으로 단기간의 상품 판매 급증
1922	아메리칸 익스프레스(American Express)가 큐나드 라인의 라코니아호를 용선하여 최초의 세계일주 항해. 이 선박은 총 20,000GT급으로 2,000명의 승객과 3개 등급의 객실을 보유

1929	P&O사의 비세로이 오브 인디아(Viceroy of India)호 소개. 이 선박은 당시 터보 전기 파워시스템을 갖춘 최초의 선박이었으며, 갑판 위 수영장이 있는 최초의 선박이었음. 또한 영국과 인도간 객차화물양용의 정기선이었으며 고급 크루즈 선박
1930s	유니온 캐슬(Union Castle)사는 남아프리카공화국으로의 상품을 합리적인 가격으로 판매. 3등실 30 £, 2등실 60 £, 1등실 90 £로 가격 책정
1939~1946	제2차 세계대전
1934	고급 크루즈 정기선 RMS 퀸메리호 진수 승무원 1,174명과 승객 2,000명 탑승. 승무원:승객 비율이 1:2보다 낮음.
1934	유나이티드 스테이츠 라인(United States Lines)이 SS 아메리카(SS America)호 건조. 화력발전 정기선이며 최대 속도 25노트. 이후 1941년 군대 수송용으로 사용
1938	83,000 GT급 SS노르망디(SS Normandie)호가 뉴욕–리오데자네이로–뉴욕의 항로를 21일간 항해. 1인당 상품가격: $395–8,600
1939	제2차 세계대전 시작. 퀸메리호, 퀸엘리자베스호와 같은 크루즈선은 군대 수송용으로 사용

3) 침체기(1940~1969년)

(1) 제2차 세계대전의 발발과 대서양 횡단선 수요 감소

1939년에서 1946년까지는 제2차 세계대전의 영향으로 대서양과 태평양을 항해하는 주체가 관광객과 상용 여행객에서 군인으로 바뀌게 되었으며, 민간 부문의 해상 교통은 위축되었다. 그러나 제2차 세계대전의 발발로 대형 폭탄을 탑재하고 대서양과 태평양을 횡단 수송할 수 있는 엔진이 개발되고 레이더 및 장거리 무선통신 기술로 인한 정밀한 항법기술의 등장으로 항공 산업이 혁신적으로 발전하였다.

제2차 세계대전 중 전쟁에 사용할 목적으로 항공기술이 급속히 발전하면서 선사들도 전쟁 발발 이전의 선박을 군수송목적으로 개조하여 사용하게 되었고, 선주들은 전쟁으로 인해 통제된 여행의 욕구가 전쟁이 종결된 후 수요가 폭증할 것을 확신하며 새로운 시장을 기다리고 있었다.

실제로 1946년 전쟁이 끝나자 여객 운송에 투입될 수 있는 선박의 소유주는 높은 수익을 창출할 수 있었으며, 대서양 횡단 여행에 있어 전쟁 전 그 어느 해보다 높은 매출을 기록하였는데, 이는 휴가여행이 가능한 사람들이 이때까지만 해도 증기선 여행을 찾고 있었기 때문이다. 영국의 퀸 메리(Queen Mary)호와 퀸엘리자베스(Queen Elizabeth)호 및 프랑스의 노르망디(Normandie)호는 거의 만석으로 운항하였으며, 스웨덴 · 네덜란드 · 이태리 등도 새로운 선박 건조에 박차를 가했다.

1948년에 건조된 큐나드 라인의 34,183톤급 카로니아(Caronia)호는 성수기인 하계 기간에 북대서양 횡단 여객선으로 이용되었으며, 나머지 기간에는 다른 지역에서 고가의 장기 크루즈 여행선박으로 활용되었다. 이 선박은 당시 처음으로 객실마다 욕실을 설치하는 대양여객선이기도 했다. 1950년대 미국은 유나이티드 스테이츠(SS United States)호를 건조하였는데, 이 선박은 당시로서는 천문학적인 금액인 7천 7백만 달러가 투입되었으며, 1952년 7월에 처녀 출항하여 3일 10시간 40분만에 대서양을 횡단하는 놀라운 기록을 남기기도 하였다.

(2) 제트항공기의 등장과 새로운 시장 모색

항공기술은 1958년 보잉 707 제트 여객기가 대서양을 논스톱으로 6시간만에 횡단할 수 있을 정도로 급속히 발전하였다. 당시 미국의 팬암 항공사(Pan American World Airways)는 클리퍼 아메리카(Clipper America)로 뉴욕에서 파리까지 8시간 30분만에 운항하는 대서양 정기 운항 서비스를 개시하였다. 이는 제트 여객기를 이용한 운송과 이코노미 요금을 소개하게 된 계기가 되었고, 선박을 이용한 대서양 횡단 여행의 쇠퇴를 의미하기도 했다.

이로써 항공여행보다 상대적으로 지루한 선박여행은 대서양 횡단에서 쇠퇴하는 계기가 되었다. 프랑스(SS France)호가 대서양 횡단을 목적으로 1962년에 건조되었으나 1957년에 비해 50% 가량 급속도로 감소했다. 제트 여객기의 대서양 운항 이후 대형 선박의 대서양 횡단은 여행객의 실용적인 목적에 부합하지 않아 점차 자취를 감추게 되었다.

항공기의 발달과 제트 여객운송의 상용화는 대영 여객선의 몰락을 가져왔으나 반대로 이 덕분에 현대의 크루즈 개념이 도입되는 계기가 되었다. 이제 선박은 속도로 경쟁력을 확보할 필요가 없게 되었고, 그 대신에 호화로운 선내 시설과 다양한 선상활동 및 매력적인 기항지 방문 등을 새로운 장점으로 내세우게 되었다. 따라서 대양 여객선은 크루즈용 선박으로 개조되었다. 각 등급을 구분하는 칸막이가 제거되었고 에어컨과 수영장이 설치되었으며, 카지노와 무도회장이 개장되어 여객 운송이 목적이 아닌 즐거움이 목적인 크루즈 산업이 형성되기 시작하였다.

1946년 그리스 선사인 에피로티키(Epirotiki Lines)는 피레우스(Piraeus)항을 출발하는 지중해 여행을 시작하였으며, 1950년 초에는 그리스와 터키 사이 에게해(Aegean Sea)에 정기 크루즈를 실시하였다. 에피로티키 선사가 정기 크루즈를 실시하기 전까지는 대부분 크루즈를 산발적으로 운영하였다. 그러나 이 선사가 정기 크루즈 운항에 성공하자 다른 선사들도 이를 모방하여 운송 목적이 아닌 정기 크루즈의 개념을 도입하게 되었고, 새로운 여행형태로 발전하게 된 것이다.

과거 여객운송 중심개념의 선박은 두 개 또는 그 이상의 객실등급으로 운항하였으나, 이를 단일등급으로 변환하여 새로운 크루즈 개념을 도입하게 되었다. 홈 라인(Home Lines)은 1955년 마리포사(Mariposa)호를 구입 · 개조하여 호메릭(Homeric)호로 개칭한 뒤 새로운 수준의 서비스를 제공하며 뉴욕과 버뮤다 구간을 운항하였다. 1959년 코스타 크루즈는 단일등급 서비스로 여름의 지중해 크루즈와 겨울의 카리브해 크루즈를 제공하였다.

1962년에는 이스턴증기선사(Eastern Steamship Lines)가 마이애미항을 출발하여 쿠바의 하바나와 바하마의 낫소를 운항하는 1주일, 2주일 크루즈를 시작했으며, 마이애미는 카리브 크루즈 사업의 성장 가능성을 제시하게 되었다. 1968년에는 이태리 코스타 선사가 선박 운항의 중심지를 카리브해 깊숙이 푸에르토 리코의 산 후앙(San Juan)으로 옮기면서 마이애미를 중심으로 운영하고 있던 다른 선사들이 운항하지 못한 카리브해의 많은 섬에 기항하게 되었다.

이렇게 크루즈가 지중해와 카리브해를 중심으로 운항되면서 과거에 성행하였던 80일 또는 120일간의 상품은 판매가 어려워졌다. 또한 1950년대와 1960년대 서구에서는 가족 부양과 주택 구매로 여가활동을 위한 가처분소득에 제약이 있었으며 여가시간도 충분치 않아 고가의 장기 크루즈는 현실적으로 매력이 없는 상품이 되었다.

1960년대 초반만 하더라도 여객 운송선에 100개 이상의 여객 선사가 있었고 1960년대 중반에도 선박을 이용한 대서양 횡단 여행이 항공여행보다 저렴했으나 제트기의 출현, 특히 1970년대 소개된 보잉사의 점보제트기의 출현은 선박의 경쟁력을 완전히 상실하게 했다. 1962년 1백만 명 이상이 선박을 이용해 북대서양 구간을 여행했으나, 1970년에는 선박여행 수요가 25만 명으로 감소하였다.

점보제트기를 이용한 여객운송의 대중화로 대부분의 대양여객선은 수익성이 크게 떨어져 운항이 곤란하게 되었다. 점보제트기(jumbo jet)는 초대형 제트 여객기로 1960년대 후반 항공수송수요가 급증하면서 세계 주요 공항은 포화상태가 되었고 그 해결책으로 1대의 수용인원을 이전의 2~3배 확장하는 초대형 항공기의 제작이 고안되었다. 처음으로 취항한 점보제트기인 보잉 747은 400인승으로 팬 아메리칸 월드 항공(PanAm)이 1970년 1월 21일 북대서양 항로에 취항했다.

북대서양의 정기 여객 운송 서비스를 제공하던 선박들이 위험에 처하게 되자 큐나드 화이트 스타라인(Cunard Star Line)의 퀸매리(Queen Mary)호는 1967년 9월 운항을 중단하였고, 퀸엘리자베스(Queen Elizabeth)호도 1968년 10월을 끝으로 운항을 중단하게 되었다. 따라서 대부분의 선박은 저가에 판매되거나 운송사업에서 철수하게 되었으며, 선박여객운송을 계속하게 된 회사는 북대서양 횡단과 함께 생존을 위해 남쪽의 카리브해 운항을 확장하게 되었다.

카리브해를 중심으로 한 크루즈 산업이 활성화되면서 대양 여객 선박의 중심 항구가 과거 북대서양 횡단 시대의 뉴욕 중심에서 플로리다(Florida) 중심으로 전환되어 마이애미를 중심으로 선박 회사들의 본사가 들어서게 된다. 플로리다는 당시 크루즈 운항에 중요한 따뜻한 날씨와 비교적 평온한 바다, 카리브해 유명 관광지와의 접근성 등으로 새로운 산업을 일으키는 데 매우 적합한 지역으로 선택되었다. 아울러 북미 서부 지역에서는 캘리포니아(California)를 중심으로 멕시코 해안 크루즈와 캐나다 밴쿠버를 중심으로 여름 알라스카 크루즈가 운항되지 시작했으며 유럽에서는 지중해 중심의 크루즈가 형성되었다. 또한 크루즈 승객들은 승선을 위해 플로리다와 캘리포니아로 이동해야 하는 문제가 발생하였고 크루즈 선사와 항공사 간의 업무협조를 통해 항공해양(Air/Sea) 프로그램과 승선 전 · 하선 후 숙박을 포함하는 크루즈 패키지 프로그램을 탄생시킨다.

표 2-3 침체기(1940년~1969)의 역사적 사건들

연도	내용
1946	그리스 선사인 에피로티키 라인(Epirotiki Lines)가 지중해 크루즈 시작
1948	큐나드 라인의 3만 4천톤급 카로니아(Caronia)호 운항개시
1950	미국에서 7천 7백만 달러를 투입하여 유나이티드 스테이츠(United States) 건조
1952	북대서양에 처녀출항한 유나이티드 스테이츠호가 3일 10시간 40분만에 대서양 횡단 성공
1958	대서양 횡단 상업용 제트 여객기(8시간 30분 소요) 등장으로 크루즈 정기선사 시장에 큰 타격을 줌.
1960	화이트 스타 라인의 브리타닉(Britannic)호 대서양 운항 중단
1962	Compagnie Generale Transatlantique의 정기 여객선 프랑스(France)호(전장 315.47m)가 프랑스 르 하브르 항에서 뉴욕항으로 첫 취항
	이스턴 스팀쉽 라인(Eatern Steamship Line)이 마이애미 출발 카리브해 크루즈 운항개시
1963	큐나드 라인의 퀸 엘리자베스(RMS Queen Elizabeth)호 뉴욕–웨스트 인디(West Indies) 시험 운항
1966	영국을 중심으로 크루즈 산업 회복
	소비에트 블랙시선사(Black Sea Shipping Company)의 알렉산더(Aleksandr Pushkin)호 대서양구간(몬트리올–레닌그라드) 취항
	마이애미 사업가 테드 아리슨(Ted Arison)이 노르웨지안 크루즈 라인 Klosters Reederei에 합류
	샌포드 쇼볼(Sanford Chobol)이 코모도르 크루즈 라인(Commodore Cruise Line) 창립
1967	큐나드 라인의 퀸 메리호 대서양 정기운항 중단
1968	큐나드 라인의 퀸 메리2호 인도 거절. 터빈 엔진의 진동으로 수리 후 대서양 운송에 투입
	코스타 크루즈(Costa Cruise)의 운항센터를 마이애미로 옮김
1969	라스 에릭 린드블라드(Lars–Eric Lindblad)가 탐험 크루즈 린드블라드 익스플로러(Lindblad Explorer)호 운항개시
	노르웨이 크루즈 라인의 컨소시엄으로 Royal Caribbean Cruise Line(RCCL) 창립
	유나이티드 스테이츠(United States)호 운항중단
1970	보잉사의 점보제트기 대서양 항로에 취항
	베르겐 라인(Bergen Line)과 A.F. Klaveness 및 Nordenfjeldske 선사가 각각 로얄 시(Royal Sea)호, 로얄 바이킹 스카이(Royal Viking Sky)호, 로얄 바이킹 스타(Royal Viking Star)호를 제공하여 컨소시엄으로 로얄 바이킹 라인(Royal Viking Line) 창립
	독일의 Norddeutscher Lloyd와 Hamburg–American Line(Hapag)의 합병으로 Hapag–Lloyd로 개칭

4) 발전기(1970~1998)

(1) 북미 크루즈 시장의 성장

1965년 스탠리 맥도날드(Stanley B. McDonald)는 미국 서부 해안을 중심으로 운항하는 프린세스 크루즈(Princess Cruises)를 창업한다. 그러나 1974년 P&O에 매각되고, P&O는 프린세스의 매입으로 미국 시장을 용이하게 진출할 수 있게 되었다. 프린세스를 매입한 P&O는 1975년 플래쉽 크루즈(Flagship Cruises)로부터 20,636톤의 퍼시픽 프린세스(Pacific Princess)호와 19,907톤의 아일랜드 프린세스(Island Princess)호를 구입하여 운항한다.

크루즈 활성화를 모색하던 P&O는 아론 스펠링 프로덕션(Aaron Spelling Production)의 선상 드라마 촬영 제안을 수용하여 '사랑의 유람선(The Love Boat)'가 제작 · 방영되게 된다. 이 드라마는 높은 시청률을 보이며 인기를 끌었고, 프린세스 크루즈는 '크루즈 그 이상의 것: 러브 보트'라는 별칭으로 크루즈의 대중화에 기여하게 된다. 드라마 '사랑의 유람선'이 방영되면서 시청자들은 드라마에서 묘사된 크루즈의 즐거움과 낭만에 빠져들게 되었고, 전 세계적으로 크루즈를 알리는 데 크게 기여하게 된다. 드라마의 영향력은 매우 지대하여 독일에서는 9,570톤의 선박 MV 베를린(Berlin)호를 이용하여 독자적으로 드라마를 제작하였으며, '사랑의 유람선'은 우리나라에서도 방영되기도 하였다.

북미 크루즈 시장은 1966년부터 급속히 성장하기 시작하였다. 노르웨이 선사인 Kloster Reederei는 영국과 스페인 지브롤터 구간을 서비스하기 위해 화객선 Sunward호를 인도 받았지만 영국의 통화억제정책으로 인해 운항할 수가 없었다. 당시 마이애미에서 사업을 하던 이스라엘인 테드 아리슨(Ted Arison)이 Kloster Reederei의 Knut Kloster에게 마이애미를 중심으로 카리브해 권역을 운항할 것을 제안하면서 이들 간의 파트너쉽이 체결되고 노르웨지안 캐리비안 라인(Norwegian Caribbean Lines: NCL)을 설립하게 되었고, 이후 1987년에는 노르웨지안 크루즈 라인(Norwegian Cruise Line: NCL)으로 변경되었다. 이때부터 3~4일의 단기 크루즈 상품이 탄생하게 되었다.

1968년 카리브해를 운항하는 단기 크루즈가 성공함에 따라 플로리다와 자메이카를 오가는 화객선 스타워드(Starward)호를 추가 투입시키고 스카이워드(Skyward)호와 사우스워드(Southward)호를 추가로 건조하였다. 따라서 NCL은 마이애미를 중심으로 정기 운항하는 4척의 현대적 크루즈 선박을 보유하게 되었고 14일 이내의 단기 크루즈를 시작하였다. 그러나 매주 3,000berth(침상)가 넘는 크루즈 수요를 확보하기 위해 마케팅 대상 지역을 플로리다뿐 아니라 북미 전역을 대상으로 하였고 그들의 현대적 선박을 어필하여 북대서양 횡단 크루즈 수요를 끌어왔다.

(2) 카니발크루즈의 등장

1972년 테드 아리슨은 Knut Kloster와 결별하고 18,000톤급의 마르디그라스(Mardi Gras, 이전 Empress of Canada)호를 가지고 카니발 크루즈(Carnival Cruise)를 설립하였지만 좌초되었다. 1973년 가을 현재의 카니발 그룹의 회장인 밥 디킨슨(Bob Dickinson)이 합류하여 마르디그라스호의 좌초로 실추된 카니발 크루즈의 이

그림 2-3 테드 아리슨과 밥 디킨슨

출처: 크루즈인더스트리뉴스.

미지를 되살리기 위해 새로운 선전 문구를 찾아냈다. 당시 코모도 크루즈의 보헤미(Boheme)호가 'Happy Ship'이라고 홍보한 것에 착안하여 'Fun Ship'이라는 용어를 만들었고 현재까지 모든 카니발 크루즈 선박에 사용하고 있다.

기존의 크루즈 선사들이 마케팅 과정에서 기항지를 통한 '관광'의 개념만을 강조하고 선상생활이나 선상활동에 대해서는 소극적인 자세를 취하고 있었으나, 'Funship' 개념은 승객들이 승선 후에 많은 시간을 보내는 크루즈 선상에서의 다양한 활동을 통해 즐거움을 경험할 수 있도록 하는 '리조트'의 개념인 것이다. 이 때부터 많은 선사들이 위락시설(스포츠 · 오락) 투자에 적극적으로 나서기 시작했으며, 승객들의 선상생활의 즐거움을 위해 다양한 엔터테인먼트 요소를 가미하기 시작했다.

1980년대에 들어서 소규모의 선사들이 많이 생겨나며 1980년 중반에는 크루즈 선사들의 인수합병(M&A)가 반복되면서 격변기를 맞이한다. 그리고 자본력이 강한 주요 선사들은 특정한 세분시장에서 어느 정도 영향력을 행사하던 저자본의 소규모 선사들을 매입함으로써 그 규모를 확장시켜 나갔다. 카니발 코퍼레이션은 수평통합(horizontal integration)에 의해 사업규모를 확장한 대표적인 선사기업으로서 전체 시장의 절반가량의 시장을 점유하고 있다.

(3) 크루즈 시장의 세분화

1980년대에 들어서면서 미국 크루즈 시장은 급성장한다. 이 때 선사들이 카니발 크루즈를 중심으로 한 스탠다드 시장, 홀랜드 아메리카 라인(Holland America Line :HAL)을 중심으로 한 프리미엄 시장, 실버시 크루즈(Silversea cruises)를 비롯한 럭셔리 시장, 그리고 저예산의 크루즈 시장을 공략하는 소규모 선사들의 시장이 형성되면서 크루즈 시장은 세분화된다. 저예산의 크루즈 시장은 주요 선사들이 선박의 대형화 및 현대화를 추진하면서 버리는 오래된 선령의 구형 선박을 매입하여 저가 시장을 공략하였다.

시가디스 크루즈(Sea Goddes Cruises, 1988년 큐나드 라인에 매각)는 1984년과

1985년에 90명의 승객을 수용할 수 있는 4,260톤급 선박 2척의 운항서비스를 시작하였고, 시본 크루즈(Seabourn Cruises, 1991년 카니발이 주식 25%를 매입)는 1986년부터 140명의 승객 수용력을 가진 9,900톤급 선박 3척을 시장에 투입했다. 그리고 1992년 실버시 크루즈(Silversea Cruises)는 296명의 승객 수용력을 가진 16,800톤급의 호화 크루즈 선박인 실버 윈드(Silver Wind)호와 실버 클라우드(Silver Cloud)호를 시장에 투입했다. 이는 같은 기간 에어투어스(Airtours)가 유럽 승객을 대상으로 운영하던 시윙(Seawing)호(16,600GT)가 976명의 승객을 수용하는 것과 비교할 때 승객당 점유공간 비율이 3배도 넘는 수준이었다. 승객당 점유공간을 높여 승객에게 편안함을 제공하는 것은 소규모 럭셔리 선사들에게서 주로 나타나는 경향이었다. 단, 1984년 스탠다드 시장을 공략했던 프린세스 크루즈는 로얄 프린세스(Royal Princess, 44,000GT)를 투입했는데, 1980년 중반의 크루즈선박으로는 규모가 큰 편임에도 불구하고 600개 객실 중 데크 2개를 모두 베란다가 있는 객실로 설계해 승객의 편안함을 강조하여 이는 미국 크루즈 시장에 선박 설계에 대한 새로운 기준을 제시한 계기가 되었다.

이전까지의 전통적 크루즈는 주로 커플을 위한 것이었지만 1980년대부터 가족 관광객 시장이 두각을 나타내기 시작했다. 이에 카니발 크루즈는 디즈니와 파트너십을 체결하고 디즈니 패키지 크루즈 상품을 개발하면서 가족 크루즈 시장을 선점하고자 노력하였다. 이후 1993년 아메리칸 패밀리 크루즈(American Family Cruisees)가 아메리칸 어드벤처(American Adventure, 32,750GT, 이전의 Engenio Costa)호와 아메리칸 피오니어(American Pioneer, 31,500GT, 이전의 Costa Riviera)호를 가지고 마이애미항을 출발하는 가족 관광객들을 대상으로 7일 크루즈 상품을 판매하였다. 큰 성공을 거두지는 못했지만 1998년 가족 오락 산업에 많은 노하우를 체득한 디즈니 그룹이 디즈니 매직(Disney Magic, 85,500GT)호로 크루즈 시장에 뛰어들면서 가족 중심의 크루즈가 활성화되는 데 크게 기여했다.

(4) 대형크루즈의 경쟁

1990년대에 들어서면서 주요 선사들은 2,000명 이상의 승객을 수용할 수 있는 7만 톤이 넘는 대형 크루즈 선박(large cruise ship)을 보유하기 시작하면서 대규모의 크루즈여행이 본격화되기 시작하였다. 최초의 대형 크루즈 선박은 RCI의 소버린 오브 더 시즈(Sovereign of the Seas, 1987, 73,192GT)호이며, 1990년대에 들어서면서 카니발 크루즈의 판타지(Fantasy, 1990, 70,367GT)호, 프린세스 크루즈의 선 프린세스(Sun Princess, 1995, 77,000GT), 셀러브리티 크루즈의 센츄리(Century, 1995, 70,606GT)호, 코스타 크루즈의 코스타 빅토리아(Costa Victoria, 1996, 75,951GT)호 등의 대형 선박들이 경쟁적으로 시장에 진입하게 된다. 특히 카니발은 판타지 호 이후 1998년까지 7척의 자매선을 더 소유하였다. 그러나 7만톤급 대형 크루즈 선박이 시장에 진입한지 얼마 되지 않아 카니발 크루즈에서 초대형 선박(VLCV)인 카니발 데스티니(Carnival Destiny, 1996, 101,353GT)호를 시장에 선보여 크루즈 선박의 대형화를 주도하였다.

(5) 유럽 크루즈 시장의 회복

미국 크루즈 시장이 1980~1990년 급성장을 했던 반명 전통적 크루즈 시장인 영국이 1970~1980년대 침체기를 겪으면서 하락세를 거듭하고 있었다. 그러던 중 1980년대 후반부터 영국 크루즈 시장은 북미시장의 수직통합(vertical integration)에 의해서 다시 팽창하기 시작하였다. 전통적인 휴가 시장을 공략하던 유럽의 여행사들이 크루즈 시장으로 사업을 확장하기 시작하면서 특히 영국은 크루즈 휴가시장의 공급이 급속히 팽창하였다.

전통적으로 유럽인들, 특히 영국인에게 있어 바다, 태양, 해변이 휴가여행의 중요한 3요소로 작용한다. 1970년대 보잉사의 점보 제트기의 소개로 항공여행 패키지나 대중화된 이후로 대다수의 상품들은 영국 출발 전세항공기를 이용하여 지중해로 가는 여행이었으므로 좀더 다양한 곳으로 눈길을 돌리기 시작하여 플로리다,

케냐, 태국, 인도양까지 장거리 여행을 하기 시작했다.

또한 항공여행 이외의 다른 형태의 휴가여행을 찾는 사람들이 많아지면서 크루즈 여행이 부상하게 되었다. 그중에서 P&O는 영국 시장 점유율에서 우위를 점하고 있었는데, 1987년 128,500명에서 1996년 480,000명으로 9년 동안 약 4배나 증가하였다. 특히 44,000톤급 캔버라(Canberra)는 많은 재승선 승객과 신규 크루즈승객을 보유하고 있었다. 그러나 여전히 많은 객실과 좁은 공간은 승객의 불편을 초래했다.

(6) 여행사의 크루즈 시장 진입과 크루즈 시장 재편 시작

P&O의 캔버라호가 1997년 오랜 선량으로 퇴출되면서 영국 여행사들이 크루즈 시장으로 사업 영역을 확장하기 시작했다. 1997년 다이렉트 홀리데이(Direct Holiday)는 다이렉트 크루즈(Direct Cruises)를 창립하면서 캔버라호보다 작은 규모의 32,700톤급 유지니오 코스타(Eugenio Costa)호를 용선하여 에딘버러 캐슬(Edinburgh Castle)호로 서비스에 들어갔다. 초기에는 캔버라호의 크루즈 수요를 유인하는 데 초점을 맞추었는데, 캔버러호와 직접적 비교 광고를 홍보 수단으로 삼았다.

영국의 대표적 여행사 톰슨(Thomson)과 에어투어스(Airtours)는 직접 전세 항공기를 운항하면서 1995년부터 크루즈 사업에 뛰어들었다. 미국에서 운항되던 크루즈 선박을 용선하여 일반적인 해변 패키지 여행상품에 식상한 가족 시장에 항공연계 패키지 크루즈 상품을 개발하여 판매하였다. 1998년까지 두 회사는 지중해와 아틀랜틱 섬(Atlantic Islands)에서부터 카리브해 시장까지 사업영역을 확장해 가면서 급성장하였다.

수직 통합을 통해 새롭게 크루즈 시장에 진입한 유럽의 여행사들은 전통적인 크루즈 시장에 그들이 가지고 있던 다양한 종류의 패키지 상품을 적절히 혼합한 크루즈 상품을 판매하였다. 주로 이들이 크루즈 상품을 개발하는 데 있어 가족 단위 승객의 오락적 재미에 주안점을 두었다. 또한 객실등급을 간소화하고 승선 시 객실을 배정하는 방법을 선택하여 승객들이 크루즈 여행에 쉽게 접근할 수 있도록 하였다.

당시 프린세스 크루즈의 스카이 프린세스(Sky Princess, 46,000GT)가 객실등급을 18개로 나누었던 반면, 톰슨의 아일랜드 브리즈(Island Breeze, 38,000GT)는 8개의 객실등급을 가지고 있었다.

표 2-4 발전기(1970년~1999)의 역사적 사건들

연도	내용
1970s	신규 크루즈사 설립 - 휴가계획자 중 1%만이 크루즈 여행 선택 크루즈라인은 항공사와 함께 항공-크루즈(fly-cruise) 상품 개발
1971	큐나드 라인이 Trafalga House Investment로 매각됨.
1972	테드 아리슨이 마르디그라스(Mardi Gras) 호 한 척으로 카니발을 창립했으나 첫 출항에서 좌초됨.
1973	호주 시드니 중심의 Sitmar Cruises 운항 개시. 군용선 개조한 페어스타(Fairstar)호 한 척으로 운항
1974	P&O의 프린세스 크루즈(Princess Cruises) 매입
	뉴욕 항만국 여객선 전용 터미널 설립
1975	아일랜드 프린세스(Island Princess)호 및 퍼시픽 프린세스(Pacific Princess)호를 배경으로 한 드라마 '사랑의 유람선(The Love Boat)' TV방영
1977	월드 익스플로러 크루즈(World Explorer Cruises)가 유니버스(Universe)호 한 척으로 창립
	홀랜드 아메리카 라인(Holland America Line)의 모나크 크루즈 라인(Monarch Cruise Line) 합병
1978	리차드 하들리(Richard Hardley)가 유나이티드 스테이츠 크루즈(United States Cruises) 창립
1979	아메리칸 하와이 크루즈(American Hawaii Cruises) 창립
	로리츠 클로스터(Lauritz Kloster)가 프랑스(SS France)호를 매입하여 카리브해 크루즈용으로 수리한 뒤 노르웨지안 캐리비안 라인(Norwegina Caribbean Lines)의 노르웨이(Norway)호로 개칭
1980	헬게 나스타드(Helge Narstad)가 시 가디스 크루즈(Sea Goddess Cruises) 창립
1981	미국 엠바고(embargo)로 인해 소비에트 여객선의 대서양 운항 중단
1982	아르헨티나와 영국 간의 포클랜드 전쟁(Falklands War) 발발로 큐나드 라인의 퀸 엘리자베스 2호와 P&O크루즈의 캔버라(Canberra)호를 군용 운송선으로 사용
1983	프리미어 크루즈 라인(Premier Cruise Lines) 창립
1984	스탠리 맥도날드(Stanley B. McDonald)가 선댄서(Sundancer)호 한 척으로 선댄스 크루즈(Sundance Cruises) 창립
	돌핀 크루즈 라인(Dolphin Cruise Line) 창립
	노르웨지안 크루즈 라인과 로얄 바이킹 라인이 합병되어 노르웨지안 크루즈라인(Norwegian Cruise Line)이 됨.
1985	챈드리스 그룹(Chandris Group)이 판타지 크루즈(Fantasy Cruises)를 매입하여 챈드리 판타지 크루즈(Chandris Fantasy Cruises)가 됨.

1986	이스턴 웨스턴(Eastern Western Motor Group)과 선댄스 크루즈(Sundance Cruises)가 합병되어 어드미럴 크루즈(Admiral Cruises)가 됨.
	큐나드라인이 시 가디스 크루즈를 매입(Sea Goddess 1,2호)
	윈스타(Windstar)호는 컴퓨터시스템을 이용한 항해를 도입한 선박으로 '항해의 로망스'라고 불리는 현대 크루즈선의 안락함을 소개
1987	퀸 엘리자베스2호가 증기 터빈에서 디젤 전기동력으로 교체
	오션 크루즈(Ocran Cruises)와 스칸디나비아 펄 크루즈(Pearl Cruises of Scandinavia)가 합병되어 오션 크루즈 라인(Ocean Cruise Line) 설립
1988	일본 NYK Line(Nippon Yusen Kaisha)의 크리스탈 크루즈(Crystal Cruises) 창립
	로얄 캐리비안 크루즈 라인(Royal Caribbean Cruise Line)과 어드미럴 크루즈의 합병
	카니발 크루즈가 HAL(Holland America Line), HAL의 호텔 · 육상교통운송사 및 Windstar 매입
	시본 크루즈 라인(Seabourn Cruise Line)의 첫 크루즈 선박인 시본 프라이드(Seabourn Pride)호 운항 개시
	프린세스 크루즈가 시트마르 크루즈(Sitmar Cruises) 매입
1989	찬드리 그룹의 셀러브리티 크루즈(Celebrity Cruises) 창립(Horizon호와 Zenith호)
	오슬로의 선박회사인 Fearnly & Eger의 르네상스 크루즈(Renaissance Cruises) 창립
1990	아코르 레저 그룹(ACCOR Leisure Company) 소유의 Croisieres Paquet가 오션 크루즈 라인(Ocean Cruise Line) 매입
	재팬 크루즈 라인(Japan Cruise Line)의 오리엔트 비너스(Orient Venus)호 운항개시(전세선과 인센티브 크루즈 중심
	미국 정부에서 6개월 용선한 큐나드 프린세스(Cunard Princess)호를 페르시아만 걸프전 휴식 센터로 사용
1991	카니발 크루즈 라인(Carnival Cruise Lines)이가 시본 크루즈(Seabourn Cruise Line) 주식 25%를 매입 시윈드 크루즈 라인(Seawind Cruise Line) 운항개시 NYK(Nippon Yusen Kaisha)이 SLC(Salen Lindblad Cruising) 매입
1992	어드미럴 크루즈(Admiral Cruises) 운항중단 파케 크루즈(Paquet Cruises)와 오션 크루즈 라인(Ocean Cruise Line)을 소유하고 있는 프랑스 레저사업그룹 Chargeurs & Accor가 코스타 크루즈 모체인 코스타 크로시에(Costa Crociere)의 주식 23% 매입
1993	카니발 크루즈 라인이 중남미 스페인어권 시장을 목표로 피에스타 마리나 크루즈(Fiesta Marina Cruises) 창립 큐나드 라인과 에프존(Effjohn)의 조인트 벤처로 큐나드 크라운 크루즈(Cunard Crown Cruises) 창립 George Poulides가 페스티벌 크루즈(Festival Cruises) 창립 프론티어 스피릿(Frontier Spirit)호가 일본 반환 및 독일 한시에틱 투어(Hanseatic Tours)의 용선으로 브레멘(Bremen)호로 개칭 델타퀸 스팀보트(Delta Queen Steamboat)가 아메리칸 하와이 크루즈(American Hawaii Cruises)를 매입

1994	델타퀸스팀보트가 아메리칸 클래식 보야지 컴퍼니(American Classic Voyages Company)로 회사명 변경 Tragalgar House가 로얄 바이킹 라인(Royal Viking Line)의 회사명 사용과 로얄 바이킹 썬(Royal Viking Sun)호 매입 래디슨 다이아몬드 크루즈(Radisson Diamond Cruises)와 세븐 시 크루즈(Seven Seas Cruise)가 래디슨 세븐 시스 크루즈(Radisson Seven Seas Cruises)로 합병 싱가포르에 본사를 둔 스타 크루즈(Star Cruises) 창립
1995	영국의 에어투어즈(Airtours)가 노르웨지안 크루즈 라인의 사우스워드(Southward)호와 RCC의 노르딕 프린스(Nordic Prince)호 매입 선라인(Sun Line)과 에피로디키 크루즈(Epirotiki Cruises)가 합병되어 로얄 올림픽 크루즈(Royal Olympic Cruise)가 됨.
1996	NCL과 RCL(Royal Cruise Line)의 모회사인 크로스터 크루즈(Kloster Cruise)의 RCL부문 폐쇄 발표 NCL에서 크라운 오디세이(Crown Odyssey)호와 로얄 오디세이(Royal Odyssey)호를 인수하여 노르웨지안 크라운(Norwegian Crown)호와 노르웨지안 스타(Norwegian Star)호로 개칭 퀸 오디세이(Queen Odyssey)호는 시본 크루즈 라인(Seabourn Cruise Line)이 인수하여 시본 레전드(Seabourn Legend)호로 개칭 스타 오딧세이(Star Odyssey)호는 프레드 올슨 크루즈 라인(Fred Olsen Cruise Line)이 인수하여 블랙 왓치(Black Watch)호로 개칭 큐나드 라인과 모회사인 트래팔가 하우스(Trafalgar House)를 크베르네르(Kvaerner)에서 매입
1997	하파그-로이드(Hapag-Lloyd)가 한시에틱 투어스(Hanseatic Tours)호와 탐험 크루즈선 한시에틱(Hanseatic)호 매입 카니발 코퍼레이션(Carnival Corporation)이 에어투어스(Airtours)와 함께 코스타 크루즈 주식 매입 RCI(Royal Caribbean International)가 13억 달러에 셀러브리티 크루즈 (Celebrity Cruises)매입 P&O 크루즈의 캔버라호 운항 서비스 중단 후 파키스탄에서 파쇄처리
1998	호주 연안항해관련법 폐지로 크루즈 선박의 자국 내 항구 정박 및 운항제한사항 해제 Kvaerner가 카니발 코퍼레이션(Carnival Corporation)이 포함된 컨소시엄에 큐나드 라인을 5억 달러에 매각 노르웨지안 크루즈 라인(Norwegian Cruise Line)이 오리엔트 라인과 마르코폴로호 매입

5) 절정기(1999~현재)

크루즈 크기의 본격적인 경쟁이 시작되었다. 즉 클수록 더 좋다(the bigger, the better)는 인식이 크루즈 업계를 휘몰아친 것이다. 1999년 로얄 캐리비안 크루즈는 14만 톤, 선수에서 선미까지 311m 당시 최대의 크기를 선보이며 업계의 경쟁 패러다임을 바꾸어 놓았다. 지금까지 잠재적인 시장(untapped market)이었던 크루즈 승객들에게 강력한 마케팅을 시작한다. 선박이 크다는 것은 거대한 자금력이 투하되고 그러한 자금을 동원할 수 있는 기업의 규모가 커야 한다는 전제가 된다.

따라서 크루즈 선사 간의 인수합병을 통해서 카니발 코퍼레이션과 로얄 캐리비안 인터네셔널 양강 구도가 형성된 것도 이 시기이다. 선박이 크다는 것은 그만큼 승객을 채워 넣어야 한다는 부담이 되기도 한다. 따라서 크루즈 티켓을 파는 여행사에 대한 지원을 아끼지 않은 때도 이 시기부터이다. 크루즈 티켓을 팔기 위해서는 여행사 직원이 크루즈에 대한 지식이 있어야 하며 개별 크루즈 입장에서는 총판 및 크루즈 본사를 통한 판매가 아닌 이상 본인들의 판매를 유도하기 위해서는 여행사와 좋은 관계를 맺어야 한다. 따라서 유력 크루즈 선사들은 공동으로 크루즈 판매 자격증 과정을 개설하여 여행사 직원들의 크루즈에 대한 이해를 높이고 아낌없는 팸투어 제공으로 적극적인 관계 유지에 나서게 된다.

표 2-5 절정기(1999~현재)의 역사적 사건들

년도	내용
1999	보이저 오브더시(Voyager of the Sea)호와 그랜드 프린세스(Grand Princess)호와 같이 선박이 보다 정교하고 대형화되고 선박 자체가 휴가 목적지의 역할을 하는 타입의 크루즈 선박 소개
2000s	보다 세분화되고 라이프 스타일에 맞춘 크루즈 등장. 1980년부터 2000년까지 북미 크루즈 시장이 연간 8% 성장 지속세를 보임.
2001	카니발 코퍼레이션이 에어투어스 지분 25.1% 매각 카니발 코퍼레이션이 노르웨이 선주인 Atle Brynestad와 Larry Pimentel에게 시본 가디스(Seabourn Goddess) 매각 미국 내 9·11테러 이후 르네상스 크루즈 라인(Renaissance Cruise Line) 운항중단 아메리칸 하와이 크루즈(American Hawaii Cruises)와 유나이티드 스테이츠 라인(United States Lines), 델타 퀸 코스탈 크루즈(Delta Queen Coastal Cruises) 운항중단 P&O Princess와 Royal Caribbean Cruises Limited의 합병으로 8개 사업군으로 재편(A' ROSA Cruises, AIDA Cruise, Celebrity Cruises, P&O Cruises, P&O Cruise Australia, Princess Cruises, Royal Caribbean International, Seetours, Swan Hellenic) 아메리칸 클래식 보야지(American Classic Voyages) 부도처리

2002	전 세계 7억만 명의 관광객 중 1,030만 명의 관광객이 크루즈 관광객으로 추정. 이 중 2.4%가 미국인이며, 영국인이 1.3%, 그리고 1% 이하의 유럽인이 매년 크루즈를 이용함. Valtur Tourism의 발투어 프리마(Valtur Prima)호 운항중단 시 드림 야트 클럽(Sea Dream Yacht Club)의 시드림(Sea Dream) 1호 및 시드림 2호 취항 골든 선 크루즈(Golden Sun Cruises)가 골든 스타 크루즈(Golden Star Cruises)로 개칭. 애게안(Aegean) 1호 취항
2003	150,000GT급 퀸 메리2호 진수 카니발 코퍼레이션이 P&O 프린세스를 인수하면서 세계 최대의 오퍼레이터로 성장, 세계 크루즈 업계 재편(이후 세계 4대 선사 그룹에서 세계 3대 선사 그룹으로 변경)
2004	카니발 크루즈가 7개의 신규 선박을 선보이며 전년 대비 17% 공급량을 늘려 업계의 강자로 유지 큐나드의 퀸 엘리자베스2호가 명명식을 가지고 시장에 진입(15만 톤, 3000명 승객)
2005	디즈니크루즈라인이 디즈니 매직호에서 기금조성 이벤트
2006	기록적인 11.7백만 명(전년대비 4.5% 성장)이 북미에서 크루즈를 탄 것으로 예측되며 CLIA 멤버 선사들이 전 세계적으로 11.2백만 명(전년대비 6.9% 성장)을 태운 것으로 기록됨. 알라스카 주민들이 크루즈와 승객에게 입항시 세금을 부과하는 것을 찬성함.
2007	카니발이 윈스타 크루즈를 엠베서더 인터내셔널에 매각 스타크루즈가 오리엔트라인의 배 마르코폴로(Marco Polo)를 매각
2008	퀸 엘리자베스호가 25번째 전세계 일주 항해 시작 로얄 캐리비안 크루즈가 전객실 흡연 금지 시작 세인트 빈센트(Saint Vincent)가 대서양 횡단선 3척의 기념우표 발행 크리스탈크루즈가 12일짜리 공연 프로그램 "Theater at Sea"테마를 선보임.
2009	MSC의 멜로디호가 소말리아 해변에서 해적과 충돌하여 물리침. 멕시코 항구에서 발발한 H1N1 바이러스로 카니발 등 주요선사가 서비스 일시중단 코스타 크루즈의 루미노사호가 "플레이스테이션월드"존을 선상에 설치 STX 유럽(핀란드의 투르쿠)이 당시 최대 규모의 오아시스호를 로얄 캐리비안에 인도
2010	루이스 마제스티 크루즈선의 승객이 스페인 북동쪽 연안에서 파도로 2명 사망 알라스카에서 크루즈 승객에 대한 세금을 줄이는 법안 통과 로얄 캐리비안 크루즈가 얼루어호를 STX유럽으로부터 전달받음.
2011	노르 웨이지안 크루즈가 SS. 유나이트라이너를 매각 셀러브리티가 실루엣호를 독일 조선소 마이어워프트로부터 인수
2012	코스타 크루즈의 콘코디아호가 이탈리아 이솔라델지골리오에서 좌초 프린세스 크루즈가 선실과 발코니에서 금연정책 실시

2. 크루즈 발전을 촉진시킨 10대 사건

(1) 타이타닉(1912)

출항 당시 불침선(unsinkable ship), 인간의 지혜로 만든 완벽체로 불렸던 화이트스타라인의 타이타닉이 대서양 횡단 중에 빙산과 충돌하여 수많은 사상자를 내고 침몰하였다. 당시 대서양을 건너는 유일한 방법(only way to cross)이었던 정기여객선의 안전에 대한 경종을 울렸으며 향후 SOLAS 등을 통해 선박의 안전규정에 대한 근본적인 고민이 시작된다. 아이러니하게도 이 사건이 1991년 영화화되면서 잠시나마 주춤했던 크루즈의 인기에 불을 붙였다.

숫자로 보는 타이타닉

- 화이트라인의 2호선
- 15년 경력
- 1912년 4월 10일 처녀 항해(maiden voyage)
- 46,328톤
- 3,327명 승선
- 1,178명분 구명보트
- 62세 선장
- 22노트(시속 40.7km)
- 1912년 4월 14일 오후 11시 40분 빙산충돌
- 오전 2시 30분 침몰
- 706명 생존
- 60.5% vs 41.7% vs. 24.5% 생존율

(2) 금주법(1920~1933)

미국의 금주법(禁酒法, the Prohibition)은 당시 술의 제조, 판매 · 운반 · 수출입을 금지하는 법인데 아이러니하게도 배의 새로운 용도에 대한 발상의 전환을 하게 한

사건이었다. 당시 합법적인 주류사업이 금지되자 알 카포네와 같은 갱단들이 밀주를 만들어 막대한 수입을 올리고 또한 술 가격이 급등하였다. 따라서 술을 합법적으로 먹기 위해서는 법의 영향이 미치지 않는 영해 바깥으로 나가 술을 먹었는데, 이를 부즈 크루즈(booze cruise) 혹은 목적지가 없는 크루즈(cruise to nowhere)라 한다. 이것이 오늘날 크루즈의 원형이기도 하다. 이러한 아이디어는 위락을 위한 크루즈, 술뿐만 아니라 공해상에서의 카지노 영업, 크루즈 선박 내 면세점 운영 등에 반영된다.

Fact about Prohibition: During the time of prohibition people would go on boats called "booze cruises". The ship would go out in to international water where is would be legal to serve alcohol(Belschner, T.).

(3) 속도전쟁(1920)

대서양을 어느 배가 빨리 건너느냐에 경쟁이 붙기 시작하여 이에 따라 선박기술이 비약적으로 발전한다. 여객선으로 대양을 건넌다는 것은 시간이 매우 걸릴 뿐 아니라 특히 3등 객실 이용객에게는 고통의 나날이었다. 따라서 선박 승객의 니즈와 맞물려 배를 어떻게 하면 빠르게 운항을 할 것인가가 관건이었다. 더 나아가 선박은 건조하는 국가의 힘의 상징이 되었다. 당시에 건조된 선박의 명칭에 유명한 황제나 국가의 이미지가 녹여져 있었다. 크루즈의 연돌(燃突, funnel)은 선박의 엔진에서 나는 연기 및 가스를 배출하는 굴뚝인데 많을수록 힘이 좋다고 하여 심지어 가짜 연돌(dummy funnel)까지 만들기도 했다. 그리고 항공기의 꼬리에 브랜드를 붙이듯이 연돌에는 브랜드 이미지가 적용된다.

(4) 미국이민법(1924)

1924년 7월 1일에 시행된 미국의 이민에 관한 법률로 1921년 이민 제한법의 3%

쿼터를 더 낮춰 미국으로의 이민을 제한하기 시작했다. 따라서 당시 대서양 횡단 여객선의 주요 고객층이 큰 폭으로 감소한다. 이민을 위한 여객선의 이용이 아니라 말 그대로 유람을 위한 크루즈(유람선)의 시대로 접근하고 있었다.

(5) 세계대전(1914~1945)

세계적 차원에서 일어난 전쟁은 여행수요를 급감시켰을 뿐 아니라 크루즈를 타고 다닌다는 그 자체가 위험이 되었다. 또한 다수의 여객선들은 개조되어 군함으로 전쟁에 투입되었다. 당시 독일의 I-103호 잠수함(일명 U보트)은 대서양을 횡단하던 민간 여객선들에게 어뢰를 쏘아 침몰시키는 등 악명이 높았다.

(6) 제트여객기(1958)

초고속 비행기의 등장은 여객선에 대한 수요를 더욱 더 감소시켰으며 따라서 크루즈는 새로운 고객층을 찾고 또 새로운 역할을 찾아야 했다.

(7) 펀십(1972)

카니발의 테드 애러슨은 새로운 선박 개념을 도출하여 '재미있는 배'로 브랜드화했는데 기항지보다는 선상프로그램 강조, 노년층보다는 젊은 층에 호소하는 등 혁명적 변화를 만들어냈다.

카니발 CM 송

In the morning, in the evening
Carnival' s got the fun
Sunny weather, all together
Carnival' s got the fun

If they could see you now
Out on fun ship cruise
They' d never believe it
If your friends could see you know

출처: Dickinson & Vladimir(1997).

(8) 사랑의 유람선(1977)

TV 드라마에 크루즈와 크루즈 선상에서 일어나는 승객과 승무원의 에피소드를 만들어 시청자층을 유력한 크루즈 승객으로 바꾸는 데 성공하였다. 다음은 드라마 초반부에 나오는 음악이다.

Love, exciting and new
Come aboard, we're expecting you
Love, life's sweetest reward
Let it flow, it floats back to you
Love Boat soon will be making another run
The Love Boat promises something for everyone
Set a course for adventure
Your mind on a new romance
And love won't hurt anymore
It's an open smile on a friendly shore
It's love, Welcome aboard, It's love!

(9) 크기전쟁(1996)

선박이 클수록 더 많은 선상 프로그램을 만들 수 있고 더 많은 고객을 태워 규모의 경제를 이끌어 낸다는 전략이 도입되었다. 따라서 오늘날의 크루즈는 '떠다니는 도시'라고 불린다. 예를 들어 500명 정도의 승객을 태우는 배를 건조하려면 2.6억 달러 정도가 들어가며 5,000명 이상의 승객을 수용할 수 있는 배를 만들려면 10.3억 달러 이상이 소요된다고 한다.

(10) 합병전쟁(2003)

크루즈산업 내 인수합병이 빈번하면서 카니발 그룹은 자사의 펀십 브랜드 이외에 다양한 기업의 브랜드를 확보하여 보다 다양한 고객층을 끌어들일 수 있었다. 카니발그룹은 프리미엄 브랜드인 시본, 전통의 홀랜드아메리카 등을 사들였으며 로얄 캐리비안 인터네셔널은 셀러브리티를 인수하여 자사의 프리미엄 브랜드화하였다.

그림 2-4 카니발그룹의 브랜드

출처: WLRN 홈페이지(http://www.wlrn.org).

3. 크루즈의 미래 트렌드[02]

(1) 젊은 승객(New generation takes to water)

노년층에 의한 은퇴 후 유유자적한 삶을 즐기는 수단이라는 인식이 바뀌고 있다. 크루즈 선상 및 기항지에서 활동적인 프로그램을 제공함으로써 젊은 층을 끌어들이고 있다. 이러한 추세는 선박의 대형화와도 밀접한 관련이 있다. 암벽등반시설, 파도풀 등이 선보인다.

(2) 여행사의 역할 증대(Travel agent use increases)

여행사는 크루즈 상품을 마케팅하고 판매하는 역할을 해왔는데 앞으로도 그 역할이 커질 것으로 보인다. 따라서 크루즈 선사는 여행사와의 보다 가까운 관계를 유지하기 위해서 노력, 자격증 과정의 운영으로 우수한 여행사를 선별해 나가고 교

02 CLIA(Cruise Line International Association)의 State of the industry를 참조하여 작성하였다.

육적 투자와 팸퍼링 투어 제공을 통해 여행사를 베이케이션숍(vacation shop)으로 바꾸어 나간다.

(3) 리버 크루즈(River cruise demand increases)

대형 메이저 크루즈 선사가 주로 오대양을 무대로 하는 해양 크루즈(ocean cruise)에 치중하였으나 강과 하천을 중심으로 중소규모 오퍼레이터들이 등장하고 있다. 전통적인 유럽의 하천, 중국 양쯔강 등을 중심으로 하천만을 전문으로 항해하는 크루즈이다. 독일의 라인강 리버 크루즈, 미시시피강 리버 크루즈, 아마존강 리버 크루즈는 이미 세계적으로도 유명한 River Cruise 코스에 해당한다.

(4) 크루즈의 사유섬(More private islands on cruise itineraries)

프라이빗 아일랜드는 크루즈 회사가 매입한 섬으로 메이저 크루즈사의 전매특허가 되고 있는데 승객의 안전, 타 기항지의 입항 시에 제반 경비 등을 해결하는 데 유력한 수단이다. 섬 내부에는 원주민이 없고 크루즈 승객이 즐길 수 있는 위락시설이 구비되어 있다.

(5) 아직도 오션 크루즈(New cruise will take to the seas)

오션 크루즈는 항해 지역이 공해상으로 나아가 다른 몇 개의 국가를 항해하는 크루즈를 말한다. 우리가 다루고자 하는 크루즈 유형이 이 해양 크루즈를 의미한다. 이러한 경우에 다른 국가를 항해하는 경우이지만 일정한 지역을 벗어나지 않고 항해하는 크루즈형태가 존재하기도 하나 전반적으로 해양 크루즈라고 간주한다. 예를 들면 캐리비안 크루즈, 지중해 크루즈, 발탁해 크루즈, 동남아 지역 크루즈 등이 이에 해당한다고 볼 수 있다.

(6) 연결성 좋은 항구(Drivable port locations in favor)

항구와 항구는 서로 독특한 차별성을 가져야 한다. 이동거리가 짧고 승객의 승하선에 무리가 없는 곳, 문화와 분위기가 다른 곳이 선호된다. 또한 입항시에 비용이 크지 않고 무리없는 인프라가 갖추어져야 한다.

(7) 스타 셰프(Lure of celeb chefs)

전통적인 크루즈의 식사는 메인 다이닝룸에 모여 이루어지나 승객들에게 보다 다양한 식사체험을 제공하기 위해서 특별 유료 레스토랑을 제공한다. 로얄 캐리비언 크루즈의 심포니호는 영국의 스타 셰프 제이미 올리버의 레스토랑을 선상에 구현하여 경쟁력 있는 가격을 선사하고 있다.

(8) 모험과 탐험(Demand for expedition cruises)

선박의 본래 문화인 도전과 극복을 구현하기 위해서 극오지 탐험 등을 제공하는 선박들이 각광받고 있다. 미지의 세계로의 도전 등 범선 스타일 구현, 연관되는 기항지 관광(Shore Excursion) 프로그램 등이 제공된다.

(9) 인스타그램화하는 크루즈(Instagrammable cruise travel)

인스타그램 사진들이 여행의 감칠맛을 주고 있으므로 선상에서 인터넷 연결을 통해서 크루즈 승객은 여행 중에 다양한 순간들을 저장하고 기억할 수 있다.

(10) 토탈 활력 회복(Total restoration)

승객들은 일상의 스트레스 때문에 여느 때와 달리 일상의 부담에서 벗어나 새롭게 활기를 얻으려 한다. 크루즈 선사들은 원기회복을 해주는 스파 체험, 선상 산소바(bar), 건강메뉴, 다양한 식사선택, 최신 개발된 피트니스 프로그램 등을 제공함으로써 토탈 웰니스를 제공한다.

(11) 체험을 통한 성취감(Achievement over experience)

여행체험이 성취감을 주는 체험으로 바뀌고 있는데 단순하게 보는 관광을 넘어서는 체험을 찾기 때문이다. 버킷리스트는 목표지향적이고 크루즈라인이 이러한 요구를 충족시켜 주고 있다. 승객은 마추피추를 등반할 수 있고 르 코르동 블루의 셰프가 주관하는 요리강습을 배울 수 있다.

(12) 선상 스마트 기술(On-board smart tech)

여행객들은 일상과 같이 여행 중에도 스마트 기술을 사용하길 원한다. 크루즈라인은 크루즈 선박 안팎에서 고도의 개인 맞춤 여행체험을 제공하기 위해 크루즈 승객들을 위한 기술(키체인, 목걸이, 팔찌, 앱 등)을 적용하고 있다.

(13) 책임성 있는 여행(Conscious travel)

여행을 하는 사람들은 의식 있고 자각이 있는 방식으로 세계를 바라보고자 한다. 크루즈 산업은 예전보다 매우 책임을 느끼면서 여행목적지의 지역과의 협력, 문화와 랜드마크 등에 대한 존중, 환경적 영향을 최소화하는 노력을 하고 있다.

(14) 새로운 호화로움으로의 접근(Access os the new luxury)

여행객은 이전에 도달하지 못했던 여행지에 주목하기 시작하였는데, 갈라파고스 제도부터 북극까지, 크루즈 선박이 아니면 접근할 수 없는 곳까지 포함한다.

(15) 바다의 Z세대(Gen Z at sea)

2020년이 되면 Z세대는 최대의 고객집단이 될 것이며 심지어 밀레니엄 세대를 추월할 것이다. 이러한 세대들은 물질적인 소유보다는 체험을 중시하며 따라서 여행을 선호한다. 다양한 기항지와 독특한 체험을 소구하면서 예를 들면 선상에서 음악축제와 같이 이 새로운 범주의 크루즈승객을 유혹한다.

(16) 비수기의 모험(Off peak adventures)

비수기 여행이 인기를 끌고 있는데 승객들이 따뜻한 지역에 불어 닥친 추위로부터 탈출하거나 새로운 지역에서 추위를 맛보거나 하는 등이다. 크루즈는 인생 최고의 경험을 선사하는데 북극광, 펭귄서식지, 유럽 크리스마스 시장 등을 방문한다.

(17) 일하는 유목민(Working nomads)

여가와 일을 동시에 하는 것이 추세로 자리 잡았다. 컴퓨터를 철저히 배제하는 여행이 아니라 현대의 여행객 혹은 디지털 유목민들은 시간을 줄이고 돈 버는 기회를 잃지 않기 위해서 원격으로 일을 한다. 와이파이, 책상 그리고 일하기에 편리한 카페에서 크루즈 여행을 즐기면서 동시에 일을 한다.

(18) 여성을 위한 크루즈(Female centered cruises)

여성 여행자가 증가함에 따라 여행사는 그들만의 관심과 여성들을 연결시켜 주는 이른바 여성 중심의 여행일정을 선보이고 있다. 여성 중심의 크루즈는 바다 위에서 전 세계를 도는 크루즈와 함께 유명한 페미니스트 랜드마크로서 여성의 공동체를 만들어 낼 수 있다.

(19) 혼자 여행 떠나기(Going solo)

인터넷 검색에 '솔로여행'과 '혼자 여행하기' 등이 예전에 비해 많이 등장하면서 홀로 여행의 인기를 반영하고 있다. 크루즈는 혼자 여행하는 사람이 잡다한 것을 고민하지 않고 저 멀리 떠나고, 다른 여행객과 만남을 주선하여 공동체적인 연결과 인생에 단 한 번뿐인 체험을 제공한다.

CHAPTER

03

크루즈 선박

1. 지구에 대한 이해
2. 해안공학
3. 크루즈 선박에 대한 이해

Chapter 03

크루즈 선박

크루즈 선박의 주 무대인 지구, 특히 바다에 대한 기본적인 지식과 함께 선박의 기초적인 하드웨어에 대한 이해에 도움을 주고자 한다. 마치 자동차를 이용하는 사람이 자동차의 구조를 알면 좀 더 재미있게 이용할 수 있는 것과 같다. 더 나아가 유능한 영업사원이 본인이 팔고 있는 상품에 대하여 더 명확하게 알아야 하는 것과 같은 이치이다.

1. 지구에 대한 이해

지구와 지구의 지표면은 어떻게 이루어져 있는지, 물로 채워진 부분을 무엇이라고 부르는지, 배를 움직이게 하는 바람 등에 대한 기초적인 지식을 담았다.

2. 해안공학

해안은 바다와 육지가 서로 만나는 점이자, 선박이 쉬는 곳이며, 승객의 승하선이 이루어지는 곳이다. 이러한 해안을 중심으로 항만 등에 대한 기초적인 지식을 담았다.

3. 크루즈 선박에 대한 이해

선박의 개념, 크루즈란 무엇인가, 크루즈를 나타내는 주요 특징들(ship fact), 크루즈의 주요 시설 그리고 더 나아가 크루즈 디자인에 대한 트렌드를 제시하였다.

열쇠말

노트, 영해, 편의치적, 풍파, 항구, 해리, 해양, GRT

학습목표

1. 크루즈의 배경이 될 지구 환경과 바다의 환경에 대하여 이해한다.
2. 크루즈의 배경이 될 해양과 관련한 해안공학 상식과 항만시설에 대한 기초적인 상식을 배운다.
3. 크루즈 선박의 시설과 구조를 이해한다.

본 장과 관련된 NCS학습모듈은 별도로 없으나, 그러나 본 장에서는 크루즈 선박의 운항과 관련된 지식을 습득함으로써, 고객의 승하선 관리 등을 다루는 모듈 1. 크루즈 프런트 관리, 해상에서의 안전과 환경 등을 다루는 모듈 10. 크루즈 선상지원 관리 등의 이해를 돕는 데 있다.

도입사례

낯선 리버크루즈 여행이 가까워진다

〈과거의 리버크루즈〉

1990년대 초 리버크루즈는 아시아는 물론 북아메리카에서도 잘 알려지지 않은 여행이었다. 당시 캐빈은 작았고, 트윈베드와 둥근 창 등 기본적인 시설이 전부였다. 배는 우아하기보다 실용적이었고, 각 항구에서 한 번씩 기항지 투어가 있었다.

〈현재의 리버크루즈〉

현재의 리버크루즈는 25년 전과 비교하여 많은 것이 변했다. 대리석으로 마감된 캐빈에는 두꺼운 타월, 각종 어메니티가 준비되어 있고, 킹 사이즈 침대에 누워 천장부터 바닥까지 내려오는 통유리 창을 통해 유럽의 아름다운 풍경을 감상할 수 있게 되었다. 피트니스 룸, 월풀, 전망을 위한 넓은 데크, 무료 와이파이, 에스프레소 기계 등 승객의 편암함에 초첨을 맞춘 편의 시설은 이제 업계 표준이 되었다. 모든 선사가 캐빈 수를 줄이고, 크기를 확대하면서 고급스러움을 더했다. 기항지 투어도 새롭고 다양해졌다. 크루즈 라인 인터내셔널 협회에 따르면 지난 3년간 약 570만 명의 사람들이 리버크루즈를 탑승했고, 이 숫자는 2009년부터 두 배 이상의 성장을 보였다.

〈미래의 리버크루즈〉

향후 리버크루즈는 캐빈의 디자인, 기능의 혁신, 지역성이 강조될 것으로 전망된다. 좁은 강 지형과 낮은 다리의 제한으로 크루즈는 더이상 커지지 않을 것이다. 업계 관계자는 매일 아침마다 침대에 놓여있는 선상 신문은 곧 사라질 거라고 전한다. 스마트폰 앱이 그 자리를 대체할 것이다. 예를 들면 곧 선보일 아발론의 '아발론 고' 앱으로 여행 일정, 지도, 지역, 역사 등을 알아보고, 인근 명소, 지역 카페, 레스토랑 바 등 각 목적지 탐험을 할 것이다. 또 혁신적인 AI기술로 언어의 장벽이 낮아질 것이다. 테마 크루즈는 새로운 여행을 제시한다. 프라하에서 부다페스트까지 운항하는 레전더리 다뉴브 상품을 통해 소설 아웃랜더의 저자 다이아나 개벌든과 함께하는 '작가 크루즈'를 즐길 수 있다. 또 와이너리 방문 및 스페셜리스트에게 음식 페어링도 배울 수 있다. 미래의 리버크루즈는 고급스러운 캐빈 경험과 함께 기항지에서 더 오래 머물며 현지 문화를 즐기고, 나만의 경험을 쌓을 수 있는 여행이 될 것이다.

출처: 마니아리포트(2018. 3. 15.).

example

1. 지구에 대한 이해

1) 지구의 개념과 구성요소

(1) 지구

우리가 살고 있는 지구는 태양계에 속한 한 행성으로, 45억6,700만 년 전에 형성된 것으로 추정하고 있다. 태양계가 형성되던 시점과 때를 같이한다. 원시 태양계 원반의 태양 가까운 부분에서는 갓 방출되기 시작한 태양의 복사에너지에 의해 휘발성 성분이 제거되면서 규소를 주성분으로 하는 암석 종류와 철, 니켈 등의 금속 성분이 남게 되었다. 이렇게 생성된 지구의 구성을 살펴보면 다음과 같다.

표 3-1 지구의 환경

구 분	내 용
적도지름	12,756.25km(1만 2,756km)
극지름	12,713.5km(1만 2,713.5km)
둘레	40,075km(40,075Mm)
표면적	5억 1,007만 2,000km^2
질량	5.9736 x 10^{24}kg
태양기준거리	1.000001018AU(약 150기가미터)
공전주기	365.256363일(약 31.5581497632메가초)
자전주기	23시간 56분 4.1초(0.99726968일)
자전축 기울기	23.4392811°
대기압	101.325kPa
평균온도	288K(섭씨 15도)
최고온도	330K(섭씨 57도)
최저온도	184K(섭씨 –89도)
위성	1개(달)

(2) 대기

대기의 기본적인 주성분은 아래와 같은 성분의 물질로 구성되어 있다. 우주에 수많은 혹성 중에서, 지구의 대기와 같은 성분으로 구성되어 있는 혹성을 현재의 천체 우주 과학으로는 발견하지 못하고 있다. 이러한 지구의 조건은 생명체가 존재한다는 것을 의미한다.

표 3-2 공기의 구조

성 분	화학식	체적비(%)	중량비(%)
질소	N_2	78.084	75.51
산소	O_2	20.946	23.01
아르곤	Ar	0.934	1.286
이산화탄소	CO_2	0.032	0.040
계		99.996	99.846

(3) 지구의 형성

지구(地球, Earth)는 태양계의 세번째 행성이며, 지구형 행성 중에서 가장 크다. 지구는 45억 6,700만 년 전에 형성된 것으로 추정하고 있다. 지구에는 위성인 달이 존재하고 있는데, 지구를 공전하는 달에 의하여, 지구는 많은 영향을 받는다. 특히 지구 표면적의 70%를 이루고 있는 바다는 달의 영향을 크게 받고 있다. 지구를 의미하는 기호의 두 선분은 자오선과 적도를 의미한다.

지구는 엷은 대기층으로 둘러싸여 있으며, 현재까지 알려진 우주의 행성 중에 생물이 살 수 있는 유일한 행성으로 알려졌다. 처음 지구가 탄생할 시기를 원시지구라고 하는데, 이 원시지구의 열원은 크게 3가지로 설명할 수 있다.

첫 번째는 소행성과의 충돌이다. 그 충돌 결과 운동에너지를 열에너지로 바꾸어, 원시지구를 뜨겁게 가열했다고 한다. 두 번째는 중력에너지이다. 원시지구가 충돌로 인한 가열 때문에 조금씩 녹기 시작하자, 그때까지 뒤섞여 있던 철과 규소가 중력에 의해서 서로 분리되기 시작한 것이다. 무거운 철이 중력에너지가 낮은 지구 중심으로 쏠려 내려가면서 굉장한 중력에너지를 열에너지의 형태로 방출한다고 보는 것이다. 세 번째는 원시 태양계에 충만하던 방사성 동위원소의 붕괴열이다. 지구의 바깥 부분이 완전히 녹은 상태를 마그마 바다라고 한다. 이 마그마 바다의 깊이는 수백 km에 달했다고 여겨진다. 중력 분화가 끝나고, 낙하할 소행성들도 거의 정리가 되자 지구는 식기 시작한다. 마그마 바다가 식기 시작하면서 최초의 지각이 형성되었다고 보는 것이다.

(4) 대기와 바다의 형성

지구의 대기는 암석과 마그마로부터 방출된 기체들이 지구 주위에 중력으로 묶이면서 시작되었다. 원시 대기를 이루는 물질은 지구를 형성한 소행성과 혜성 따위에 포함되어 있던 휘발성 물질로부터 비롯되었다. 지구가 식어가면서 마그마 바다가 식어 고체의 바닥이 다시 형성되고, 혜성에 들어 있던 물은 미량이지만 많은 양의 혜성이 떨어지면서 축적되기 시작했고, 마그마가 식어 고체의 바닥이 형성된 후에 원시 대기의 수증기 성분이 응결하여 비가 내리기 시작하였다. 비는 원시 바다를 형성하였다. 이때 땅과 대기의 염분들이 비에 의해 녹아 바다로 들어가면서 바다가 짜게 되었고 소금을 얻을 수 있게 되었다.

지구의 대부분은 수성, 금성, 화성, 달과 마찬가지로 암석과 금속으로 이루어져 있다. 지구를 포함한 이들 다섯 천체 중에서 지구는 가장 무거우며 또한 크다. 밀도 역시 가장 높으며, 표면 중력, 자기장, 자전 각속도가 가장 큰 천체이다. 지구의 내부구조는 대체로 층상구조를 이루고 있다. 지구의 최외각 부분은 주로 유체로 되어 있는데, 구성 물질에 따라서 대기권, 수권으로 구분한다. 생물권은 그 양이 매우 적고, 대부분의 경우 지구의 물리적 층으로는 인정하지 않고 있다.

- 지구의 층상구조는 가장 바깥부분부터 지각, 맨틀, 외핵, 내핵으로 나뉜다.
- 지구의 지름은 12,756.2km인데, 암석권(0~60km), 연약권(60km~ 200km), 중간권(맨틀)(200km~2,890km), 외핵(2,890km~5,100km, 섭씨 3,000~5,500도),

내핵(5,100km~6,378km, 섭씨 5,500도 이상)으로 구분한다.

그림 3-1 지구의 내 · 외부 구조

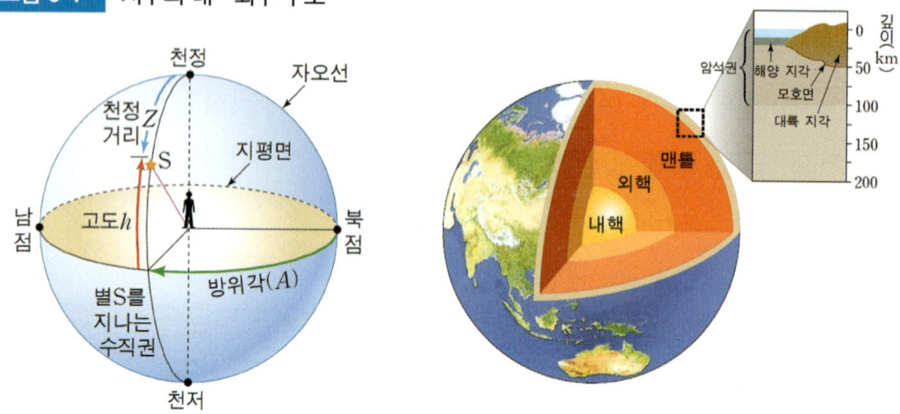

(5) 자전과 공전

① 자전

지구의 자전은 지구가 스스로 한 바퀴를 도는 것을 말한다. 지구의 자전 방향은 북극에서 보았을 때 시계 반대방향이다. 그래서 해가 동쪽에서 뜨는 것처럼 느껴지는 것이다. 달과의 인력과 바다의 밀물과 썰물의 상호관계 때문에 지구의 자전 속도는 느려지는데, 매년 0.000017초 정도가 느려지고, 달과의 거리는 매년 4cm씩 멀어지고 있다.

② 공전

지구의 공전은 지구가 태양을 한 바퀴 도는 것으로, 두 천체가 중력에 의해 공통 질량 중심 주위를 일정한 주기를 가지고 도는 운동을 말한다. 흔히 지구가 태양을 중심으로 도는 것처럼 생각할 수 있지만, 엄밀히 말하면 두 물체의 공통 질량중심을 기점으로 해서 도는 것이다. 다만 태양이 압도적으로 무겁다보니, 공통질량 중심이 태양 내부에 가까워서 지구가 태양을 중심으로 공전하는 것처럼 보이는 것이다. 지구는 태양을 365.2564 태양일의 주기로 공전하고 있다.

2) 대륙붕

(1) 대륙붕

대륙붕(大陸棚, Continental shelf)은 바다의 수심이 35m~240m인 대륙의 연장 부분으로, 해수면의 상승과 파도의 침식작용에 의해 운반된 퇴적물이 쌓여서 만들어진 지형을 말한다. 영해의 밖에 있는 비교적 얕은 공해의 해저 부분을 말한다. 대륙붕은 해양면적의 8%에 불과하지만 수산, 광산자원이 풍부하다. 그래서 생물의 종류는 매우 많고 다양하다. 대륙붕에 존재하는 해양생물은 해양 전체에 살고 있는 해양생물의 절반 가까이를 차지한다.

(2) 대륙붕 조약

대륙붕 조약은 1945년 미국 대통령 트루먼의 '미국 주위의 대륙붕의 자원은 미국에 속한다.'는 트루먼 선언 이후, 각국은 잇달아 이 같은 선언을 발표하였다. 이러한 선언 확산은 1958년의 대륙붕 조약을 탄생시키게 되었다.

(3) 대륙붕의 범위

영해 밖으로 육지영토의 자연적 연장에 따라 대륙변계의 바깥 끝까지 또는 대륙변계의 바깥 끝이 200해리에 미치지 않는 경우에는, 200해리까지의 해저지역의 해저와 하층토를 대륙붕의 범위로 본다. 단, 대륙변계의 바깥 끝이 200해리를 넘더라도 영해기선으로부터 350해리를 초과할 수 없다.

3) 심해

(1) 심해

심해(深海, Abyss)는 대륙사면을 벗어나 깊이가 2,000m~6,000m인 깊은 바다를 의미한다. 심해에는 넓은 평원모양의 해저바닥 지형인 심해평원(abyssal plain)이 존재한다.

(2) 지구의 해구

해구란 바다의 깊은 곳으로, 심해저에서 움푹 들어간 좁고 긴 협곡으로 수심 6,000m 이상이고, 급경사면에 둘러싸인 해저지형이다. 현재 지구에는 25~27개의 해구가 존재한다고 한다. 인도양에 1개, 대서양에 4개, 나머지는 태평양에 모여 있다. 지구상에서 가장 깊은 해구는 마리아나 해구이다. 이 해구의 깊이는 약 11km(6.8 마일)로, 북태평양의 서쪽 대양에 위치해 있으며 동쪽과 남쪽에는 마리아나 제도가 있고, 가까이에는 괌이 위치해 있다. 이곳의 수압은 108.6MPa로 지상의 기압보다 천배가 넘는 압력이 주어진다.

4) 물

(1) 물의 구조

물은 화학적으로 산소와 수소의 결합물이다. 지구의 지각이 형성된 이래 물은 고체, 액체, 기체의 상태로 변화하면서 존재한다. 이 물은 지구 표면에 매우 중요한 구실을 하고 있다.

(2) 물의 존재형태

천연적으로 존재하는 물은 도처에 있는 바닷물, 강물, 지하수, 우물물, 빗물, 온천수, 수증기, 눈, 얼음 등으로 존재한다. 물은 바다, 빙원, 호수, 하천의 형태로 지구 표면적의 ¾을 차지하고 있다. 물은 모두 합하면 약 13억 3천 만 입방 킬로미터이다. 그중에 지구 내부의 흙이나 바위 속에 스며있거나, 지하수의 상태로 약 820만 입방 킬로미터가 존재한다. 그 나머지는 지구의 표면에 입체, 액체, 기체 형태로 존재한다. 물은 또한 생명체 구성의 대부분을 차지하는 물질이기도 하다. 인체는 약 70%, 어류는 약 80%, 그 밖에 물속의 미생물은 약 95%가 물로 구성되어 있다.

물과 크루즈의 속력

선박이 전진하면 선체에 저항이 생기는데, 선체와 물의 마찰로 생기는 마찰저항과 선체가 전진하면서 만들어지는 파도에 의한 저항, 즉 조파(造波)저항 등이 생긴다. 따라서 마찰과 저항이 일어나면 배가 잘 나가지 않고 연료소모가 크다. 배의 구상선수(球狀船首, bulbous bow)는 배의 수면아래 돌출된 부분인데 조파저항을 감소시켜 주는 역할을 한다(한창용 · 이한석, 2018).

5) 해양

대륙과 대륙 사이에 있는 수역의 대부분으로, 독립된 고유의 크기, 염분, 조석계(潮汐系), 해류계(海流系)를 가진 넓고 깊은 수역을 말한다. 대양은 기본적으로 태평양, 대서양, 인도양의 3대양을 기본으로 하지만, 여기에 북극해와 남극해를 추가하기도 한다.

해양과 크루즈 권역(cruise area)

해양은 크루즈가 파는 대상이 된다. 디킨스와 블라디미르는 그들의 저서를 통해 크루즈란 바다를 파는 것이다(selling the sea)라고 하였다. 해양 중에서 특히 크루즈 시장으로 두드러진 곳이 있는데, 이곳을 크루즈 권역(cruise area)이라고 한다. 북미의 카리브해, 유럽의 지중해 등이 대표적이다. 따라서 크루즈 선사 입장에서는 해당 크루즈 권역에 만들어진 크루즈 항구(port)를 중심으로, 크루즈 승객에게 어필할 수 있는 매력적인 상품을 만들어 내는 것이 시장점유율을 높이는 방법이다. 이와 같이 해양은 크루즈 상품을 만드는 데 중요한 관광자원이다. 따라서 가능한 날씨의 변화가 심하지 않고 파도가 높지 않으며, 많은 기항지(각 기항지마다 색다른 차별성을 보유하고 있는)를 보유하고 있는 해양이 좋다.

2. 해안공학

1) 바람과 해류

(1) 바람(Wind)

바람이란 유동하는 공기이다. 그런데 해안과 항만은 바다와 접해 있어 바람, 풍파, 파랑, 조석 등의 천연조건에 많은 영향을 받는다. 해안에서 풍속이란 해수면 10m의 위치에서의 바람의 속도를 표준으로 한다. 바다에서의 바람은 풍속과 풍향으로 표현된다. 바람은 범선 등에서 동력으로 활용하며, 동시에 파도와 함께 선박을 요동치게 하여 크루즈의 안전을 위협하기도 한다.

(2) 풍도(風圖)

풍도(Wind Rose)는 어느 지역에서의 풍속과 풍향이 어떻게 분포되어 있는지를 나타내는 그림이다. 풍배도 혹은 바람장미라고도 하는데, 선박이 안전하고 경제적인 항해를 할 수 있도록 하는 다양한 정보 중에 하나이다.

- 평균 풍속: 관측 10분간의 풍속의 평균값
- 최대 풍속: 평균 풍속의 최댓값
- 순간 풍속: 어느 한순간의 풍속
- 최대 순간 풍속: 10분간 평균풍속의 1.5배
- 계절풍: 1년 중 어느 한 계절에 부는 바람
- 간풍: 10m/sec 이상의 바람
- 해수면에서 높을수록 풍속은 크다.

그림 3-2 풍도

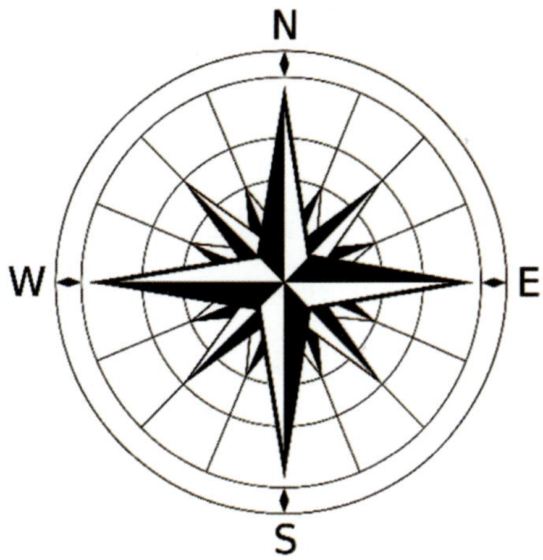

(3) 풍파(風波, Wind Wave)

풍파는 풍랑이라고도 하며 물 표면을 부는 바람의 작용에 의해 발달한 파랑(wave)으로 주기는 10~15 sec 이하이며, 파고는 보통 2m 이하이다. 풍랑은 파도와 파도 사이의 간격이 비교적 짧고, 일반적으로 마루가 뾰족하고 둥근 모양의 골을 가진다. 풍파가 바람이 없는 다른 해역으로 진행할 때, 이를 너울(swell)이라 한다. 너울은 마루와 골이 둥글고 그 간격이 길다. 풍파 및 너울이 얕은 바닷물에서 부서지는 것을 기파(surf)라 한다. 선박이 폭풍을 수반한 심한 풍파와 조우하면 파손되거나 침수되기 때문에 주의하여야 한다.

풍파의 크기는 다음에 의해 결정된다.

- 풍속(Wind Velocity)
- 연취시간(Wind Duration): 바람이 분 시간
- 취송거리(Fetch Length): 바람이 분 해상의 거리

(4) 파랑(波浪, Wave)

파랑은 대기와 접하는 자유 수면을 가지며, 시간과 공간적으로 변하고 표면장력

파에서부터 조석에 이르기 까지 다양한 주기에 의하여 분포되어 있다. 파랑의 종류는 표면장력파(Capilary Wave), 중력파(Gravity), 장주파(Long Wave), 조석(Tide)으로 나뉜다. 파랑(Wave) 또는 파는 바람에 의한 풍파, 폭풍에 의한 고저, 지진활동에 의한 쓰나미, 지구, 달, 태양 사이에 의한 인력에 의한 조석 등 다양한 원인에 의하여 발생한다. 풍랑은 마루가 뾰족하고 파도 사이의 간격이 짧은 반면에 너울은 마루가 둥글고 간격이 길다. 풍랑이 수심이 얕은 연안에 오면, 밑바닥의 영향으로 연안쇄파가 된다. 파랑은 물 입자의 운동이 표면 근처에만 미치므로, 조석처럼 그 운동이 깊은 바다까지 미치는 심해파에 대해서 표면파로 구분된다. 파랑은 선박의 운항에 영향을 미치는데, 예를 들어 관련기관은 예상통계치를 작성하여 예보 등을 통해 선박의 운항가능일수 등을 결정한다.

그림 3-3 파랑의 구조

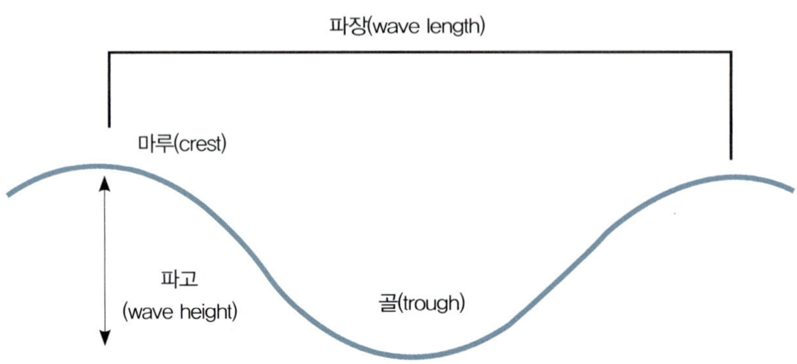

(5) 조석(潮汐, Tide)

달, 태양 등 천체의 인력작용으로 해면이 1일 2회 주기적으로 오르내리는 현상을 말한다. 조석은 지구 · 태양 · 달 사이의 인력의 결과 일어나는 비틀림에 의하여 일어난다. 조석의 기조력의 원인에는 달뿐만 아니라 태양도 얼마만큼 영향을 끼친다. 달의 인력효과가 지구의 대양에 미친 것과 같이 태양에 대해서도 적용할 수 있다. 또한 천체에 의한 인력, 천체와 지구 사이의 지구 공전에 의한 원심력, 기압의 변동, 장주기 파랑에 의한 수위의 변동 등에 의한 역학 관계로 발생한다. 조석은 천문조와 기상조로 나뉜다. 따라서 선박은 시시각각 변하는 바닷물의 높이를 파악하여 안전한 운항을 하여야 한다.

(6) 조류(潮流, Tidal Current)

해류(海流)라고도 하는데, 해류는 일정한 방향으로 흘러가는 바닷물의 운동을 말한다. 조류는 일반적으로 조차, 해저지형 등의 영향을 받는다. 그리고 조류는 난류(온도에 따라 따뜻한 흐름)와 한류(차가운 흐름)로도 나뉜다. 조류는 또한 그 원인에 따라 바람에 의한 취송류, 바닷물의 밀도차이에 의한 밀도류, 해면의 경사로 인한 경사류 등으로 나눈다. 조석 간만의 차이가 심하고 조류가 강한 곳에서는 안전사고가 날 수 있으므로 선박운항에 유의해야 한다.

(7) 쓰나미(Tsunami)

일본어로 '항구[津(つ)]의 파도[波(なみ)]'라는 의미다. 한국식 독음은 "진파"라고 발음한다. 해일의 일종인 지진 해일의 명칭이다. 쓰나미는 해저에서 지진활동으로 인한 해저화산의 폭발하거나, 해안선에서의 대규모 산사태가 일어나거나, 핵폭발로 인한 바닷물의 파도가 발생하게 되는데, 이 파도는 장주파로서, 심해에서는 파랑의 진폭이 적으나, 해안에서는 수하, 굴절, 공전 현상에 의하여 진폭이 크게 증가한다. 이 파도의 주기는 5~60분 정도이며, 파장은 수백 미터에 이르는 불규칙한 진폭을 갖는다. 이 용어는 20세기 후반부터 세계적으로 널리 퍼져 일반적으로 지진해일을 TSUNAMI로 통용되고 있다.

그림 3-4 쓰나미로 인해 지붕 위로 올라간 유람선

쉬어가기

날씨에 관한 속담

1. 아침노을은 비 저녁노을은 맑음
2. 아침에 서쪽의 무지개는 비가 올 징조
3. 달무리나 해무리가 나타나면 24시간 내에 비가 온다.
4. 은하수에 구름이 없으면 10일간은 비가 내리지 않는다.
5. 아침의 뇌우는 큰 비가 올 조짐이다.
6. 동쪽 하늘에서 연일 번개를 치면 폭풍우가 온다.
7. 밤에 하늘이 회색빛이면 곧 비가 온다.
8. 짙은 안개가 끼면 사흘안에 비가 온다.
9. 별이 가깝게 보이면 머지않아 비가 온다.
10. 별빛이 흔들리면 강한 바람이 분다.
11. 달 가까운 곳에 별이 있으면 화재의 위험이 있다.
12. 동쪽의 번개는 비가 없다.
13. 마른 번개는 가뭄의 징조
14. 찬 동풍이 불면 눈이 올 징조
15. 서리가 많이 내린 날은 맑다.
16. 새파람이 불면 비가 온다.
17. 가을에 맑은 날이 4일간 지속되면 그 다음에 비가 온다.
18. 하늬바람(서풍)이 불면 날씨가 좋다.
19. 밤안개가 짙으면 다음날은 맑다.

20. 해명이 있으면 폭풍이 몰려온다.
21. 밤에 산 위로 바람이 올라가면 비가 온다.
22. 갈매기가 모래톱에 앉으면 비가 온다.
23. 조수에 물보라가 많으면 비바람 징조이다.
24. 해파리가 연안쪽으로 이동하면 폭풍이 온다.
25. 까마귀가 홀로 날면 날씨가 험해지고 짝을 지어 날면 좋다.
26. 말똥가리가 높게 날면 날씨가 좋다.
27. 연기가 똑바로 올라가면 맑고 옆으로 흐르면 비가 올 징조이다.
28. 아침에 차 맛이 좋으면 날씨가 맑다.
29. 변소나 하수구의 냄새가 심하면 비가 온다.
30. 밥알이 식기에 붙으면 맑고 떨어지면 비가 온다.
31. 커피 거품이 잔 중앙에 모이면 날씨가 좋아지고 고리모양으로 컵에 붙으면 비가 올 징조이다.
32. 구름가장자리가 춤추면 돌풍이 분다.
33. 권운이 보이면 온난전선이 다가오며 비바람이 친다.
34. 구름이 높을수록 날씨가 좋다.
35. 산에 검은 구름이 걸리면 폭풍이 온다.
36. 구름이 하늘로 길게되어 오르는 것은 폭풍이 올 징조다.
37. 새털구름과 양떼 구름은 비를 몰고온다.
38. 상하층 구름이 서로 반대방향으로 흐르면 폭풍우가 올 징조이다.

출처: 이원각 편(2013).

2) 주요 해양용어

(1) 영해(領海, Territorial Sea)

영해는 영토와 내수(육지부 내수면), 하천, 호수 등의 외측한계로부터 바다 쪽으로 향한 연안의 인접수역으로, 연안국의 주권이 미치는 수역을 의미한다. 연안국의 주권은 영해라는 바다에만 미치는 것이 아니라, 영해의 상공 및 해저와 하층토에까지 미친다. 따라서 해당국의 승인이 없이 다른 국적의 선박은 통행이 제한된다. 대부분의 국가는 초기에 3해리로 제한하였으나, 최근에는 12해리의 범위에서 결정한다.

(2) 접속수역(接續水域, Contiguous Zone)

연안국의 영토 또는 영해에서의 관세, 재정, 출입국, 위생에 관한 국내법령의 위반방지 또는 처벌을 위해 영해의 폭보다 넓은 일정한 폭의 수역에 국가가 관할권을 행사하는 것을 인정하기 위해 설정된 수역이다.

접속수역과 크루즈

1920년대 미국의 금주법(禁酒法)은 역설적으로 미국을 밀주천국으로 만들었고, 마피아 등 주류 밀주 제조업자와 밀수업자의 유례없는 호황기를 열었다. 미국의 3해리 영해 밖은 이러한 불법적인 밀주거래 및 밀주소비(부즈 크루즈)의 최고의 장소였으며, 따라서 해안경비 당국과 세관은 단속에 애를 먹었다. 이에 대한 차선책으로 캐나다 및 영국과 각기 특례조약을 체결하였으나 효과를 거두지 못했고 마침내 1930년 12해리까지 접속수역을 선포하였다.

(3) 배타적 경제수역(Exclusive Economic Zone: EEZ)

배타적 경제수역은 앞서 설명한 대륙붕과 마찬가지로 연안국의 주권적 권리가 미치는 점에서는 동일한 성격을 지니고 있지만, 배타적 경제수역은 그 폭이 영해기선으로부터 200해리에 한정되어 있으며. 대륙붕처럼 주권적 권리가 미치는 범위가 해저와 하층토에만 한정되어 있지 않고 상부수역에도 주권적 권리가 미친다. 배타적 경제수역에서는 자원의 탐사, 개발, 보존 및 관리와 같은 경제활동에 관한 주권적 권리 외에도 연안국은 인공섬, 시설 및 해양환경의 보호와 보전에 관해서 광범위한 관할권을 보유하고 있다.

(4) 공해(High Seas)

공해는 내수, 영해, 배타적 경제수역과 군도국가의 군도수역에 포함되지 아니하는 바다의 모든 부분이라 정의할 수 있다. 일반적으로 공해에서는 모든 국가가 항행 및 상공비행의 자유, 어업의 자유, 해저전선 및 관선부설의 자유, 과학조사의 자유, 인공섬 건설의 자유 등이 있다. 다만 공해는 평화적 목적을 위해서만 이용되어야 한다는 제한이 존재한다.

공해상의 선박에 대해서는 일반적으로 선박의 등록국가인 기국이 배타적 관할권을 행사할 수 있다. 이를 기국주의라 한다. 기국주의는 기국만이 선박에 관해 형사 및 민사 관할권을 행사할 수 있음을 의미한다. 선박의 국적과 관련하여 편의치적이 여러 문제를 발생시키고 있다.

존스액트(Jones Act)

미국 해운법(Merchant Marine Act of 1920)의 제27조를 지칭하는 연안무역법(cabotage law)이다. 미국 영토 내 항구 간의 해상운송 권한은 미국에서 등록하고 미국 국적 선원을 탑승시키며 미국 시민이 소유하고 미국에서 건조되거나 상당부분 개조된 선박만 가진다는 법이다. 영토 내 국가 안보적인 문제, 선원에 대한 부상 등을 보호 등의 이유도 있지만 결국 선박 운행의 제한으로 경쟁체제를 원천 봉쇄함으로서 결국 자국의 해운경쟁력 상실 원인이라는 비판도 있다.

(5) 국제해협(國際海峽, International Strait)

국제해협은 양안이 단일 국가의 영토이거나 복수 국가의 영토이거나를 불문하고, 통항이 자유로운 두 개의 바다를 연결하는 국제항행에 이용되는 해협을 말하는데, 흔히 국제항행의 요충이 되고 있다.

(6) 해리(海里, nautical mile)

해리는 길이의 단위로, 국제단위계에는 속하지 않지만 함께 사용할 수 있다. 이 단위는 해양 및 항공 분야에서 사용되며, 국제법과 조약, 특히 영해를 정하는 데 자주 사용된다.

- 1929년에 국제수로국에서 정의한 1해리의 길이는 위도 1'(1'은 1°의 60분의 1에

해당하는 각도이다)에 해당하는 길이이다.

- 1,852m(6076.12피트)와 같다.
- 영국에서는 1,853.184m, 6,080피트를 1해리로 정의한다.
- 단위는 nautical mile을 줄여 nmile로 사용한다.

(7) 노트(Knot)

노트는 바다에서 사용되는 시간과 거리에 해당하는 단위이다. 즉 1노트(knot)는 1해리/시간에 해당하므로, 두 단위는 유사(quasi) SI 단위계에 속한다. 이것은 1시간에 1해리를 달리는 것을 말한다. 즉 1노트는 1시간에 1해리를 달리는 것을 말한다. 바꾸어 말하면 1시간에 1,852m를 달리는 것을 말한다. 1 knot = 1.852km/h = 0.5144m/s이다. 크루즈선은 보통 20노트 정도로 운항한다.

3) 항만(港灣)

(1) 항만의 개념

만(bay 혹은 gulf, 灣)이란 바다나 호수가 육지에 의해 둘러 싸여 있거나 경계 지워지며 형성된 해역이다. 따라서 해상교통과 육상교통의 접속지 역할을 한다. 항만(港灣, port)은 항구라고도 하며, 선박이 안전하게 출입하고 정박할 수 있도록 자연적 · 인공적으로 만들어진 시설물을 포함하는 장소이다. 따라서 선박을 이용하는 승객을 승 · 하선시키거나 화물을 선적하거나 하역하는 곳이 된다.

(2) 용도에 의한 항만 분류

① 상항(Commercial Port): 상항은 국재무역이나 내국화물을 주로 취급하는 항구이다. 상항은 정기선항(Liner Port)과 부정기선항으로 구분되며, 정기선항은 상항에서 정기선이 많이 출입하는 항만이며, 부정기선항은 부정기선이 주로

출입하는 항만이다.

② 공업항(Industrial Port): 공업항은 항만기능이 상항(商港)과 공업항으로서의 부분이 혼재할 때, 그 정도에 따라 순공업항과 상공혼성항으로 분류할 때도 있다.

③ 어항(Fishery Port): 어항은 어선의 정박, 어획물의 양륙, 출항준비 등을 하는 항구이다. 어선의 선적항을 모항이라고 하며, 어획물을 양륙하는 항구를 물양장이라고도 한다.

④ 다목적항: 다목적 혼합항만은 상항, 공업항, 피난항, 어항 등 많은 기능을 함께 갖춘 항구를 말한다.

⑤ 선차연락항(Ferry Port): 페리는 도로, 철도 등을 대신하여 자동차, 철도차량, 여객 등을 수송하는 선박이다. 페리가 출입하는 항만이다.

⑥ 레크리에이션항(Marina): 레크리에이션항은 요트, 모터보트 등이 정박, 보관을 하는 항구 및 유람선이 발착하는 항구이다. 마리나(mariner)라고 하며 도시 근교 또는 리조트(resort) 지구에 설치된다.

⑦ 군항(Naval Harbour): 군항은 군사상의 특수목적을 가지고 전함의 정박, 수리, 보급 등을 목적으로 하는 항만이다.

⑧ 피난항(Refuge Harbour): 피난항은 노후선이 세찬 비바람을 피하기 위한 항구이다. 무역 면에서는 외무항, 내무항으로 나눈다. 해운에서는 발항항, 도착항, 중간항 등으로 분류한다.

⑨ 기타항: 취급화물에 따라 목재항, 석탄항, 곡물항, 면화항, 철강항, 배후지의 지역적인 특성에 주목하여 도시항, 도섬항 등으로 분류한다.

(3) 지세에 의한 항만 분류

- 연안항(coastal port 혹은 harbor): 해안에 있는 항구
- 해항(sea port): 해안 중에서 특히 바다와 접해 있는 항구
- 하구항(estuary port): 강의 흐름이 바다로 향하는 곳에 위치한 항구
- 하강항(river port): 강에 위치한 항구

- 호항(lake port): 호수에 위치한 항구
- 운하항(canal port): 대륙을 관통하는 뱃길에 위치한 항구

(4) 건설방법에 의한 항만 분류

항만은 방파제 등의 외곽부의 성립요인에 따라, 천연항(natural port), 인공항(artificial port)으로 나누어진다.

그림 3-5 크루즈가 입항하는 항구 전경

4) 항만시설

(1) 기본시설

항만의 기본적인 시설은 항구 내에 있는 시설(수역시설), 항구 외부에 있는 시설(외곽 시설), 그리고 육지에서 항구로 접근하는 시설(임항교통시설)로 구분하여 볼 수 있다.

① 수역시설: 항로, 정박지, 선류장, 선회장

② 외곽시설: 방파제, 방사제, 방조제, 수문, 도류제, 갑문, 호안, 수문제방

③ 임항교통시설: 도로, 교량, 철도, 궤도, 운하, 주차장, 페리보트

(2) 기능시설

항만이 항만으로서 기능을 발휘하기 위하여 필요한 최소한의 시설과 시설물은 다음과 같다.

- 계류시설: 안벽 물양장, 잔교, 부잔교, 돌핀, 선착장, 램프, 계류부표
- 항행보조시설: 선박의 입 · 출항을 위한 항로표지, 신호, 조명, 항무통신시설
- 하역시설: 고정식 및 이동식의 하역장비, 화물이송시설, 배관시설
- 여객이용시설: 대합실, 여객승강용시설, 소화물 취급소
- 화물보관처리시설: 창고, 헛간, 야적장, 컨테이너 장치장, 컨테이너 조작장, 사이로, 저유시설, 위험물 장치장
- 선박보급시설: 선박을 위한 급유, 급수시설 및 얼음의 생산 공급시설
- 항만후생시설: 선박승무원 및 부두근로자의 휴게소, 숙박소, 진료소, 위탁시설
- 항만종사자 교육, 연수시설 및 항만의 관제, 홍보, 보안시설
- 항만시설을 사용하는 자의 업무용 시설 및 항만시설용 부지

(3) 기타 시설

- 항만공해방지시설: 공해방지용 완충지대, 기타 항만에 있어서의 공해방지시설
- 폐기물 처리시설: 폐기물, 매립호안, 폐기물수입시설, 폐유처리, 기타 폐기물 처리를 위한 시설
- 항만환경 정비시설: 녹지, 광장, 휴게소, 기타 항만환경 정비를 위한 시설
- 이동식 시설: 이동식 하역기계, 이동식 여객승강용 시설

- 항만역무제공용 이동시설: 선박의 출 · 도착을 보조하기 위한 선박, 선박을 위한 급수, 급유 및 급탄용에 제공되는 선박 및 차량, 폐기물 처리용에 제공되는 선박 및 차량
- 항만관리용 이동시설: 청소선, 통선, 기타 항만관리를 위한 이동시설

5) 수역시설(水域施設)

수역시설이란 선박이 항행할 항로, 하역하기 위한 정박지 및 소형선이 정박할 선박대기지를 총칭한다. 수역시설은 항만의 가장 기본적인 시설로서 이것 없이는 항만은 존재하지 않는다.

(1) 항로

① 항로의 종류

항로는 선박이 항행할 해상의 길이다. 크루즈 선이 기항지에 입항할 때에 이 항로를 이용하여 입항하게 된다. 항로에는 위치나 용도에 따라 다음과 같이 구분한다.

- 항구항로(entrance channel): 항만 입구 부근의 항로
- 정박지 내 항로(fair way): 정박지 내에 설정된 항로
- 접근항로(approach channel): 안벽 등 정박 장소에 접근하기 위한 항로
- 회선장(turning basin): 항내에서 선박이 방향 전환을 하기 위한 항로

② 항로의 기준

항로의 방향이란 최다풍향, 파도방향 및 조류와 일치시켜 선박이 항로에서 이탈하여 얹히는 등의 해난에서 벗어나도록 하는 것이다.

- 항로의 길이와 폭: 항로의 길이는 항만이 위치할 지형에 따라 큰 차이가 있다. 우리나라 연안부는 수제선(물가)에서 바로 깊어지는 지형이 많으므로, 긴 항로를

갖는 항구는 많지 않다. 항로의 폭과 길이는 안정성과 깊이 관련되고 있는데 국제적으로 통일된 기준이 없고, 각국에서는 서로 다른 기준으로 계획되고 있다.

- 항로의 깊이: 항로의 수심에 대해서는 입출항 선박의 흘수의 1.1배(파도가 있는 항로는 1.2) 이상으로 한다고 한다. 흘수(吃水) 혹은 끽수는 선박이 물 위에 떠 있을 때 선체가 가라앉는 깊이, 즉 선체의 맨 밑에서 수면까지의 수직 거리를 가리킨다. 수심 기준은 최저조면(이 이상 수면이 거의 내려가지 않는 수면)이기 때문이 흘수의 10%와 조고가 수심의 겉보기의 여유가 된다.
- 선박 회전장소: 선박이 예인선이나 닻을 사용하지 않고 자력으로 회전할 때 그 움직임을 배 길이의 3개 직경의 원이 필요하게 된다. 그러나 닻이나 예인선을 이용할 때는 배 길이의 1.5배~2배의 원이 필요하다고 한다.

(2) 정박지 혹은 묘박지

정박(碇泊) 혹은 묘박(錨泊)은 배가 닻을 내리고 머무는 활동이다. 닻(anchor)은 바다에 배를 정박시킬 때 사용하는 도구이다. 닻은 한자어로 정(碇) 혹은 묘(錨)라고 한다. 검역을 받기 위한 묘박장소인 검역묘지(quarantine anchorage), 정박장소, 하역을 위한 정박장소 등의 목적으로 하는 버스(berth) 등이 있다.

그림 3-6 크루즈 기항지의 항만시설

3. 크루즈 선박에 대한 이해

1) 선박의 개념과 의의

(1) 선박의 개념

선박은 다음과 같이 정의를 내릴 수 있다.

- 해상 관련법상 상행위를 하기 위하여 물 위로 다니는 구조물
- 나무, 쇠, 플라스틱 기타 단단한 고형물 등으로 만들어 사람이나 짐을 싣고 물 위를 떠다닐 수 있도록 제작한 물건
- 물 위의 교통수단
- 명칭, 국적, 선적항이 보유
- 부동산(재산 가치)으로서의 기능

(2) 선박의 형태

최초에는 물 위에 떠 있을 수 있도록 하는 정도의 기능을 위주로 형태를 갖추고 선박을 만들었으나, 운송의 수단으로 사용되게 되고, 점차 동력을 이용하여 선박을 이동하게 되었고, 이에 따라 선박의 기능을 향상시키는 기술의 발전을 이루었고, 점차 선박 생활에서의 안전하고 편안하고 안락을 추구하는 선박의 구조로 발전하게 되었다.

- 뗏목, 카누, 소형선박, 범선 등
- 증기기관선, 디젤기관선, 가스기관선 등
- 원자력 엔진

(3) 선박의 명칭

선박에는 아주 많은 종류의 명칭을 가지고 있다. 대체적으로 포괄적인 의미를 가지고 있는 명칭도 있지만, 점차 기능과 성능이 향상되면서, 그 선박의 용도에 따라

서 명칭이 다르게 불리게 되었다. 선박을 부르는 명칭으로는 배, 선박, 박, 정, 주, 함정, 범선, 기선, 화물선, 여객선, 상선. 군함, 요트, 크루즈선, 항공모함, 잠수함 등 다양하다.

(4) 선박의 유형

앞에서 기술한 바와 같이 선박을 이르는 용어가 다양하게 사용되고 있지만, 오늘날에는 다음과 같은 명칭으로 분류되어 불린다.

① 유람선(Cruise): 관광이나 유람을 목적으로 사용되는 선박

② 여객선(Passenger Ship): 승객의 이송을 목적으로 한 승객전용의 선박

③ 상선(Merchant Ship): 상업상 목적으로(Cruise, Passenger Ship, Ferry) 운영되는 선박

④ 화객선(Cargo + Passenger Ship): 화물과 여객을 동시에 운송하는 선박

⑤ 페리(Ferry): 여객과 자동차를 운송할 목적으로 화객선, 화물여객선

⑥ 정기선(Liner): 정해진 항로, 출항지, 기항지, 도착지가 결정되어 운항하는 선박

⑦ 범선(Sailing Ship): 바람과 돛에 의한 동력을 이용하여 운영하는 선박

⑧ 보트(Boat): 작은 배로 단정, 요트, 모터보트 등으로 구분한다.

⑨ 외항선(Ocean Ship): 외국 항구를 다니는 배

⑩ 내항선(Coastal Line): 연안 여객선

2) 크루즈 선박

(1) 사전적 정의

크루즈라는 명칭은 외래어로서 우리나라에서도 그 개념 정리가 된 지 얼마 되지 않은 상태이다. Webster 대사전의 정의를 보면 “바다 관광”으로 정해진 목적지(voyage to set destination)나 목적(definite of purpose) 없이 항해하는 것이며, 일정한 항구에서 다음 항구까지 여행하는 것으로 나타나 있다.

- To sail about touching at a series of ports as distinguished from voyaging to a set destination
- To travel for the sake of traveling without destination or other definite purpose
- Journing from or as if from port to port

(2) 법률적 정의

① 관광진흥법 시행령 제2조 2항에 따르면 다음과 같다.

- 일반관광유람선업: 「해운법」에 따른 해상여객운송사업의 면허를 받은 자나 「유선 및 도선사업법」에 따른 유선사업의 면허를 받거나 신고한 자가 선박을 이용하여 관광객에게 관광을 할 수 있도록 하는 업
- 크루즈업: 「해운법」에 따른 순항(順航) 여객운송사업이나 복합 해상여객운송사업의 면허를 받은 자가 해당 선박 안에 숙박시설, 위락시설 등 편의시설을 갖춘 선박을 이용하여, 관광객에게 관광을 할 수 있도록 하는 업

② 해운법 제2조 제1항에 따르면 다음과 같다.

- '해상여객운송사업'이란 해상 또는 연안내륙 수로 에서 여객선으로 사람 또는 사람과 화물을 운송하거나 이에 수반되는 업무를 처리하는 사업을 말한다.

③ 크루즈산업의 육성 및 지원에 관한 법률 제2조(정의)에서 사용하는 용어의 뜻은 다음과 같다.

1. "크루즈선"이란 국적 크루즈선과 외국적 크루즈 선을 말한다.
2. "국적 크루즈선"이란 「해운법」 제3조 제5호에 따른 순항(巡航) 여객운송사업에 사용하는 선박 및 같은 조 제6호에 따른 복합 해상여객운송사업에 사용하는 선박으로서 대통령령으로 정하는 선박을 말한다.
3. "외국적 크루즈선"이란 국적 크루즈 선에 상응하는 외국선박으로 외국정

부로부터 관련 사업의 승인이나 면허 등을 받은 자가 해당 사업에 사용하는 선박을 말한다.

4. "국제순항 크루즈선"이란 국적 크루즈선 중 국내항과 외국항 사이 또는 외국항과 외국항 사이를 주된 사업구역으로 운항하는 크루즈 선을 말한다.
5. "크루즈산업"이란 크루즈선 및 승객과 관련된 재화와 서비스를 통하여 부가가치를 창출하는 산업을 말한다.
6. "크루즈 시설"이란 크루즈선의 접안(接岸)과 승객의 이용에 필요한 「항만법」 제2조제5호에 따른 항만시설을 말한다.
7. "국적 크루즈사업자"란 「해운법」 제4조에 따라 순항 여객운송사업면허를 받은 자 및 복합 해상여객운송사업면허를 받은 자로서 대통령령으로 정하는 자를 말한다.
8. "기항"이란 크루즈선이 특정 항만에 잠시 들르는 것이다.

3) 크루즈 선박의 표시

(1) Ship fact

크루즈 분야에서 통상적으로 크루즈 선박에 대한 제원을 표현할 때, 다음과 같은 사항을 표시한다. 이를 Ship Fact라고 한다.

- 총톤수: Gross Tonnage(GT)
- 승객수용 능력: Capacity
- 승무원 수: Crew
- 총선실수: No. of Cabins
- 선적: Ship's Flag
- 취항일: Inaugural Year
- 선박의 길이, 폭 높이

m/s Nieuw Amsterdam의 예

- Ship's Registry: The Netherlands
  - Passenger capacity: 2,106
  - Crew members: 929
  - Gross tonnage: 86,700grt
  - Length: 936 feet
  - Beam: 105.8
  - Maximum speed: 23.9 knots
  - Dedicated: July, 04, 2010, by HM Queen Maxima of the Netherlands

(2) 총톤수(Gross Tonnage: GRT)

선박의 톤수는 중량톤수와 용적(부피)톤수로 나누어지는데, 크루즈선은 용적톤수를 쓴다. 그 이유는 선내에 어느 정도의 공간이 있느냐가 중요하기 때문이다. 상갑판 이하 톤수에서 상갑판 이상의 폐위장소의 용적을 더한 톤수에서 상갑판 이상에 있는 선박의 안전, 위생, 항해 등에 필요한 장소의 용적을 뺀 톤수이다. 참고로 순톤수(net tonnage)는 화물과 여객의 운송에 사용되는 장소의 용적만을 계산한 것이다.

(3) 승객 수용능력과 승무원 수

배 안에 탑승하는 사람은 크게 승객과 승무원으로 나눌 수 있다. 따라서 규모가 큰 배 일수록 탑승인원이 많아진다. 승객과 승무원의 비율 역시 서비스 수준을 가늠하는데 매우 중요한 역할을 한다.

(4) 총 선실 수

Double occupancy란 크루즈 요금의 표준적 기준으로 배의 규모를 가늠하는 기준이 된다. 호텔과 달리 1인당 호텔객실로 표시하는 것이 아니라 침상(berth)으로 표시하며 보통 객실 1개에 2개의 침상을 기준으로 한다.

(5) 선적(船積)

선적은 사람으로 비유하면 국적이다. 크루즈의 국적은 소유주 혹은 모항을 기준으로 결정하지 않는다. 이를 편의치적(便宜治積, Flag of Convenience: FOC)라고 하는데 세제상 혜택이 있고, 관리상의 편의성 법적의 규제가 비교적 약한 국가로 임의적으로 정할 수 있다.

(6) 선박의 제원(dimension) 표시

① 선박의 길이

전장(Length over all: LoA)은 선박의 선수(船首, bow)에서 선미(船尾, stern)까지의 거리, 즉 선박 전체의 길이이다. 선체를 길게 하고 홀쭉하게 하면 파도의 저항이 줄어든다. 반면에 선체를 길게 하면 복원성이 나빠진다. 선박의 복원성(ship stability)이란 선박이 외부의 힘에 의해 특정 방향으로 기울어지려고 할 때, 이에 대항하여 더 이상 기울어지지 않거나 제자리로 돌아가는 성질이다.

② 선박의 넓이

전폭(Beam)은 선박의 외측선(starboard 혹은 port)에서 반대편 외측선까지의 최대 폭으로 운하, 항로, 해역 등을 통과할 수 있는 넓이이다. 파나맥스(Panamax)는 파나마 운하를 통과할 수 있는 최대 규모의 선박을 통칭하는 용어로 전폭이 32.3m 정도이다.

③ 선박의 높이

선박의 높이(Air draft)는 선체와 수면의 경계로부터 선박 최상 구조물의 최대 높이까지 수직 거리이다. 흘수(흘수, draft)는 배가 물위에 떠있을 때 물에 잠겨 있는 부분의 깊이이다.

그림 3-7 선박의 제원

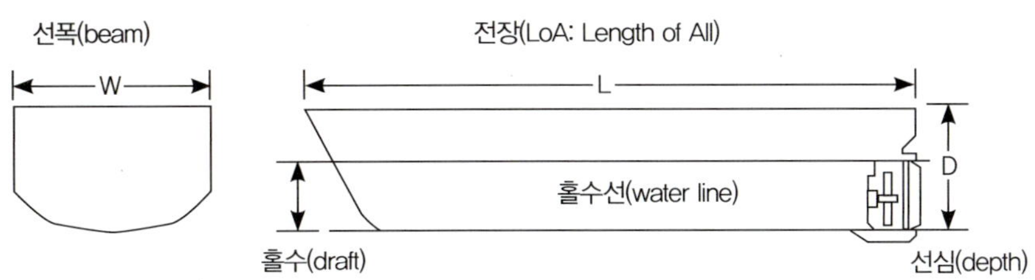

④ 선박의 방향

선박의 방향은 다음과 같이 육지에서의 그것과 다르게 표시한다. 특히 크루즈 선박이 거대해짐에 따라 승객의 선상에서 이동거리가 늘어나게 되고, 따라서 이용시설이 정확히 어디에 있는지 표시해주는 것이 중요한데, 고객에게 이정표 역할을 할 때 주로 쓰인다. 물론 선박의 운항에도 매우 중요하다.

그림 3-8 선박의 방향

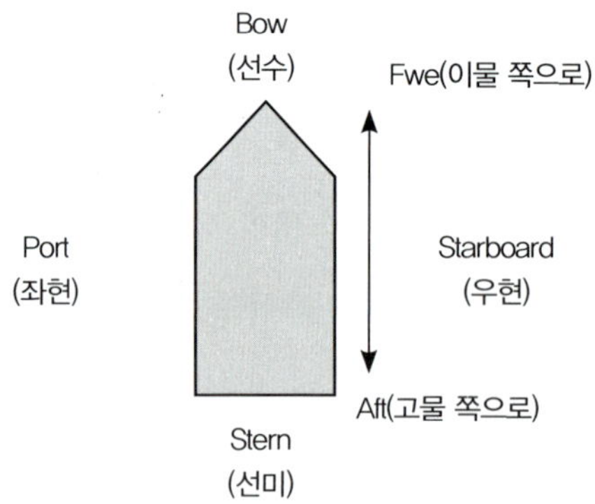

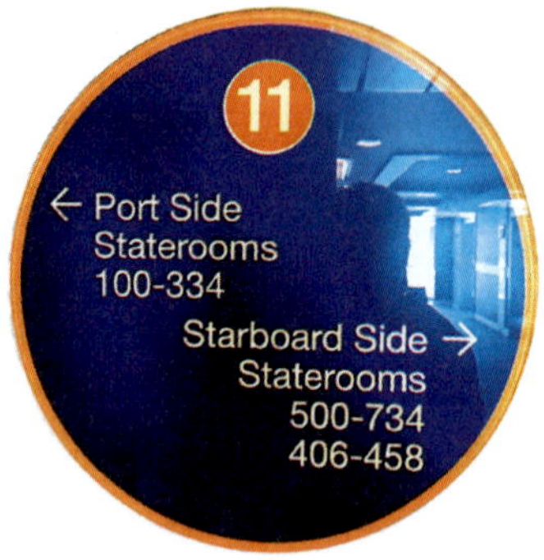

4) 크루즈 선박의 구조

(1) 선박의 재질과 동력

선체의 재질은 나무에서 철선, 강선 등으로 발달해 왔다. 또한 선박의 추진동력은 인력, 바람에서 증기, 디젤 등의 순으로 발전해 왔다. 선박의 추진장치는 노, 돛 등에서 외륜을 거쳐 프로펠러 등으로 발전해 왔다.

선박 엔진의 크기 및 세기는 '마력(Horse Power: HP)'인데, 1초에 75kgfm의 일을 하는 것이다. 혹은 킬로와트(Kilo Wate: KW)로 표시한다. 1KW는 약 1.35마리의 말이 일을 하는 것으로 보면 된다.

현대에 크루즈선의 주 추진장치는 증기터빈장치, 디젤장치, 가스추진장치를 갖추고 있다. 크루즈는 주 추진장치 이외에 보조적으로 사용되는 추진장치를 보유하고 있다. 예를 들어 CRP Azipod(Contra Rotating Propeller-Azipod) System은 전기장치에 의하여 구동되는 보조 추진장치로서, 360도 회전이 가능하게 하는 추진장치이다. 크루즈 선박이 항구 내에서나 또는 접은 수로에서 회전 시에, 좁은 좌초위험을 피하기 위하여 주로 사용된다.

그림 3-9 AZIPOD

출처: ABB.

(2) 크루즈 선박 디자인 변화

크루즈 선박 모양이 달라지는 것은 속력과 크기, 방문항과 선상프로그램의 비중, 항해 지역 등에 따라 달라진다. 크루즈 디자인은 크게 곡선형과 직선형 그리고 절충형으로 나눌 수 있다. 곡선은 주로 핀란드 조선소, 선사로는 로얄캐리비안 등이 채택한다. 직선은 독일 및 이탈리아계 조선소, 선사로는 카니발, 프린세스, 셀러브리티, 홀랜드아메리카 등이 채택한다. 절충형은 프랑스계 조선소로 노르웨이지안크루즈 등이다.

(3) 크루즈 선박의 기능 배분

① 호텔기능(75%)

- 승객 시설(Pax facilities) 55%: 승객 객실, 공용공간, 계단과 홀, 옥외공간 등
- 승무원 시설(Crew facilities) 10%: 승무원 객실, 공용공간, 승무원 서비스 공간, 계단과 복도 등
- 서비스 시설(Service facilities) 10%: 승객서비스, 식음료 서비스 공간, 호텔 서비스 공간 등
- 업무수행 시설(Task related facilities) 0.5%: 텐더보트, 스페셜 볼거리 등

② 운항기능(25%)

- 편의 시설(Comfort systems) 10%: 공조기, 상하수도 시설 등
- 기계(Machinery) 6%: 엔진룸, 펌프룸, 조종 및 추진장치 등
- 탱크와 여유 공간(Tank and Void) 8%: 연료 및 윤활유, 하수오물처리, 상하수도, 밸러스트, 기타 여유 공간 등
- 옥외 데크(Outdoor decks) 1%: 계류용 밧줄

5) 크루즈 선박의 주요 시설

(1) 선교(船橋, bridge)

선박을 운항하기 위한 각종 필요 장비를 갖춘 선박운항 통제소로서, 선장이 선박운항을 지휘하는 장소이며 조타장치, 레이더, 통신장치 등을 갖추고 있다. 보통 선미의 가장 높은 곳에 위치한다.

그림 3-10 크루즈 브리지 전경

출처: 저자촬영 및 Royal Caribbean Blog.

(2) 연돌(煙突, funnel)

굴뚝이라고도 하며 연도의 끝에 연결되어 상갑판에 설치되며, 배기가스를 대기 중에 신속하게 배출하며 또한 통풍력을 일으킨다. 배의 상징물로서 혹은 위용을 나

타내기 위해 만들기도 한다.

그림 3-11 고래꼬리 형상의 연돌과 연돌의 레스토랑화

출처: carnival-news.

(3) 데크(deck, 갑판)

항해 선실을 덮은 선체의 갑판 혹은 바닥이다. 프롬나드 데크, 리도 데크, 선 데크 등 다양하게 이루어져 있다.

그림 3-12 크루즈 데크 및 활용

CHAPTER

04

크루즈 선사

1. 크루즈 선사 등급
2. 크루즈 선사 현황
3. 크루즈 선사의 선박 보유 현황

Chapter 04

크루즈 선사

크루즈 선사들은 다양한 고객층에 맞는 상품을 제공하기 위해, 이에 맞는 상품과 서비스를 제공한다. 또한 다양한 평가기관은 크루즈 선사의 위상을 평가하고 품질관리하는 데 일조하고 있다. 크루즈 선사를 알아야 크루즈를 판매하는 사람이 크루즈를 타고자 하는 잠재고객을 소구할 수 있다.

1. 크루즈 선사의 등급

크루즈 산업계에서 크루즈의 평가기준은 크루즈 선박의 시설, 항로개발 및 기항지 개발 등에 의한다. 또한 크루즈 선사는 항해지역별, 선박크기, 서비스 제공수준, 크루즈 운항유형, 크루즈 선사 분류별 특징 등 다양하게 구별할 수 있다.

2. 크루즈 선사 현황

호화 크루즈에 속하는 시본 크루즈(Seabourn Cruise)에서부터 시작하여 고급크루즈, 대중크루즈에 속하는 크루즈 선사를 소개한다. 크루즈 시장을 크게 보면 고급시장과 대중시장으로 나눌 수 있는데, 두 시장은 이용객, 선택 속성, 선박 형태, 상품 특성 등으로 뚜렷하게 구분되는 경향이 있다.

3. 크루즈 선사의 선박 보유 현황

크루즈 선사에 대한 로고, 홈페이지, 선박 보유 현황 등을 일목요연하게 제시한다.

열쇠말

고급 크루즈, 대중 크루즈, 브랜드, 크루즈 선사, 해양 크루즈, 호화 크루즈

학 습 목 표

1. 크루즈 산업의 등급평가

크루즈 선사와 크루즈 선박을 평가하는 기관이 어떠한 기관이 있는지 이해하도록 한다.
크루즈 평가기관들이 어떠한 평가항목과 평가기준을 가지고 있는가를 이해함으로서 크루즈 산업에 대한 이해도를 높이도록 한다.

2. 크루즈 선사

크루즈 선사와 크루즈 선박을 분류하는 기준을 이해함으로서 크루즈에 대한 폭넓은 이해를 높인다.
크루즈 산업에서 활용되고 있는 크루즈산업 및 크루즈 산업의 분류를 이해함으로써, 현재의 크루즈 산업에 수준을 파악하도록 학습한다.

3. 크루즈 선사별 크루즈 선박 현황

현재 전 세계적으로 존재하는 크루즈 선사의 크루즈 선박을 파악함으로써, 크루즈 산업에 대한 이해외 필요성을 알 수 있도록 학습한다.
크루즈 선박 규모의 다양성과 승객과 승무원들의 현상을 파악하여, 크루즈 산업에 대한 친밀도와 몰입도를 높이도록 학습한다.

본 장과 관련하여 NCS의 학습모듈이 별도로 없으나, NCS 학습모듈 8. 크루즈 마케팅과 매우 밀접한 관련이 있으므로, 연동해서 수업하면 효과적이다.

example

도입사례

Burnishing the BRAND

The case of Carninval Cruise Lines chronicles the company' s birth and development as it refined the leisure industry. With a theme of "FUN SHIP" and low pricing, Carnival appealed to a diverse market. Under the pressure of increasing competition, Carnival was challenged to refine its Fun ships brand without damaging the considerable equity contained in that brand. In particular, as cruise lines became less differentiated in the customers' view, Carnival sought to set itself apart with upgrading product feature, service and other guest amenities as well as a more sophisticated brand message.

"We' re perfectly happy to be the Wal-Mart of the cruise industry"
Terry Thornton, vice president of marketing planning, Carnival Cruise Lines

출처: Robert, J. Kwortnik, Jr.(2006).

본 논문은 카니발 크루즈가 펀십이라는 브랜드전략을 어떻게 구사하고, 이 결과 크루즈 산업의 판도를 어떻게 바꾸어 놓았는지에 관련한 내용이다. "우리는 크루즈산업의 월마트라서 기쁘다"라는 선사 마케팅 수장의 메시지는 매우 의미심장하게 다가온다.

1. 크루즈 선사 등급

1) 크루즈 산업의 등급평가

(1) 크루즈 산업의 등급 평가기관

전 세계적으로 크루즈의 수준을 평가만을 전문으로 하는 특별한 기관이나 업체는 특별히 존재하지는 않는다. 그러나 대체적으로 크루즈와 관련이 있는 단체나 기관지(업계지) 등에서 매년 크루즈 선사와 크루즈 선박에 대하여 평가 자료를 내놓고 있다. 따라서 이러한 단체나 업계 전문지들이 평가하는 내용이 절대적이거나 완벽한 것은 물론 아니다. 그렇다고 해서 이들의 평가가 아주 틀리거나 신뢰하지 못하는 것도 또한 아니다. 그래서 각 선사들은 자기 선사 소속의 선박들이 좋은 평가를 받으려고 많은 노력을 하고 있다. 세계적으로 인정을 받고 있는 크루즈 선사 등급을 평가하는 기관은 다음과 같다.

- Portrait of Affluent Travelers™ survey
- Condé Nast Traveler Readers'
- Condé Nast Traveller UK Readers' Travel Awards
- The American Academy of Hospitality Sciences
- World Ocean & Cruise Liner Society
- World Ocean & Cruise Liner Society, Ocean & Cruise News
- Cruise Critic Editors'
- SpaFinder Readers' Choice Awards
- Kuoni Switzerland for outstanding environmental standards
- Travel Weekly, Magellan Awards
- Virgin Holidays
- Port of Seattle

- Australian Federation of Travel Agents
- Zoover Holiday Reviews
- US Coast Guard
- Governor of Alaska
- Ethics Inside™ Certification from Ethisphere Institute
- World Travel Awards
- Port of Vancouver
- Hsmai and National Geographic Traveler
- Alaska Sea Life Center
- National Tour Association
- Travel Age West
- Prow's Edge

(2) 크루즈 산업 등급 평가 기준

일반적으로 서비스 산업, 특히 관광 산업에서 평가하는 기준과 크루즈 선사나 선박에 대한 등급을 평가하는 기준은 대체적으로 비슷하다. 호텔 산업도 전 세계적으로 호텔 등급을 산정하는 기관들의 고유의 평가 기준을 바탕으로 시설이나 서비스 수준을 향상하고자 많은 노력을 기울이고 있다. 크루즈 선사들도 크루즈 선박의 시설이나 서비스 수준을 향상시켜서 좋은 평가를 받으려고 많은 노력을 하고 있다.

① 선박의 시설 수준 평가

선박의 시설을 다음과 같은 기준으로 평가한다. 다만 선박의 규모가 크다고 좋은 점수를 받는 것은 아니다. 승객이 최적화된 수준의 만족도를 가질 수 있는 공간 확보가 오히려 중요하다.

- 선박의 크기
- 선박의 선실 크기

- 선박의 1인당 공용 면적의 비율
- 레스토랑의 종류와 수용인원
- 위락시설의 종류와 서비스

② 서비스 수준 평가

서비스는 어느 한순간만의 평가가 아니고, 크루즈를 이용하는 기간 동안 전반에 걸친 평가가 이루어진다. 비상상황이 생겼을 때에 이에 안전을 확보하는 승무원들의 서비스 수준은 평가에 절대적인 영향을 미치게 된다.

- 탑승 전의 서비스 수준
- 크루즈 하는 기간의 서비스 수준
- 안전사고 발생의 빈도와 사고 발생에 대한 대응 수준
- 해양 환경 오염방지에 대한 프로그램과 수행 노력

③ 크루즈 항로 개발과 기항지 개발 평가

크루즈 항로 개발과 기항지 개발은 크루즈 선사 전사적 차원에서 이루어진다. 잠재고객은 새로운 상품에 대하여, 현재 탑승한 승객은 본인에게 제공된 항로와 기항지에 대한 평가를 한다.

- 새로운 크루즈 항로 개발
- 기항지 선별
- 기항지에서의 편의 서비스 개발
- 기항지 관광 개발

2) 크루즈 선사

(1) 크루즈 선사의 분류

① 항해 지역별 분류

크루즈가 항해하는 지역에 의한 분류 방법으로 다음과 같다.

- 해양 크루즈: 해양 크루즈는 항해 지역이 공해상으로 나가, 다른 몇 개의 국가를 항해하는 크루즈이다. 본서에서 다루고 있는 크루즈는 대체로 해양크루즈이다. 캐리비안 크루즈, 지중해 크루즈, 발탁해 크루즈, 동남아 지역 크루즈 등이 있다.
- 연안 크루즈: 연안 크루즈는 자국의 연안만을 운항하는 것이다. 이러한 크루즈의 경우에는 숙박을 하지 않고, 하루에 몇 시간 정도를 크루즈한다. 예를 들면 홍콩만 크루즈, 동경만 크루즈, 인천항 크루즈, 부산항 크루즈, 제주항 크루즈 등이 이에 해당한다.
- 하천 크루즈: 하천만을 전문으로 운항하는 크루즈이다. 독일의 라인강 리버

그림 4-1 리버 크루즈(아마워터웨이즈 선사, 아마스텔라호의 다뉴브강 크루즈)

크루즈, 미시시피강 리버 크루즈, 아마존강 리버 크루즈는 이미 세계적으로도 유명한 코스이다. 우리나라의 한강 유람선도 여기에 포함된다.

② 크루즈 선박 크기에 의한 분류

크루즈 선박의 크기에 따라서 구분한다. 이에 대하여 명확한 기준은 없지만 해양 크루즈를 중심으로 살펴보겠다.

- 소형 크루즈: 소형 크루즈는 대략 10,000톤에서 30,000톤 규모의 크루즈라고 볼 수 있다. 이러한 크루즈는 대개 특수 목적(요트, 고래구경, 빙산 탐험, 낚시, 해양 탐사 등)을 위하여 운행하는 크루즈이다.
- 중형 크루즈: 해양 크루즈에서는 일명 Mid-Sized Cruise Ship라고 한다. 30,000톤에서 80,000톤 규모가 된다. 대형크루즈에 비하여 승객들에게 친밀한 서비스와 개인 맞춤형 서비스를 제공할 수 있으며, 선박의 접근성이 좋은데 작은 규모의 항구나 입 · 출항이 어려운 복잡한 형태를 갖춘 항구에도 쉽게 접근할 수 있다
- 대형 크루즈: 대형 크루즈는 21세기 들어서 제작되기 시작한 크루즈 선박이다. 이러한 규모의 크루즈는 80,000톤에서 150,000톤 규모의 크루즈 선박이다. 크루즈 산업은 규모의 경제가 적용되는 산업이기 때문에 선박의 규모를 크게 하고, 대량의 승객을 탑승시킴으로 수익성을 추구한다.
- 초대형 크루즈: 20세기 말인 1999년 12월 24일 150,000톤 규모인 'Sea of the Voyage'호가 로얄 캐리비안 선사에 의하여 마이애미항에서 진수를 하게 된다. 이 사건을 계기로 하여 더 큰 규모의 선박을 건조하는 붐이 일어났다. 향후 얼마만큼 큰 규모의 선박이 나타날지는 알 수 없다. 이러한 규모의 크루즈는 현재 크루즈 선박의 규모를 기준으로 한다면, 150,000톤에서 230,000톤 규모의 선박이다.

그림 4-2 로얄 캐리비안 선사, 얼루어 오브 더 시즈호(225,282톤)

③ 크루즈 운항 유형에 따른 분류

- 항만 크루즈(Harbor Cruise): 일정한 항만을 모항으로 하고 그 모항인 항구를 중심으로 운항하는 크루즈를 말한다.
- 도서 순항 크루즈(Island Cruise): 해양에 많은 섬들이 존재하거나 특별한 섬이 존재한다면, 그 섬을 중심으로 운항하는 크루즈를 말한다.
- 파티 크루즈(Party Cruise): 크루즈 선박에서 특별한 목적을 가진 회의나 파티를 진행하기 위하여 한시적으로 운항하는 크루즈를 말한다.
- 레저 크루즈(Leisure Cruise): 즐기기 위한 크루즈 운행 형태로서 주로 관광용의 크루즈를 말한다.
- 해양 크루즈(Ocean Cruise): 바다를 항해하는 크루즈로서 가장 보편적인 크루즈 형태이다.

(2) 크루즈 선사의 제공서비스별 분류

① 호화 크루즈(Luxury Class Cruise)

특정 상류층을 대상으로 하며, 전체 시장의 5% 미만으로 시장 규모가 작다. 고상하고 안락한 크루즈로서, 특정층의 기호에 맞게 시설과 서비스를 제공한다. 럭셔리 크루즈들은 대상 승객들에 맞추어진 크루즈 일정을 개발하여 운항하고 있으며, 상대적으로 크루즈 가격이 무척 비싸게 책정되어 있다.

일반적으로 6성급 크루즈라고 한다. 이 범주에 속하는 크루즈 선박은 고객에게 가장 최적의 서비스를 제공하기 위하여, 최고 수준의 서비스와 시설을 갖춘 크루즈 선박이다. 1인당 배당 면적 비율이 가장 크며 최고의 서비스를 지향한다. 최소의 승객을 탑승하게 하고, 많은 승무원으로 하여금 서비스를 제공하기 위하여, 승객대비 승무원 비율이 1:1의 수준이나 그 이상으로 승무원 수를 늘려 서비스를 제공한다. 승객의 숫자에 제한을 두고 있으며, 따라서 선박의 규모에도 한계가 있다. 승객은 300명 이내로 하고 있으며, 선박의 크기는 30,000~50,000톤 이내의 선박이 대부분이다.

② 고급 크루즈(Premium Cruise)

중류, 상류층을 대상으로 하는 크루즈로서, 전체 크루즈 시장의 30%를 점하고 있으며, 시장이 급격히 확대되고 있다. 중 · 장기 크루즈(10일~100일)를 시행하고 있다. 전 세계적으로 크루즈 시장이 폭발적으로 증가하고 있는 현실에서 프리미엄 크루즈 선사들도 시장 확보를 위하여, 시설과 서비스를 대중화하고 있는 것은 사실이다. 따라서 스탠다드 크루즈와의 경계가 많이 접근되어서 크루즈 선사나 선박만을 기준으로 해서는 프리미엄급 크루즈와 스탠다드 크루즈의 분류가 점차 어려워지고 있다. 일반적으로 5성급, 4성급 크루즈라고 불린다. 이 범주에 속하는 크루즈 선박은 고객에게 훌륭한 서비스를 제공하고, 수익성도 고려하여서 많은 탑승과 고객 만족도를 함께 고려하여야 하기 때문에, 선박의 규모에도 많은 고려를 하여야 한다. 승객은 1,000명~2,000명 탑승하고 있으며, 선박의 크기는 80,000~150,000톤 이내의 선박이 대부분이다.

③ 대중 크루즈(Standard Cruise)

대중시장을 대상으로 하는 크루즈로서, 전체 크루즈 시장의 60%를 점하고 있다. 대체적으로 단기 크루즈(3일~10일)로서, 저가 크루즈를 시행하고 있다. 스텐다드급 크루즈는 시장성이 폭발적으로 증가하여, 기존의 크루즈 선사들이 크루즈 선박의 규모를 크게 하는 것과 함께 크루즈선박을 많이 늘리고 있으며, 또한 선박을 추가로 많이 건조할 계획을 가지고 있다. 일반적으로 3성급 크루즈라고 불린다. 이 범주에 속하는 크루즈는 수익성도 최대로 고려하여서 많은 탑승객 탑승할 수 있도록 하여야 하기 때문에, 대형선박을 위주로 운영하게 된다. 승객은 2,000명~5,000명 탑승하고 있으며, 선박의 크기는 150,000톤 이상 크기의 선박이 대부분이다.

그림 4-3 락음악을 주제로 하는 테마 크루즈

출처: travel.plus.

2. 크루즈 선사 현황

1) 호화 크루즈(Luxury Cruise)

(1) Seabourn Cruise

1987년에 설립된 이후 크루즈 여행의 고급화를 통한 새로운 여행을 개척해 온 시본 크루즈는 명실상부한 럭셔리 크루즈 분야의 개척자이다. 전 세계의 고급 크루즈 승객들이 뽑는 럭셔리 크루즈 선사로 매년 선정되는 등 명성이 높다. 운영하는 선박은 30,000여 톤으로 450명에서 600명 정도의 고급손님을 탑승시킨다. 선박 내부는 우아한 파스텔 톤의 분위기에 우아하고 당당한 서비스로 4척의 크루즈 선박을 보유하고 있다. 특히 선내에서 Seabourn's signature style로 개개인에게 맞추어진 Heartfelt hospitality를 구현하고 있다.

(2) Crystal Cruise

크리스탈 크루즈의 모 기업은 일본의 Nippon Yusen Kaisha(日本郵船株式會社)이다. 1988년에 크루즈 시장에 뛰어든 이래로 세계적 초호화 크루즈를 선도하고 있다. Travel+Leisure, Conde Nest traveller's가 선정한 최고의 대형 선박으로, 최우수상을 지난 10년간 계속 수상하고 있다. 선박의 공용공간이나 개인 공간이 넉넉하고 디자인이 최고급형으로 되어 있으며, 크리스털 식기 자재와 우수한 명품의 차이나 웨어, 이태리산 고급 브랜드의 침구류, 깔끔하고 우수한 승무원들의 서비스를 제공한다.

(3) Regent Seven Seas

리젠트 세븐시즈 크루즈는 미국의 플로리다 주의 포트로더데일(Ft. Lauderdale)에 위치하고 있으며, Carlson Companies, Inc.의 자회사이다. All Suite Room, All

Balcony Cabin, 무료로 제공되는 와인 서비스, 세계적인 Judy Jackson Spa 시설, 프랑스의 Le Cordon Bleu 등 최고급 하드웨어와 소프트웨어를 제공하고 있다. All Inclusive 정책을 실현하여 승무원들의 봉사료, 선내의 주류, 음료를 무료로 무제한 제공하고, 기항지 관광까지 모두 선실요금에 포함하는 정책을 추구한다.

(4) Silverseas

우아함과 정적인 느낌이 강한 실버시 크루즈는, 선상에서 먹고 마시는 식사와 주류, 음료를 모두 포함하는 All Inclusive 정책을 표방하고 있다. 승객 대 승무원 비율을 1:1.3 정도에 이를 정도로 완벽한 서비스를 제공하고자 한다. 전 객실이 스위트 선실이고, 선실에는 항상 생화와 과일을 제공하고 있으며, 명품 브랜드인 불가리 제품을 어매니티로 쓰고 있다.

(5) Azamara Club Cruise

아자마라 클럽 크루즈는 중형 선박으로 특별한 승객만을 위한 서비스를 위한 크루즈 선사이다. 로얄 캐리비언 인터네셔널이 보유하고 있는 3대 브랜드 중의 하나이다. Azamara Journey®, Azamara Quest®, Azamara Pursuit SM, 3척의 선박으로 세계적인 럭셔리 크루즈 선사 대열에 오른 선사이다.

2) 고급 크루즈(Premium Cruise)

(1) 홀랜드 아메리카(Holland America Line)

Holland America Line은 1873년 네덜란드에서 창립되어서, 오늘날까지 크루즈 업계를 선도해 온 명실상부한 크루즈 업계의 산 역사라고도 볼 수 있다. 네덜란드에서 증기선으로 출발하여, 신대륙을 찾는 유럽인들을 미국 뉴욕까지 운송하는 업무를 계속 담당하여 오면서 성장을 거듭하였다. 제1차 세계대전과 제2차 세계대전의 수난을 겪으면서도, 오히려 그 경험을 살려서 편안하고 전문화된 크루즈의 역사를 성장시켜 왔다. 우아하고 엔틱한 선박의 디자인과 실내 디자인에 어울리는 서비스를 제공하여, 승객들이 가장 선호하는 크루즈 선사가 되었다. 크루즈 운영이나, 선박 디자인, 서비스 수준은 크루즈 관련 업계의 Bible이라고 인정을 받고 있다.

(2) 셀러브리티(Celebrity)

선내의 충분한 공간과 화려한 장식 그리고 세심한 서비스를 제공하면서, 특별한 식사 등을 꾸준히 반영하여 미국의 보건 당국의 조선 산업 심사 기준을 100점 만점을 획득하였다. 최근에는 현대적인 선박건조 기술과 IT 기술을 접목시켜서 보다 발전된 선박을 구축해 나가고 있다. 1997년에는 로얄 캐리비안 인터내셔널과 합병하여 자회사로 운영되고 있다.

(3) 큐나드(Cunard)

1840년에 설립되어 역사적으로 세계 최초의 크루즈 회사로 기록되었다. 2004년에 퀸메리 2호를 진수하는데 그 당시로서는 가장 크고, 길고, 높은 선박으로 당시의 과학적인 기법을 총동원하여, 항해하는 방향마다 아름다운 광경을 감상할 수 있도록 만들었다. 기존의 퀸엘리자베스호와 더불어 영국의 자존심을 그대로 이어가는 선박회사가 되었다. 2007년에는 Cunard 선사의 165주년을 기념하여 85,000톤급의 퀸빅토리아호를 진수하였다.

(4) 오세아니아(Oceania Cruise)

편안하고 우아한 컨트리클럽 분위기에 캐주얼하나 세련되고 완벽한 유럽 스타일의 서비스를 제공한다. 넓고 안락한 선실과 세계적인 요리사들을 초빙하여 고품격 음식과 서비스를 제공하며, 스파 시설, 12중주의 관현악 오케스트라를 바탕으로 편안함을 극대화한다.

3) 대중 크루즈(Standard Cruise)

(1) 카니발(Carnival Cruise Line)

'Fun Cruise Ship'이라는 콘셉트를 바탕으로 가족, 친구, 연인 모두가 즐길 수 있는 편안하면서도 대중적인 상품을 선보이는 세계 최대의 크루즈 선사이다. 북 아메리카 지역에서 가장 많은 일정을 소화하며, 미국 내의 가족 단위 승객이 가장 선호하는 크루즈 선사이기도 하다. 선박에서는 최다 22개의 클럽과 라운지, 그리고 패스트푸드에서 최고급 요리인 랍스터 요리까지 다양한 메뉴를 제공하며 분위기 있는 클럽에서 그리고 어린이를 위한 각종 프로그램이 동반된다.

(2) 코스타(Costa Cruise)

화려한 유럽 문화와 친절한 서비스를 표방하는 이태리 스타일의 크루즈 선사이다. 코스타에 탑승하면 향기 그윽한 카푸치노를 즐기면서 이태리 음식을 맛보고, 이태리 요리 강습에 참여할 수 있다. 현대적 감각의 심플한 실내 인테리어와 즐거운 선상 테마 이벤트와 파티가 제공된다. 다양한 연령층의 승객들을 만족시킬 수 있는 선상 프로그램과 이태리 스타일의 각종 다양한 음식축제가 있다.

(3) 디즈니(Disney Cruise Line)

미국의 월트 디즈니(Walt Disney) 회사에 속한 크루즈 선사이다. 꿈과 환상을 주제로 동화 속 디즈니 캐릭터와 함께하는 꿈의 여행으로 시작된다. 해상 위의 디즈니랜드, 환상의 꿈의 디즈니 크루즈를 경험하면 잊지 못할 추억이다.

(4) 프린세스(Princess Cruises)

프린세스 크루즈가 자랑스럽게 선보인 Any Time Dining이라는 프로그램이 있다. '무엇이든, 언제든'이라는 콘셉트로 승객이 원하는 식사 시간대에, 어느 식당에서든 편안하게 식당과 식사를 선택할 수 있도록 하는 시스템이다. 또 다른 콘셉트의 프로그램은 '대형선박에서 누리는 소형선박의 장점'이라는 것이다. 승객이 비교적 많은 복잡하고 시끄러울 수밖에 없는 대형선박에서 소형선박과 같은 서비스를 제공하는 것을 의미한다.

(5) 노르웨이지안(Norwegian Cruise)

원래 발틱해를 중심으로 하는 작은 크루즈 선사였는데, 21세기 들어오면서 혁명적인 콘셉트로 폭발적으로 선사의 규모가 증가한 회사이다. 프리스타일 크루즈(Free Style Cruise)라는 슬로건을 통해 현대인의 라이프스타일을 담고 있다. 프리스타일에는 다이닝, 복장규칙, 서비스, 팁핑 정책, 하선 등을 포함한다. 선상 볼링장, 자이로드롭 등의 다양하고 독특한 선내 시설 분야를 꾸준히 발전시켜서 세심한 서비스에 합리적인 가격을 제공한다.

(6) MSC Cruise

MSC(Mediterranean Shipping Company)라는 이태리의 최대의 해운회사가 1988년 크루즈 선사를 창립하고 해운회사의 경험을 바탕으로 크루즈 업계 도전장을 내민 대표적인 크루즈 전문회사가 되었다. "진정한 이탈리안 Free Style Premium Service"를 표방하면서 선내에서 즐기는 이태리의 정통 음식과 섬세한 서비스를 제공한다.

(7) 로얄캐리비안(Royal Caribbean Cruise)

전 세계에서 가장 규모가 큰 크루즈 선사 중의 하나이다. "Get Out There!"라는 마케팅 슬로건으로 유명하며, 크루즈 업계 유일하게 아이스링크 시설을 보유한 크루즈 선박을 보유하고 있다. 이외에 암벽타기, 선상 파도타기, 인라인 트랙 등 혁신적이면서도 활동적인 시설과 바다에서의 쇼핑타운을 선보인 고급의 선사의 대표주자이기도 하다.

(8) 스타(Star Cruise)

1993년 첫 크루즈 항해를 시작으로 싱가포르 왕복, 동남아시아 크루즈 시장을 바탕으로 성장해 온 동남아시아의 작은 크루즈 선사였다. 이를 바탕으로 근래에 들어 중동지역까지 진출하는 폭 넓은 일정을 개발하면서 주목을 받기 시작한 크루즈 선사이다. 지금은 시행하지 않지만, 전에 한국의 평택항을 모항으로 하는 일정을 소화하였다.

그림 4-4 크루즈 브랜드

4) 고급시장과 대중시장과 크루즈의 변화

바야흐로 크루즈 선사는 고급브랜드와 저가브랜드의 시장점유율 싸움, 크루즈 컨셉트가 전통 지향형(대서양 횡단선 류)과 현대 지향형(카니발의 펀십 마케팅 이후), 일반 대중 지향과 특수 관심지향(범선형 및 오지탐험 등)의 결과로 구분되고 있다. 대체적으로 고급시장과 대중시장은 다음과 같이 이용객, 선택 속성, 선박 형태, 상품의 특성 등에 따라 구분되는 경향이 있다.

즉, 고급시장은 노년층, 기항지 관광, 작고 전통형 스타일의 선박, 장기여행으로 수렴되고 있으며 대중시장은 청장년층, 선상이벤트, 크고 박스형 스타일의 선박, 단기 여행 위주로 특징화되고 있으나 양자 간의 구분이 명확한 것은 아니다.

그림 4-5 고급시장과 대중시장에서 크루즈 특성

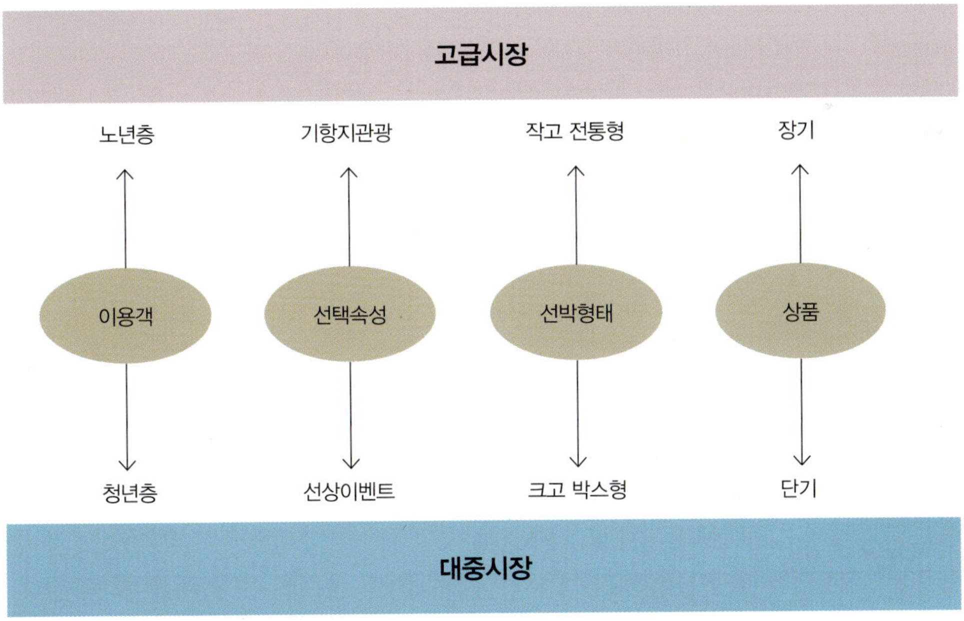

3. 크루즈 선사별 선박 보유 현황

1) 호화 크루즈(Luxury Cruise)급 선사

(1) Seabourn Cruise

SEABOURN® 홈페이지
http://www.seabourn.com

표 4-1 Seabourn Cruise 선사 보유 선박 현황

선박명	선적국	승객수 (명)	승무원수 (명)	총톤수 (grt)	길이 (Feet)	폭 (Feet)	최고 속도 (knots)	취항일
Odyssey	Bahama	458	330	32,000	650	84	19	2009
Sojourn	Bahama	458	330	32,000	650	84	19	2010
Quest	Bahama	458	330	32,000	650	84	19	2011
Encore	Bahama	604	TBA	40,350	600	92	15	2016
(Ovation)	Bahama	600	TNA	40,350	690	92	15	2018
계		2,578	990	176,700				

(2) Crystal Cruise

CRYSTAL® CRUISES 홈페이지
https://www.crystalcruises.com

표 4-2 Crystal Cruise 선사 보유 선박 현황

선박명	선적국	승객수 (명)	승무원수 (명)	총톤수 (grt)	길이 (Feet)	폭 (Feet)	최고 속도 (knots)	취항일
Symphony	TBA	848	575	51,044	781	99.1	21	1995
Serenity	TBA	980	635	68,870	820	105.6	20	2003
계		1,828	1,210	119,914				

(3) Regent Seven Seas

홈페이지
https://www.regentcruises.com

표 4-3 Regent Cruise 선사 보유 선박 현황

선박명	선적국	승객수 (명)	승무원수 (명)	총톤수 (grt)	길이 (Feet)	폭 (Feet)	최고 속도 (knots)	취항일
(Splendor)		750	TBA	55,254	TBA	TBA	TBA	2020
Voyage	Bahama	700	447	42,363	708	88	22	2003
Navigator	Bahama	490	345	28,803	561	72	19	1999
Mariner	Bahama	700	440	48,075	712	95	20	2001
Explorer	Italy	750	542	56,000	735	105	19	2016
계		3,390	1,774	230,495				

(4) Silver Seas

SILVERSEA
Above and Beyond All Expectations℠

홈페이지
https://www.silversea.com

표 4-4 Silver Seas Cruise 선사 보유 선박 현황

선박명	선적국	승객수 (명)	승무원수 (명)	총톤수 (grt)	길이 (Feet)	폭 (Feet)	최고 속도 (knots)	취항일
Silver Muse	Bahama	590	390	40,700	698	86	19.8	2017
Silver Wind	Bahama	296	212	17,400	514	70	18	1994
Silver Discoverer	Bahama	116	68	5,218	338	51	14	2016
Silver Shadow	Bahama	382	295	28,258	610	81	18.5	2000
Silver Whisper	Bahama	382	295	28,258	610	81	18.5	2001
Silver Spirit	Bahama	600	376	39,519	691	87	19	2009
Silver Galapagos	Ecuador	100	75	4,077	289	50	17	
Silver Explorer	Bahama	144	95	6,012	354	52	14	2017
Silver Cloud Expeditions	Bahama	200	212	16,800	514	70	18	1994
계		2,810	2,018	186,242				

(5) Azamara Club Cruise

AZAMARA CLUB CRUISES

홈페이지
http://www.azaclubcruises.com

표 4-5 Azamara Cruise 선사 보유 선박 현황

선박명	선적국	승객수 (명)	승무원수 (명)	총톤수 (grt)	길이 (Feet)	폭 (Feet)	최고속도 (knots)	취항일
Azamara Journey	Malta	806	390	30,277	593	50	22	2000
Azamara Pursuit	Malta	820	405	35,000	592	84	22	2018
Azamaea Quest	Malta	694	355	30,277	593	05	22	2001
계		2,320	1,150	95,554				

2) 프리미엄(Premium)급 선사

(1) Holland America Line

Holland America Line

홈페이지
https://www.hollandamerica.com

표 4-6 Holland America Line Cruise 선사 보유 선박 현황

선박명	선적국	승객수 (명)	승무원수 (명)	총톤수 (grt)	길이 (Feet)	폭 (Feet)	최고속도 (knots)	취항일
ms. Amsterdam	Netherland	1,380	615	62,735	781	105	23	2000
ms. Eurodam	Netherland	2,104	929	86,273	925	105	24	2008
ms. Koningsdam	Netherland	2,650	1,025	99,500	935	105	24	2016
ms. Maasdam	Netherland	1,258	580	55,575	722	102	21	1993
ms. Nieuw Amsterdam	Netherland	2,106	929	86,700	935	105	24	2010
ms. Noordam	Netherland	1,918	900	82,318	952	105	24	2006
ms. Oosterdam	Netherland	1,916	817	82,305	952	105	24	2003
ms. Prinsendam	Netherland	835	470	37,983	669	106	22	1988

ms. Rotterdam	Netherland	1,404	600	61,659	778	105	25	1997
ms. Veendam	Netherland	1,350	580	57,092	719	102	22	1996
ms. Volendam	Netherland	1,432	615	61,214	781	106	23	1999
ms. Westerdam	Netherland	1,915	817	82,349	952	105	24	2004
ms. Zaandam	Netherland	1,432	615	61,396	781	105	23	2000
ms. Zuiderdam	Netherland	1,918	817	82,305	952	105	24	2002
계		23,618	10,309	999,404				

(2) Celebrity Cruise

Celebrity Cruises®
MODERN LUXURY LIVES HERE.

홈페이지
https://www.celebritycruises.com

표 4-7 Celebrity Cruise 선사 보유 선박 현황

선박명	승객수 (명)	승무원수 (명)	총톤수 (grt)	길이 (Feet)	폭 (Feet)	최고속도 (knots)	취항일
Celebrity Edge	2,908	1,250	129,500	1,004	128	22	2018
Celebrity Ec;ipse	2,850	1,250	122,000	1,033	121	24	2010
Celebrity Silhouette	2,886	1,246	122,400	1,047	121	24	2011
Celebrity Equinox	2,850	1,250	122,000	1,035	121	24	2009
Celebrity Solstice	2,850	1,250	122,000	1,041	121	24	2008
Celebrity Reflection	3,046	1,250	126,000	1,047	123	24	2012
Celebrity Infinity	2,170	999	91,000	965	105	24	2001
Celebrity Constellation	2,034	999	91,000	965	105	24	2002
Celebrity Millennium	2,139	999	91,000	965	105	24	2000
Celebrity Summit	2,158	999	90,940	965	105	24	2001
Celebrity Xpedition	100	74	2,852	206	49	15	2004
계	25,991	11,566	1,110,692				

(3) Cunard

홈페이지
http://www.cunard.com

표 4-8 Cunard Cruise 선사 보유 선박 현황

선박명	승객수 (명)	승무원수 (명)	총톤수 (grt)	길이 (Feet)	폭 (Feet)	최고속도 (knots)	취항일
Queen Victoria	2,014	1,000	90,000	965	106	24	2007
Queen Mary 2	2,620	1,253	148,528	1,132	135	29	2003
Queen Elizabeth	2,068	996	90,900	932	106	22	2010
계	6,702	3,249	329,428				

(4) Oceania Cruise

홈페이지
https://www.oceaniacruises.com

표 4-9 Oceania Cruise 선사 보유 선박 현황

선박명	승객수 (명)	승무원수 (명)	총톤수 (grt)	길이 (Feet)	폭 (Feet)	최고속도 (knots)	취항일
ms. Regatta	684	386	30,277	627	82	18	2014
ms. Insignia	684	386	30,277	594	82	18	1998
ms. Nautica	694	400	30,277	594	82	18	1998
ms. Sirena	684	400	30,277	594	84	18	1999
ms. Marina	1,252	800	66,084	774	105	20	2011
ms. Riviera	1,252	800	66,084	774	105	20	2012
계	5,250	3,172	253,276				

3) 스탠다드(Standard)급 선사

(1) Carnival Cruise Line

Carnival 홈페이지 https://www.carnival.com

표 4-10 Carnival Cruise 선사 보유 선박 현황

선박명	승객수 (명)	승무원수 (명)	총톤수 (grt)	길이 (Feet)	폭 (Feet)	최고속도 (knots)	취항일
Carnival Breezr	4,724	1,386	130,000	1,003	125	22	2012
Carnival Conquest	2,974	1,150	110,000	952	116	21	2002
Carnival Dream	3,652	1,360	128,000	1,004	122	22	2006
Carnival Ecstasy	2,056	920	70,367	853	103	21	1991
Carnival Elation	2,052	920	70,367	856	103	21	1998
Carnival Fantasy	2,052	920	70,367	856	103	21	1990
Carnival Fascination	2,056	920	70,367	856	103	21	1994
Carnival Freedom	2,974	1,150	110,000	951	116	20	2007
Carnival Glory	2,974	1,150	110,000	951	116	21	2003
Carnival Imagination	2,056	920	70,367	856	103	21	1995
Carnival Inspiration	2,056	920	70,367	856	103	21	1996
Carnival Legend	2,124	930	88,500	965	106	23	2005
Carnival Liberty	2,974	1,150	110,000	951	116	21	2005
Carnival Magic	4,724	1,386	130,000	1004	122	20	2011
Carnival Miracle	2,124	930	88,500	965	106	22	2004
Carnival Paradise	2,052	920	70,367	856	103	22	1998
Carnival Pride	2,124	930	88,500	965	106	22	2001
Carnival Sensation	2,056	920	70,367	856	103	21	1993
Carnival Splendor	3,006	1,150	113,300	952	118	22	2008
Carnival Sunshine	3,006	1,040	101,353	892	116	23	1996
Carnival Triumph	2,758	1,100	101,509	892	125	23	1999
Carnival Valor	2,974	1,150	110,000	951	116	23	2004

Carnival Victory	2,758	1,100	101,500	892	125	21	2000
Carnival Vista	3,956	1,450	133,500	1,056	121	18	2016
Carnival Horizon	3,960	1,450	113,500	1,062	121	23	2017
계	70,222	27,322	2,431,098				

(2) Costa Cruise Line

Costa CRUISING ITALIAN STYLE

홈페이지
https://www.costacruisesasia.com

표 4-11 Costa Cruise 선사 보유 선박 현황

선박명	승객수 (명)	승무원수 (명)	총톤수 (grt)	길이 (Feet)	폭 (Feet)	최고속도 (knots)	취항일
Costa Fascinosa	3,700	1,068	114,500	951	125	23	2012
Costa Smeralda	6,522	1,678	192,700	1,106	125	22	2011
Costa Diadema	4,947	1,253	132,500	1,004	121	23	2013
Costa Favolosa	3,700	1,068	132,500	1,004	122	23	2011
Costa Deliziosa	2,260	1,050	114,500	951	106	23	2010
Costa Luminosa	2,260	921	92,600	965	106	24	2009
Costa Pacifica	3,700	1,100	114,500	951	106	23	2000
Costa Serena	3,700	1,100	114,500	951	106	23	2007
Costa Magica	2,672	1,023	103,000	892	118	22	2004
Costa Fortuna	2,720	1,027	103,000	892	118	22	2003
Costa Mediterranean	2,114	912	86,000	958	105	24	2003
Costa Atlantica	2,114	012	86,000	958	105	24	2004
Costa Victoria	1,928	766	75,000	830	105	24	1996
Costa neoRomantica	1,800	662	56,000	723	102	20	1993
Costa neoClassica	1,680	617	53,000	722	102	20	1991
Costa neoRiviera	1,600	507	48,200	709	95	22	2013
계	47,417	14,764	1,618,500				

(3) Disney Cruise Line

Disney CRUISE LINE

홈페이지
https://disneycruise.disney.go.com

표 4-12 Disney Cruise 선사 보유 선박 현황

선박명	승객수 (명)	승무원수 (명)	총톤수 (grt)	길이 (Feet)	폭 (Feet)	최고속도 (knots)	취항일
Disney Magic	2,700	950	84,000	965	104	24	1998
Disney Wonder	2,700	950	83,000	965	104	24	1999
Disney Dream	4,000	1,500	128,000	1,116	121	24	2011
Disney Fantasy	4,000	1,500	128,000	1,116	121	24	2012
계	13,400	4,900	423,000				

(4) Princess Cruise Line

PRINCESS CRUISES

홈페이지
https://www.princess.com

표 4-13 Princess Cruise 선사 보유 선박 현황

선박명	승객수 (명)	승무원수 (명)	총톤수 (grt)	길이 (Feet)	폭 (Feet)	최고속도 (knots)	취항일
Caribbean Princess	3,140	1,200	112,894	952	119	22	2004
Coral Princess	2,000	895	91,627	965	106	22	2003
Crown Princess	3,080	1,200	113,561	952	118	22	2006
Diamond Princess	2,670	1,200	115,875	952	123	23	2004
Emerald Princess	3,080	1,200	113,561	051	118	22	2007
Golden Princess	2,600	1,100	108,865	950	118	22	2001
Grand Princess	2,600	1,150	107,517	949	118	22	1998
Island Princess	2,200	900	92,000	964	105	22	2003
Majestic Princess	3,560	1,346	143,700	1,083	126	21	2017
Pacific Princess	670	375	30,277	592	82	20	2003
Regal Princess	3,560	1,346	141,000	1,083	124	22	2014

Royal Princess	3,560	1,346	141,000	1,083	125	22	2013
Ruby Princess	3,080	1,200	113,561	951	118	21	2008
Sapphire Princess	2,670	1,100	115,875	952	121	23	2004
Sea Princess	2,000	910	77,499	857	105	20	1998
Star Princess	2,600	1,100	108,977	951	118	22	2002
Sun Princess	2,000	924	77,441	856	105	21	1995
계	45,070	18,492	1,805,230				

(5) NCL(Norwegian Cruise Line)

홈페이지
https://www.ncl.com

표 4-14 Norwegian Cruise 선사 보유 선박 현황

선박명	승객수 (명)	승무원수 (명)	총톤수 (grt)	길이 (Feet)	폭 (Feet)	최고속도 (knots)	취항일
Norwegian Bliss	4,004	1,716	168,028	1,094	136	23	2018
Norwegian Breakaway	3,963	1,657	145,655	1,068	169	23	2013
Norwegian Dawn	2,340	1,032	92,250	965	125	23	2002
Norwegian Encore	3,998	N/A	167,800	1,094	136	22	2019
Norwegian Epic	4,100	1,724	155,873	1,081	171	23	2010
Norwegian Escape	4,266	1,733	164,000	1,068	136	23	2015
Norwegian Gem	2,394	1,070	83,530	965	125	22	2015
Norwegian Getaway	3,963	1,646	145,655	1,068	169	23	2014
Norwegian Jade	2,402	1,037	93,558	965	125	23	2006
Norwegian Jewel	2,376	1,069	93,502	965	125	23	2005
Norwegian Joy	3,883	1,821	167,725	1,094	136	23	2017
Norwegian Pearl	2,394	1,072	93,530	965	125	22	2006
Norwegian Sky	2,004	899	77,104	848	123	22	1999
Norwegian Spirit	2,018	912	75,904	880	127	21	1998
Norwegian Star	2,348	1,031	91,740	965	125	23	2018

Norwegian Sun	1,936	906	78,309	848	123	22	2001
Pride of America	2,186	927	80,439	920	120	22	2005
계	50,575	20,252	1,974,602				

(6) MSC(Mediterranean Shipping Company) Cruise

홈페이지
http://www.msccruises.co.krhttps://www.msccruises.com

표 4-15 MSC Cruise 선사 보유 선박 현황

선박명	승객수 (명)	승무원수 (명)	총톤수 (grt)	길이 (Feet)	폭 (Feet)	최고속도 (knots)	취항일
Splendida	3,959	1,300	131,500	1,094	124	23	2009
Meraviglia	4,500	2,130	167,000	1,036	141	23	2017
Divina	4,345	1,388	139,072	1,094	124	24	2012
Preziosa	4,345	1,346	139,400	1,094	125	23	2014
Fantasia	3,959	1,370	133,500	1,094	124	23	2009
Magnifica	3,223	1,038	95,128	964	106	23	2010
Poesia	3,013	1,039	93,300	964	106	23	2008
Orchestra	3,013	1,054	92,400	962	106	23	2007
Musica	3,.013	1,014	92,400	962	106	23	2006
Opera	2,055	728	59,058	824	95	21	2004
Lirica	2,068	721	58,058	824	95	21	2003
Sinfonia	2,087	760	58,600	824	95	21	2992
Armonia	2,087	700	58,600	824	95	21	2001
Seaside	4,140	1,413	160,000	1,060	135	21	2017
계	45,807	16,001	1,478,016				

(7) RCL(Royal Caribbean Cruise Line)

RoyalCaribbean INTERNATIONAL

홈페이지
https://www.royalcaribbean.com

표 4-16 Royal Caribbean Cruise 선사 보유 선박 현황

선박명	승객수 (명)	승무원수 (명)	총톤수 (grt)	길이 (Feet)	폭 (Feet)	최고속도 (knots)	취항일
Harmony of the Seas	5,478	2,394	227,700	1,181	197	22	2016
Oasis of the Seas	5,400	2,165	225,282	1,184	154	22	2009
Symphony of the Seas	5,478	2,394	227,700	1,181	197	23	2018
Allure of the Seas	5,400	2,165	225,282	1,184	154	22	2010
Anthem of the Seas	4,180	1,500	167,800	1,142	134	22	2015
Majesty of the Seas	2,744	833	73,941	846	105	22	1992
Independence of the Seas	4,570	1,360	154,407	1,112	184	21	2008
Marina of the Seas	3,114	1,185	138,279	1,020	154	22	2003
Empress of the Seas	2,020	685	48,563	692	102	19	1989
Enchantnent of the Seas	2,445	760	80,700	990	105	22	1997
Ovation of the Seas	4,180	1,500	168,666	1,142	135	22	2016
Navigator of the Seas	3,114	1,213	138,279	1,020	154	22	2002
Serenade of the Seas	2,490	841	90,090	961	105	24	2003
Brilliance of the Seas	2,501	859	90,090	961	105	24	2002
Adventure of the Seas	3,114	1,180	137,276	1,020	151	22	2001
Jewel of the Seas	2,504	842	90,090	961	105	24	2004
Freedom of the Seas	3,634	1,360	154,407	340	128	22	2005
Rhapsody of the Seas	2,435	765	78,491	279	105	22	1997
Vision of the Seas	2,435	765	78,491	280	105	22	1998
Radiance of the Seas	2,501	859	90,090	293	105	24	2001
Explorer of the Seas	3,114	1,180	137,308	1,020	157	22	2000
Voyage of the Seas	3,138	1,181	137,276	1,020	157	24	1999
Liberty of the Seas	4,370	1,300	154,407	1,115	128	22	2007
Grandeur of the Seas	2,446	760	74,000	915	105	22	1996
Quantum of the Seas	4,180	1,500	168,666	1,152	135	22	2014
계	86,985	31,546	3,357,281				

(8) Star Cruise

홈페이지
https://www.starcruises.com

표 4-17 Star Cruise 선사 보유 선박 현황

선박명	승객수 (명)	승무원수 (명)	총톤수 (grt)	길이 (Feet)	폭 (Feet)	최고속도 (knots)	취항일
Super Star Virgo	1,868	1,300	75,338	879	106	24	1999
Super Star Gemini	1,526	700	50,764	754	95	20	1992
Super Star Libra	1,432	740	42,285	710	107	20	1988
Super Star Aquarius	1,507	700	51,039	754	94	20	1993
Star Pisces	1,136	750	40,053	579	95	21	1990
The Taipan	64	80	3,370	281	46	14	1989
계	7,533	4,270	262,849				

PART 02

크루즈 선상 운영 관리

CHAPTER

05

프런트 관리

1. 자금 관리
2. 승객지원 서비스 관리
3. 크루즈 여행정보 관리

Chapter

05 프런트 관리

크루즈의 프런트 데스크는 퍼서(purser) 데스크라고도 하는데, 크루즈 호텔부문의 심장부라고 할 수 있다. 선사와 고객의 모든 일의 시작과 종료는 프런트 데스크이다. 또한 육지의 지원조직인 본부와의 교접점이 되기도 한다.

1. 자금 관리

선상에서 발생되는 매출, 예를들면 식음료 부문, 카지노 등에서 발생한 수입을 관리한다. 승객의 입장에서는 승객의 상품구입 및 서비스 이용 후 지출, 환전 등에 해당된다. 이를 운영관리에 필요한 CIS도 같이 소개한다.

2. 승객지원 서비스

승선카드의 발급, 갱신, 승객의 컴플레인을 대처하는 방법, 승객의 분실물 관리, 수하물 배달 서비스 등이 포함된다.

3. 크루즈 여행정보 관리

승객에게 전달해야 할 선상방송, 기항지에 대한 소개 등 각종 홍보 및 커뮤니케이션 역할을 수행한다.

열쇠말

고객원장, 분실물, 선상신문, 승선카드, 컴플레인, CIS, OBC

NCS 학습모듈

학습 1. 자금 관리하기

1-1. CIS를 활용한 승객의 선상 비용 정산 관리
- CIS(Customer Information System)를 활용하여 승객이 선내의 각 업장에서 이용한 금액을 수집, 취합, 관리할 수 있다.
- 승객이 선상에서 사용한 총 비용을 정산 관리할 수 있다.

1-2. 운항 자금 및 승객 관련 자금 관리
- 크루즈 중에 승객의 OBC(On Board Credit)를 위하여 승객으로부터 cash를 수납할 수 있다.
- 승객의 편의를 위하여 필요한 자금을 환전하거나 현금을 대용해 줄 수 있다.
- 선내에서의 긴급자금 또는 기항지에서 발생되는 긴급자금을 관리할 수 있다.

1-3. 승객의 화폐 교환 업무
- 승객의 편의를 위하여 선내에서 환전이 가능하도록 규정한 화폐로 상호교환한다.
- 승객의 편의를 위하여 승객이 보유한 화폐를 동종의 화폐의 단위를 조정하여 상호교환하여 준다.

학습 2. 승객 지원 서비스 관리하기

2-1. 승선카드(pass key) 관리
- 승선카드(pass key)를 재발급, 추가 발급할 수 있다.
- 승선카드(pass key)에 입력된 내용을 수정, 보완, 폐기할 수 있다.

2-2. 승객 서비스 불편 사항 관리
- 크루즈 중에 발생한 승객의 불평, 불만 사항을 접수할 수 있다.
- 승객으로부터 접수된 불평, 불만사항을 정리하여 관련 부서로 이관할 수 있다.
- 승객의 불평, 불만사항을 상위부서 혹은 GRO(Guest Relation Officer)로 보고할 수 있다.
- 승객의 불평, 불만사항을 직접 처리하거나 해결할 수 있다.

2-3. 분실물 관리
- 분실물을 처리 지침에 따라 접수, 보관할 수 있다.

– 분실물의 처리 지침에 따라 습득물을 분실자에게 반환할 수 있다.

2–4. 수하물 배달 서비스

– 수화물 처리 지침에 따라 최초 승선(Embarkation)시 승객 수화물을 선실에 배달하도록 조치할 수 있다.

– 수하물 처리 지침에 따라 최후 하선(Disembarkation)시 수하물 배달 서비스와 관련된 업무를 처리할 수 있다.

학습 3. 크루즈 여행 정보 관리하기

3–1. 크루즈 운항 정보 제공

– 크루즈 운항에 관한 일정과 항해조건 등을 정리하여 승객에게 제공할 수 있다.

– 크루즈 운항 중에 변경된 운항 일정, 운항 조건, 특별 진행 사항 등을 정리하여 승객에게 제공할 수 있다.

3–2. 기항지 정보 제공

– 기항지 항구에 관한 정보(역사, 교통, 지도 등)를 취합 정리하여 승객에게 제공할 수 있다.

– 기항지 관광에 대한 정보(문화, 사회, 종교, 풍습, 관광명소 등)를 취합정리하여 승객에게 제공할 수 있다.

– 선사에서 운영하는 기항지 관광에 대하여 안내할 수 있다.

3–3. 선상 부대시설 이용 정보

– 승객에게 선상신문을 이용하여 크루즈 선내 식음시설, 부대시설, 진행하는 프로그램 등에 대한 정보를 제공할 수 있다.

– 크루즈 선내 부대시설 영업에 관한 flyer를 제작하여 승객에게 배포할 수 있다.

4–4. 선상신문 제작 및 선상방송 운영

– 크루즈 운항 중에 승객에게 필요한 정보를 취합하여 선상신문을 제작하고 이를 승객에게 배포할 수 있다.

– 크루즈 운항 중에 승객에게 필요한 정보를 알리기 위하여 수시로 선상방송을 운영할 수 있다.

도입사례

부산 · 속초발 크루즈 타보니 한국인 맞춤형 서비스에 엄지 '척'

지난 10일 부산항국제여객터미널에 11만t(톤)급 크루즈 여객선 '코스타 세레나호'가 정박했다. 한국 여행객만을 위해 부산항을 향해 달려온 코스타 세레나호는 2000여 명의 승객을 태우고 속초항을 향했다. 부산시와 경상도에서 온 관광객이 대부분인 승객들은 강원도 속초를 둘러보는 것에도 이미 들떠 있었다. 같은 나라에서도 경상도와 강원도는 멀게만 느껴졌는데 크루즈를 타고 오니 편하게 여행할 수 있어 기쁘다는 이야기가 들려왔다.

승선해서 배정받은 객실에 도착하니 크루즈 내에서 열리는 선상 프로그램 일정 전부와 선상의 상점 소개, 서비스 시간, 규칙 등이 담긴 선상신문이 놓여있다. 잠시 휴식을 취하고 있으니 캐리어를 방까지 가져다준다. 크루즈의 가장 큰 장점은 출항부터 입항까지 캐리어를 끌고 다니지 않아도 된다는 점이다. 캐리어는 스태프에게 출항절차를 밟기 전에 맡기면 되고 입항할 때도 캐리어를 객실 문 앞에 두면 알아서 옮겨준다.

크루즈는 바로 이 액티브 시니어를 위한 놀이터다. 호텔로 이동할 필요도 없고 답답한 버스나 비행기를 오래 탈일도 없다. 무거운 짐을 들고 오르락내리락 할 일도 없고 영어가 되지 않아 답답한 상황도 일어나지 않는다. 또 종종 생각나는 한식을 챙겨가서 눈총 받을 일 역시 없다는 점이 액티브 시니어의 천국이라고 부를만 하다.

한국어로 된 선상신문과 표지판, 항상 부근에 자리한 롯데관광의 한국인 직원이 편안함을 제공한다. 게다가 뷔페에서 항상 제공되는 김치와 매일 달라지는 한식 메뉴로 인해 까다로운 한국인 입맛에도 잘 맞는다. 와인이나 샴페인, 맥주 등이 불편한 액티브 시니어를 위해 소주까지 준비했다.

코스타 세레나호의 기본 프로그램인 클래식 공연, 올드팝, 댄스 등 프로그램이 다채롭게 준비돼 지루할 틈이 없다. 하지만 외국 문화에 익숙치 않은 시니어를 위해 롯데관광에서는 한국인 맞춤 프로그램을 많이 신설했다. 시니어들이 좋아하는 연예인도 섭외해 일정 중에 2회나 쇼를 진행하고 건강관련 세미나, 코스타 미스코리아 등도 개최한다.

출처: 뉴스핌(2018. 5. 18.).

example

1. 자금 관리

1) 자금 관리 업무 수행을 위한 기초이해

(1) 컴퓨터 활용 스킬

① 컴퓨터 하드웨어(Hardware)

크루즈 프런트에서 승무원이 사용하는 컴퓨터의 하드웨어는 대체적으로 동일하다. 컴퓨터의 하드웨어 구성요소인 모니터, 마우스, 키보드 등을 다룰 수 있어야 하며, 사용 중에 발생하는 에러(Error)에 대처할 수 있어야 한다.

그림 5-1 프런트 CIS 모니터

출처: 저자 촬영

② 컴퓨터 소프트웨어(Software)

크루즈 프런트에서 작업을 하려면 다음에 제시된 몇 가지 프로그램을 다룰 수 있어야 한다.

• 운영 시스템(Operation System: OS): 크루즈 선사에서는 각각 독특한 프로그램

을 개발하여 운영하고 있는데, 이것을 선사 운영시스템이라고 한다. 따라서 예약 시스템과 연계되어서 승객 정보가 내장되어 있어서 승객이 탑승하는 동안 활용하는 시스템이다. Carnival Corp.에 속해 있는 선사들은 'Polar'라는 예약시스템을 사용하고 있으며 선사 운영시스템과 연계하여 사용하고 있다.

- 마이크로소프트 오피스 패키지(MS Office Package): Microsoft사에서 개발한 오피스패키지는 사무용으로 전 세계적으로 범용되는데, 응용프로그램인 엑셀(스프레드 시트), 파워포인트 등을 쓸 수 있어야 한다.

크루즈가 선박을 운항하고 호텔운영을 관리하기 위한 통합 패키지프로그램이 있다. 이를 CIS라고 하는데 크루즈정보시스템(cruise information system)으로 통칭한다. 물론 소프트웨어를 만드는 회사마다 고유의 이름을 가지고 있다.

오라클에서 만드는 통합 패키지 프로그램 중 일부인 선상자산관리(shipboard property management)를 보면 고객 별로 승선 및 하선, 충성도, 비상연락, 객실번호, 컴플레인 등을 기록 관리한다. 이와 같은 프로그램의 목적은 관리의 효율성과 서비스 품질을 유지하여 최종적으로 수익을 창출하는 데 있다. 최근에는 개인 스마트폰 모바일과 연동하여 필요정보를 리얼타임으로 선상프로그램, 스페셜 레스토랑 및 스파 예약 등 제공하기도 한다. 또한 승무원 역시 본인의 스마트폰을 연동하여 고도의 서비스를 제공하는데 활용하는데 고객 정보, 선상이벤트 정보제공, 객실 유지관리 등이 포함된다. 대체적으로 호텔운영 관련 패키지에는 다음과 같은 메뉴가 포함된다.

- 고객관리: 승객, 체크인, 일정관리, 현금관리 등
- 업장관리: 레스토랑, 카지노, 스파 등
- 크루즈선 관리: 선박 운영예산, 본부(육지 shore-side 부서) 연계 회계
- 승무원 관리: 근태, 승 · 하선, 평가, 임금 지급 등
- 자재관리: 유류, 식자재 구매, 저장, 불출 등

(2) 선실에 대한 지식

고객이 승선 전에 예약한 선실의 등급과 위치, 승선 후 사정 혹은 선실 업그레이드 등 프로모션 등으로 이동할 때 구분하고 설명할 줄 알아야 한다.

① 선실의 종류

- 스위트룸(Suite Room): 스위트룸은 크루즈 선박에서 가장 상위 수준에 해당하는 선실로서, 일반적으로 선실의 구조가 거실과 침실이 분리되어 있는 것을 말한다. Suite Room은 Penthouse Room, Presidential Room, Parlor Suite Room, Veranda Suite Room 등 여러 가지 형태와 명칭으로 불린다.
- 베란다룸(Veranda Room): 응접실과 침실이 분리되어 있지 않은 선실로서 베란다가 딸린 형태를 갖추고 있다. 베란다를 이용하여 외부의 분위기를 즐길 수 있는 선실이다.
- 오션뷰룸(Ocean View Room): 베란다 선실과 동일한 내부 구조이나 베란다가 없는 선실이다. 따라서 창문을 열고 선실 외부로 나갈 수는 없으나, 외부를 조망할 수 있는 작은 형태의 창문이 있다.
- 옵스트럭트 오션뷰룸(Obstruct Ocean View Room): 오션뷰룸의 일종으로 창문 밖 전망의 일부가 가려진 상태의 선실이다.
- 커넥팅룸(Connecting Room): 객실 사이에 벽을 통하여 문이 별도로 있는 선실 구조이다. 평상시에는 이 문은 닫혀 있으나 한 가족이 사용할 때 이 문을 개방하여 하나의 선실처럼 사용한다.
- 인사이드룸(Inside Room): 선박 내부에 위치하여 창문이 전혀 없는 선실이다. 선실 내부의 구조는 오션뷰룸과 같은 구조를 갖추고 있다.

② 선실 가격 용어

- 선실료(Fare): 선실료(Fare)는 크루즈 선사의 수입이 되는데, 선박 객실료, 식사비, 식사 시에 제공되는 음료비, 선내의 시설 이용료(휘트니스, 오락 기계 등) 그리고 공연 관람료 등이 포함되어 있다.
- 세금(Tax): 크루즈 선박의 선적(船積)이 속해 있는 국가에 지불하는 세금이다.
- 항만세(Port Charge): 선박이 기항하게 되는 항구에 지불하는 요금으로, 항구에 체류 일자, 체류 시간, 체류 위치, 체류 조건 등에 의하여 가격이 달라진다.

- 취소료(Cancellation Charge): 선실료, 기항지 관광료(Shore Excursion), 그리고 특별한 것을 예약한 경우(특별한 물건, 시설 사용료 등)에 이를 지키지 못하고 취소하였을 경우에 부과되는 취소 청구료이다.
- 예약금(Deposit): 예약을 지키겠다는 의사표시로 보증금으로 예약 시 지불한다.

③ 선실 판매 형태별 가격 종류

크루즈가 출항하기 이전에 승객은 본사의 마케팅 또는 예약 부서에서 이미 선실의 판매와 선실 배정이 이루어진 상태에서 승객은 탑승하고 출항한다. 그러나 승선한 승객이 추가 선실을 요청하거나, 예약한 내용과 제공 받은 선실에 차이가 발생되는 경우가 종종 발생하는데, 이런 문제 해결이 필요하다. 이러한 객실 판매 형태나 코드 번호는 선사 또는 판매 시기 그리고 해당 부서의 의사 결정권자에 따라 여러 가지 형태로 변할 수 있다. 몇 가지 예를 들면 다음과 같다.

- RH3: Advantage Fare(정상적으로 판매를 위해 제공된 가격): 이 가격은 원래의 선실 가격에서 20~40% 정도에서 할인된 가격으로 공시되어 있으며, 크루즈 선실 판매 현황에 의하여 상승 또는 하락하기도 한다.
- FL1: Flash Special Fare, Non Refundable Fare(반짝 세일가격): 특정한 선실을, 특정한 기간에, 특별한 가격으로 판매하는 것으로, 매우 저렴하게 책정하기 때문에 판매 후에는 환불이 되지 않는 것이 특징이다.
- TR: Group Space Trade(단체용 가격): 단체 고객에게 판매를 독려하기 위해 특정 선실에 대하여 특정한 가격을 제공한다.
- Risk Space Program Rate: 일정한 선실의 형태와 선실의 수량을 일정한 가격으로 미리 확보하여 지불 완료하는 경우에 제공하는 가격으로, 이 프로그램에 의한 선실료는 환불이 되지 않는다.

그림 5-2 Shore Excursion Desk

2) CIS를 활용한 승객의 선상비용 정산관리

(1) CIS를 활용하여 승객별 사용 금액 수집 · 취합하기

① CIS에 고객원장(Room Statement) 작성

CIS에 선실별, 승객별 고객원장이 완성되도록 선실과 승객의 성명 등의 정보를 입력한다. 이 작업은 컴퓨터 시스템 내에서 자동으로 작성하도록 프로그램되어 있다. 각 선실별로 한 개의 고객원장을 제작하는 것이 원칙이나, 각 선실에 입실한 승객별로 각각의 고객원장을 요구하는 승객도 있다.

- 체크 인(Check In) 절차 완료: 승객은 첫 승선(Embarking)을 하면서 승선 수속을 받을 때 배정받은 선실을 그대로 사용하는 것이 원칙이다. 대부분의 승객이 배정받은 선실을 그대로 사용하지만, 때로는 선실 교체(Room Change)를 원하는 승객도 있다.
  - 배정받은 선실에 입실: 승객이 승선 절차 시에 배정받은 선실을 그대로 사용한다.

- 선실의 교체(Room Change): 승객이 승선 절차 시에 배정받은 선실을 다른 선실로 교체하여 제공한다. 이때에 동급의 선실을 제공하는 것이 원칙이다.
- 선실 업그레이드(Up Grade): 승객이 승선 절차 시에 배정받은 선실보다 상위(높은 등급)의 선실을 원하는 경우에는 제공 가능한 상위의 선실을 제공한다. 이러한 경우에 추가 요금이 발생하게 되는데, 이를 승객에게 명확히 인지하도록 한 후에 동의를 받고 상위의 선실로 교체한다.

• 선실을 추가 판매(Room Selling): 승객이 승선 절차 시에 배정받은 선실 이외에 추가로 선실을 요청할 경우에 추가로 선실을 판매한다.

• 고객원장(Room Statement) 작성: 이러한 상기와 같은 조정 절차를 마치고 나면 CIS에 각 선실별로 아래와 같은 고객원장이 생성된다. 이 고객원장에는 선박의 이름, 승선 일자, 하선 일자, 항해 번호, 승객 선실 번호, 승객 이름 등이 표시되어 있다.

② 프런트 부서에서 발생한 매출을 입력한다.

승객의 사용으로 선내에서 발생한 매출(비용)은 프런트 부서에서 발생한 매출과 각 업장 또는 부대시설에서 발생한 매출로 나누어진다. 프런트에서는 고객이 선내 각 업장에서 사용한 금액과 선실에서 발생한 금액(Hotel Service Charge)의 입력 작업을 다음과 같이 수행한다.

• 승객의 신용카드(Credit Card)를 오픈(Open) 설정하여 고객원장에 입력한다. 승객은 첫 승선(Embarkation)하면서 승선 수속을 받을 때, 선실별로 신용카드를 오픈 설정하여 놓는다.

• 승객의 신용카드 오픈 설정 대신 일정한 금액의 현금을 보관할 수도 있다. 승객이 원하는 경우에 한하여 일정한 금액의 현금을 예치하도록 한다. 다만 이때 예치한 금액보다 많은 금액을 선내에서 사용하였을 경우에는 추가로 현금을 다시 예치하도록 유도한다. 현금을 예치하였을 때 수납 가능한 국가의 통화를 정한다.

③ 호텔 서비스 차지(Hotel Service Charge)를 입력한다.

선사에서 수납하여 모든 승무원에게 일정한 비율에 따라 제공하는 팁(Tips)이다. 일정한 금액을 모든 승객에게 일률적으로 받아서, 차후에 모든 승무원에게 사전에 정하여진 비율대로 형평성 있게 나누어 주도록 한 시스템이다.

- 승객이 부과금액에 동의하지 않을 때, 프런트에서 이 금액을 징수하지 못하도록 컴퓨터 시스템을 수정할 수 있다.
- 승객이 부과금액에 동의할 때, 시스템에서 자동으로 승객의 고객원장에서 징수된다.

④ CIS에 선내의 식음 업장이나 부대시설에서 발생하는 매출(비용) 입력

식음료와 관련되어 추가 요금이 발생하는 경우에는 각 식음 업장에서 오차 없이 CIS에 입력하도록 유도한다.

- 특별 식당(Special Restaurant)을 이용하는 승객
  - 입장료를 지불하여야 하는 식당
  - 음식 요금을 별도로 지불하여야 하는 식당
  - 개별적으로 주문한 음료나 주류
- 식음료 업장에서 기본적으로 제공되는 음료를 제외하고는 승객이 주문한 음료나 주류에 대한 요금을 지불하여야 한다.
  - 주류: 와인, 맥주, 위스키 등
  - 음료: 스파클링 음료, 식당 이외의 장소에서 제공하는 커피, 주스 등

⑤ 업장에서 승객이 이용한 비용을 CIS에 입력

프런트에서는 각 업장에서 일정 요금을 지불해야 하는 시설물의 사용이나 프로그램을 이용하는 승객의 이용료를 CIS에 입력하도록 유도한다.

- 이용료를 징수하는 업장: 승객이 이용료를 지불하여야 하는 시설이나 프로그램을 이용했을 때, 필히 이용료를 지불하고 이용하도록 시스템을 갖추고 있어

야 한다.

- 상품 구입 대금 지불
- 상품: 면세점, 보석판매점, 로고샵, 기프트셥, 포토갤러리 등
- 물품: 옥션에서 구입한 물품

(2) 승객이 사용한 금액의 오류나 오차 수정 · 보완하기

① 크루즈 일정 중에 예비 계산서(Preliminary Statement) 작성: 승객이 선내에서 사용한 각 업장의 이용료를 예비 점검할 수 있도록 각 업장에 매출(비용)을 CIS에 입력하도록 유선 통보한다. 식음 업장 중 매출과 관련 있는 모든 부서에 유선 통보하여 발생하는 매출이 누락된 부분이 없이 CIS에 입력하도록 유도한다.

② 객실과 관련된 모든 행위는 하우스 키핑 부서가 담당한다. 작성 완료한 예비 계산서를 전 객실에 배부하도록 하우스 키핑 부서에 의뢰한다.

- 예비 계산서 작성 완료
- 예비 계산서를 하우스 키핑 부서에 전달한다.
- 예비 계산서의 배달

③ 예비 계산서(Preliminary Statement)에 발생한 오류나 오차를 수정 보완

- 승객이 제시하는 사용 금액의 차이에 대한 오류나 오차 부분을 확인한다.
- 승객이 제시하는 오류나 오차에 대한 근거 자료를 요구하여, 그 자료를 토대로 해당 부서(매출을 발생한 업장 또는 부서)에 질의한다.
- 오류나 오차를 확인하는 과정은 명확한 근거를 바탕으로 판단하여야 한다.

(3) 승객의 선상비용 정산하기

① 크루즈 일정 마지막 날 저녁(하선 전날)에 최종 계산서(Final Statement)를 준비한다. 이 작업은 예비 계산서를 작성하는 것과 동일한 순서와 방법으로 진행

된다. 그러나 최종 계산서는 하선(Disembarkation) 시 이루어지는 것이기 때문에 신속하고 정확하게 진행되어야 한다.

② 최종 계산서를 각 선실로 배달한다.

③ 최종 계산서에 따라 선실 아용 금액을 최종 정산한다.

- 신용카드 오픈 설정 시: 승객이 선상 비용을 모두 Credit Card로 정산하겠다는 의사를 표시한 것이다. 승객은 그대로 다음 날 하선하면 된다. 그리고 프런트에서는 정산 작업을 완료한다. 프런트에서는 승객의 최종 계산서와 승객의 Credit Card Accept Slip을 함께 본사의 회계담당 부서(Accounting Dept.)로 이관한다.
- 현금 예치 시: 승객이 선상 비용을 모두 현금으로 지불하겠다는 의사를 표시한 것이다. 승객은 프런트에 와서 최종 정산 절차를 하여야 한다.
- 최종 계산서를 발급하여 제공한다.
- 승객의 Pass Key를 Re-Setting한다. 승객으로부터 Pass Key를 받아서 Pass Key에 입력되어 있는 내용을 Re-Setting하여 Pass Key의 사용 범위를 조정한다. 이후 이 Pass Key는 물품 구입, 상품 구입의 기능이 없다. Re-Setting 한 Pass Key의 기능은 다음과 같다.
  - 선실 오픈용 도어 키(Door Key) 기능
  - 신분 확인용 포토 아이디(Photo ID) 기능

④ 신용카드 오픈 설정을 하였으나 승객이 현금으로 정산을 원하는 경우

- 현금으로 정산 절차를 한다. 승객이 선상 사용료 담보용으로 신용카드를 오픈 설정하였으나, 최종 정산은 현금으로 정산하기를 원하는 경우이다. 승객은 프런트로 방문하여 최종 정산 절차를 하여야 한다. 프런트에서는 최종 잔고(Balance)를 확인한 후에 승객과의 정산 절차를 마무리한다. 프런트에서는 정산 절차를 마친 새로운 최종 계산서(Final Statement)를 발급하여 승객에게 제공한다. 신용카드 슬립(Slip)을 폐기한다. 승객이 최초에 발행한 신용카드 오픈 슬립(Credit Card Open Slip)을 찾아서 폐기 처분한다.

- 승객의 Pass Key를 리세팅(Re-Setting)한다. 승객으로부터 Pass Key를 받아서 Pass Key에 입력되어 있는 내용을 Re-Setting하여 Pass Key의 사용 범위를 조정한다. 이후 이 Pass Key로는 물품 구입이나, 상품 구입을 할 수 없다. Re-Setting한 Pass Key의 기능은 선실 오픈용 Door Key 기능과 신분 확인용 Photo ID 기능만 남는다.

3) 운항자금 관리 및 승객 관련 자금 관리를 위한 기초이해

(1) 외환 관련 지식

크루즈 승무원은 세계의 주요 국가에서 사용되고 있는 통화의 종류와 기본 환율에 대하여 기초적인 지식을 갖추어야 한다.

표 5-1 주요국 통화 단위

국가	통화	통화 표시
USA	US Dollar	US $
Euro Zone	Euro	€
UK	Pound	£
Canada	Dollar	CAD
Australia	Dollar	AUD
Japan	Yen	JP¥
China	Yuan	CN¥

(2) 사용 가능한 Credit Card

세계에는 수많은 종류의 Credit Card가 통용되고 있다. 그러나 모든 Credit Card가 선내에서 사용 가능한 것은 아니다. 선사(본사, 선박)에서 결정한 사용이 가능한 Credit Card의 종류에 대하여 인지하고 있어야 한다. 현재 대체적으로 크루즈 선사에서 사용되고 있는 신용카드는 VISA, Master, American Express, Discovery Card 등이 통용되고 있다.

(3) 회계 관련 지식

크루즈 선박이 일단 항해를 시작하면 선박 내에서 현금을 취급하는 유일한 부서가 프런트이다. 따라서 프런트 승무원은 회계에 대한 지식을 보유해야 한다.

- 현금(Cash): 범세계적으로 이용되는 기축 통화는 미국의 달러화, 유럽의 유로화, 중화권 아시아 각국에서 사용하는 중국의 위안화 등이 있다.
- 차변(Debit): 회계상의 용어이다. 손익 계산서 상 차변에는 비용을 표시한다. 따라서 승객이 선박에서 사용한 비용을 말한다.
- 대변(Credit): 회계상의 용어로서 손익 계산서 상에는 수익을 표시한다. 따라서 승객이 선박 내에서 사용할 수 있는 금액을 말한다.
- 잔고(Balance): 승객이 사용하고 남은 금액을 말한다.
- 순수 판매가(Net Amounts): 세금이나 기타 부가적인 금액이 합하여지지 않는 순수한 선실 판매가를 말한다.
- 총액(Gross Total Amounts): 승객이 지불하여야 하는 총금액으로, 아래와 같은 가격을 총합계한 금액을 말한다.

  ① 순수 선실 판매(Net Amounts)

  ② 세금(Tax)

  ③ 항만세(Port Charge)

  ④ 수수료(Commission Fee)

  ⑤ 패키지 요금(Package Charge)

  ⑥ 식음료 요금(Food & Beverage Charge)

  ⑦ 기타 부대시설의 사용료(Mics)
- OBC(On Board Credit): 승객이 선내에서 사용할 수 있는 비용이다. On Board Credit는 선내에서는 사용이 가능하지만, 현금화할 수 없는 On Board Credit

와 사용 후에 잔고가 있으면 현금화할 수 있는 성격의 On Board Credit가 있다. On Board Credit는 선사에서 마케팅 차원에서 승객에서 제공하는 Credit와 승객이 선내에서 사용하기 위하여 자신의 돈으로 입금시킨 Credit가 있다.

4) 운항자금 관리 및 승객 관련 자금 관리를 위한 수행내용

(1) 승객의 OBC(On Board Credit)용 현금 수납하기

① 본사의 판매 촉진 차원에서 고객에게 제공하는 보너스 성격의 크레딧으로서, 프런트에서 가감 또는 삭제할 수 없다. 반드시 선내에서만 사용이 가능하며, 현금으로 교환할 수 없다.

② 반면 특수한 경우에 선사에서 추가로 발생되는 On Board Credit으로서 선실료 또는 세금 차액이 발생하는 크레딧으로서 이러한 크레딧는 선내에서 사용이 가능하고 현금화할 수 있다.

③ 승객이 본인의 On Board Credit를 상향 조정하고자 할 경우로서 승객 본인의 신용카드나 또는 현금을 입금시킴으로 발생하는 On Board Credit으로서 이러한 On Board Cresit는 사용하고 남은 금액은 환불을 할 수 있다.

(2) 승객의 편의 제공을 위해 필요 자금 대체하기

승객이 개인적으로 현금이 필요한 경우에 선박에서 이를 대체하여 제공할 때이다. 그러나 이러한 경우는 아주 드물게 발생한다.

① 현찰이 필요한 고객으로부터 자금 요청을 접수한다. 탑승한 승객이 긴급하게 현찰이 필요한데, 이를 대처할 만한 현찰을 승객이 소지하지 못한 경우에 이를 처리하는 것이다. 예를들면 승객이 긴급한 사정으로 도중에 귀국을 하여야 하는 경우, 승객이 어떤 요인으로 인하여 신체상, 재산상의 위급한 상황에 처했을 경우이다.

② 승객과 프런트의 협의: 승객이 긴급하게 현찰이 필요한 경우에는 승객과 선박 내 호텔 부서의 의사 결정권자(Front Manager, Guest Relation Manager, Accounting Manager 등)가 함께 승객이 필요한 현찰의 규모, 필요한 현찰의 화폐 종류(Dollar, Euro, Pound 등), 처리 방법 등에 대하여 협의를 한다.

③ 현찰 지급 및 처리: 승객에게 필요한 규모의 현찰을 제공하고, 이에 대체 수단으로 상응하는 Credit Card를 수수한다.

(3) 선내 또는 기항지에서의 긴급 자금 운용하기

크루즈 일정 중에 선내 또는 기항지에서 선사의 내부 조직이 필요한 자금을 운용하는 것을 의미한다. 이러한 경우는 승객과 직접적으로 관련된 것은 아니지만, 원활한 크루즈 활동을 위하여 필요한 조치이기 때문에 크루즈 내의 의사 결정권자(각 부서별 Manager)가 결정하여 시행하는 업무이다. 크루즈 내에서는 현찰을 취급하는 부서가 유일하게 프런트 부서이기 때문에 이 업무를 프런트에서 수행한다.

예를 들면 크루즈 중에 특별 식재료 구입이나, 부족한 소모품이나 비품 구입 등 선내에서 자금이 필요한 사유가 발생할 수 있다. 이처럼 긴급 자금이 필요한 부서에서는 자금이 필요한 사유와, 필요한 금액을 표기한 내부 문서를 작성한다. 이후 승인 후에 프런트에 자금을 요청한다. 이에 따라서 프런트에서는 승인된 필요 자금(통화의 종류와 금액)을 지출한다.

5) 승객의 화폐 교환업무 이해를 위한 일반 지식

(1) 주요 국가의 통화

크루즈 프런트 승무원은 주요 국가에서 사용되고 있는 통화의 종류와 기본 환율에 대하여 기초적인 지식을 갖추고 있어야 한다. 전 세계에서 공히 사용하고 있는 미국의 달러(US Dollar: US $)와 유로 존에서 사용되고 있는 유로화(Euro: €)가 가장

많이 통용되고 있는 통화이다

(2) 유로화 사용 국가 및 유로화 영향권 내의 국가

유럽 공동체(Euro Zone) 성립 이후 공용 화폐인 유로 화폐를 만들어 사용하면서, Euro Zone에 속한 대부분의 유럽 국가와 이들 국가에 영향을 받는 국가에서는 유로화를 사용하고 있다.

(3) 기준 환율

현재 전 세계적으로 기축 통화를 중심으로 주요 몇 개국 통화만이 가능하다. 대표적인 기축 통화인 미국 달러 US $ 100.00을 기준으로 하였을 때 주요국의 통화의 가치를 환산할 수 있어야 한다.

6) 승객의 화폐 교환업무 수행 내용

(1) 선내에서 환전 가능한 화폐의 환전 업무

① 환전 요청 접수: 크루즈 일정 중에 프런트 부서는 승객으로부터 환전 요청을 받을 경우, 환전이 가능한 범위 내에서 승객의 편의를 제공하기 위하여 환전 업무를 수행한다. 우선 승객으로부터 환전 요청을 받으면 승객이 보유하고 있는 화폐의 종류를 확인하고, 이것이 선사의 규정에 따라 환전 가능한 화폐인가를 확인한다. 그리고 선내에 충분한 시재금을 보유하고 있는가를 확인한다.

② 환율 적용은 본사에서 공시한 환율을 적용하여 계산한다. 국제적인 환율은 수시로 변동이 있다. 환전 업무에는 환차익이 발생할 수도 있지만, 환차손을 입을 경우도 발생한다. 따라서 이를 감안하여 충분한 외환 거래 변동률을 적용하여 환율을 계산하여 환전한다.

(2) 동종 화폐의 단위를 조정하여 제공하는 교환 업무

승객이 보유하고 있는 현찰을 같은 종류의 화폐로 단위를 조정하여 제공하는 업무로서, 다른 종류의 화폐로 상호 교환하는 업무는 아니다. 예를 들어 US $ 100.00 지폐를 소액권으로 교체해 주는 업무 등이 이에 해당한다.

크루즈 운항 중에 프런트 부서는 승객으로부터 화폐의 교환 요청을 받을 수 있다. 고액 단위의 화폐를 소액 단위의 화폐로 교체를 원할 때가 있는데, 이는 주로 선내에서의 승무원이나 기항지 관광에서 팁으로 사용하기 위해서이다.

2. 승객 지원 서비스 관리

1) 승선카드 관리 업무 이해를 위한 기초지식

(1) 승선카드(Pass Key)에 대한 이해

크루즈 운행 중에 사용되는 승선카드는 승객이 최초 승선(Embarkation)하는 항구에서 승선 수속을 하는 과정에서 발급한다. 이곳에서 승객의 성명, 선실 번호, 승객의 신용카드 오픈 설정, 승객의 사진 등을 입력한 승선카드를 발급하여 지급한다. 크루즈 프런트에서의 승선카드(Pass Key) 관련 업무는 이를 보완 · 수정, 재발급하여 제공하는 수준이다.

① 승객 신분증 기능: 승선카드에는 마그네틱테이프와 바코드가 내장되어 있는데 승객의 성명과 선실 번호, 승객의 사진 등이 기록이 저장된다.

② 물품 구매 기능: 승객이 선내에서의 구매 활동은 승선카드를 이용하여 이루어진다. 선내에서는 현금이나 신용카드의 활용이 불가능하기 때문이다.

③ 선실 Key 기능: 승선카드는 선실 Key 기능이 있다. 이 기능은 승선카드의 바코드에 입력이 되어 있다.

그림 5-3 승선카드(Pass Key)

출처: Norwegian Cruise Line.

(2) 승선카드(Pass Key) 발급기 활용 지식

승선카드는 플라스틱 소재로 만들어졌으며, 마그네틱테이프와 바코드가 기록되어 있다. 만약 마그네틱테이프가 손상되어 사용할 수 없거나, 입력된 내용에 오류가 발생하여 수정이 필요할 때 프런트에서는 새로운 승선카드를 제작할 수 있다. 따라서 프런트 승무원은 승선카드를 수정 제작하거나 신규 제작할 수 있는 기본적인 지식과 기술을 갖추고 있어야 한다.

2) 승선카드 관리 업무 수행

(1) 승선카드 발급

승선카드는 승객이 최초 승선(Embarkation) 시에 이미 발급을 받아 소지하고 있는 상태이다. 그러나 승객이 카드를 사용하는 도중에 승선카드를 분실하거나 카드가 손상되어 사용할 수 없는 때가 발생할 수 있으며, 카드에 오류가 발생하여 내용을 변경해야 할 때가 있다. 승선카드 관리는 이러한 경우에 새로 카드를 발급하는 업무를 수행하는 것이다.

(2) 승선카드 수정 발급, 재발급, 폐기

승선카드를 수정 발급, 재발급, 기능을 폐기하는데 이 과정은 아주 간단한 작업을 수행한다. 수정하고자 하는 카드를 카드리더기에 승선카드를 삽입하여 승선카드의 내용을 수정한 후에 발급한다.

(3) 승선카드를 수정 발급, 재발급하여 제공한다.

승선카드의 입력 내용을 CIS 원장에서 재확인하고 작업을 한다. 이 경우에는 기존 사용하던 승선카드를 수정하는 경우와 새로운 카드를 재발급하는 경우가 있다.

① 수정 내용의 확인: 수정하고자 하는 내용이 CIS 원장에서도 수정이 되어 있는가를 확인한다.

② 분실로 인한 기능 폐기: 분실로 인하여 새로운 승선카드를 발급하면서 분실한 승선카드의 기능을 폐기하는 경우이다. 이러한 경우에는 CIS와 카드 발급기를 이용하여 신규 카드를 발급한다. 그러면 이전의 분실한 승선카드는 자동으로 기능이 정지된다.

③ 하선으로 인한 기능 폐기: 최종 하선(Disembarkation)으로 인하여 승선카드의 기능을 일정 시간 이후 사용을 정지하여 폐기 처분하는 경우이다. 이러한 경우에는 CIS와 카드 발급기를 이용하여 승선카드 기능을 조정한다.

3) 승객 서비스 불편사항 관리 업무를 위한 기초지식

(1) 불편사항(complaints)의 정의

승객이 크루즈 중에 여러 가지 요인으로 불만 또는 불편한 상황이 발생하기도 하는데, 이러한 승객의 불만 또는 불편 사항을 컴플레인(Complaint)이라고 한다.

(2) 컴플레인의 분류

① 컴플레인 시정 요구의 유무: 반드시 시정해 주기를 원하는 것과 단순히 상황 인식을 원하는 수준의 것이 있다.

② 컴플레인 발생 원인에 의한 분류: 재산상 손실을 입었을 경우이거나 신체에 피해를 당한 경우, 또는 승객의 마음에 상처를 입는 등 다양하다.

(3) 컴플레인 발생 장소에 따른 분류

이것이 중요한 이유는 발생한 장소에 따라서 책임의 소재가 가려지기 때문인데, 선내 개인공간, 공용공간, 크루즈 선박 외부 등이 있다.

(4) 컴플레인 이관 장소에 따른 분류

프런트에서 처리하여야 할 컴플레인은 프런트 승무원이 스스로 처리하여야 할 간단한 수준이다. 그러나 프런트 상위 부서 및 관련 부서에서 처리하여야 할 컴플레인은 중요도와 함께 파급도가 크기 때문에 긴밀한 협조가 요구된다.

4) 승객 서비스 불편사항 관리 수행 업무

(1) 컴플레인 내용 접수하기

① 승객으로부터 불편사항을 접수: 담당자는 컴플레인 내용을 통해 승객의 상황을 정확하게 이해하고 동조하는 입장에서 접수를 받아야 한다. 그 내용을 그리고 가능한 상세하게 접수하되 육하원칙(5W 1H)에 의하여 접수한다.

② 컴플레인 접수 시 유의 사항: 담당자는 승객이 컴플레인을 할 때 심리적으로 예민해져 있는 상황임을 인식하여야 한다. 따라서 ① 경청하는 자세, ② 승객의 입장에서 대화, ③ 명확한 내용이해가 동반되어야 한다.

(2) 컴플레인 내용 처리하기

① 컴플레인 내용을 문서화: 선내 서비스 로그북(Log Book)에 승객이 제기한 내용을 상세하게 기록한다. 접수된 내용을 포괄적으로 정리하여 CIS에 입력한다.

② 컴플레인 내용을 처리: 승객으로부터 접수한 성격, 발생 사유, 발생 지역, 내용의 중요도에 따라서 처리부서가 달라진다. 따라서 프런트 승무원은 접수한 컴플레인을 처리할 부서(프런트, 발생부서, 발생부서의 상위부서)를 판단한다.

그림 5-4 GRO(Guest Relation Officer) Desk

출처: Holland America Line Cruise.

그림 5-5 고객에게 주는 편지

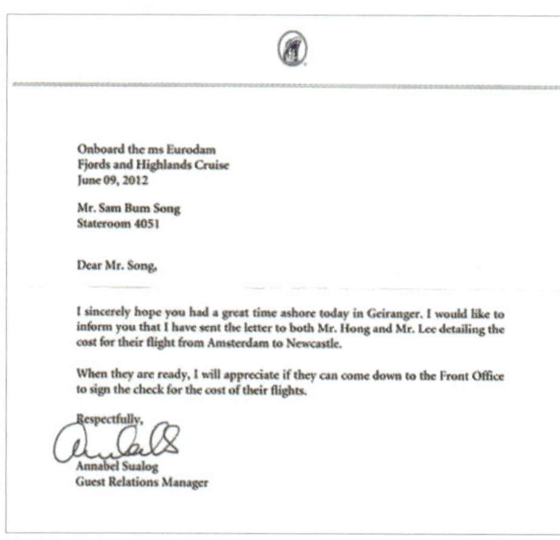

Onboard the ms Eurodam
Fjords and Highlands Cruise
June 09, 2012

Mr. Sam Bum Song
Stateroom 4051

Dear Mr. Song,

I sincerely hope you had a great time ashore today in Geiranger. I would like to inform you that I have sent the letter to both Mr. Hong and Mr. Lee detailing the cost for their flight from Amsterdam to Newcastle.

When they are ready, I will appreciate if they can come down to the Front Office to sign the check for the cost of their flights.

Respectfully,

Annabel Sualog
Guest Relations Manager

출처: 저자 작성, Holland America Line.

5) 분실물 관리 업무 이해를 위한 필요지식

(1) 분실물 처리 지침

크루즈 선사는 각 선사마다 상황과 여건에 합당한 분실물 처리 규정을 마련하여 시행하고 있다. 프런트 승무원은 분실물 처리 지침을 항상 숙지하고 있어야 한다. 각 선사에 따라서, 선박의 규정, 운항 지역, 승객의 부류 등에 따라 합당하게 분실물에 관한 내부 규정을 정하여 운영하고 있다.

(2) 분실물 처리 로그북(Log Book) 작성

분실물을 습득 또는 입수하거나 습득물을 반환할 때에 내용을 로그북에 상세하게 기록할 수 있어야 한다.

(3) 분실물 확인

승객이 분실한 물건은 매우 다양하고, 유사한 종류의 습득물이 들어오는 경우도 있을 수 있다. 따라서 분실물을 관리하는 프런트 승무원은 분실물을 확인하고 구분할 수 있는 지식이 필요하다.

6) 분실물 관리 업무 수행 내용

(1) 분실물 접수 보관하기

① 분실물의 습득하면 이를 프런트에서 접수하여 관리한다. 이러한 분실물은 분실한 장소, 종류, 습득자 등에 의하여 분류한다.

② 분실물(습득물)의 접수: 분실물을 습득한 사람은 습득물을 바로 프런트 분실물 담당자에게 신고하고 습득물을 이관한다. 그리고 습득물 담당자는 습득물

의 습득 사실에 대하여 유실물 관리대장(Lost & Found Log Book)에 기록하고 이를 유지한다.

③ 습득물의 보관: 담당자는 인수받은 습득물은 적절한 장소에 보관하여야 한다. 습득물은 일반적으로 습득물 보관 창고에 보관하지만, 습득물에 따라서 적합한 장소에 보관하여야 한다.

(2) 분실물 반환하기

① 승객으로부터 분실물 분실 사실 접수: 승객으로부터 습득물을 확인하는 연락을 접수한다. 분실물은 접수 후에 분실물이 있는 승객은 프런트에 분실 사실을 알리고, 이와 같은 습득물이 있는지를 확인한다. 프론드 담당자는 분실물의 내용을 확인한다.

- 습득물의 존재 여부: 승객이 분실한 것으로 추정되는 물품이 습득되었는가를 확인한다.
- 습득물의 소유자의 진위 여부를 확인: 습득한 물품이 분실물을 신고한 승객의 물품인가를 확인한다.

③ 습득물의 반환: 습득물의 소유자가 확인되면 습득물을 원소유자에게 반환한다. 소유자에게 반환하였다는 사실에 대한 확인 서명을 받아둔다.

7) 수하물 배달 서비스 업무 이해를 위한 필요지식

(1) 최초 승선 시(Embarkation) 수하물 관련 부서와 배달 프로세스의 이해

크루즈에 승객이 최초 승선 시에는 전혀 다른 두개의 조직이 함께 연속적으로 수하물 배달 업무에 관여한다. 항구에서 승선 절차를 지원하는 지상 지원 조직(대부분 계약 업체임)에 속해 있는 지상 수하물 배달 담당 부서와 크루즈 선박 내에서 수하물을 배달하는 선박 내 수하물 배달 담당 부서가 있다.

(2) 수하물 배달 서비스

크루즈 선박에서는 지상의 수하물 배달 부서로부터 인수받은 수하물을 각 선실별로 배달 서비스를 수행한다. 이때 신속한 수하물 배달을 위하여 선박 내 가용 가능한 승무원을 총동원한다.

(3) 승객의 하선 후 항공편 확인 설문서 작성 지식

프런트 승무원은 승객이 최종 항구에서 하선 후에 어떠한 항공편을 이용하여 귀국하는 가를 점검하고 확인하여야 한다. 그 이유는 항공편의 출발 시간 여건에 따라 선박에서 승객의 하선 순위를 조절하기 때문이다.

(4) 최후 하선 순위 결정 능력

프런트 승무원은 승객의 설문서로부터 입수한 항공편 출발 시간 등을 고려하여 승객의 하선 순위를 결정한다. 하선 순서를 결정하는 요인들은 다음과 같다.

① 긴급히 하선을 하여야 하는 승객

- 하선 후 곧 바로 공항으로 이동하여 항공기를 탑승하여야 하는 승객
- 하선 후 즉시 관광(Post Cruise Tour)을 하여야 하는 승객

② 상대적으로 시간적으로 여유가 있는 승객

- 하선 후 항공기 탑승 시간이 여유가 있는 승객
- 하선 후 특별히 할 일이 없는 여유로운 승객
- 승객의 거주지가 기항지에 있는 승객

(5) 승객별 수화물표(Baggage Tag) 배정 능력

승객의 하선 순위는 약 20여 개의 순위로 구분되어 있다. 승객별 하선 순위가 결

정되면 각 승객별로 그에 합당한 수화물표를 배정하도록 한다. 수화물표는 색깔과 번호로 구별되어 있다.

표 5-2 수하물 배달 서비스 관련 조직

담당 부서	담당 내용	위 치
지상 수하물 배달 담당 부서 (Port Assist Organization)	최초 승객으로부터 수하물 접수 – Baggage Tag 부착 여부 확인 – 수하물의 파손 여부 확인	탑승 항구 외부
	수하물의 배열 정리 – 수하물을 선실의 층별로 정리 – 수하물의 수량 파악 – 인수 인계서 작성	탑승 항구 로비
	수하물을 선박으로 반입 – 항구의 크레인을 이용하여 작업	탑승 항구
선상 수하물 배달 담당 부서 (Cruise Organization)	수하물의 인수인계 – 항구의 조직으로부터 수하물 인수	탑승 항구
	수하물 정리 – 배달을 위하여 수하물을 정리 정돈	크루즈 선박
	수하물 배달 – 왜건을 이용하여 배달	크루즈 선박 내

8) 수하물 배달 서비스 업무 수행 내용

(1) 최초 승선(Embarkation) 시 수하물 배달 서비스

① 최초 수하물 접수: 항구의 수하물 배달 서비스 조직(Port Assist Organization)

크루즈 승객이 탑승 항구에 도착하면 가장 먼저 접하는 부서가 수하물 배달 서비스 담당 부서이다. 이 부서는 크루즈 선사에 속한 조직은 아니고, 크루즈 선사와 계약을 체결하여, 항구에서 승선과 관련한 업무를 대행해 주는 조직이다. 이 업무는 크루즈 프런트에서 수행하는 업무는 아니지만, 이 조직의 업무 수행 과정을 프런트 승무원은 충분히 이해하고 있어야 한다. 이 조직은 업무는 승선 절차 수속을 대행하는 업무와 승객의 수하물 배달 서비스 업무를 수행한다.

수하물 배달 서비스 담당 부서는 항구에서 승객이 최초로 접하는 조직으로서, 승객이 가지고 온 수하물을 접수하여 인수한다. 이때 주의하여 점검하여야 하는 사항은 다음과 같다.

- 수하물표(Baggage Tag) 부착 유무 점검
- 수하물의 파손 유무 점검

그림 5-6 최초 승선 시 수하물표(Baggage Tag)

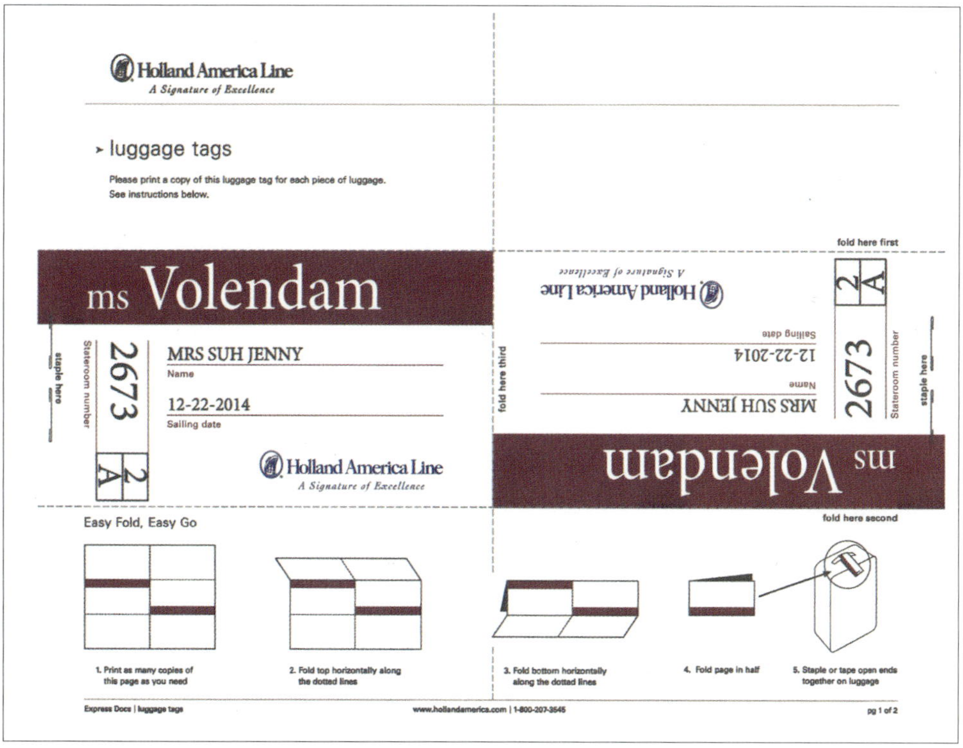

출처: 저자 작성, Holland America Line 제공.

그림 5-7 승선항 전경

출처: San Diago Cruise Port.

② 승객 수하물의 인수 인계

항구에서 승객으로부터 접수한 승객의 수하물을 크루즈 선박의 수하물 담당 부서로 인계한다.

- 승객 수하물 정렬 및 인수 인계서 작성: 승객의 수하물을 항구의 로비에 나열하고, 수하물을 각 선실 층별로 정리한 후 수하물의 수량을 파악하여 인수 인계서를 작성한다.
- 승객 수하물의 선내 반입 준비: 승객의 수하물을 선박 내로 반입할 수 있도록 준비를 한다. 항구에 있는 수하물용 카트(Wagon)에 모든 수하물을 탑재한다.

③ 수하물의 크루즈 선내 반입

승객으로부터 접수한 수하물은 인수 인계서를 작성 한 후 크루즈 선박의 수하물 담당 조직에 인계한다. 이때 수천 개의 수하물을 선내로 반입하는 과정이기 때문에 항구에 있는 크레인을 이용하여 반입한다.

④ 크루즈 선내에서의 수하물 배달 서비스

선내에 반입한 승객의 수하물은 각 선실로 배달해야 한다. 이때 2시간 내에 모든 수하물이 각 선실로 배송해야 하기 때문에 선박 내의 모든 인원을 동원하여 이 작업을 수행한다. 그러나 수하물 재송배달에 오류가 발생하면 이를 처리하는 부서는 프런트 부서이다. 따라서 프런트 승무원은 이 수하물 반입 과정과 절차에 대하여 상세히 파악하고 있어야 한다.

그림 5-8 수하물 선실 반입 작업

출처: Seabourn Cruise.

(2) 최후 하선(Disembarkation) 시 수하물 배달 서비스

① 하선 후 탑승할 항공편 조사 설문서

승객의 하선 순위를 결정하기 위하여 승객이 하선 후에 귀국을 위한 항공편 상황을 파악하는 설문서이다. 프런트 담당자는 하선 후에 급하게 공항으로 항구에서 숙박을 하거나, 이동하여야 할 승객을 우선적으로 하선하도록 조처를 하여야 하며, 항공기의 출발 시간이 여유가 있는 승객은 하선 순위를 보다 늦게 배정하도록 한다. 이를 위하여 프런트 담당자는 승객에게 조사 설문서를 배포하여 승객의 항공편 상항을 파악한다. 이 설문서 배포 및 수집은 하선 48시간 이전에 시행하여야 한다. 하선 순위는 다음과 같은 조건에 의하여 결정한다.

- 1순위: 하선 후 6시간 이내 출발하는 항공편 이용 승객
- 2순위: 하선 후 12시간 이내에 출발하는 항공편 이용 승객

• 3순위: 하선 후 선사에서 마련한 Post Tour를 선택한 승객

• 4순위: 하선 후 항구에서 숙박할 승객

② 하선 순위에 따른 최후 하선 수하물표(Disembarkation Baggage Tag)을 선실로 배달

승객의 하선 순위를 결정하면 하선 수하물표를 해당 선실에 배달한다. 승객은 하선 순위나 하선 준비 방법에 익숙하지 않기 때문에 이에 대한 안내문을 동봉하여 선실로 배달한다. 이 수하물표와 하선 안내문은 하선 전날 오전 중에 각 선실로 배달하여서 승객이 미리 준비하도록 하여야 한다.

• 최후 하선 수하물표: 최초 승선 시 수하물에 부착하였던 수하물표와 같이 하선 시에도 승객의 수하물에 최후 하선 수하물표를 부착하도록 한다. 색깔과 번호가 동시에 표시되어 있다.

그림 5-9 최후 하선 수하물표

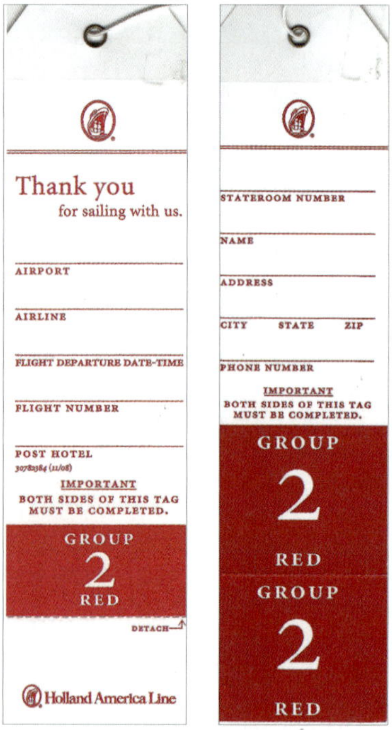

출처: Holland America Line.

- 색깔 구분: 흰색, 청색, 보라색, 자주색, 노란색, 붉은색
- 번호 구분: 1번~10번

그림 5-10 Disembarkation 안내문

SEATTLE DISEMBARKATION INFORMATION

Dear Guest,

Below you will find answers to frequently asked questions pertaining to the upcoming disembarkation in Seattle.

Q: **When will disembarkation begin?**
A: *We expect to begin disembarkation in Seattle at approximately 8:00am, however note that this may be subject to last minute changes based upon decisions and instructions from the local authorities who control the process.*

Q: **Will announcements be made?**
A: *An announcement will be made when we are ready to begin disembarkation. There will be no further announcements. Please proceed to the gangway at the time indicated as your disembarkation window. Do not arrive at the gangway before or after this time as your luggage and transportation will not be ready for you.*

Q: **What time do I disembark?**
Q: **What is my travel plan and the color of luggage tag I put on my luggage?**

Disembarkation Window: 9:15AM - 9:30AM Travel Plan: TRANSFER TO SEA-TAC AIRPORT Luggage Tag: PURPLE 1, 2 & 3

LUGGAGE:
Q: **When do I get my luggage tags?**
A: *You have received your specific colored luggage tags together with this letter. Please fill out each colored luggage tag before placing it onto your luggage and tear off the bottom stub for you to keep as a reminder of your group color and number.*

Q: **What do I do with my luggage?**
A: *Place all the luggage you want us to carry off the ship outside your stateroom no later than 1:00am or before you retire in bed this evening.*

Q: **Where do I see my luggage again?**
A: *In the ship's terminal.*

Q: **What do I do with my hand luggage?**
A: *Keep your hand luggage with breakables, valuables, medications and travel documents inside your stateroom. We also recommend that you place any liquid purchases such as liquor in your hand carry luggage which you will take with you when disembarking the vessel. There is no need to place any luggage tags on your hand carry.*

SETTLING MY SHIPBOARD ACCOUNT:
Q: **When do I receive my final statement?**
A: *It will be delivered to your stateroom the morning of Seattle no later than 7:15am.*

Q: **Do I need to present myself at the Front Office to settle my account?**
A: *Not if you registered a credit card online or upon check in at the terminal and do not want to change your method of payment.*

(See reverse side)

Holland America Line

Q: **I would like to change method of payment, can I do so?**
A: *Yes, you can however you would need to inform the Front Office no later than the last evening of the cruise before 10:00pm.*

DISEMBARKING THE SHIP
Q: **Where do I wait until disembarkation starts?**
A: *You may wait comfortably in your stateroom or any of the public lounges on the ship. We ask that you do not congregate around the gangway or in the stairwell.*

Q: **What do I need to disembark the ship?**
A: *Your stateroom key for a final scan, the bottom stub of your luggage tag and your personal belongings. Local regulations dictate that once you disembark, you may not return to the vessel.*

Q: **Can I bring food ashore?**
A: *It is unlawful to carry fruits, vegetables, plants, meats, meat products or other organic products off the ship. This regulation is strictly enforced by the U.S. Department of Agriculture and anyone caught in violation may be subject to severe penalties.*

ONCE DISEMBARKED OFF THE SHIP:

Q: **Where does the Inspection take place?**
A: *In the ship's terminal after you have collected your luggage.*

Q: **What documents do I need?**
A: *Completed U.S. Customs Declaration form- 1 per family and Passport or Government issued photo ID*

Q: **For non-U.S. or non-Canadian Citizens?**
A: *Completed U.S. Customs Declaration form- 1 per family and passport opened to the photo page.*
Completed I-94, I-94W or ARC card, whichever is applicable.
NOTE: Guests entering the United States under the Visa Waiver Program with an approved ESTA do not need to complete the I-94W form.

GUEST SATISFACTION SURVEY:
Q: **How can I give you my feedback?**
A: *Your opinion is important to us. Please take a moment to fill out the Guest Satisfaction Survey and drop it in the box next to the Front Office.*

The Captain, Officers and staff wish you a safe onward journey and thank you for sailing with us. We look forward to welcoming you on board again in the near future.

Regards,

Front Office

출처: 저자 작성, Holland America Line 제공.

② 하선 준비 안내문

하선 시에 수하물에 부착할 수하물표와 함께 하선 준비 및 하선에 대한 안내문을 작성하여 함께 선실로 배달한다.

③ 각 선실별로 수하물을 수집한다.

승객은 각자의 수하물을 꾸려서 배달 의뢰 준비를 한다. 승객의 수하물은 승객 본인이 꾸려서 하선하는 날 01:00 까지 선실 밖에 놓아두어야 한다. 수하물에는 하선용 수하물표를 부착하여야 하며, 잠금 장치를 해제하여야 한다. 그러면 선박의 승무원이 이를 모두 수거하여, 선박 수하물 창고로 운반한다.

④ 선박이 하선 항구에 도착하면 즉시 수하물을 항구로 반출한다.

최초 승선 시 수하물 반입 절차의 반대로 수하물을 항구로 이송한다. 이송된 수하물은 항구의 세관을 통과하여 항구의 로비 지역에 진열하여 놓는다. 항구에서 수하물을 정리 정돈할 때 승객이 수하물을 찾기 쉽도록 하기 위하여 색깔 별로 구분하여 놓는다.

3. 크루즈 여행정보 관리하기

1) 크루즈 운항정보 제공을 위한 필요지식

(1) 주요 크루즈 운항 코스

현재 세계적으로 운영하고 있는 크루즈 운항 코스는 다음과 같다. 알라스카 크루즈 , 캐리비안 & 파나마 운하 크루즈, 지중해 크루즈, 북유럽 크루즈, 남미 크루즈, 호주/뉴질랜드, 남태평양 크루즈, 세계 일주 크루즈, 캐나다 & 뉴잉글랜드 크루즈, 바이킹 코스 크루즈, 아프리카 크루즈, 멕시코 크루즈, 태평양 일주 크루즈 등의 코스가 있다.

(2) 월별, 지역별 크루즈 운항 코스

현재 대부분의 크루즈 선사가 월별 지역별로 운항하고 있는 스케줄은 다음에 보여주는 일정표를 참고하여 일정과 코스를 구성하고 이를 운영하고 있다.

그림 5-11 크루즈 연간 일정표

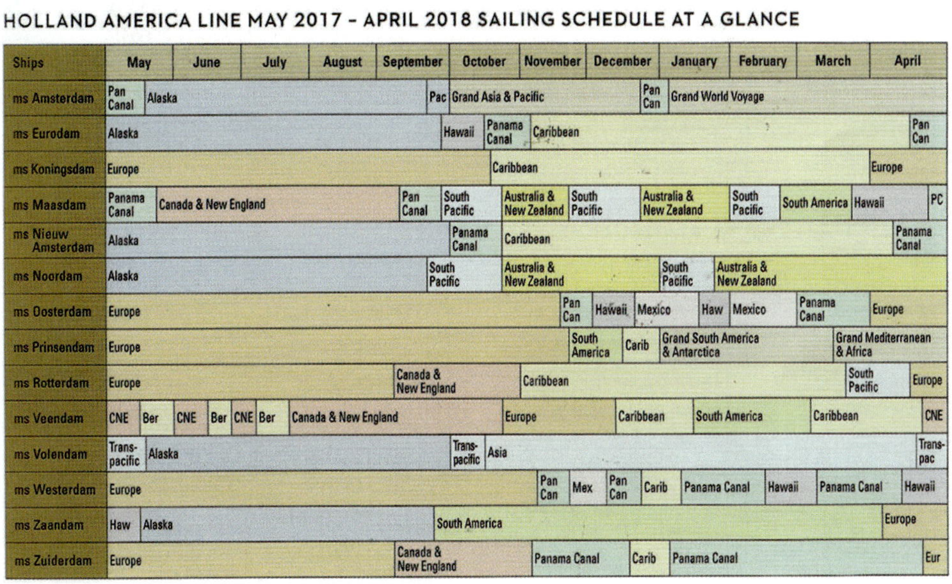

출처: Cruise Holidays 2017–2018, Holland America Line.

(3) 크루즈 운항 및 코스 구성

크루즈의 일정과 코스를 구성하는 조건은 여러 가지가 있다. 즉, 기간, 가격, 기항지 등이 크루즈 일정과 코스를 구성하는 중요한 요인이다. 크루즈 운항기간은 단기 일정, 중기 일정, 장기 일정으로 나누어 볼 수 있다.

단기 일정은 크루즈 탑승 기간이 7~10일 이내의 비교적 짧은 일정의 크루즈 코스이다. 일정한 모항을 중심으로 왕복 운항하는 코스를 구성하고 있다. 알라스카 크루즈의 일부, 캐리비안 크루즈의 일부, 지중해 크루즈의 일부 등이 이에 해당한다.

중기 일정은 크루즈 탑승 기간이 10~20일 이내의 비교적 기간이 길은 일정의 크루즈 코스이다. 크루즈 매니아 수준의 승객이 이용하는 크루즈 코스이기도 하다. 지중해 크루즈 & 북유럽 크루즈, 남미 크루즈, 호주 · 뉴질랜드 크루즈 , 대서양 횡단 크루즈, 아프리카 크루즈, 캐나다 · 뉴잉글랜드 크루즈, 바이킹 코스 크루즈, 알라스카 크루즈 & Land Tour, 캐리비안 & 파나마 크루즈 등이 이에 해당한다.

장기 일정은 크루즈 탑승 기간이 20~115일에 이르는 장기간 일정의 크루즈 코스이다. 크루즈 탑승 기간이 길기 때문에 현업에서 은퇴한, 즉 시간적으로 여유가 있는 승객이 주로 이용하는 크루즈 코스이다. 세계 일주 크루즈, 태평양 연안 일주 크루즈, 남아메리카 일주 크루즈, 지중해 · 서남아시아 횡단 크루즈 등이 이에 해당한다.

그림 5-12 크루즈 일정

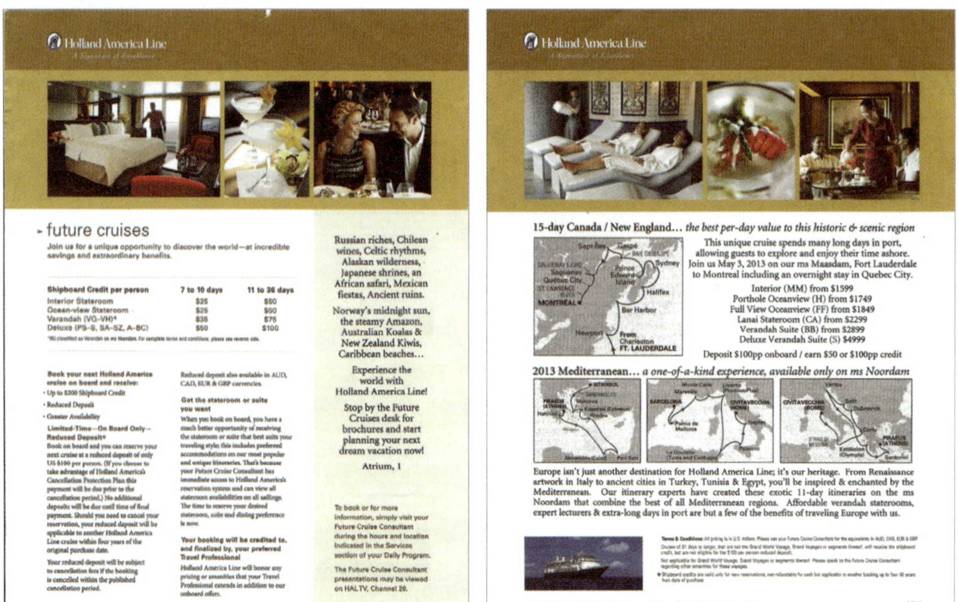

출처: 저자 작성, Holland America Line 제공.

(4) 크루즈 운항 변경

① 안전상 사유로 변경

크루즈의 안전과 관련하여 일정이나 코스를 변경하여야 한다. 일기불순, 강풍, 태풍, 지진 등 천재지변이나 기후 등 자연조건이 그 원인이 된다.

② 인적 요인에 의한 변경 사유 발생

질병이나 테러 등 인적인 요인에 의하여 크루즈 일정이나 코스를 변경할 수밖에 없는 때이다. 선박 내에 질병이 심하게 발생하였거나, 선박의 운항 조건이 더 이상 운항 하기 어려워진 경우에 일정을 변경하게 되거나, 입항 예정인 기항지에서 인적인 테러, 질병 발생, 파업 등이 있을 때이다.

③기항지 항구의 접안 및 상륙 조건의 미비로 인한 사유로 변경

크루즈 선박이 기항하기로 한 항구에 진입 또는 접안이 불가능하여 일정이나 코스를 변경하는 경우이다. 해수면의 높이가 차이가 발생하여 크루즈 선박 진입이 불가한 때와 항구 진입에 방해 요소가 발생하여 크루즈 선박이 항구에 진입이 불가한 때가 있다.

2) 크루즈 운항정보 제공 수행 내용

(1) 크루즈 운항일정표(Cruise Log) 제작 배포

승객은 탑승하기 이전에 크루즈 일정에 대하여 충분히 이해를 하고 탑승한다. 그러나 승객이 최초 탑승(Embarkation) 시에, 승무원은 승객이 크루즈 일정에 대하여 전반적인 내용을 다시 잘 알 수 있도록 해야 한다. 이를 위해 크루즈 항해 일정 및 코스에 관한 크루즈로그(Cruise Log)를 제작하여 승객에게 배포한다. 탑승한 선박이 크루즈 일정을 운항하면서, 진행할 일정에 대하여 자세하게 기록한 것이다.

그림 5-13 Cruise Log

HOLLAND AMERICA LINE

In the early part of the 17th century, Henry Hudson set sail from Holland in a tiny ship called "de Halve Maen." His long voyage across the Atlantic heralded the beginning of Dutch exploration and settlements in the New World. During the last century's great era of Trans-Atlantic elegance, Holland America's beloved Nieuw Amsterdam II (1938-1973) came to represent all the luxury, magnificence and splendor of that time. Our emblem shows this famous flagship alongside "de Halve Maen". Together, these two ships symbolize the centuries old seafaring tradition of the Dutch and the long-standing friendship between Holland and America.

THE SHIPS CREW

MASTER *Captain Emiel de Vries*	HOTEL DIRECTOR *Stan Kuppens*
STAFF CAPTAIN *Kevin Beirnaert*	CHIEF ENGINEER *Frank de Vries*
CULINARY OPERATIONS MGR *Wessel van Oorschot*	CRUISE DIRECTOR *JT Watters*
GUEST RELATIONS MANAGER *Annabel Sualog*	PURSER *Adri Salaka*
DINING ROOM MANAGER *Hadi Prayitno*	EXECUTIVE HOUSEKEEPER *Allister D'Souza*
EXECUTIVE CHEF *Markus Jenni*	BEVERAGE MANAGER *Saurabh Vaishampayan*

Holland America Line
A Signature of Excellence

HOLLAND AMERICA LINE

In the early part of the 17th century, Henry Hudson set sail from Holland in a tiny ship called "de Halve Maen." His long voyage across the Atlantic heralded the beginning of Dutch exploration and settlements in the New World. During the last century's great era of Trans-Atlantic elegance, Holland America's beloved Nieuw Amsterdam II (1938-1973) came to represent all the luxury, magnificence and splendor of that time. Our emblem shows this famous flagship alongside "de Halve Maen". Together, these two ships symbolize the centuries old seafaring tradition of the Dutch and the long-standing friendship between Holland and America.

THE SHIPS CREW

MASTER *Captain Emiel de Vries*	HOTEL DIRECTOR *Stan Kuppens*
STAFF CAPTAIN *Kevin Beirnaert*	CHIEF ENGINEER *Frank de Vries*
CULINARY OPERATIONS MGR *Wessel van Oorschot*	CRUISE DIRECTOR *JT Watters*
GUEST RELATIONS MANAGER *Annabel Sualog*	PURSER *Adri Salaka*
DINING ROOM MANAGER *Hadi Prayitno*	EXECUTIVE HOUSEKEEPER *Allister D'Souza*
EXECUTIVE CHEF *Markus Jenni*	BEVERAGE MANAGER *Saurabh Vaishampayan*

Holland America Line
A Signature of Excellence

THURSDAY, AUGUST 8, 2013
AMSTERDAM, NETHERLANDS
6:58am Eurodam docks in Amsterdam, Netherlands
12:00nn NW Light air, Partly cloudy, 19°C/66°F
3:00pm Held Mandatory lifeboat drill
3:57pm Eurodam sets sail for Bergen, Norway

FRIDAY, AUGUST 9, 2013
AT SEA
12:00nn S Fresh breeze, Overcast, 18°C/64°F

SATURDAY, AUGUST 10, 2013
BERGEN, NORWAY
7:59am Eurodam docks in Bergen, Norway
12:00nn WNW Light air, Clear, 23°C/73°F
4:57pm Eurodam sets sail for Flåm, Norway

SUNDAY, AUGUST 11, 2013
FLÅM, NORWAY
7:52am Eurodam docks in Flåm, Norway
12:00nn E Light breeze, Clear skies, 19°C/66°F
6:46pm Eurodam sets sail for Haugesund, Norway

MONDAY, AUGUST 12, 2013
HAUGESUND, NORWAY
12:00nn NW Moderate Breeze, Overcast, 13°C/55°F
2:23pm Eurodam docks in Haugesund, Norway
10:42pm Eurodam sets sail for Stavanger, Norway

TUESDAY, AUGUST 13, 2013
STAVANGER, NORWAY
7:16am Eurodam docks in Stavanger, Norway
12:00nn NNE Moderate Gale, Partly cloudy, 15°C/59°F
5:57pm Eurodam sets sail for Amsterdam, Netherlands

WEDNESDAY, AUGUST 14, 2013
AT SEA
12:00nn WNW Fresh breeze, Mostly Sunny, 18°C/64°F

THURSDAY, AUGUST 15, 2013
AMSTERDAM, NETHERLANDS
*7:00am Eurodam docks in Amsterdam, Netherlands
*12:00nn ENE Fresh breeze, Chance of showers, 22°C/72°F
*Time is approximate

TOTAL MILEAGE THIS VOYAGE

PORT	MILES	AVG.
Amsterdam - Bergen	544 NM	16.7 KTS
Bergen - Flåm	138 NM	9.2 KTS
Flåm – Fureberg waterfall	210 NM	14.5 KTS
Fureburg waterfall - Haugesund	48NM	17.5KTS
Haugesund - Stavanger	76 NM	10.5 KTS
Stavanger – Amsterdam	409 NM	13.6 KTS
TOTAL DISTANCE	1425NM	

1 Nautical Mile = 1.15 Statute Miles = 1.852 Kilometers

Weather forecast for Amsterdam, Netherlands:
Chance of showers, 22℃/72℉

On behalf of Captain Emiel de Vries,
Hotel Director Stan Kuppens,
Cruise Director JT Watters and the entire ship's complement, we thank you for choosing Holland America Line and wish you a safe and pleasant journey home.

출처: 저자 작성, Holland America Line 제공.

(2) 사과 안내문 작성 배포

크루즈 운항 중에 예기하지 않은 상황이 발생하여, 크루즈 일정을 본래의 일정대로 진행하지 못하고 변경하여야 하는 경우가 있다. 이러한 경우 프런트에서는 사과 안내문을 작성하여, 모든 승객에게 이를 사전 또는 사후에 배포하여 승객이 이를 인지하고 이해하도록 하여야 한다.

그림 5-14 기항지 입항 불가 사과 안내문

On board *ms Eurodam*
August 10, 2013

NOTICE
Itinerary revision

Dear Valued Guest,

I appreciate you joining us for this Norse Legends sailing.

At this time, I need to advise you of the final decision made with regard to our itinerary. Due to the construction of a bridge with restricted air draft clearance, we are unable to call at Eidfjord, Norway.

As I mentioned to you yesterday, we were awaiting final bridge height survey results, but unfortunately the relevant Norwegian authorities have been unable to provide these. The safe navigation of the vessel has to remain my first priority and in the absence of these documents, I cannot afford to take the risk and attempt to pass under this bridge.

On August 12, we will however sail in the Hardanger Fjord region from 5:30am until 12.00noon to provide you with spectacular scenic cruising. Narrations will be provided by our Destination Specialist which will commence at 9:00am.

Following the Hardanger Fjord scenic cruising, we will visit the charming port of Haugesund, Norway. We will call at Haugesund from 3:00pm with a 10:30pm "all aboard" time.

As a result of this change, any shore excursions you purchased from Holland America Line for Eidfjord were already automatically refunded to your account. If you have previously signed up for a shore excursion in Haugesund, you will be notified by the Shore Excursions Department of revised departure times.

Any applicable changes to the government taxes and fees related to this change will be noted on your shipboard account. I regret any disappointment this revision may cause.

On behalf of Holland America Line, thank you very much for your understanding. As always, the staff and crew of the *ms Eurodam* remain at your service and will do all we can to make your sailing truly excellent.

Sincerely,

Captain Emiel de Vries
Master, *ms Eurodam*

Holland America Line

출처: Holland America Line.

3) 기항지 정보제공을 위한 필요지식

(1) 기항지 항구 관련 정보

① 기항지 항구의 역사

② 기항지 항구 및 인근 지역의 문화, 사회, 종교, 풍습

③ 기항지 항구의 교통 상황

④ 기항지 항구의 관광 명소

⑤ 기항지 항구의 지도

(2) 기항지 항구 관련 정보 입수

① 선사 본사와 계약한 기항지 현지의 여행사를 통하여 필요한 정보를 입수한다.

② 1차 자료를 통하여 필요한 정보를 입수한다.

그림 5-15 기항지 정보지

In Port

Holland America Line

Ketchikan

In case of emergency contact:
Cruise Line Agencies - Ketchikan
1249 Tongass Avenue, Suite B
Ketchikan, AK 99901, USA
Tel.#: 907-225-0999
Fax: 907-247-6042
E-Mail: ketchikan@claalaska.com

Background

The road that leads to Ketchikan is a wet one indeed. Unofficial vanguard for **Tongass Narrows**, the city is neatly laid along a narrow flat strip at the base of 3,100-foot **Deer Mountain** on **Revillagigedo** ("*re vee ya gih geh do*") **Island**. The origin of the name Ketchikan is related to several interesting tales. Most people believe

What's Ashore

KETCHIKAN VISITOR'S BUREAU
Just off the pier, the Visitor's Bureau is an excellent resource for local information about Ketchikan. Brochures for local activities are also available, and the helpful staff can get you started on an self-guided walking tour of Ketchikan.

Port Particulars

Because of an imposing mountain range that nearly reaches the shore, Ketchikan's founders had little space on which to build. The enterprising pioneers added 'land' by sinking sturdy pilings and building piers on top. As a result, some of the town's most charming harbor-side restaurants are actually on stilts *in* the har-

In Port Shopping

Your All Ashore Port & Shopping Ambassador is your personal guide to the best shopping and savings ashore, and will be available to you throughout the voyag with shopping tips and advice. Lear

Lance Harlow

출처: 저자 작성, Holland America Line 제공.

(3) 각 기항지별 기항지 관광

① 육체적 활동을 기준으로 한 분류: Easy Activity(육체적 활동이 심하지 않은 관광), Moderate Activity(일정한 수준의 육체적인 활동을 필요), Strenuous Activity(육체적인 활동이 많이 필요한 관광)로 분류할 수 있다.

② 관광 중에 식사의 포함 여부에 의한 분류: 관광 중에 식사가 포함되어 있는 일정과 음료수만 포함되어 있는 일정 등이 있다.

③ 관광 인원의 제한성 여부에 의한 분류: 관광객 인원수에 일정한 제한이 있는 경우로서, 입장에 제한이 있거나 탑승 조건에 제한이 있는 경우이다.

(4) 기항지에서의 운송 수단

기항지 관광 중에 탑승하는 운송 수단에는 여러 가지가 있다. 대표적인 운송 수단에 따라 다음과 같은 관광 코스로 구분한다.

① 이동을 위한 운송 수단: 관광지와 관광지를 이동하기 위한 여러 가지 운송수단, 즉 택시, 코치, 버스, 열차, 항공기, 선박 등 의미한다.

② 관광 · 레저를 위한 운송 수단: 운송 수단 자체가 관광의 주요 목적이 되는 운송 수단을 의미한다. 트래킹 코스의 기항지 관광, Catamaran(무동력 이동 수단 – 뗏목 등)을 이용한 기항지 관광, Sailing Ship(돛단배)을 이용한 기항지 관광, 선박을 이용한 기항지 관광, 항공을 이용한 기항지 관광 등 다양하다.

4) 기항지 정보제공 수행 내용

(1) 계약을 체결한 현지국의 여행사를 통하여 항구 정보를 입수한다.

선사에서는 모든 기항지마다 기항지 관광을 대행할 현지국의 여행사를 섭외하여 계약을 체결한 여행사가 있다. 프런트에서는 이 여행사를 통하여 현지 여행국의 항구와 관련한 각종 정보를 입수한다.

(2) 크루즈 선사의 본사를 통하여 항구관련 정보를 입수한다.

크루즈 선사의 본사는 기항지 관광(Shore Excursion)을 전담하는 부서가 있는데, 이를 Shore Excursion Department라고 한다. 이 부서는 전 세계의 각 기항지마다 우수한 여행사와 관광 대행 업무에 관한 계약을 체결하고 있다.

(3) 입수된 항구 정보를 정리하고 인쇄 발행한다.

여러 곳을 통하여 입수된 정보를 일목요연하게 정리한다. 항구의 역사적 사실, 항구의 관광 명소나 관광 코스, 관광 지역, 항구의 쇼핑 타운, 항구의 교통편과 접근성 등이다.

(4) 항구 정보를 인쇄한다.

정리된 기항지 정보를 최종 점검한다. 인쇄 전에 탈고의 과정으로 오류나, 오차, 탈자, 내용 등을 점검한다. 디자인 과정을 거처서 인쇄 및 배포한다.

(5) 선사가 주관하는 기항지 관광(Shore Excursion) 자료를 입수한다.

탑승한 모든 승객이 선사에서 주관한 기항지 관광을 선택하는 것은 아니다. 따라서 승객에게 관광 유도를 위하여 선사 주관 기항지 관광을 홍보할 수 있다.

(6) 선사가 주관 혹은 주관하지 않는 기항지 관광(Shore Excursion) 내용의 변경 고지

기항지 관광은 사전에 결정한 대로 시행하는 것이 원칙이다. 그러나 현지 항구의 여러 가지 사정으로 인하여 일정의 일부를 변경할 수 있다.

5) 선상 부대시설 이용 정보 이해를 위한 기본지식

(1) 부대시설 관련 지식

① 식음업장 관련 지식

식음업장은 아주 다양한 형태로 운영되고 있다. 제공하는 음식의 종류, 또는 운영하는 형태에 따라서 여러 가지 종류의 업장으로 나눌 수 있다. 프런트 승무원은 각 식음업장에서 주로 제공하는 식음, 영업시간(Open Hour), 실시하는 주요 이벤트 등에 대한 지식을 갖추고 있어야 한다.

② 위락시설 관련 지식

위락시설은 승객이 크루즈 중에 즐기도록 설치된 모든 시설을 말한다. 프런트 승무원은 이 시설에 대한 운영 내용과 운영 시간들에 대한 지식이 필요하다. 스파, 피트니스센터, 카지노 등이 있다.

(2) 선내 프로그램에 관련 지식

크루즈 선박 내에는 각종 위락 시설과 함께 승객이 즐기기 위한 여러 가지 프로그램을 운영하고 있다. 각 선사마다 차이는 있겠지만 150여 종류의 프로그램을 보유하고 있는데, 승객이 보면서 즐기는 프로그램, 참여하면서 즐기는 프로그램 등이 있다.

(3) 선상 Flyer 제작 지식

크루즈 선박에 있는 각종 업장과 프로그램을 진행할 때 이를 위한 홍보를 실시한다. 따라서 각 업장에는 홍보의 수단으로 Flyer를 제작하여 배포한다.

그림 5-16 선상 Flyer

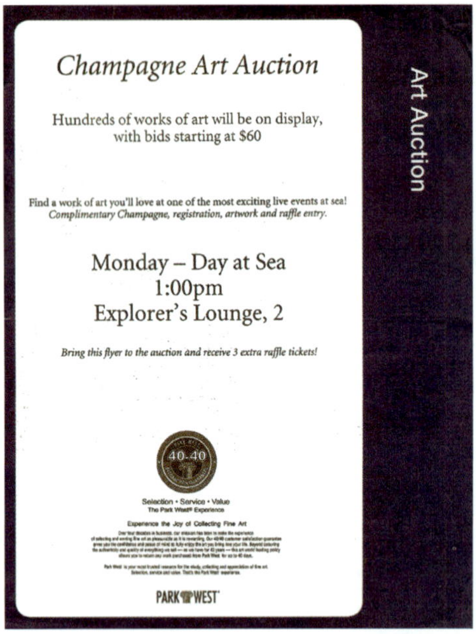

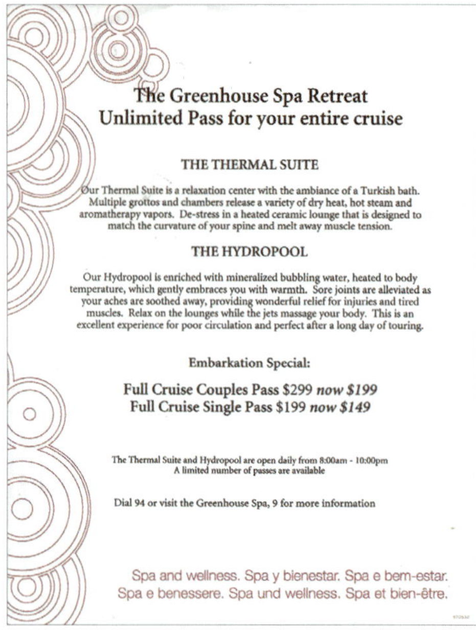

출처: 저자 작성, Holland America Line 제공.

6) 선상 부대시설 이용 정보 수행내용

① 선상 부대시설 및 운영 프로그램 정보선상 부대시설과 운영하는 프로그램에 관한 정보를 입수하여 승객에게 공지하고, 승객에게 안내한다.

② 선박 부대시설과 이를 운영하는 프로그램이 있다. 특히 크루즈가 기항지에 입항하지 않는 시데이(Sea Day)에는 승객이 즐기기 위한 많은 프로그램을 운영한다. 각 업장이나 부대시설에서는 이러한 Sea Day를 위하여 집중적으로 Flyer 제작을 의뢰한다.

③ 입수된 정보를 바탕으로 Flyer를 제작하여 모든 승객에게 배포한다.

7) 선상신문 제작을 위한 기본적 이해

(1) 정보의 취합 · 정리 지식

① 선내 발생 정보

선내에서 발생하는 정보는 입수하기가 수월한 편이며, 인지하기도 쉬운 편이다. 식음 업장이나 부대시설에서 입수한 정보이다. 업장, 부대시설, 선박 차원에서 진행하는 특별 프로그램에 관련된 정보이며, 크루즈 선박의 운영이나 진행에 관련한 정보이다. 이 정보는 선내 운영 위원회로부터 입수한다.

② 선박 외부로부터 입수한 정보

선박 외부로부터의 정보는 인공위성을 통한 인터넷, 전화 등을 통하여 입수한다. 따라서 방대한 양의 정보를 입수하기에 어려움이 있다. 선사 본사에서 제공하는 정보로서 이러한 정보는 주로 회사의 정책이나 크루즈 운영, 진행에 관한 정보도 있으며, 세계 주요 언론사에서 제공하는 정보로서, 주로 News 소식에 관한 정보도 있다.

(2) 선상 신문 제작에 관련된 지식

선상 신문은 게재할 수 있는 지면에 한정되어 있으며, 게재해야 할 내용도 국한되어 있기 때문에 선상 신문 제작에 큰 어려움은 없다, 그러나 승객이 필요한 정보를 제공해야 하기 때문에 신문 제작에 대한 지식이 필요하다. 제공해야 할 정보의 중요도, 내용, 이미지를 활용 등을 고려한다.

8) 선상신문 제작 수행내용

(1) 선내 정보 입수

① 정상 운영 정보(Regular Information): 각 식음 업장이나 부대시설에서 정상적

으로 운영하는 영업 정보이다. 영업장 명, 제공되는 서비스, 영업 시간 등에 관련된 정보이다.

② 이벤트 정보(Event information): 각 식음업장이나 부대시설에서 특별히 시행하는 이벤트성 정보이다.

③ 특별 프로그램 정보(Special Program): 각 식음업장, 부대시설, 선사 차원에서 시행하는 특별한 프로그램으로서 전 승객을 대상으로 한다. 각 선사마다 차이는 있겠지만, 150여 가지 프로그램을 준비하고 있다.

(2) 선상 신문 제작 및 배포

① 입수한 정보의 내용, 수준, 양의 결정한다. 입수한 정보를 그대로 신문에 게재할 수는 없다. 따라서 입수한 정보를 평가하고 편집하여야 한다.

② 선상 신문 디자인 · 편집업무이다. 최종 결정한 정보를 바탕으로 신문 제작을 위한 디자인과 편집 작업을 한다.

③ 편집을 완료하면 프런트에 있는 인쇄기를 이용하여 인쇄한다. 신문의 발행 부수는 총 탑승 승객의 1.3배 정도를 감안하여 발행 부수를 결정한다.

④ 제작한 신문은 하우스 키핑 부서에 전달하여 각 선실로 배포하도록 의뢰한다.

그림 5-17 선상 신문

today ON LOCATION

THURSDAY, AUGUST 8, 2013

Forecast: Partly Cloudy
Temperature: 21°C / 70°F
Dress Code: Smart Casual
All Aboard: 2:45pm

Mandatory Passenger Safety Emergency Drill 3:00pm

AMSTERDAM, NETHERLANDS

Bringing the cultures, tastes and unique Holland America experiences to life, both on board and off.

Today's highlights include:

Find Out What's Cookin'
12:00nn - 2:00pm
CULINARY ARTS CENTER, 2
Find out what's cooking this week in the Culinary Arts Center as we take up uniquely Northern European cuisine.

Smooth Sailing Presentation Make the Most of your Cruise
1:00pm
THE MAINSTAGE, 2
As we embark on this exciting journey to Norway, be sure to get all of the information you'll need to make the most of your cruise!

Complimentary Champagne Reception - 2:00pm
QUEEN'S LOUNGE, 2
Enjoy a complimentary glass of Champagne. Discover the outstanding wine selection available on the Eurodam and learn about our wine packages and exciting events this cruise!

Bon Voyage Amsterdam Sailaway
3:30pm - 4:30pm
LIDO SEAVIEW POOLSIDE, 9 AFT
Lynn & the HALCats play live music poolside as we get you in the mood for a fantastic cruise vacation.

Meet Your Destination Specialist Ian
5:30pm - 6:30pm
ATRIUM, 1
Destination Specialist Ian is available to answer your questions.

Did you know?
Holland America Line is determined to leave a smaller carbon footprint by reducing fuel consumption. Our goal is to decrease consumption by at least two percent per year, a goal reached every year since 2005. To ensure we continue meeting this goal, please conserve water whenever possible and keep your balcony doors closed. When you leave your stateroom, please turn the lights and TV off, close the curtains and place air conditioning at the middle setting.

Holland America Line

TONIGHT'S SHOW

Listen to the Music
9:30pm
THE MAINSTAGE, 2
An Introduction to the Eurodam Entertainment Team

TODAY'S MOVIE

The Company You Keep
1:00pm, 4:00pm, 7:00pm & 10:00pm
SCREENING ROOM, 3
Starring: Robert Redford, Shea LaBeouf, Julie Christie and Susan Sarandon
Rated R - 2 hours & 1 minute
A man is forced to leave his carefully constructed life and go underground when a journalist uncovers his past as a radical activist in the weather underground.

MAKING MEMORIES

Digital Workshop
Windows
Join Techspert Evan as he presents th only free technology program at sea. Program description can be found in tear off section of today's program.
DIGITAL WORKSHOP, 2 AFT

Peek Inside the Digital Workshop
12:00nn - 2:45pm

Learn to Navigate Windows 8 - 7:30pm

Shore Excursions
Benefits of Booking Onboard
Quality - Convenience - Peace of Mind - Safety
Tours are filling up quickly - book early!
Receive a raffle ticket for every tour purchased today!
You could win a free excursion, Pinnacle Lunch for, a day pass for the Hydro Pool and much more. Start your cruise off right!
Shore Excursion Desk | Atrium, 1 | 12:00nn - 7:00pm

MUSIC & LOUNGES

Adagio - 7:00pm - 8:00pm & 10:15pm - 11:00pm
EXPLORER'S LOUNGE, 2
Our violin and piano duo performs sophisticated classical music.

BB King Blues Club - 8:30pm - 9:30pm & 10:30pm - 11:30pm
QUEEN'S LOUNGE, 2
Home of Soul, Motown and more.

Guitar Vocalist Anthony
7:30pm - 8:30pm & 10:30pm - 11:30pm
CROW'S NEST, 11
Enjoy acoustic versions of popular music from the 60s to today.

Lynn & The HALCats
10:30pm - 11:30pm
OCEAN BAR, 3
Dance as the HALCats perform pop music from the 50s to today.

Piano Entertainer Diane Fast
10:30pm - close
PIANO BAR, 2
Grab a drink, join the party and sing along to your requests.

Get the Party Started - 10:30pm
NORTHERN LIGHTS, 2
Show Host Nick gets the party started and keeps it going into the night spinning great dance music.

"AS YOU WISH DINING"

RESTAURANT	BREAKFAST	LUNCH	DINNER
Rembrandt	—	11:30am-1:00pm Mariner Society Lunch	Open: 5:30pm-9:30pm Seatings at: 5:30pm|8:00pm
PINNACLE GRILL	—	—	5:30pm-9:30pm Dial 88 for reservations
TAMARIND	—	—	5:30pm-9:30pm Dial 88 for reservations
Canaletto	—	—	5:30pm-9:30pm Dial 88 for reservations
Terrace Grill	—	11:30am-2:45pm	3:30pm-6:00pm
SLICE PIZZA	—	11:30am-2:45pm	3:30pm-12:30am
lido	—	Lido Bistro: 11:30am-2:45pm Lido Deli: 11:30am-2:45pm	Steak Dinner 5:30pm-8:30pm Late Snack: 10:30pm-11:30pm

Please consult your stateroom keycard to determine your dining arrangement for this cruise. If your card indicates "open seating", please dial 88 for your desired reservation. The dining room will seat you at any time between 5:30pm - 9:30pm on Deck 2.

To keep you healthy, we minimize the potential spread of stomach virus by suspending self-service in the Lido for the first 48 hours of each voyage. We appreciate your understanding

출처: 저자 작성, Holland America Line 제공.

CHAPTER

06 캐빈 관리

1. 캐빈 정비 관리
2. 캐빈 시설 관리
3. 승객 지원 관리

Chapter

06 캐빈 관리

캐빈 관리는 승객의 가장 사(私)적인 장소이기 때문에 청결해야 하고 보안이 잘되어야 한다. 기항지 관광에서 돌아와 지친 몸을 가누는데 깨끗하게 정리정돈된 객실은 무엇보다도 반갑다. 그럼에도 불구하고 크루즈 호텔 입장에서는 승객이 객실 바깥으로 나가 끊임없이 돈을 써주었으면 하는 바람이 있는 곳이기도 하다.

1. 캐빈 정비 관리

승객이 기항지 관광을 나갈 때 그리고 만찬장에 있을 때 캐빈 정비가 필요하다. 따라서 정해진 매뉴얼에 의해 1일 2회 정비를 진행하되 승객이 정비를 원하지 않을 때에는 다른 업무를 보면서 노동 생산성을 높일 수 있는 좋은 기회가 된다.

2. 캐빈 시설 관리

크루즈 시설, 예를들면 객실의 에어콘, 세이프티 박스 등은 불시에 고장이 나므로 항상 서비스를 제공할 자세가 필요하되 선제적으로 예방적 차원에서 미리 체크함으로써 고객의 컴플레인을 줄이는 것이 중요하다.

3. 승객지원 관리

캐빈 어텐던트는 고객이 부재중에 객실을 정비하기 때문에 고객과 직접 접촉하지 않은 업무라고 생각해서는 안 된다. 복도에서 본인이 관리하고 있는 객실 손님에 대하여 먼저 알아보고 인사하며 항상 서비스를 제공할 준비가 되어 있음을 인지시켜 주는 것이 중요하다.

열쇠말

룸서비스, 발코니, 선내 인쇄물, 스위트룸, 어메니티, 프라이버시, 현창

NCS 학습모듈

학습 1. 캐빈 정비 관리하기

1-1. CIS 캐빈 관리 시스템 운영

CIS 캐빈 관리 시스템을 운영할 수 있다.

1-2. 캐빈 정비 상태 관리

캐빈 점검 리스트에 따라 캐빈의 정비 상태를 관리할 수 있다.

1-3. 승객의 분실물 처리

캐빈 관리 시스템에 따라 캐빈에서 발생하는 승객의 분실물을 처리할 수 있다.

학습 2. 캐빈 시설 관리하기

2-1. 캐빈시설 유지 보수 관리

캐빈 시설을 유지하고 보수 관리를 할 수 있다.

2-2. 선내 인쇄물, 캐빈 물품과 비품 비치 상태 관리

선내 인쇄물, 캐빈 물품과 비품의 비치 상태를 관리할 수 있다.

학습 3. 승객 지원 관리하기

3-1. 승객의 불편 또는 요구사항 처리

선상에서 발생하는 승객의 불편 또는 요구사항을 처리할 수 있다.

3-2. 승객 요구 맞춤형 서비스 제공

승객 개인의 요구를 충적시키는 맞춤형 서비스를 할 수 있다.

3-3. 캐빈 서비스 향상을 위한 계획 수립 및 시행

캐빈 서비스의 개선 또는 향상을 위한 계획을 세우고 실행할 수 있다.

도입사례

점점 더 많은 승객이 프라이빗 발코니에 유혹당한다

타이타닉에도 없었고 퀸엘리자베스호에도 없었으며 사람의 유람선인 퍼시픽 프린세스호에도 없었다. 그러나 최근에는 승객들이 캐빈에 발코니가 없으면 기꺼이 타려고 하지 않는다. “처음에 크루즈를 탔을 때 조그만 현창이 있는 곳에서 머물렀어요. 세 번째 크루즈에서는 발코니가 있는 방을 경험했으며 이후에는 쭉 그러했지요”, “탁 트인 기분이지요. 저는 파도치는 것을 좋아하고 또 일출과 일몰을 즐겨요”.

많은 크루즈 선사들이 이러한 사실에 주목하고 있다. 11월에 포트 에버글레이드로 이동하기 전인 리갈프린세스호의 80% 이상 캐빈에 발코니를 보유하고 있다. 심지어 리버 크루즈에서도 혁명적으로 고객에게 발코니가 있는 방을 제공하고 있는 실정이다.

발코니가 달린 캐빈은 25% 정도 일반 캐빈에 비해서 비싸다. 그러나 수년 전에 비하면 많이 저렴해졌다. “옛날에는 75~100% 정도 더 비쌌지요. 구하기도 어려웠어요.” 마이애미에 위치한 크루즈 전문가, 스튜어트 카이론이 덧붙인다. 심지어 안쪽 캐빈은 버츄얼 발코니를 선보이고 있는데 로얄 캐리비안의 퀀텀오브더시는 인테리어벽에 비록 실물과 똑같이는 않지만 바다가 보이는 느낌을 제공하고 있다. 1999년 로얄 캐리비안의 모나크오브더시가 선보였을 때 전체 캐빈의 5%만 발코니가 있었다는 것을 감안하면 격세지감이다. 발코니가 있으므로 객실의 손님들은 (객실에서) 그들이 어디에 다녀왔고 또 어디를 향해 나가고 있는 지를 알 것이다.

출처: 엘렌 크레에거(2014. 5. 3.). 마이애미 해럴드.

example

1. 캐빈 정비 관리

1) 캐빈 관리 시스템

(1) 캐빈 운영 시스템의 개념

크루즈 운영관리 시스템(Cruise Information System: CIS)이란 크루즈 승무원이 효과적인 업무처리와 신속하고 정확한 의사결정을 통해 궁극적으로 고객만족을 달성하는 데 활용하는 전산시스템이다. 크루즈 선사마다 각자의 실정에 따라서 크루즈 운영관리 시스템을 선택하여 활용하고 있으며 피델리오(fidelio), 오페라(opera) 등이 대표적이다.

캐빈 어텐던트가 주로 활용하는 것은 크루즈 운영관리 시스템의 하위 시스템인 선박의 자산관리시스템(Ship's Property Management System)이다. 해당 시스템은 승객 관리, 자동 체크인, 승객의 여행 일정, 현금 관리, 환전 및 시스템 보안 등을 담당하는 운영 시스템이다.

(2) 캐빈 운영 시스템의 기능

캐빈 운영 시스템은 크게 고객에 관한 정보와 객실 정보로 나눌 수 있다. 고객의 정보는 다음과 같다.

- 기본 정보: 성명, 국적, 사용언어, 도착일 등
- 승객의 위치: 승선 및 하선 여부, 객실 내 혹은 공용구역 등
- 고객의 요구사항: 필요한 객실용품, 특별한 주문 상황 등

객실 정보는 다음과 같다.

- 객실 정보: 고객이 머무는 객실의 방 번호, 룸 타입 등
- 객실 정비 상태: 청소 상태, 점검 여부 등

(3) 캐빈 운영 시스템의 활용

크루즈는 고객이 여행하는 동안 24시간 근무해야 하기 때문에 인수자와 인계자 간의 긴밀한 협조가 매우 중요하다. 컴퓨터를 통한 객실관리는 항상 정확할 수가 없으므로 물리적인 확인이 항상 필요하며, 동시에 정보는 실시간으로 업데이트 되어야 한다.

① 체크인 유무 확인
② 고객의 인적사항 확인
③ 고객의 객실 배정 상태
④ 고객의 요구, 불만사항, 스페셜 리퀘스트(request)

캐빈 어텐던트는 매 항차마다 본인이 관리하는 객실 손님에 대한 기본적인 정보를 파악함으로써 객실 내 혹은 공용장소에서 마주칠 때라도 항상 이름을 함께 불러 줌으로써 고객이 존중받고 있다는 생각이 들게 해야 한다.

2) 캐빈 점검 리스트 및 캐빈 점검 상태

(1) 캐빈의 개념 및 의의

승객의 거주구역은 개인구역과 공공구역으로 나눌 수 있다. 개인구역이란 객실인데 승객이 승선 후 주거생활의 공간이자 휴식의 공간으로서 보다 쾌적한 관리와 프라이버시가 보장되어야 한다. 선박 건조기술의 발달과 크루즈 선박 톤수의 증대에 따라서 개인구역의 면적이 증대되어 왔다.

개인구역은 캐빈(cabin) 혹은 스테이트룸(stateroom)이라 지칭하며 최근에는 대형화 및 고급화 추세에 발맞추어 스테이트룸으로 통일되고 있다. 이에 반해 승무원이 거주하는 곳을 캐빈으로 명명한다. 스테이트룸은 선실, 객실 등으로 번역한다.

크루즈 선사 입장에서는 객실을 구성함에 있어 비교적 호텔의 객실과 대비하여

70~80% 정도 규모가 작게 만들고 있다. 가능하면 승객이 객실에 머물지 않고 공공장소에서 부대시설을 이용하고 요금을 지불할 수 있도록 유도하는 것이다. 또한 규모의 경제 차원에서 가능하면 보다 많은 수의 승객을 태워야 하므로 많은 수의 객실이 필요하다. 이에 따라 기본적으로 객실 내 주요 시설설비 및 가구들을 빈 공간에 촘촘히 효과적으로 배치하고 있다.

(2) 캐빈의 종류

객실의 형태와 위치에 따라서 가격이 달라진다. 대체적으로 객실이 어디에 위치해 있느냐, 즉 바다를 접해 있느냐 배 안쪽에 접해 있느냐에 따라 인사이드 및 아웃사이드로 나눌 수 있다. 또한 객실에 잠을 잘 수 있는 공간만 있느냐 아니면 추가적인 공간, 예를 들면 응접실이 있는 스위트룸이냐 바다를 바라볼 수 있는 베란다가 있느냐 등에 따라 구분이 된다.

① 스위트룸
② 발코니가 달린 객실
③ 아웃사이드(outside) 객실
④ 인사이드(inside) 객실

크루즈 객실이 상대적으로 작아 바다라는 확트인 공간을 보다가 객실에 들어오면 상대적으로 폐쇄적인 느낌이 들고, 가족 단위 여행의 증대와 재이용자의 객실 업그레이드 추세에 따라서 베란다가 있는 객실과 스위트룸이 선호되고 있으며 또한 선박제작에도 반영이 되고 있다(박아름 · 이윤희, 2010). 더 나아가 베란다와 객실의 구분을 없애 보다 확트인 느낌을 연출하기도 한다.

그림 6-1 홀랜드 아메리카 프린스담의 데크 플랜(일부)과 객실

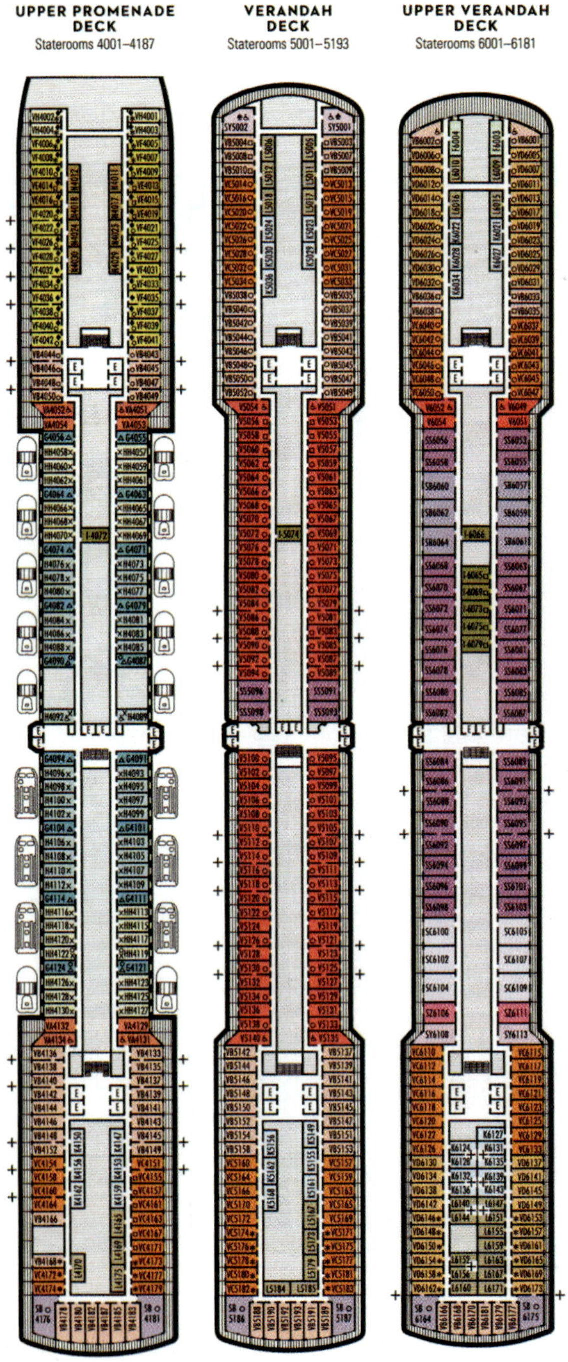

출처: HAL.

2. 캐빈 시설 관리

1) 캐빈 시설 유지 및 보수

(1) 캐빈 정비의 개념 및 의의

객실은 승객이 여행기간동안에 가장 많이 머무르며 이용하는 장소이기에 고객만족에 있어 매우 중요하다고 할 수 있다. 특히 첫인상이 매우 중요한데 최초 승선 후 안내받은 곳이 좋다고 생각하면 이후 서비스도 좋게 인식할 것이다.

- 청결(cleanness)
- 정결(neatness)
- 질서정연(orderness)

객실정비란 손님이 체크아웃을 하고 난 후에 새로운 항차에 다음 손님이 최초로 체크인을 하였을 때 객실을 팔 수 있는 상태로 원상 복구하는 것을 의미하며 이후 여행 중이라도 매일 쾌적한 공간을 유지하는 각종 서비스 행위를 포함한다. 몇 시간, 심지어는 때로는 몇 십분 전 사람의 흔적조차 느끼지 못할 만큼 완벽한 서비스가 이루어져야 하는 곳이다.

객실 정비의 의의는 다음과 같다.

- 크루즈 수익증대에 영향을 미친다.
- 크루즈 운영경비의 절감 수단
- 크루즈 상품의 생산 및 판매

크루즈 객실은 호텔 객실과 비교해서 작기 때문에 보다 빠른 객실정비가 요구된다. 아울러 호텔 손님과 달리 체류일 수가 많으므로 최초의 컴플레인이 있을 때 고객의 선입견이 오래갈 수 있다.

(2) 캐빈 정비 업무 프로세스

캐빈 어텐던트의 직무는 다음과 같이 객실 방에 들어가기 전 준비, 객실정비 그리고 사후 카트에 정비 물품을 적재 등 세 단계로 이루어진다.

그림 6-2 객실정비 프로세스

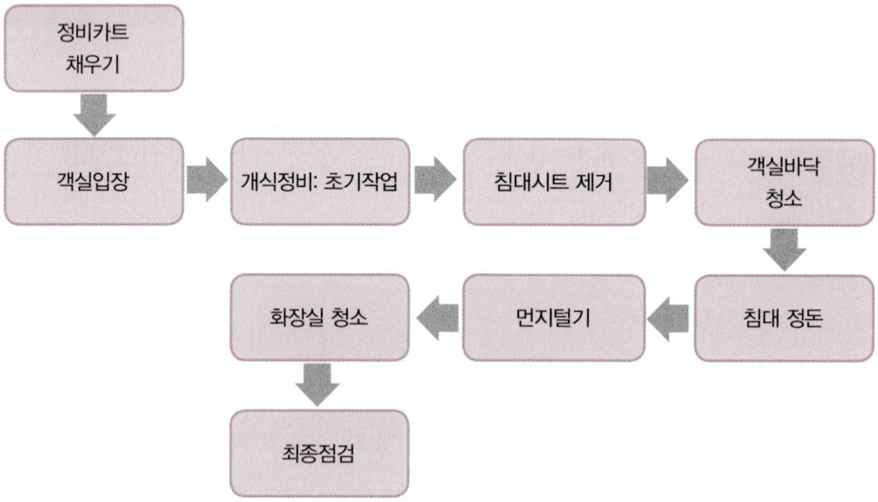

① 캐빈 어텐던트 카트 채우기

- 담당 객실의 체크 리스트 확인한다.
- 정비하는 데 쓰이는 도구 물품을 확인한다(존재 여부, 추가 보충 여부).
- 카트에 지정된 수량 만큼 채우기: 카트 밑에서부터 채운다.
- 매트리스 패드, 침대시트, 베게시트 등을 맨 아래 칸에 넣는다.
- 욕실매트, 타월, 얼굴 및 손 닦는 타월 등을 중간 칸에 넣는다.
- 객실에서 사용되는 룸 서플라이 및 어메니티를 맨 위 칸에 넣는다.
- 청소에 필요한 용품, 세정제. 타월, 스폰지, 컵 닦는 솔, 유리창 닦는 cleaner, 먼지털기 등을 적당하게 맨 위에 적재한다.
- 진공청소기, 빗자루 및 기타 청소도구 등을 카트 옆에 장착한다.

그림 6-3 객실 정비 카트 사용 전과 사용 후

② 객실 입장

- 객실의 상태를 먼저 확인한다.
- "DO NOT DISTURB" 사인을 확인하고 사인이 있으면 노크하면 안 된다.
- 객실 앞에 와 있다는 것을 알린다. 분명하게 노크를 하고 "하우스키핑"이라고 말한다. 방문을 두드릴 때 키를 사용하지 않는다.
- 고객의 반응을 기다림. 아무런 반응을 듣지 못했다면 노크를 다시하고 "하우스키핑"이라고 다시 이야기한다.
- 수초를 기다린 후에 그래도 반응이 없다면 문을 살짝 열고 "하우스키핑"이라고 다시 말한다.
- 만약 손님이 침대에서 자고 있으면 조용히 문을 닫고 나온다.
- 만약 손님이 깨어 있고 옷을 입고 있으면 죄송하다고 하고 나와 문을 닫는다.
- 만약 손님이 노크에 응답을 하면 언제 객실 청소를 해도 되는지 물어본다.
- 만약 방이 비어 있다면 카트를 문 앞에 위치시키고 문을 열어둔다. 그리고 청소를 시작한다.
- 청소를 하는데 손님이 객실로 들어오면 나중에 와서 다시 할지를 물어본다. 손님의 룸 키를 확인하여 소지하고 있는 키와 룸 호수가 맞는지를 확인한다.

③ 객실 정비: 초기작업 시작

- 핸드캐디를 카트로부터 제거하고 객실로 가지고 들어간다.
- 모든 전등을 키며 꺼진 전구는 교체한다.
- 창문의 커튼을 친다. 커튼의 줄과 고리가 잘 작동하는지 확인한다.
- 창문이 열린다면 열고 작업한다. 깨진 곳, 파손 여부 등을 확인한다.
- 냉온방 전열기구가 잘 작동하는지를 확인한다. 표준위치에 맞추어 놓는다.
- 전반적인 객실의 상태를 점검: 파손되거나 없어진 것을 확인한다. 필요시 매니저에게 연락하여 보수 혹은 보충한다.
- 사용된 유리잔을 제거하고 새것으로 교체한다.
- 룸서비스에 사용된 서비스 트레이와 접시 처리: 객실 문 앞에 정돈해서 놓고 룸서비스에 전화하여 수거 요청한다.
- 휴지통을 비우고 비닐(waste basket liner)을 다시 씌운다.
- 신문과 잡지를 정돈하고 항상 신간을 유지하도록 한다.
- 체크 아웃된 객실일 경우 손님 개인물품이 있으면 수퍼바이저에 보고한다.

그림 6-4 정비 전의 객실 상태

④ 침대 시트 제거

- 침대 위에 놓여 있는 옷가지와 개인물품을 제거한다.
- 베드스프레드와 담요를 제거하고 의자에 올려놓는다.
- 베드스프레드와 침대에 얼룩, 찢김 혹은 구멍이 있는지를 확인하며 필요시 교체한다.
- 베개로부터 베갯잇을 제거하고 베개를 베드스프레드와 담요사이에 놓는다.
- 침대 시트를 제거한다.
- 더러워진 리넨은 카트에 있는 리넨수거함에 넣는다.
- 침대 밑으로 쓰레기나 고객의 물품이 있는지 확인한다. 적절한 장소로 이동한다.

⑤ 침대 꾸미기(making bed)

- 청결한 깔개(pad)를 매트리스에 깐 후에, 첫 번째 시트를 바르게 펴고 팽팽하게 당겨 매트리스 밑으로 접어 넣는다.
- 두 번째 시트는 안과 바깥을 구별하여 중앙선에 맞추고 매트리스 상단에 10~30cm 정도의 여분을 둔다.
- 담요를 매트리스 상단에 20~25cm 떨어져 바르게 편 후에 세 번째 시트를 모포와 같이 맞추어 편다.
- 베개의 옆 부분을 가볍게 쳐서 부풀려 베개커버를 씌운다.
- 양쪽 끝을 안으로 집어넣어 베개커버 깃이 보이지 않게 한다.
- 침대 덮개(bed spread)를 고르게 펴고 베개 위나 밑 중간에 집어넣는다.
- 침대 덮개는 카펫 바닥에서 2~3cm 정도 여유를 둔다.

⑥ 먼지 털기

- 먼지떨이 도구를 가지고 벽, 바닥 위의 가구 등의 먼지를 털어낸다.
- 거울의 먼지를 털어내고 닦아낸다.

- 창문 상태를 확인하고 필요하면 닦고 특히 창틀의 청소상태에 유의한다.
- 화장대의 먼지를 제거하고 닦으며, 서랍을 열어 먼지를 제거한다.
- 전화기의 먼지를 제거하고 닦으며 제대로 작동하는지 점검한다.
- 텔레비전과 전등 스탠드의 먼지를 제거하고 닦아낸다.
- 텔레비전의 화면은 물기가 없도록 하며 또한 작동이 되는지 점검한다.
- 테이블의 먼지를 털어내고 닦으며 상단에서 하단까지 점검한다.
- 의자의 나무 혹은 금속 부분의 먼지를 털어내고 닦아내며 다리를 유의한다.
- 옷장의 먼지를 털어내고 닦는다.
- 전등 스위치를 닦아내고 작동이 잘되는지 점검한다.
- 객실의 안쪽과 바깥쪽을 닦는다.
- 고객의 비품을 채워 넣는다.

⑦ 화장실 청소

- 전등과 환풍기를 점검하고 필요시 교체할 것: 점등 및 소등, 작동 확인
- 사용된 타월, 수건 그리고 화장실 매트 등을 제거한다.
- 쓰레기통을 비우고 닦는다.
- 변기 물을 내린 후 세정제를 다른 작업을 할 때까지 잠시 내버려 둔다.
- 샤워 공간을 깨끗이 청소한다(샤워꼭지, 샤워커튼, 샤워 공간 벽면).
- 변기와 바닥 배수구를 청소한다. 따스한 물을 배수구에 흘려보내고 세정제를 통해서 잘 닦아내도록 하며 물기제거에 유의한다.
- 변기의 안쪽 및 바깥쪽을 구석구석 닦아내고 맨 마지막에는 물기를 제거한다.
- 화장실 벽, 콘센트, 스위치를 닦아내고 지문 및 얼룩이 묻지 않도록 유의한다.

그림 6-5 화장실 및 샤워부스

⑧ 객실 바닥 청소

- 진공청소기를 가지고 방바닥과 벽을 연결하는 나무부터 시작하여 옷장을 중심으로 먼지와 이물질을 제거한다.
- 객실의 모퉁이 코너의 먼지와 이물질을 제거한다.
- 진공청소기를 방의 안쪽에서 문 쪽으로 움직이면서 먼지와 이물질을 제거한다.
- 침대 및 가구 등 보이지 않는 부분에 유의하여 바닥청소를 한다.

⑨ 최종 점검

- 카트에 모든 정비장비를 적재하고 빠진 것이 없는지를 확인한다.
- 문 앞에 서서 방 전체를 작업 순서에 따라 훑어본다.
- 청소도구가 남겨져 있거나 작업이 덜 된 곳이 있는지 찾아본다.
- 객실의 공기 냄새를 맡아보고 필요시에 방향제를 뿌린다.
- 객실 전등이 모두 꺼져 있는지 확인한다.
- 객실을 떠나면서 문을 닫아 잠그고 확실히 잠겼는지를 확인한다.
- 객실 상태를 퍼서데스크와 공유한다.

그림 6-6 객실 정비 후 이미지

2) 선내 인쇄물과 비품 비치 상태 관리

(1) 선내 인쇄물

선내 인쇄물은 크루즈선사와 승객 간의 정보교환의 매개체 역할을 한다. 마치 신문과 같이 어제 무슨 일이 일어나고 오늘 무슨 행사가 있는지를 알려줌으로써 크루즈 체험을 극대화하는 역할을 한다. 인쇄물은 크게 선상 이벤트와 방문항에 대한 안내로 나누어진다. 선내 인쇄물은 매일 발행되기 때문에 아침에 손님이 기상하기 전 혹은 전날 저녁에 문틈으로 고객의 객실에 넣어 불편함이 없도록 한다.

선내 인쇄물은 영어를 포함하여 다수의 언어로 번역되나, 혹시, 다른 언어권에서 온 손님은 읽기에 불편함이 없는지 확인하도록 한다.

그림 6-7 선내 안내물 예시

Voyager of the Seas

Compass

Day SEVEN

Saturday, June 8, 2002

At Sea

Today's Forecast Partly Sunny, 84°F (29°C)
Next Port of Call Miami, Florida

Sunrise 6:52 am
Sunset 8:12 pm

TONIGHT'S ENTERTAINMENT

Farewell Show
featuring the
Voyager of the Seas
Entertainment Family
starring comedian
Craig Carmean
and featuring
The Amazing
Duo Claudio

GIANT SNOWBALL BINGO!!$$
The Money Must Be Won Today!
Cards on sale at 10:45 am and 3:45 pm, La Scala Theater, Decks 3 and 4
GOOD LUCK!!

Karaoke Star Watch!
Championship Finals
and Talent Show!
Men's, Women's and Group's Awards!
10:30 pm, La Scala Theater, Deck 3

Royal Caribbean International Circus – Throughout the Royal Promenade during the day. Watch for the "Krooz Komics." *(11:15 am, 2:00 pm and 5:30 pm).*

A FEAST OF NATIONS DINNER		FAREWELL SHOW
6:00 pm, Carmen/La Bohème/Magic Flute	**Main Seating**	9:00 pm, La Scala Theater, Decks 3 and 4
8:30 pm, Carmen/La Bohème/Magic Flute	**Second Seating**	7:00 pm, La Scala Theater, Decks 3 and 4 **(Pre-Dinner)**

Please refrain from saving seats. Video cameras are not permitted in the Theater. Thank you.

Today's Tips

- Suggested attire for tonight's dinner is **Casual**. Sundress or slacks and blouses for ladies. Sports shirts and trousers for gentlemen. Feast of Nations is the dinner theme.
- **Wheelchair Assistance** – Guests requiring wheelchair assistance other than personal wheelchairs for Sunday morning need to register at the Guest Relations Desk, Deck 5 before 5:00 pm.
- **SuperCharge Account** – Review your account with RCTV on your stateroom television. A statement will be delivered to your stateroom upon arrival in Miami and charges will be billed to your credit card.
- **Important Notice** – We would sincerely appreciate your personal opinion about your vacation onboard the Voyager of the Seas. Kindly complete the **Guest Satisfaction Survey** and drop it in the sealed Guest Satisfaction Survey boxes on Deck 5. Do not leave the survey in your stateroom. Only surveys deposited by you in the sealed box are reviewed. We thank you in advance for your comments.
- **A Miami Departure Talk on customs and landing procedures will be shown all day on channel 28 and may be viewed at your leisure.**

For a complete list of activities, including times and locations, see the enclosed *Compass Daily Planner.*

출처: RCL.

(2) 가구 및 비품비치

객실 내 가구 및 비품은 다음과 같이 공간에 대한 활용을 극대화하게 제작 및 배치가 되어 있다. 침상(berth)은 이용객의 수에 따라 1인용(single), 2인용(double)이 있으며 또 크기에 따라 킹사이즈 및 퀸사이즈 등으로 구분한다. 공간의 효과적인

그림 6-8 베란다 유무에 따른 객실구조 및 비품

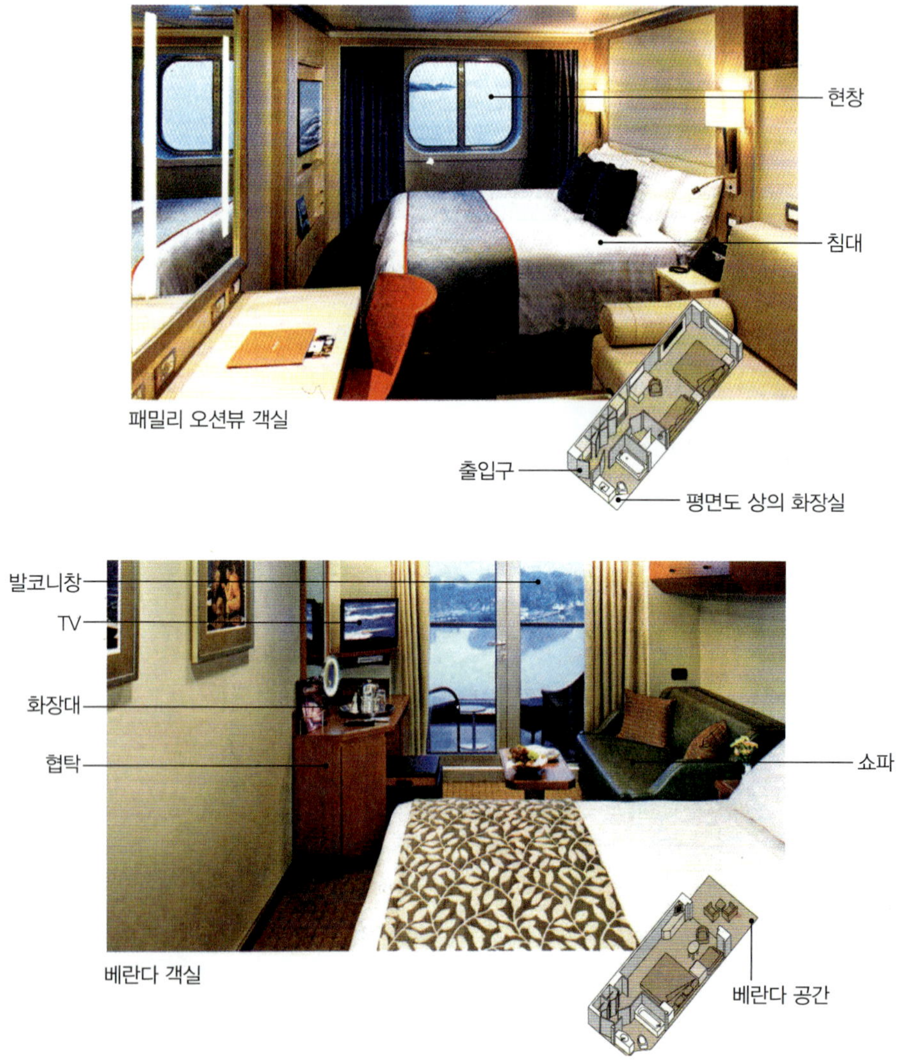

출처: HAL.

운영을 위해서 낮에는 접어서 벽에 붙여 놓기도 하며 또한 2층 침대를 만든다.

화장대, 의자, 나이트테이블, 옷장 등의 제반 가구들은 침상을 주변으로 배치가 되며 배의 흔들림에 쓰러져 고객의 안전에 위협이 될 수 있으므로 바닥에 고정한다. 창문은 최초에는 현창(port hole)이 기본이었고, 사각형 등 다양하게 만들어져 열고 닫을 수 있었으나 최근에는 안전상의 이유로 폐쇄시켰다. 다만 베란다 등을 통해 객실 공간 바깥으로 나갈 수 있다. 욕실에는 변기, 세면대, 샤워부스 등이 설치되어 있으며 고급형은 욕조까지 준비되어 있다. 기타 비상탈출로를 표시한 그림, 구명조끼, 일정표, 전화, 냉난방 공조시스템 등이 구비되어 있다.

3) 캐빈물품 진열상태 점검

(1) 고객의 요구를 미리 예측하고 제공함

크루즈 객실의 어메니티(amenity)는 객실의 커피 및 차를 마실 수 있는 도구, 욕실의 샴푸, 비누 등이 대표적이다. 고객이 새롭게 혹은 추가적으로 필요하다고 메모를 남겨 놓은 것, 예를 들면 다음 기항지에 대한 지도 등은 반드시 구비해 주도록 한다. 그러나 무엇보다도 중요한 것은 고객의 요구를 미리 예측하여 준비하는 것이 좋다.

(2) 객실공간 및 욕실공간 어메니티 진열

고객 소지품을 잘 분리해서 정돈해 놓으며 금전이나 귀중품에 유의한다. 객실에 남겨진 물품 중에서 고객이 보유하려는 것과 버리려는 것을 잘 판단해야 한다. 커피, 프림, 설탕 및 찻는 정당량을 채워 넣고 특히 사용하는 컵과 잔의 청결상태를 확인토록 한다. 욕실의 세정 및 미용 관련 용품 역시 적당 개수를 제 위치에 진열한다.

3. 승객 지원 관리

1) 객실 승객의 불편 및 요구사항 처리

(1) 객실승객의 불편 및 요구사항

고객이 서비스에 대하여 만족을 하지 못하는 것을 세 가지 불(不)이 있기 때문이다. 불만, 불안, 불편인데 보통 불만이라고 하며 컴플레인(complaint)으로 지칭한다. 고객 컴플레인이란 고객이 상품이나 서비스를 구입한 후에 기업에 대하여 제기하는 이의와 불평인데 소극적으로는 해석하여 제기된 결함을 제거하여 원상태로 복구하고 적극적으로 해석하여 이전의 상태보다 개선된 상태로 만들어 주는 것이다.

크루즈 고객의 불안은 바다 위에 떠 있다는 것과 선박이라는 밀폐된 공간에 갇혀 있다는 것에 의해 나타날 수 있다. 육상의 호텔에서는 사소하게 넘어갈 수 있는 일에 과민반응을 보일 수 있기에 항상 서비스에 유의를 해야 한다. 발코니가 없는 방에서는 더욱더 그러할 수 있다.

크루즈 고객의 불편은 크루즈 선상 전반적인 부분에서 나타날 수 있다. 예를 들어 저녁만찬에 동석한 상대편 가족과 언어로 통하지 않아 대화의 빈곤을 느낄 수 있다. 객실 관련해서 비교적 좁은 객실 및 욕실, 화장실 때문에 불편을 호소한다.

불만이 있는 고객에 대처하는 방법은 웃음(LAUGH)이라는 머리글자로 표현할 수 있다. 심각하게 생각하지 말고 가끔씩은 웃어넘기는 것이 좋다.

- L(listen and let them talk): 잘 귀담아 듣고 왜 그러한 일이 일어났는지 이야기하도록 한다. "무슨 일이신지요?"
- A(acknowledge the information): 고객이 이야기한 것을 인정하도록 한다. "이야기 잘 들었습니다"
- U(understand the complaint): 고객의 컴플레인을 이해한다. "왜 그리 화가 나

셨는지 충분히 이해합니다."

- G(give solutions): 해결 방안을 제시한다. "해 드릴 수 있는 것이 A와 B가 있습니다. 어떤 것을 원하시는지요."
- H(hit home with follow up): 사후 확인하여 고객이 귀가할 수 있도록 한다. "만족하셨는지요?"

(2) 객실 시 환영서비스

고객이 입실 시에 볼 수 있도록 다음과 같은 편지를 데스크에 올려놓는데, 향후 항해 중에 고객과 좋은 관계를 유지하는 데 많은 도움이 된다. 주요 내용은 다음과 같다.

- 환영인사와 함께 최고의 여행이 되기를 기원
- 본인이 손님의 객실을 담당한다는 소개
- 객실의 청결과 정돈, 필요한 물품들을 공급하겠다는 약속
- 별도의 요청은 본인 혹은 퍼서 오피스를 이용할 것으로 안내

그림 6-9 캐빈 어텐던트의 편지와 기념품 제공

출처: CCL.

- 룸서비스 신청방법
- 컴플레인이 있을 시에는 바로 복구를 하겠다는 약속
- 본인 서명 등

2) 개인의 요구를 충족시키는 맞춤형 서비스

(1) 캐빈 어텐던트의 마음가짐

최고의 서비스는 서비스를 받는 고객이 알아차리지 못하게 서비스를 하는 전달하는 것이다. 마치 투명인간과 같이 있어도 없는 것처럼 서비스를 하는 것이고 고객은 편안함을 느낀다. 캐빈 어텐던트의 서비스는 주로 고객이 객실에 없을 때 이루어진다. [그림 6-10]을 보면 “객실담당 승무원은 (고객이 필요로 할 때) ‘난데없이’ 나타난다”라고 적혀있다. 즉 고객의 서비스 요구에 항상 대응자세가 되어 있어야 한다는 의미다.

그림 6-10 캐빈 어텐던트의 태도를 나타내는 문구

출처: RCL.

(2) 객실의 출입 관련

객실을 출입할 때는 항상 고객의 허락을 받아야 한다. 특히 DD카드(Don't disturb card) 또는 이중잠금장치가 있을 경우에는 당연히 입실하지 말아야 한다. 다만 1일 이상 장기적으로 걸려있을 때 고객의 신변에 문제가 있을 수 있으므로 프라이버시 존중에 우선하여 입실한다.

이외에도 승객은 아침에 도착한 기항지에 대하여 기대감을 가지고 있으므로 특히 모닝콜에 실패했을 때 불만으로 이어질 가능성이 높다. 또한 승객이 열대지역 기항지 관광을 하고 돌아왔는데 에어컨이 오작동일 수 있으므로 사전에 미리 점검을 할 필요가 있다.

(3) 고객 요청 서비스 대응

룸서비스(room service) 혹은 인-룸-다이닝(in-room dining)은 객실담당 승무원에게 객실로 식음료를 주문하는 것이다. 다만 호텔만큼 빈번하게 서비스 요청이 들어오지 않는다. 선박 안에 구비되어 있는 식음료 관련 아웃렛이 24시간 피자리아 등을 운영하기 때문이다. 그럼에도 불구하고 룸서비스는 고객이 지급하는 팁 등 추가적인 수익을 발생하기에 서비스에 만전을 기해야 한다.

크루즈는 비교적 한 공간에 오래 체류하기 때문에 세탁물이 많이 발생한다. 특히 열대지방을 다니는 크루즈는 더운 날씨로 인해 더욱 그러하다. 따라서 고객은 선실에 비치된 세탁물 봉투에 넣고 희망하는 세탁내용을 기재하며 캐빈 어텐던트는 분실에 유의하여 서비스에 만전을 기한다.

손님의 요청은 승무원과 복도에서 마주쳤을 때 일어나기도 한다. 따라서 본인이 담당하는 객실의 손님일 경우 오히려 적극적으로 불편한 점이 없는지 확인한다.

그림 6-11 룸서비스

3) 캐빈서비스 개선 및 향상을 위한 계획 수립 및 시행

(1) 수퍼바이저 및 매니저의 객실담당 승무원 생산성 관리

객실담당 수퍼바이저 혹은 매니저는 객실담당 직원의 생산성을 관리 포인트로 하여야 한다. 즉 얼마의 시간을 투입하여 얼마의 객실을 정비해 내는지에 대한 생산성을 산출한다. 다음은 표준 생산성 측정 기준이다.

① 객실 담당부서의 객실 정비 시간의 표준을 정하도록 한다.

예) 20분

② 객실 담당직원 한명이 하루에 얼마나 일하는지를 분 단위 계산한다.

예) 8시간 × 60분= 480분

③ 객실 담당직원 한 명이 객실을 정비하는 데 필요한 시간을 계산한다.

예) 총 근무시간 = 480분

(제외) 준비시간 = 20분

오전 휴식 = 10분

오후 휴식 = 10분

저녁 마무리 시간 = 20분

실제 근무시간 = 420분

④ 표준 생산성 산출은 실제 근무시간을 객실 1개당 정비소요시간으로 나누면 하루에 객실담당이 몇 개의 객실을 정비해야 하는가로 결정한다.

예) 420분 ÷ 20분 = 21개 객실

(2) 승객의 프라이버시 존중 및 분실도난 문제

승객이 객실을 구입하는 것은 가장 인간의 욕구 중 하나인 원초적인 숙면을 통한 심신의 회복에 있지만 이에 못지않게 중요한 것은 프라이버시(privacy)다. 고객의 프라이버시는 타인의 시선 및 관심으로부터의 분리이자 타인과의 상호작용 관계를 자의에 의거하여 포기하거나 회피하는 선택 과정이다. 객실담당 승무원은 객실이라는 분리된 공간에서 사적인 서비스를 원하는 고객의 니즈를 적극적으로 받아들이고 객실에서 승객의 개인적인 사안에 대하여 보고 들은 것은 절대로 다른 손님이나 동료 승무원에게 알려서는 안 된다.

- 유명 연예인이의 탑승해도 사인이나 사진을 요청해서는 안 된다.
- 승객과의 사적인 관계(승무원 캐빈으로 초대, 배 안 및 기항지에서의 동행 등)를 맺어서는 안 된다.
- 전체사진을 찍어주고 또 개인적인 사생활의 고충을 이야기하면서 봉사료(tip)와 높은 고객만족점수를 달라고 조르면 안 된다.

유실물의 법적 정의는 '점유자의 의사에 기하지 않고 그 점유를 떠난 물건으로 도품이 아닌 것'을 말한다. 따라서 유실물의 취급은 다음과 같다. 유실물을 습득한 자는 소유자 및 회복청구권자를 가진자에게 반환해야 하는데 선박, 차량 등 공중의 통행을 금지한 구내에서 타인의 물건을 습득한자는 관리인에게 교부해야 한다.

분실 · 습득물 처리(lost & found)는 서비스 용어로서 앞에서 본 법적 정의를 넓혀

조직적이고 관리적인 접근이다. 객실 및 부대업장 및 공공시설 등 크루즈 선박 내에서 승객이 소지품이나 수하물을 분실하고 다른 승객 혹은 크루즈 승무원이 습득했을 때 이에 대한 신고를 받고 인도절차를 거쳐 보관해야 하며 소유주가 나타났을 때 소유주인지 확인한 후에 반환한다.

크루즈에서 분실 · 습득물 처리는 다음과 같은 순서에 의해 처리한다(남택영, 2004).

① 신고: 승객에 의한 분실신고 및 타 승객, 승무원에 의한 습득신고

② 접수: 분실 및 습득 시간 및 장소, 분실 및 습득물 내용(품명, 수량, 형태), 분실자 및 습득자의 인적사항(성명, 객실번호 등)

③ 보관 및 관리대장: 물건의 분실이나 습득 신고를 받고 접수를 한다. 보관대장에 필요 내용을 기입하고 분실, 습득물은 별도의 저장 공간에 보관한다.

④ 반환 요청 및 반환: 보관 중인 물품에 대해 반환을 요구하는 손님이 나타날 경우에 부합사항(분실물, 장소 및 시간 등)을 면밀하게 확인한 후 이를 기록한 후에 반환한다.

⑤ 무주물 처리: 무주물이란 습득물의 주인이 일정한 기간이 지난 후에도 찾아가지 않는 물건이다. 이에 대한 처리는 별도의 규정에 의한다.

(3) 쾌적한 환경을 위한 상호협조 부탁

객실 담당은 손님에게 드리는 메시지를 다음과 같이 준비하여 객실 내에 비치하고 있다.

좋은 서비스는 객실의 손님과 객실 담당이 같이 만들어 나가는 것이다. 손님께 포스트잇에 별도의 친근 메시지를 붙이는 것도 좋다.

Dear Guest

Welcome on-board our beautiful Voyager of the Seas.

As your Stateroom Attendant I will be preparing your stateroom through out this cruise and it will be my pleasure to take care of all your stateroom requirement during this time.
Your stateroom was made up for double occupancy but if you need any additional towels, linen, blankets, toiletries or any other items, please, let me know so I can provide them for you promptly.
My working hours are from 8:00 am to 1:00 pm and from 6:00 pm to 10:00 pm. You will see me in the stateroom areas during this time or you may contact me by using the "Stateroom Attendant" speed dial button on your telephone.
If, for any medical reason, it is necessary for you to use needles or syringes, please do not dispose of them in the general trash container in the stateroom. Contact me for proper means of disposal and I will provide a "sharps" container. Please note that a $50 charge will be added to your SuperCharge account for unreturned containers.
Please refrain from throwing anything overboard both in port and at sea. Deposit trash in the proper receptacles. Please do not throw any objects in the toilet(i.e. plastic, hygiene items, etc). We are doing everything we can to protect the ecology of oceans that support cruising and are grateful for your cooperation. We would also appreciate your support on conserving water and energy to help us reduce waste.
The lifejackets provided in your stateroom are for adults and children weighting more than 70 lbs(32kg). Lifejackets are also available in three smaller size. "Crib" for small babies, "Infant" for children up to 30 lbs(14kg) and "Child" for children from 30 lbs (14kg) to 70 lbs(32kg). Should you need a smaller lifejacket, please request it from me after 5:00 pm today. In case of an emergency, additional lifekackets will be available at your muster station.

EMERGENCY MUSTER STATION:
If you embarked the ship after our Guest Muster Drill, please refer to the back of your stateroom door for your station number and instruction. Please familiarize yourself with this information as soon as possible. Additional Safety

Information is available in the Cruise Service Book or through the Guest Relation Desk on Deck 5.

Your stateroom set–up does not include an ashtray, however, if desired, please let me know so I can provide one for you.

Anytime during the day or night you can reach Housekeeping Service by dialing 3464. They will be happy to attend to any of your stateroom needs when I am not on duty.
I sincerely hope you enjoy your cruise and I look forward to providing you with the highest level of service.

Sincerely

____

Your Stateroom Attendant

CHAPTER

07

식음료 및 조리 관리

1. 다이닝 서비스
2. 음료 서비스
3. 식음료 업장 관리
4. 식음료 부서 관리
5. 조리 관리

Chapter

07 식음료 및 조리 관리

크루즈 승객의 최고 만족도는 식사에서 나온다고 해도 과언은 아니다. 첫날 승선하자마자 마주하는 감동은 크루즈의 어마어마함이 아니라 점심 부페에서 시작된다. 크루즈 식음료 및 조리 관련 승무원은 육지의 여느 특급호텔의 직원보다 능력이 있다. 대규모 단체급식으로 준비해서 최고급 파인 다이닝의 음식과 서비스를 선보이기 때문이다.

1. 다이닝 서비스

다이닝 서비스는 승객의 기대치가 가장 크기 때문에 웨이터와 어시스턴트 웨이터는 팀을 이루어 최고의 서비스를 제공해야 한다. 아울러 주문한 음식을 전달하는 수준을 넘어 음식 및 음료의 추가 지출을 유도하는 세일즈맨십을 발휘해야 한다.

2. 음료 서비스

음료 서비스는 선상 매출을 올리기 매우 중요한 수단이 된다. 다이닝룸, 바, 공연장 그리고 야외 데크 등은 주가 매출의 장(場)이다.

3. 식음료 업장관리

식음료 업장 관리의 핵심은 서비스, 위생 그리고 매출이다. 크루즈 승객은 이미 모든 (식사비를 포함한) 비용을 지불하였기에 식음료의 역할이 주문한 것만 전달하는 것이 능사는 아니다. 따라서 매출과 원가에 대한 무지는 식음료 관리 매니저로서 매우 위험한 태도라고 할 수 있다. 식음료 매출은 객단가 X 손님 수로 이루어지는데, 두 가지 변수가 고정되어 있지는 않다.

4. 식음료 부서관리

매 항차마다 식음료 서비스가 좋은 승무원은 보다 많은 승객을 배정해서 수입을 올릴 수 있는 기회를 주고 서비스 품질이 떨어진 승무원은 담당 승객수를 줄여서 좀더 개선의 기회를 준다. 생산성과 고객만족이 중요하다.

5. 조리관리

대량생산시스템에 의거하여 조리가 이루어지되 음식의 품질은 최고 수준을 유지하여야 한다. 셰프는 끊임없는 고민을 통해 신메뉴를 개발하고 기항지에 맞는 테마메뉴를 제공하며 이에 부가하여 식자재에 대한 원가의식을 가져야 한다.

열쇠말

갤리, 교차오염, 메뉴 엔지니어링, 선상매출, 음료 패키지, CDC, USPH, VSP

NCS 학습모듈

학습 1. 다이닝 서비스 관리하기

1-1. 테마 메뉴 구성에 따르는 승객의 주문 사항을 테이블 서비스 속도에 맞추어 갤리에 전달할 수 있다.

1-2. 갤리에서 요리한 식사를 승객의 테이블에 운반하여 제공할 수 있다.

1-3. 승객의 식사 추가 요구를 테마 메뉴가 허용하는 범위에서 응대할 수 있다.

학습 2. 음료 서비스 관리하기

2-1. 선상 내 승객이 주문하기 전에 음료와 주류판매(sale)를 권할 수 있다.

2-2. 선상 내 승객의 주문에 맞게 음료와 주류를 제공(serve)할 수 있다.

2-3. 선상 내 승객이 사전에 구입 요청한 음료 패키지를 관리할 수 있다.

학습 3. 식음료 업장 및 부서 관리하기

3-1. 식위생 및 위생 안전 국제 협약, 선상 내규에 근거하여 승객 서비스 체크리스트를 준비할 수 있다.

3-2. 조직도 및 인력관리계획에 의거하여 식음료 부서 인력을 관리할 수 있다.

3-3. 식항차별, 분기별로 설정한 목표에 근거하여 식음료 매출관리, 재고와 원가관리를 할 수 있다.

학습 4. 메뉴 구성하기

4-1. 새로운 메뉴 구성을 위해 크루즈 승객의 선호도를 분석할 수 있다.

4-2. 승객 선호도와 메뉴평가에 따라 새로운 메뉴를 구성할 수 있다.

4-3. 개발된 신메뉴에 대한 표준 레시피를 작성하고 원가를 분석, 관리할 수 있다.

학습 5. 조리 지원하기

5-1. 표준 레시피에 근거하여 주방 인력을 편성할 수 있다.

5-2. 표준 레시피에 근거하여 필요로 하는 식재료를 준비할 수 있다.

5-3. 갤리 운영 매뉴얼에 따라 조리기구의 사용을 지시할 수 있다.

학습 6. 식재료 관리하기

6-1. 최상의 식재료를 제공하기 위해 식재료의 신선도를 유지할 수 있다.

6-2. 식재료의 재고를 관리하여 식음료 제공의 경제성을 높일 수 있다.

6-3. 승객의 식음료 제조과정을 친환경적이고 경제적으로 다루어 식재료의 낭비를 최소화할 수 있다.

도입사례

최고의 셰프가 크루즈에 동행하다

스타 셰프들이 고객의 입맛을 유혹할 새로운 곳을 찾았다. 크루즈 선사가 유명 브랜드화된 셰프와 파트너십을 통해 일류 레스토랑 음식을 선보이고 있다.

가장 최근은 커티스 스톤과 프린세스크루즈 간의 협약인데 약 10여 년 전 유명한 TLC 쇼인 Take Home chef에서 주목받기 시작하여 비벌리힐즈에 Maude라는 레스토랑을 성공적으로 여는 등 세계적인 명성을 쌓고 있는 요리사이다. 해당 선사의 "새로운 재등장"이라는 마케팅 메시지의 일환으로서 스톤은 2016년도에 선보일 두 선박에 "SHARE"라는 선상 레스토랑을 준비하고 있다. 스톤은" 손님들이 원하는 것은 같이 여행하는 손님과의 연결이며, 음식많큼 좋은 것이 없다"라고 한다.

셀럽 셰프 레스토랑을 이용하기 위해서는 손님들은 선박에 따라서 20불에서 70불 이상의 추가요금을 내야 한다. 셰프는 배에 동승하여 질의응답시간을 갖기도 하며 또 요리 퍼포먼스를 보여줄 뿐만 아니라 직접 키친에서 솜씨를 발휘하기도 한다.

식당의 콘셉트는 육지의 고급 레스토랑에서 식사하는 것보다 좀 더 가볍고 집과 같은 편안함을 느낄 수 있게 하였다.

출처: 리처드 트리보우(2015. 10. 2.). 마이애미 해럴드.

example

1. 다이닝 서비스

1) 승객의 주문사항 입수 및 갤리 전달

(1) 테마메뉴

크루즈는 다른 선사 혹은 같은 선사 내에 선박들 간에도 크루즈 상품 간 차별화된 메뉴로 경쟁력을 확보하려고 한다. 크루즈 승객은 제공되는 음식에서 큰 만족을 느낀다. 메뉴는 식단 및 차림표인데 제공되는 요리명 + 재료 + 조리방법 + 제공방법 + 분량 등이 간단히 적혀 있다. 기본 메뉴 이외에 추가로 돈을 지불하면 업그레이드된 메뉴 혹은 채식주의자 메뉴 등을 이용할 수 있다.

크루즈 메뉴는 크루즈의 테마 + 기항지 + 계절 등이 반영되어 제공된다. 7일 동안의 크루즈라면 매일 다른 테마가 제공되어야 한다. 메뉴의 다양성은 고객의 만족을 극대화할 것이다.

그림 7-1 크루즈 테마메뉴

VENETIAN FEAST

Freshly Baked Breads

Foccacia Bread · Garlic Rolls

Appetizers

Insalata Caprese: Tomatoes, fresh mozzarella and aromatic basil drizzled with extra–virgin olive oil

Melon Prosciutto: Ribbons of cured Italian ham complementing sweet slice of seasonal melon

출처: RCL.

(2) 승객으로부터 주문받기

승객으로부터 주문을 받을 때에는 손님의 옆에 서서 말씀하시는 바를 잘 알아듣고 신속 정확하게 받아 적어야 한다. 당일 메뉴를 미리 숙지해 놓으면 일을 쉽게 처리할 수 있다. 기항지에 내리는 날 아침식사는 대체로 뷔페로 제공되기 때문에 별도의 주문을 받을 필요가 없다. 주문을 받고 난 후에는 반드시 복창하여 의사소통의 실수를 최소화한다.

그림 7-2 웨이터의 주문서 양식

CUEST NAME	APP. JUICE	SOUP CER/FRU	SALAD PASTA	MAIN EGG	DESSERT S/ORDER

TABLE # MEAL: B L D O
Waiter Name Waiter #

	FISH					
	SHELLFISH					
	CHICKEN					
	STEAK	R	MR	M	MW	WD
	BEEF	R	MR	M	MW	WD
	CHEF' S SPECIAL					

2076-A

출처: RCL.

메뉴 중에는 승객이 추가의 비용을 지불하고 선택할 수 있는 프리미엄이 있다. 또한 채식주의자를 위한 메뉴, 저칼로리 메뉴 등을 선택할 수 있다. 따라서 고객의 취향을 만족시켜 주고 동시에 웨이터는 고객이 추가적으로 낸 돈을 매출로 연결시키는 세일즈맨십(salesmanship)을 발휘해야 한다. 또한 담당하고 있는 다른 테이블에 당일 손님이 나타나지 않았을 때 이미 생산된 음식의 여유분을 다른 손님에게 제공함으로써 만족도를 관리해 나갈 수 있다.

(3) 갤리로 주문 전달

주문을 받고 난 후에는 신속하게 갤리로 이동하여 주문상황을 전달한다. 손님의 특별요구가 있을 때(예를 들면 특정 음식재료에 대한 알레르기가 있을 경우) 반드시 조리스텝에게 확인한다. 미리 생산해 놓는 경우가 많기 때문에 음식이 뒤바뀔 수도 있고 따라서 주의를 요한다. 첫 번째 시팅(Seating)에서 소비된 메인메뉴 식재료의 상황을 감안하여 두 번째 시팅에서 원활한 소비를 위해 적절하게 권유할 필요가 있다.

2) 승객의 식사메뉴 운반

(1) 갤리로부터 메뉴 픽업

갤리에 고객의 식사가 준비가 되어 있으면 소지하고 있는 트레이에 차곡차곡 쌓아올리고 운반 도중에 떨어뜨리는 일이 없도록 재확인한다. 고객의 특별한 주문이 반영되어야 할 메뉴는 먼저 육안으로 메뉴를 확인하고 또 주방의 요리사에게 재확인해야 한다.

(2) 갤리에서 고객 테이블로 이동

갤리에서 고객 테이블까지 가능한 신속하게 배달하도록 하되 앞과 옆의 장애물에 유의한다. 앞에 웨이터가 음식을 들고 이동 중이면 뒤에서 조심하라는 뜻의 'Behind you'와 같은 멘트를 보낸다. 메인메뉴는 준비시간이 오래 걸리고 식자재 단가도 높기 때문에 충돌로 인해 바닥에 떨어뜨리면 안 된다. 고객에게도 좋지 않은 인상을 줄 수 있다.

그림 7-3 다이닝룸 전경

(3) 고객 테이블에서 메뉴 제공

테이블 옆 웨이터 스테이션(station)에 트레이를 올려놓고 호스트(host), 여성, 연장자 등 순서를 감안하여 음식을 제공한다. 같은 테이블에 앉은 고객이라도 메뉴가 다를 수가 있으므로 이를 재확인해야 한다.

다음 그림 속 문구는 웨이터로 하여금 기민한 행동을 통해 고객을 만족시킬 것을 독려하고 있다.

그림 7-4 웨이터의 태도를 나타내는 문구

출처: RCL.

3) 승객의 추가요구 응대

(1) 계절과 기항지에 따른 응대

크루즈가 여름철에 열대지방을 주로 다닌다면 승객은 기항지 관광을 하고 난 후에 바로 만찬을 위해 레스토랑에 올 것이다. 따라서 차가운 음료수를 찾게 될 가능성이 많으므로 얼음을 띄운 물을 넉넉히 준비한다. 유료 음료수의 매출 기회가 되므로 식전에 목을 축일 수 있는 맥주나 샴페인 등을 권해 볼 수 있다.

(2) 추가로 메인메뉴를 요구

고객이 추가로 메인메뉴를 요구할 경우에 적절한 대응이 필요하다. 메인 메뉴는 스테이크와 같이 식자재 단가가 크고 또 랍스터 등과 같이 선호도가 큰 메뉴도 있으면 수요가 편중된다. 따라서 손님이 기분이 상하지 않도록 갤리에서 생산 및 재고를 파악하여 적절하게 제공하고 특정 메뉴가 부족하다면 대안메뉴를 제시한다.

(3) 고객의 성향을 파악

특정메뉴 혹은 메뉴의 원재료를 먹지않는 손님들이 있으면 미리 항해 전에 입수하여 이에 맞는 메뉴를 준비토록 한다. 채식주의자가 대표적이다. 또한 코셔(Kosher)메뉴는 메뉴 자체뿐만 아니라 식기 등에도 신경을 쓰도록 한다. 키즈메뉴는 구비가 되어 있으므로 서빙 전에 아이들에게 색칠도구 등 놀 거리를 제공하여 동반한 어른의 식사 만족도를 간접적으로 높이도록 한다.

육지에서 이미 명성을 얻은 브랜드를 입점시키거나, 스타 셰프를 영입해서 새로운 메뉴를 선보이는 등 다양한 식사체험을 제공한다.

그림 7-5 다양한 스페셜 레스토랑

2. 음료 서비스

1) 음료와 주류 권하기

(1) 음료와 주류를 권하는 것은 판매 행위

크루즈는 이미 구입한 티켓에서 식사가격이 포함되어 있어 선사 입장에서는 추가적인 선상매출이 필요하다. 식당(dining room)에서는 와인 판매와 함께 동반되는 서비스 차지(service charge)로 수입을 올릴 수 있다.

- 제의판매(suggestive selling): 스테이크 주문 손님에게 와인 제안
- 교차판매(cross selling): 스테이크와 잘 어울리는 레드 와인 판매
- 상향판매(up-selling): 레드와인 중에서 고가의 보르도 와인 판매

다음 그림은 "바텐터는 고객이 주문하기도 전에 칵테일을 서비스해야 한다"는 문구이다. 공격적인 판매태도를 독려한다.

그림 7-6 바텐더의 태도를 나타내는 문구

출처: RCL, 저자촬영

(2) 음식과 와인

승객이 식사체험을 극대화하기 위해서는 음식에 맞는 와인을 제안해야 한다. 음식궁합 혹은 마리아쥬(marriage)란 와인의 맛을 최대로 느끼기 위해서 어울리는 음식의 조합이다. 또한 식사모임이 특정 사안에 대한 축하 이벤트일 때 와인은 꼭 필요하다. 승객이 와인 한 병을 부담스럽게 느끼면 잔으로 판매한다.

(3) 주류 판매

바텐더는 주류만을 파는 것이 아니라 이야기를 받아주는 상대가 되어야 한다. 따라서 칵테일에 얽힌 이야기를 화제와 섞어가면서 자연스럽게 판매제안을 한다. 주류 및 음료 웨이터는 데크를 돌아다니면서 주위를 두리번거리거나 손짓을 하거나 마시던 음료가 얼마 안 남은 승객을 미리 알아차리고 판매제안을 한다. 구체적으로 음료명을 제시하고 생생하게 표현하는 형용사를 적극 활용하여 고객의 욕구를 자극해야 한다. "얼음처럼 시원한 피나콜라다 한잔 어떠신지요?"

MARGARITA
Type of Glass: Coupett
Alcoholic content: 1 1/2 oz, Tequila , 3/4 oz, Triple Sec
Non-Alcoholic contents: 1 1/2 oz sweetened Lime Juice
Garnish: Lime Wedge
Method of Making: Flash blend, Salt rim(optional)

PINA COLADA
Type of Glass: Poco Grande
Alcoholic content: 1 1/2 oz, Dark Rum
Non-Alcoholic contents: 1 oz Coconut Cream, 2 oz Pineapple Juice
Garnish: Pineapple & Cherry w/ umbrella
Method of Making: Blended with crushed ice

그림 7-7 바의 주류 메뉴

PERSONAL FAVORITES
HIGHBALLS "JUST THE WAY YOU LIKE IT"

House Brand Drinks	$3.75
Call Brand Drinks	$4.50
Premium Brand Drinks	$5.00
Super Premium Brand Drinks	$5.50

WINES

	Glass	Bottle
HOUSE SELECTION Chardonnay, Merlot, Cabernet Sauvignon	$4.50	$18.00
CELLAR SELECTION Chardonnay, Merlot	$5.25	$21.00
CHAMPAGNE Cocktail, Kir Royal, Bellini	$5.00	

BEERS

	Domestic	Import
Draft Beer	$3.00	$3.25
Large Beer	$3.75	$4.00
Pitcher of Draft	$11.50	$12.00

BOTTLED BEER

Bud, Bud Light, Miller Lite, MGD, Michelob, O'Doul's	$2.75
Heineken, Amstel Light, Corona	$3.75
Guinness Pub Draught, Bass Ale	$4.25
Foster's Lager Oil Can (25.4 oz.)	$5.95

"AFTER MIDNIGHT"

CORDIALS Amaretto, Sambuca, Cointreau, Kahlua, Grand Marnier, Bailey's, B&B, Frangelico, Southern Comfort	$4.50
COGNACS AND ARMAGNAC Courvoisier VSOP, Remy Martin VSOP, Cles Des Ducs Armagnac VSOP	$5.50
SCOTCH The Glenlivet, Glenfiddich	$5.50

COFFEES
*** Royal Caribbean is Proud to Exclusively Serve Seattle's Best Coffee

Espresso	$1.95
Cappuccino	$2.75
Mocha	$2.95
Latte	$2.75
Iced Latte	$2.75
Extra Shot of Espresso	$0.75
SBC Natural Flavor Almond, Vanilla, Hazelnut	$0.50

*Decaffeinated Espresso Available Upon Request

"C" SBC 2/02

출처: RCL 라운지 바 메뉴.

2) 음료와 주류 제공

(1) 음료와 주류 픽업

고객으로부터 음료와 주류를 주문받으면 주문서를 작성하고 음료와 주류를 만드는 스텝에게 주문서를 전달한다. 웨이터가 와인을 주문받으면 와인셀러에서 직접 픽업한다. 칵테일이나 기타 음료 및 주류는 바텐더에게 주문을 넣고 제조가 끝나면 곧바로 픽업한다.

(2) 음료와 주류 운반

차갑게 제공해야 하는 샴페인이나 와인은 얼음을 채운 아이스버킷을 동반하여 제공해야 한다. 차갑게 마시는 칵테일은 얼음이 녹지 않도록 가능한 빠르게 운반하여야 하며 가니쉬(garnish)가 흐트러지지 않게 주의하도록 한다. 음료와 주류는 항상 트레이를 사용하여 서비스함으로써 격식에 맞춘다.

(3) 음료와 주류 전달

디너 중에 와인을 전달할 때 호스트로부터 주문한 와인이 맞는지 확인을 하고 와인 테이스팅을 마치고 난 후에 서빙한다. 주류 및 음료는 "주문하신 ○○입니다." 라고 확인한 후에 서빙한다.

3) 음료 패키지 관리

(1) 음료 패키지의 개념

패키지(package)란 두 개 이상의 다른 상품이나 서비스를 묶어서 단일가격으로 제공하는 프로모션 기법이다. 패키지는 개별로 구매할 때보다 가격이 싸고 또 크루즈 특성상 1박 이상을 하기 때문에 날짜를 나누어 패키지로 소비가 가능하다는 점이 승객의 입장에서 매력적이다.

(2) 음료 패키지의 활용

크루즈에서는 알코올음료 및 탄산음료에 별도 비용을 지불해야 하므로 패키지를 구비해 놓고 있다. 예를 들면 탄산음료 패키지는 연령에 따라 소다 패키지 스페셜 컵을 구입하고 컵을 보여주면 크루즈 일정 내내 무제한으로 제공되며, 컵은 사용 후 기념품으로 소유할 수 있다.

그림 7-8 음료 패키지

주: ① 종류 ② 가격 ③ 선택지 ④ 적용 안 되는 장소 ⑤ 환불금지 ⑥ 이용기록

출처: RCL.

(3) 와인 앤 다인 패키지

식사 때마다 별도로 와인을 구매해야 하는 불편함을 해소하고 낱개로 구매하는 것보다 가격이 싸기 때문에 고객은 패키지 와인상품을 선호한다.

그림 7-9 바의 주류 메뉴

주: ① 패키지명 ② 가격 ③ 사용가능처 ④ 패키지 종류

출처: RCL.

3. 식음료 업장 관리

1) 식음료 업장 위생 및 안전 관리

(1) 위생 관리

식음료 업장에서 위생이란 음식오염이나 식중독과 같이 음식으로 인한 질병이 없는 상태이다. 오염에는 다음 세 가지 종류가 있다(Lansky & Hause, 1999).

- 물리적 오염: 머리카락 등 눈에 보이는 이물질
- 생물학적 오염: 박테리아, 곰팡이와 같이 살아있는 미생물체
- 화학적 오염: 살균제, 독성이 강한 물질 등

이와 같은 오염원은 음식의 일부가 아닐 수도 있는데 서비스 주체인 승무원을 통해서 서비스 대상인 식음료 및 기물에 간접적으로 옮겨지는 경우 교차오염(cross contamination)이 발생하므로 개인위생에 매우 유의해야 한다.

승무원은 아침조일 때 기상 후 리포트까지 시간이 촉박하여 개인위생에 신경을 많이 못쓸 수도 있으니 주의한다. 손톱은 항상 깨끗이 정돈되어 있어야 음식을 전달할 때 고객에게 불쾌감을 주지 않는다. 만약 유리 등에 의해 손을 베었을 때에 음식을 간접오염시킬 수 있으므로 가능한 근무를 하지 않아야 한다. 과도한 향수는 고객의 후각을 자극하여 식사를 방해할 수도 있으니 유의한다.

식음료는 갤리와 바에서 픽업한 후에 손과 내용물이 직접 닿지 않도록 주의한다. 현장의 업무가 바쁘다고 빵이나 얼음을 손으로 집어서는 안 되며 반드시 집게를 쓰도록 한다. 기물 중에서 손님이 입을 대고 음식과 접촉을 하나는 나이프의 칼날 부분, 커피 잔의 림(rim) 등은 손이 닿아서는 안 된다.

젖은 음식물 쓰레기 처리는 다음과 같이 한다.

- 잔반처리통을 웨이터 스테이션에 낮게 위치시키고 밀폐하도록 한다.

- 식사 중인 손님의 눈에 띄지 않도록 한다.
- 먹다 남긴 뼈와 바나나 껍질 등은 별도로 처리한다.
- 잔반 처리통이 파손되어 구멍이 생기면 액체가 유출되니 주의한다.

(2) 안전 관리

안전 관리의 대상은 다이닝룸, 카페테리아, 바 등 식음료를 제공하는 시공간에서 서비스를 수행하는 사람(승무원과 승객)과 물건(서비스 기물 및 승객 소유물)과 관련된 사항이다.

승무원은 근무 중에 재해를 통해 노동력을 상실할 위험이 있으므로 개인이 항상 노력해야 하며 매니저 역시 주의 · 관리의 의무가 있다. 웨이터는 무거운 트레이를 반복해서 들어야 하기 때문에 항상 허리보호대를 착용해야 하며 미끄럼 방지용 구두를 신어야 한다. 또한 테이블을 닦을 때 쓰는 살균제 등은 직접 손에 닿지 않도록 비닐장갑을 끼어야 한다.

(3) 위생과 안전 관리의 목적

크루즈가 항구를 떠나 해상에 있게 되면 특별한 경우를 제외하고 선박 스스로 위생 및 안전문제를 해결해야 한다. 따라서 위생과 안전은 사전 예방조치와 함께 신속한 사후처리가 요구된다. 또한 위생과 안전관리에 문제가 있을 때 이를 복구하는데 필요한 시간과 경비는 크루즈의 수익에 부정적 영향을 줄 뿐만 아니라 눈에 보이지 않는 이미지가 실추된다.

2) USPH와 VSP

(1) USPH와 CDC

크루즈 선사는 자체적으로 안전 및 위생관리 시스템을 가지고 있을 뿐만 아니라 외국으로 입항할 때에는 해당국의 지휘감독을 받게 된다. 미국의 경우 미국 공중보건국(Unite States Public Health: USPH) 산하 질병관리센터(Center for Disease Control and Prevention: CDC)의 가이드라인을 따른다.

(2) VSP

선박위생프로그램(Vessel Sanitation Program: VSP)은 크루즈선을 통한 음식관련한 질병의 유입, 전염, 확산을 방지하고 통제하는 데 목적이 있다. 해당 프로그램은 UHPH 산하 CDC를 통해 이루어지며 해당되는 크루즈선은 다음으로 한정한다.

- 13명 이상의 승객을 보유한 크루즈선
- 미국 내 항구를 포함하는 외국항을 방문한 크루즈선

본 프로그램을 통해서 다음과 같은 목적을 달성한다.

- 정기적 혹은 사전예고 없이 위생에 대한 검사
- 음식 관련한 질병을 모니터링하고 발병상태를 조사
- 공중위생을 승무원에게 교육하고 생활화
- 크루즈 선사에 위생관련 교육과 최신정보를 제공

(3) 선박위생프로그램 매뉴얼의 구성목차

① Acute gastroenteritis(AGE): 급성위장염

② Potable water: 식음수

③ Recreational Water Facilities(RWF's): 물을 이용한 휴양시설

④ Food safety: 식음료 안전위생

⑤ Integrated Pest Management(IPM): 통합 해충관리시스템

⑥ Housekeeping: 청소

⑦ Child Activity Centers: 유아놀이시설

⑧ HAVAC: 난방, 통풍, 에어컨 등

그림 7-10 선박위생프로그램 매뉴얼

출처: USPH, CDC.

3) 선상 엔터테인먼트 공연 참가

(1) 웨이터의 역할

크루즈는 제한된 공간이기에 많은 서비스 종업원을 승선시킬 수 없다. 그러나 서비스 품질에 대한 고객의 기대는 높게 형성되므로 승무원 수가 과소할 때 운영에 어려움은 있다. 따라서 웨이터는 식음료를 서비스하는 역할뿐만 아니라 엔터테이너(entertainer)로서 역할을 함으로써 고객의 눈과 입을 즐겁게 해야 한다.

다이닝룸 서비스 품질 =
1인당 서비스 승객 = 총 다이닝 고객수 ÷ 웨이터 수

(2) 엔터테인먼트 공연의 개념

엔터테인먼트 공연은 항차 중간 정도에 만찬시간을 이용하여 본인의 끼(talent)를 활용하여 고객에게 볼거리를 제공해 주는 것이다. 따라서 웨이터는 일렬로 음악에 맞추어 댄스 퍼레이드를 펼친다. 또한 하선 전날에는 승객들을 위한 고별 합창을 제공한다.

그림 7-11 크루의 고별합창

(3) 엔터테인먼트 공연의 의의

엔터테인먼트 공연을 통해서 승객과 친밀감을 형성하고 이를 통해서 고객만족을 이끌어 내는 데 의의가 있다. 웨이터가 실수하여 승객이 불만족할 때 춤과 노래

를 같이 즐기면 실패한 서비스를 어느 정도 만회할 수 있다. 또한 웨이터는 잠시나마 연예인이 되어 즐거움을 만끽할 수 있고 춤과 노래를 통해 업무 스트레스를 줄일 수 있다.

다이닝룸 퍼레이드시 사용되는 노래 가사(RCL)

DINING ROOM PARADE SONGS
"HEY LOOK IS OVER"

Hey, look us over, what do you see
Those who are grateful, You joined the family
Give us a moment. We've something to say
We'll miss your smiling face that we welcomed every day.
and may we say it's our pleasure to serve you at sea.
We'll take advantage of this opportunity.
We hope we helped to make your cruise a carefree escapade.
Here's to all the friends we made
(All whistle 1/2 Chorus)
As brother and sisters on our family tree
We're all related by hands across the sea.
We take this time to wish well. As all good things must end.
Here's to when we'll meet again

4. 식음료 부서 관리

1) 식음료 부서 인력 관리

(1) 식음료 업장 조직

식음료 업장은 선상에 다이닝룸(일부 점심시간 오픈) 및 카페(아침 뷔페 및 가벼운 스낵 제공), 바(bar), 스페셜티 레스토랑 등이 있으며 프라이빗 아일랜드에 정박할 경우 임시로 운영하는 옥외 레스토랑이 포함된다. 또한 이를 지원하는 주방조직(음식생산)과 구매 및 자재 관리 부서(식음료의 원재료 구입 및 관리) 등이 있다.

식음료 업장을 총괄하는 F&B 매니저가 있고 각각의 레스토랑을 책임지는 Mairtre d'Hotel(메이트르 디), 바(bar) 매니저, 셰프(Executive chef), 구매자재(provision) 매니저가 있다. 이들은 사람(인력 및 고객) + 돈(식음료 매출, 수익 및 원가관리) + 물건(식자재, 기물, 제반 업장 시설 등) 등 경영의 제반 요소를 관리한다. 크루즈의 직제상 관리를 맡은 직책을 총괄해서 오피서(officer)라고 하고 직접 실행을 맡은 승무원을 크루(crew)라고 한다.

그림 7-12 크루즈 식음료 관련 부서 조직도 및 직책별 기능

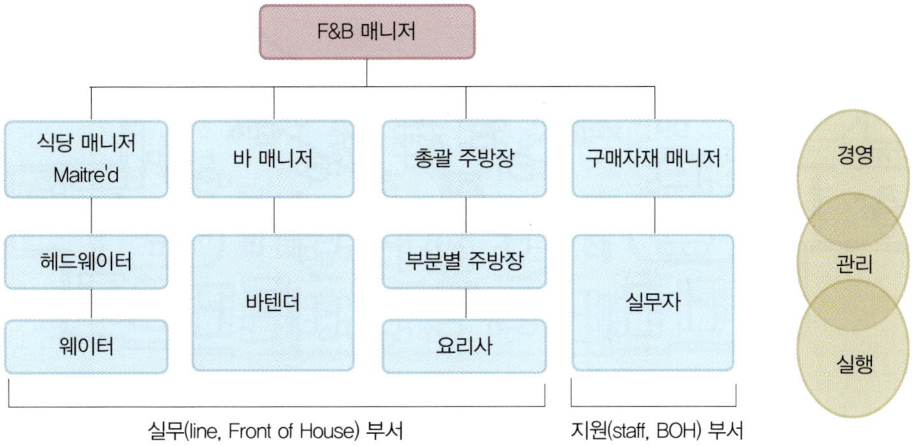

(2) 식음료 인력의 대고객 서비스 생산성 관리

매니저는 웨이터의 능력에 따라 서비스할 수 있는 적정 고객의 수를 결정하고 매 항차마다 테이블의 위치와 수를 결정해야 한다. [그림 7-13]의 식당 레이아웃을 보면 빨간 점선은 3개 테이블에 18명 승객, 파란 점선은 2개 테이블에 10명의 승객을 배정하고 있다. 항차가 끝나고 난 후에 고객의 평가를 통해서 좋으면 웨이터에게 좀 더 많은 수의 승객을, 나쁘면 좀 더 적은 수의 고객을 배정한다. 많은 수의 고객배정은 이전 항차에 수고했다는 보상이고, 적은 수의 고객 배정은 본인의 서비스 능력을 다시 점검해 보는 기회가 된다.

그림 7-13 다이닝 룸 레이아웃

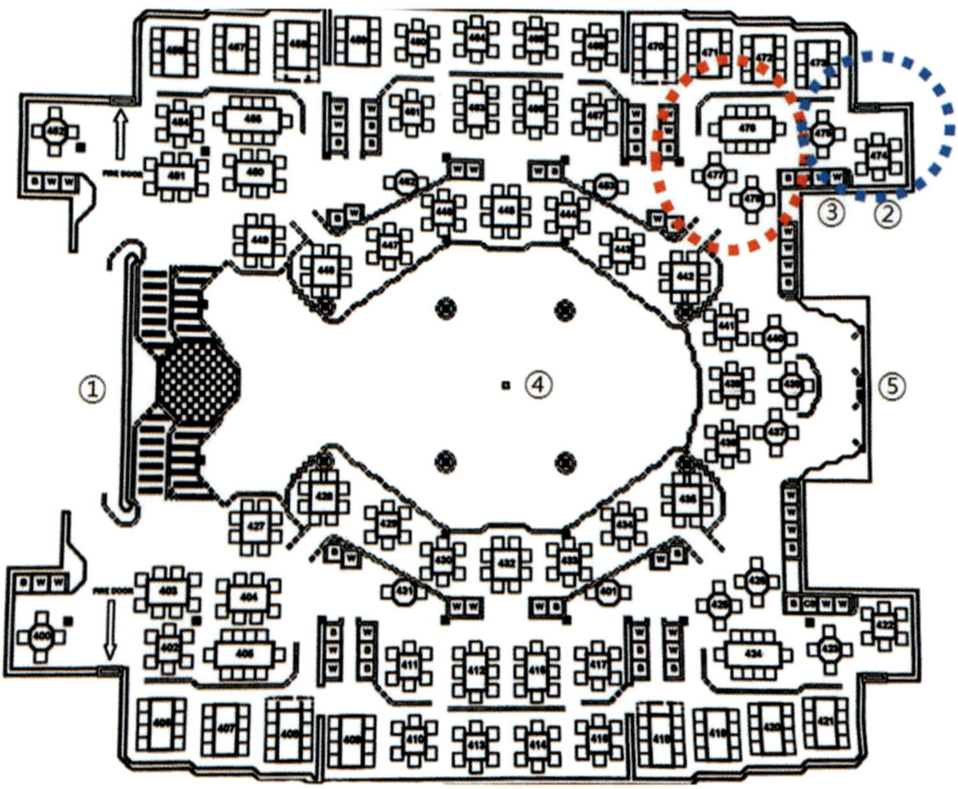

주: ① 식당입구 ② 테이블과 좌석 ③ 웨이터 스테이션 ④ 중앙홀 ⑤ 갤리입구

출처: RCL

(3) 식음료 업장의 웨이터 근무시간 및 태도 관리

그림 7-14 웨이터 근무기록 관리

VOY:__________ Period ________

M/S Radiance of the Seas

FOOD SERVICE TIME SHEET

Name:
Position:
Crew #:
ID #:

Hour Worked

Hour Worked	Date	Break fast	Crew	Spv	Lunch	Crew	Spv	Dinner	Crew	Spv	Buffet	Crew	Spv	TOTAL
Day 1														
Day 2														
Day 3														
Day 4														
Day 5														
Day 6														
Day 7														

Day worked in excess of 10 hours with justification	
Day 1	
Day 2	
Day 3	
Day 4	
Day 5	
Day 6	
Day 7	

The information provided on this card is connected to the best of my knowledge. I understand that any error/omimission in time keeping or failure to return this card may result in disciplinary action.

Signed____________________ Manager Sign ________________

출처: RCL.

고객에게 애정을 가지고 개별고객의 특성을 염두에 두고 서비스하는 것이 중요하다. 크루즈 디너는 보통 고정식이어서 항해 동안 같은 웨이터에게 서비스를 받기 때문에 항상 일관된 자세를 견지하는 것이 중요하다. 아래 내용은 본인이 담당해야 할 손님의 명단이다. 서빙을 하면서 주요 신체적 특징을 메모해 놓는다면 쉽게 손님의 얼굴과 이름을 매칭시켜 빨리 외울 수 있다. 이름을 불러주면 손님은 본인이 존중받는다는 좋은 감정을 갖는다.

그림 7-15 다이닝 룸 승객 명단

①
Dining Room Passenger Names

② WAITER NAME: ③ KITCHEN No:

④ Voyage# ⑤ DATE:

⑥ Tab #	⑦ Pax name	⑧ Stateroom#			

⑨ TOTAL MAIN SEATING ⑩ TOTAL SECOND SEATING

⑪ TOTAL GUESTS

주: ① 양식 제목 ② 웨이터 이름 ③ 웨이터 번호 ④ 항차 ⑤ 항차일자 ⑥ 승객번호 ⑦ 승객이름 ⑧ 객실번호 ⑨ 1st 시팅 승객 수 ⑩ 2nd 시팅 승객 수 ⑪ 총 승객 수

출처: RCL.

2) 식음료 매출관리

(1) 식음료 매출의 필요성

성공적인 크루즈 경영을 위해서 선상 매출(on-board revenue)을 극대화해야 한다. 즉 크루즈 승객이 이미 지불한 크루즈 경비 이외에 배에 승선한 후에 각종 상품 및 서비스에 대한 추가 지출을 유도해야 한다. 크루즈는 모든 것이 포함(all-inclusive)이라고 하며 특히 먹고 마시는 것에 대해서는 공짜라고 알려져 있다. 그러나 다음과 같은 이유로 유료 식음료를 팔아 매출을 올려야 한다.

- 고객에게 다양한 선택을 할 수 있는 기쁨을 준다.
- 고객에게 보다 높은 품질을 제공한다.
- 고객이 존중받고 있다는 기분이 들게 한다.

(2) 식음료 매출 부분

식음료 매출을 올릴 수 있는 부문은 다음과 같다.

- 특별한 장소 제공: 전문식당
- 특별한 메뉴: 와인, 알콜음료, 탄산음료 등
- 특별한 서비스: 웨이터의 추가 서비스, 와인 코키지 서비스, 룸서비스

(3) 식음료 승무원의 자세

식음료 승무원은 단순한 주문받는 사람, 즉 오더 테이커(order taker)에 머물러서는 안 되며 세일즈맨으로 변신하여야 한다. 크루즈의 메뉴는 티켓가격에 포함되어 있기에 추가 매출을 올릴 수는 없지만 음식의 맛을 더해 주는 와인과 음료를 통해 추가매출이 가능하다. 이를 위해서 와인에 대한 지식을 튼튼이 쌓아두는 것이 좋다. 손님이 식사를 마치고 남긴 고가의 와인은 병에 남은 내용물을 테이스팅하여 향, 색, 맛(codor, color, taste)을 기억해 두는 열정이 있어야 한다.

3) 식음료 재고 및 원가 관리

(1) 식음료 재고 관리의 개념 및 의의

식음료 재고(inventory)는 음식을 만들기 위하여 소요되는 식자재를 말한다. 현재 재고액은 기초재고액 + 추가구매액 − 사용액으로 계산된다. 재고자산액은 수량×단가로 산출한다.

식음료에 종사하는 매니저와 승무원은 식자재를 관리하는 것이 음식을 관리하는 것이 아니라 돈을 관리하는 것으로 생각해야 한다. 식자재는 린넨 등과 같이 일반 재고와 달리 유통기한이 지나면 쓸 수 없는 것이므로 최악의 경우 매출 없이 소비, 즉 폐기될 수 있다.

재고관리를 위해서 재고담당 매니저(inventory manager)는 다음의 사항을 유념해야 한다. 얼마를 구매할 것인가와 관련하여 구매담당 매니저, 얼마나 쓸 것인가와 얼마를 썼는가와 관련해서 갤리 셰프와 긴밀한 협조관계를 유지한다. 이론적으로 주문발주량은 재고비용(발주비용과 재고유지비용)이 최소화되는 점에서 결정해야 한다. 이를 경제적 주문량(economic order quantity: EOQ)이라고 한다.

(2) 식음료 원가관리의 개념과 의의

식음료 원가(cost)란 식음료 생산 및 판매를 위해 소비한 모든 재화와 용역의 가치이다. 기업의 원가는 매출 − 수익으로 산출된다. 따라서 원가는 매출을 위해서 투입되어야 할 부분이지만 수익을 내기 위해 원가를 가능한 줄여야 한다. 서비스(customer service: CS)도 중요하지만 원가절감(cost reduction: CR) 역시 중요하다.

원가통제(cost control)란 몸에 불필요한 것을 빼는 다이어트로 비유할 수 있다. 식음료 원가는 식자재, 식음료 관련 조리 및 서비스 승무원 인건비, 식음료 생산 및 서비스를 위해 소비되는 각종 경비 등이 있다. 식자재의 원가는 최종산출물인 음식의 질이 떨어지고 원래 제공하기로 되어 있었던 수준에서 멀어지면 고객을 잃

어버릴 염려가 있어 무턱대고 줄일 수가 없다. 재료의 손질 등에서 불필요한 낭비를 제어하는 것이 중요하다.

식음료 관련 승무원은 직책, 직무 등에 따라서 인건비가 달라지는데, 지출되는 인건비에 걸맞는 일을 수행하지 못하고 성과를 내지 못하면 낭비요소가 된다. 따라서 식음료 관련 승무원의 생산성이 매우 중요하며 다음과 같이 산출할 수 있다.

- 서비스 비율: 다이닝룸 총 승객 수 ÷ 웨이터 수
- 인건비의 생산성: 다이닝룸 매출액 ÷ 웨이터 인건비
- 승무원의 생산성: 다이닝룸 매출액 ÷ 웨이터 수

(3) 크루즈의 식음료 재고 및 원가 관리

크루즈에서 제공되는 식음료는 대다수가 무료이고 이미 크루즈 티켓에 포함되었기 때문에 매출을 올리기 위해서는 전문레스토랑 및 알콜, 탄산음료 매출에 유지해야 하나 쉽지가 않다. 따라서 철저한 원가통제를 통해서 수익을 창출해야 한다. 크루즈는 공간 제약적이므로 가능한 식자재 관련하여 최적의 재고를 유지해야 한다. 크루즈 선사는 글로벌 소싱(global sourcing)과 선단(fleet) 차원의 대량구매를 통해서 저렴하고 신선한 식자재를 적기에 입수할 수 있다.

식음료 관련 승무원 인건비 관련해서 웨이터 등 크루급은 고객의 팁이 별도로 있어 비교적 과소한 크루즈 선사로부터 본봉을 보전할 수 있으나 이외 서비스 부문 고급 승무원(officer) 및 갤리의 주방인력 역시 적정성 검토를 통해서 인건비를 줄여나갈 수 있는 방안이 항상 모색되어야 한다.

5. 조리 관리

1) 메뉴 구성

(1) 승객의 메뉴 선호도

메뉴(menu)는 판매를 위하여 계획하고 준비한 음식의 종류이다. 따라서 승객이 무엇을 좋아하는가를 구현해야 한다. 메뉴의 다양성과 질은 크루즈를 타는 중요한 이유 중의 하나가 된다.

승객의 메뉴 선호도는 각각 다를 수 있기 때문에 메인 다이닝 룸에서는 메뉴를 바꾸어 제공한다. 세부적으로 메인코스(main course)에서 앙트레(entree)는 가금류, 육류, 생선류로 나누어 선택의 폭을 넓히고 있다. 이외에도 스페셜티 레스토랑 혹은 얼터너티브 레스토랑은 유료이지만 승객의 메뉴 선택에 자유성을 극대화하고 있다. 크루즈의 메뉴는 방문항의 특색을 반영하기도 하는데, 승객의 메뉴 선호도를 조절할 수 있다. 또한 수년간의 집적된 식재료 소비량을 통해서 메뉴 선호도를 예측할 수도 있다.

(2) 메뉴 개발 및 관리

메뉴 개발의 원칙은 잘 팔리는 것과 많이 (이윤이) 남는 것을 개발한다. 메뉴 엔지니어링에서는 각각 선호도(popularity)와 수익률(contribution margin)이라고 한다. 따라서 선호도가 낮고 수익률이 낮은 메뉴는 제거해 나가는 것이 좋다. 크루즈의 메뉴는 다음과 같이 다양하게 관리해 나간다.

- 크루즈의 테마: 크루즈 자체의 테마, 일일 마다 다른 테마를 제공
- 기항지의 특성: 기항지의 식자재를 중심으로 마련한 메뉴
- 스페셜 데이를 기리는 메뉴: 추수감사절 혹은 크리스마스 메뉴
- 스타셰프: 크루즈의 전략과 부합하는 스타 주방장의 특선메뉴

추수감사절 특별메뉴
Thanksgiving Feast 2002

Our Daily Gift of Bread
Cornbread, Whole-Wheat Rolls, Rye Bread

Whet the Appetite
Apple Cocktail　　Green Peppercorn Pâte
Seafood Étouffée
Toasted Butternut Squash　　Chicken Consommé
Chilled Cherry and Banana Soup

(3) 표준 레시피 작성

효과적인 경영관리를 위해서는 표준이 필요하다. 갤리에서는 요리의 표준분량(portion)규격, 표준조리레시피(recipe), 표준구매명세서, 표준산출량(yield) 등을 준수해야 한다. 표준분량규격이란 주재료의 중량, 분량, 수량 등의 규격을 나타낸 것으로 고객은 자신이 지불한 금액에 상응하는 분량을 받을 권리가 있다, 표준레시피는 품질과 분량규격에 맞는 특정의 음식을 생산하기 위하여 설정된 음식의 표준에 관한 기술서이다. 표준산출량은 구매된 상태의 식자재로부터 자재의 손질작업(가공)의 결과 얻어진 순중량이다.

크루즈가 대형화되면서 메뉴 역시 대량생산을 한다. 메뉴의 대량생산은 요리사가 반복 업무를 하게 하여 학습효과가 발생한다. 즉 생산량이 늘면 단위당 생산비용이 줄어들고, 원가구조가 개선되는 효과가 있다. 이러한 이유로 표준레시피는 절대적이다.

크루즈 선사의 표준 레시피

Roasted Filet Mignon

With brandy–peppercorn sauce

Yield: 4 SERVINGS

Filet Mignon, also called the tenderloin, is one of the most popular cuts of meat available. It is boneless cut of beef that comes from the small end of the tenderloin. It is usually: 2 inches thick and 1 1/2 to 3 inches in diameters. This cut of meat is extremely tender and goes well with any sauce paired with it. It definitely suggest serving it with the creamy peppercorn sauce. This spiciness of the peppercorn sauce will be mellowed by the taste of the fillet.

4.5 ounce(142g) Fillet Mignon Steak
3/4 Teaspoon Black Peppercorns, crushed
1/4 Teaspoon White Peppercorn, crushed
2 Tablespoons Extra–Virgin Olive Oil
(Omitted)

3. Add the heavy cream. Just before the mixture comes to a boil, whisk in cornstarch mixture. Season with salt and stir in the green peppercorns.
5. To serve divide the filets among warmed plate, Spoon 3 or 4 tablespoons of sauce over each filet and garnish with apricots and red pepper strips. Serve immediately.

2) 조리지원

(1) 주방 인력 편성

크루즈에서 음식을 생산하는 곳을 갤리(galley)라고 한다. 주방인력은 총주방장(Executive chef)을 정점으로 일선 요리사(cook)까지 포함하며, 메뉴에 따라 전문성을 기반으로 업무분장을 한다. 크루즈에는 메인 다이닝룸뿐만 아니라 다양한 식음료 아울렛이 있고 또한 필요시에 24시간 제공해야 해서 효과적인 인원구성이 필요하다.

그림 7-16 갤리 인원편성

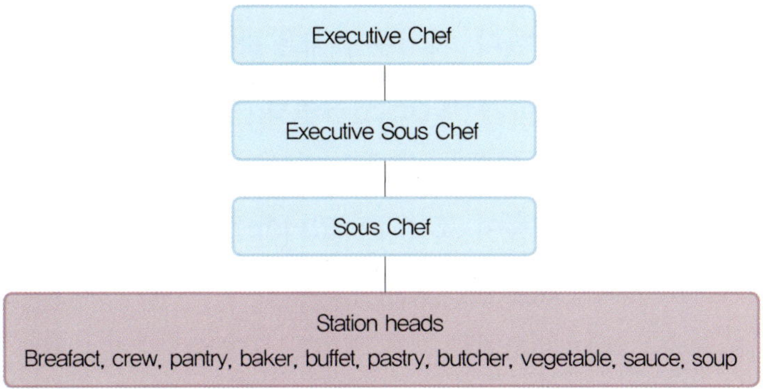

(2) 식재료 준비

메뉴계획에 의거하여 필요한 식자재를 구매 및 보관을 하고 적기에 출고하여 조리하도록 한다. 크루즈는 단체급식(catering)과 같은 운영을 하지만 파인 다이닝(fine dining) 수준 음식과 서비스를 제공하여야 한다. 따라서 레스토랑 운영 중에는 항상 준비자세가 필요하다. 미장프라스(Mise En Place)는 한 장소에 모든 것을 모아 놓은 자세로서 사전에 레시피, 식자재, 도구 등을 준비하여 효율적인 생산을 준비한다.

(3) 조리기구 사용

음식을 효과적으로 생산하는 데 사용되는 조리장비(equipments)와 기물(utensil)이 있다. 크루즈가 공간 제약적이기 때문에 조리장비는 항상 최소로 필요한 것만 구비해야 한다.

3) 식재료 관리

(1) 식재료의 신선도 유지

식재료의 신선도는 음식 및 식재료에 세균이 없어야 한다는 의미이다. 유해식품은 식품감염과 식중독을 유발한다. 차가운 음식은 차게 뜨거운 음식은 뜨겁게 제공하는 것은 승객의 만족스러운 식사라는 적극적인 의미도 되지만 위생차원에서도 고려되어야 할 점이다. 이를 위해서 식재료 저장고에는 품목별로 품질의 유지조건, 저장장소 기타 유의사항 등이 표시되어 있어야 한다. 또한 재고는 선입선출법에 의거하여 먼저 저장된 것은 먼저 소비하도록 한다. 위해가능 온도는 세균이 급속도로 번식하는 온도이므로 적절한 온도 유지가 무엇보다도 필요하다.

위해가능온도(temperature danger zone): 4℃~60℃ 혹은 40℉~140℉

(2) 식재료 재고 관리

식재료의 재고는 항상 최적을 유지하는데 수량적인 측면에서 보관공간을 최소화하고 금전적인 면에서 보관비용을 최소화해야 한다. 식재료 중에서 손님들이 많이 찾는 랍스터 등은 항해 중에 재고가 바닥이 날 수 있으므로 유의해야 하며 만약 문제가 발생하면 긴급 수송 및 현지 방문항 조달 등 대안을 마련해야 한다.

매니저는 음식을 직접 다루는 일선 요리사나 간접적으로 접근할 수 있는 식음료 서비스 크루 등이 불법적으로 음식을 편취하는 것을 끊임없이 감시하는 노력을 해야 한다. 위생상의 문제뿐만 아니라 장기적으로 식음료 원가를 악화시키는 데 일조할 수 있다.

(3) 식음료 제조관리

비용절감 차원에서 구매한 식재료는 제조 중에 버리는 부분을 최소화하는 자세가 필요하다. 수율관리(yield management)가 필요한데 주방에서 원가를 관리할 수 있는 부분이다. 수율은 크기, 무게, 서빙 등 다양하게 나타난다.

수율 = 산출(작업 후) ÷ 투입(작업 전)

4) 갤리 관리

(1) 갤리의 청결과 위생상태

갤리는 음식관련 관리 프로그램인 HACCP(Hazard Analysis Critical Control Point, 식품위해요소 중점관리기준)나 USPH의 가이드라인 등을 준수하고 있다. 즉 식품위생(저장, 해충구제, 화학적, 유독성 물질 등), 시설위생(청소, 쓰레기 및 배수구 관리), 갤리 쿡 위생(외모, 신체, 조리 습관 등)에 체크리스트를 활용하여 밀착관리한다. 대체적으로 모항 입항 시에는 총체적인 청결 및 위생을 확보하기 위한 대대적 청소가 이루어진다.

(2) 갤리의 인력 관리

갤리 인력의 내부는 핫 스테이션(Hot station)과 콜드 스테이션(Cold Station)로 구분한다. 전자는 찬 애피타이저, 찬 스프, 샐러드 등을 포함하며, 후자는 빵, 과자, 뜨거운 스프, 뜨거운 음식 등을 포함한다. 조리는 총주방장(Executive chef)을 중심으로 부주방장(Sous Chef)가 보조한다. 메뉴별로 셰프 드 파티(Chef de partie)와 일선 요리사가 있다. 일선 요리사(cook)는 각각 핫 스테이션과 콜드 스테이션을 담당하게 된다. 중요한 점은 항상 찬 음식은 차게 뜨거운 음식은 뜨겁게, 제조, 보관,

서빙해야 한다는 사실을 숙지해야 하는 것이다.

(3) 승객 서비스 제공

갤리 쿡은 웨이터를 통해서 들어오는 고객의 재요리 요청 혹은 특별주문에 프로 정신을 가지고 능동적으로 대응해야 한다. 아울러 홀 웨이터와의 적극적인 협력자세가 필요하다. 끊임없이 음식에 대한 고객의 반응을 확인할 필요가 있다. 음식을 많이 남겼다는 것은 음식에 대한 고객의 선호도가 나쁘거나 혹은 1인분 분량이 과도하게 책정되었기 때문이기도 하다. 따라서 조리의 기본은 승객 서비스를 매개로 하여 결정된다.

셰프는 식사가 진행 중에 다이니룸을 둘러보며 고객의 음식반응을 체크하고 식사를 마치고 고객이 떠난 테이블에 남겨진 음식의 종류와 양을 체크할 필요가 있다.

그림 7-17 갤리 쿡의 카빙 스테이션

그림 7-18 뷔페 스테이션 배치도

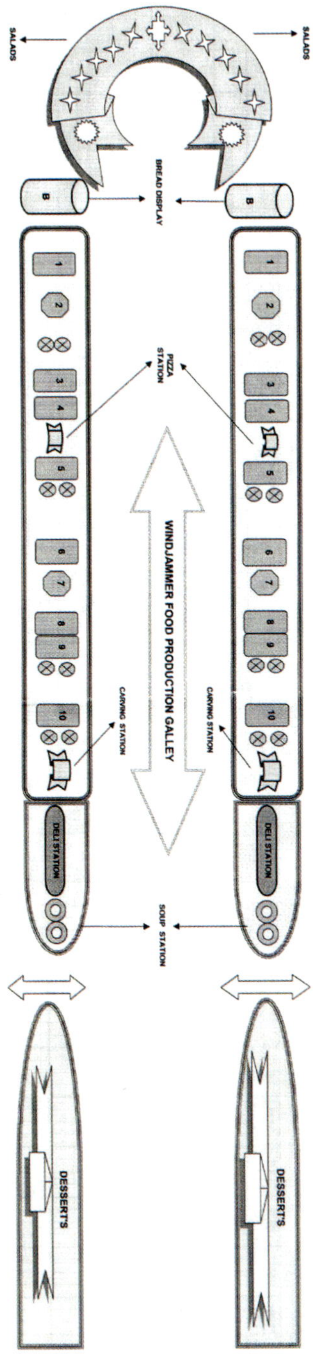

출처: RCL.

PART 03

크루즈 엔터테인먼트와 관광

CHAPTER

08

위락시설 관리

1. 공연 관리
2. 인터넷 라운지 관리
3. 건강시설 관리
4. 숍 관리

Chapter

08 위락시설 관리

위락시설 관리는 선상에서 일어나는 제반 엔터테인먼트를 관리하는 방법이다. 따라서 크루즈 디렉터를 중심으로 소프트웨어적인 쇼이벤트를 연출하여 보여주기도 하지만 크루즈 자체가 커지고 떠다니는 도시의 대로를 따라 즐비하게 들어선 상점들은 쇼핑의 즐거움을 만끽하게 해준다.

1. 공연 관리

크루즈 선상공연은 볼거리를 제공하는 취지 이외에 많은 승객의 저녁시간 스케줄의 조절을 위해 절반에 해당하는 승객의 배고픔을 눈의 즐거움으로 잊게 하려는 목적에서 실시되었다. 그러나 브로드웨이와 웨스트엔즈 수준의 공연이 선상에서 선보임에 따라 공연 자체가 크루즈 승객을 끌어들이는 매력적인 수단이 된다. 아울러 공연을 마치고 바로 대형 아케이드로 자연스럽게 동선을 만들어 선상 면세쇼핑을 유도하는 것도 선상매출을 극대화하기 위한 크루즈의 노력이다.

2. 인터넷 라운지 관리

배 위에서도 육지와 같이 인터넷을 통한 정보의 즐거움을 잊지 못하는 승객들이 많다. 점차 모바일에 대한 의존도가 높아지면서 선상에서 스마트폰을 사용할 수 있도록 하고 있다.

3. 건강시설 관리

건강과 아름다움에 대한 관심과 함께 각종 피트니스 프로그램 및 스파 이용객의 수가 급증하고 있다. 항해 중에 원 없이 먹고 싶기도 하지만 한편으로 체중에 대한 염려가 뒤따르기 마련이다.

4. 숍 관리

면세를 통해 보다 저렴한 가격으로 상품을 구매하고 크루즈에 대한 기억을 오래 간직하기 위해 로고가 박힌 기념품을 사고 순간순간의 즐거움을 사진을 남긴다.

열쇠말

로고 숍, 면세점, 스파, 승선카드, 인터넷 라운지, 프로덕션 쇼, 포토 숍, 피트니스

학습 1. 공연팀 관리하기

1-1. 대공연장 쇼 공연기획 및 공연자 섭외

대공연장(Main stage)에서 진행하는 프로덕션 쇼(production show)의 공연내용을 계획하고 섭외 및 관리를 할 수 있다.

1-2. 업장별 쇼 공연 / 특별공연 기획 및 공연자 섭외

프로덕션 쇼(production show) 이외의 각 업장에서 진행하는 공연 계획을 수립할 수 있고 공연자를 섭외 및 관리할 수 있다.

1-3. 특별 공연 운영

특수 지역 크루즈 중 또는 특별한 계획에 의하여 특별 공연을 운영하기 위해 무대시설과 관객을 운영할 수 있다.

학습 2. 인터넷 라운지 관리하기

2-1. 위성통신 운용

인터넷 라운지에서 외부와의 선상 통신을 위한 위성통신을 운용할 수 있다.

2-2. 인터넷(네트워크) 운용

크루즈 선에서 인터넷 및 네트워크를 운용할 수 있다.

2-3. 인터넷 라운지 운용

크루즈 선에서 쾌적한 인터넷 라운지를 운영할 수 있다.

학습 3. 건강시설 관리하기

3-1. 피트니스 시설 관리

크루즈 건강 시설 운영 매뉴얼에 따라 승객을 위한 건강(피트니스)시설을 관리할 수 있다.

3-2. 스파시설 관리

크루즈 건강 시설 운영 매뉴얼에 따라 승객을 위한 스파 관련 시설을 관리할 수 있다.

3-3. 특수 프로그램 계획 및 관리

크루즈 건강시설 운영 매뉴얼에 따라 승객을 위한 건강 관련 또는 스파 관련 특

수 프로그램 계획 및 프로그램을 진행할 수 있다.

학습 4. 숍 관리하기

4-1. 면세점 운영 및 관리하기

면세법에 의거하여 승객의 선호도가 높은 면세품을 조사하고, 면세점을 운영, 관리할 수 있다.

4-2. 로고 상품 개발 및 로고 숍 운영

로고 상품 개발을 위한 계획을 수립하고, 승객의 선호도를 반영하여 로고 숍(매장)을 운영 및 관리할 수 있다.

4-3. 포토 숍 운영 및 특별 판매프로그램

포토 숍(사진관)을 운영하여 포토 존 설치, 포토 갤러리 내 사진 전시, 동영상 제작 및 판매를 할 수 있고, 항해일정과 승객의 흥미를 고려하여 선상 내 특별 판매 프로그램을 기획할 수 있다.

도입사례

카니발 크루즈 26개 선박에 새로운 테마의 어린이 구역 선보여

크루즈로 연간 80만 명의 어린이들을 운송하는 카니발 크루즈라인은 캠프 오션(Camp Ocean)을 새롭게 출시했다. 카니발의 26대 선박에는 2~11세 아동을 위한 새로운 테마놀이 공간이 있다.

화려한 바다에서 영감을 받은 시설은 아이들에게 다양한 재미와 경험을 제공한다. 해양 생명 퀴즈, 오션 빙고와 같은 교육용 게임부터 포크 프린트 푸퍼 피쉬, 상어 아트 등의 공예까지 400여 개의 게임과 크랩 축구, 바다 생물 에어로빅 등의 활동적인 게임을 제공한다.

캠프 오션은 연한 파란색과 흰색의 수중 채색 시설을 갖추고, 펭귄(2~5세), 가오리(6~8세), 상어(9~11세), 세 그룹의 나이대 어린이들의 활동을 감독하는 친절하고 경험 많은 직원들이 어린이들을 환영한다. 파티 리프(Party Reef)라고 부르는 재미있는 놀이 공간과 예술공예 활동을 위한 크리에이티브 코프(Creative Cove)는 선별된 선박에서 이용이 가능하다.

또한 카니발은 12~14세를 위한 써클 C(Circle C) 프로그램과 15~17세를 위한 Club O2의 시설과 활동을 갖추고 있다. 아이들은 카니발 비스타호를 타고 캠프오션에서 비디오 게임을 즐길 수 있다. 가장 크고 가장 혁신적인 선박인 카니발 비스타호는 총 중량 133,500tons, 1,055feet의 전장에 4,000여 명의 승객을 수용한다.

가장 크고 정교한 워터파크와 닥터 수스 기업과의 독점 파트너십인 '바다에서의 수스'와 펀치라이너 코미디클럽에서 가족친화적 코미디쇼, 전 연령대가 즐길 수 있는 하스브로와 같은 활동, 곰 제작 워크숍, 타월로 동물 만들기 등의 프로그램을 제공한다.

출처: Ben Souza(2018. 5. 9.).

example

1. 공연 관리

1) 대공연장 쇼 공연 기획

프로덕션 쇼(Production Show)는 선내 공연팀이 기획, 제작하여 공연하는 테마 쇼(피아노 쇼, 코미디 쇼, 뮤지컬 쇼, 마술 쇼, 서커스 쇼 등)를 의미하고, 공연팀 관리는 프로덕션 쇼의 공연 내용 계획, 공연자 관리, 각 업장의 공연 계획 수립, 특별 공연 운영 등이 포함된다.

그림 8-1 로얄캐리비안, 얼루어호의 선상 공연 광고와 공연장 모습

공연 기획은 공연을 제작하여 관객에게 공연 정보를 제공하고, 관객이 티켓을 구입하여 공연을 관람할 수 있도록 하는 전반적인 활동을 말한다. 즉 공연 기획은 하나의 대본이 무대에서 표현될 수 있도록 공연자인 아티스트와 관객을 무대와 객석이라는 공간으로 구성된 공연장으로 불러 모으는 제반의 활동을 의미한다. 단, 크루즈에서의 공연은 별도의 비용을 지불하지 않고 관람할 수 있다는 것이 특징이다.

- 작품 구상 및 선정은 공연 트렌드와 승선객에 대한 사전 조사를 통해 작품을 구상하고, 이를 통해 공연할 작품을 선정한다.
- 공연 제작 및 기획은 선정된 작품을 무대화할 수 있도록 실행하는 계획을 말한다.
- 홍보 마케팅은 목표로 하는 관객층을 대상으로 하는 홍보 마케팅을 실시하여 관객을 개발하고 유치하는 활동이다.
- 공연 실행은 관객과 약속한 공연을 공연 시간에 맞추어 정확하게 실행하는 것을 말한다.
- 공연 평가는 공연을 포함한 작품 구상 및 선정, 공연 제작 및 기획, 홍보 마케팅, 공연 실행 등의 전 과정에 대해 제3자의 입장에서 또는 관객의 입장에서 객관적으로 정확히 평가하는 것을 말한다.

그림 8-2 아이스링크에 마련된 공연장 전경

공연을 위한 작품 아이디어나 공연 계획을 머릿속에서만 구상하고 다른 사람과 공유할 수 없으면 아무 소용이 없다. 이것을 구체화하고 현실화시키기 위해서는 누구나 공감하고 쉽게 이해할 수 있도록 체계적으로 공연계획서(Performing proposals)을 작성한다.

그림 8-3 로얄 캐리비안 얼루어호의 공연 안내

DON'T MISS THE SHOW. RESERVE ONLINE TODAY.

OASIS *of the* SEAS® Showtimes At-A-Glance

SEE OUR WIDE SELECTION OF SHOWTIMES BELOW, AND VISIT US ONLINE FOR ALL SHOW DESCRIPTIONS. REMEMBER, ALL OF THESE SHOWS ARE COMPLIMENTARY! WHEN PRE-RESERVING YOUR SHOWTIMES, KEEP IN MIND YOUR DINNER TIMES.

PRE-RESERVE NOW TO GET THE TIME YOU WANT.
Visit RoyalCaribbean.com/showtimes.

WESTERN CARIBBEAN: MARCH 3, 17 & 31, 2012

SHOWS *By Day and Venue*	STUDIO B *Ice Shows*	AQUATHEATER *Water Shows*	COMEDY LIVE *Comedy Shows*	OPAL THEATER *Theatrical Shows*
SATURDAY				
DAY 1		Oasis of Dreams 9:00 pm	Comedy Show 9:00 pm	Hairspray 9:00 pm
		Oasis of Dreams 10:45 pm	Comedy Show 10:30 pm	
SUNDAY	Frozen in Time 5:00 pm		Comedy Show 9:00 pm	Hairspray 2:30 pm
DAY 2	Frozen in Time 7:30 pm	Oasis of Dreams 9:00 pm	Comedy Show 10:30 pm	Hairspray 10:30 pm
		Oasis of Dreams 10:45 pm		
MONDAY	Frozen in Time 5:00 pm			
DAY 3		Oasis of Dreams 7:30 pm	Comedy Show 9:00 pm	
		Oasis of Dreams 9:30 pm	Comedy Show 10:30 pm	
TUESDAY			Comedy Show 9:00 pm	
DAY 4			Comedy Show 10:30 pm	Headliner Show 8:30 pm
			Comedy Show 11:59 pm	Headliner Show 10:30 pm
WEDNESDAY	Frozen in Time 8:30 pm			
DAY 5	Frozen in Time 10:30 pm		Comedy Show 9:00 pm	Headliner Show 9:30 pm
			Comedy Show 10:30 pm	
THURSDAY			Comedy Show 9:00 pm	Come Fly with Me 8:30 pm
DAY 6			Comedy Show 10:30 pm	Come Fly with Me 10:30 pm
			Comedy Show 11:59 pm	
FRIDAY				Come Fly with Me 3:00 pm
DAY 7			Comedy Show 9:00 pm	
	Frozen in Time 5:00 pm		Comedy Show 10:30 pm	
SHOW *Running Times*	Frozen in Time 45 min	Oasis of Dreams 45 Min	Comedy Show 60 Min	Hairspray 90 Min Headliner Show 50 Min Come Fly with Me 50 Min

Please check your daily Cruise Compass for additional shows and performances that do not require a reservation.
Please visit RoyalCaribbean.com/showtimes for complete terms and conditions.
©2011 Royal Caribbean Cruises Ltd. Ships registry: The Bahamas. 10019480 • 11/18/2011 | Page 9 of 10

RoyalCaribbean INTERNATIONAL

그림 8-4 공연과 선상매출

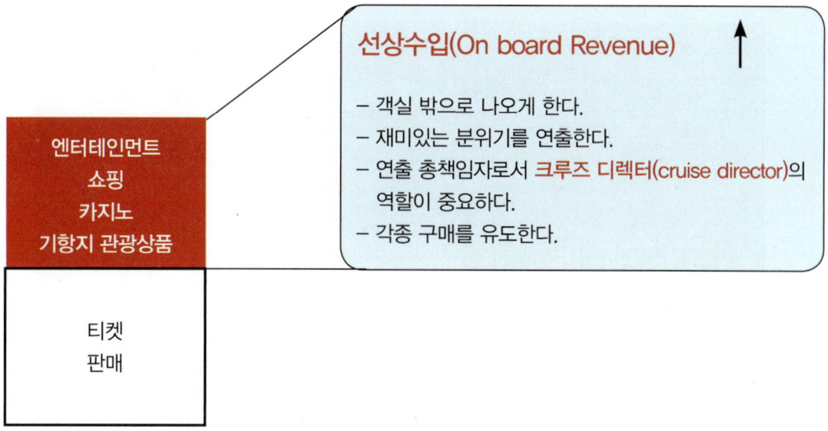

공연의 목적은 관객들에게 스펙타클한 엔터테인먼트를 보여주는 것이다. 그러나 많은 고객을 절반으로 나누어 반은 식당으로 반은 공연장으로 이동하게 하여 식음료 서비스의 비용을 줄이는 데에도 목적에 있다. 제한된 공간을 보완하기 위해 시간을 분리하는 작업이다. 또한 공연이 끝나면 자연스럽게 아케이드로 이동하여 매일매일 바뀌는 면세품을 구매하도록 시간과 공간을 연결하고 있다.

2) 공연자 섭외 및 관리

공연 제작 및 기획에서 작품에 적격인 공연자(배우)를 섭외하는 것은 공연의 성공을 위한 제1조건에 해당한다. 만약 창작 작품의 대본과 무대 기술 부분이 부족하더라도, 공연 작품에 적합한 공연자를 섭외하였다면 완벽한 연기로 공연에 부족한 부분을 어느 정도 만회할 수 있다. 결국 무대 위에서 관객과의 직접적인 교감을 통해 공연을 최종적으로 하나의 완성된 작품으로 연결해 주는 공연자의 역할이 매우 중요하다.

그림 8-5 프린세스 크루즈, 다이아몬드 프린세스의 공연

배우는 작가, 연출가, 안무가, 작곡가 등의 스태프가 창작한 내용을 자기 나름대로 재해석하여 표현하여 관객이 공감할 수 있도록 전달해야 할 책임이 있다. 그래서 공연자는 스태프와 더불어 공연 예술의 완성을 책임지는 가장 중요한 요소이다. 그러므로 배역에 적합한 공연자, 자기 배역을 충분히 소화할 수 있는 배우를 반드시 섭외해야만 공연 작품의 완성도를 높여 성공을 기대할 수 있다.

또한 공연에서 연주자가 차지하는 비중과 역할이 크고, 연주단의 규모, 악기 편성, 연주자의 연주 능력에 따라 공연 작품의 완성도에서 현저한 차이가 난다. 그러므로 연출가, 음악 감독, 작곡가, 지휘자 등과 사전에 협의하여 예산 범위 내에서 최선의 연주자를 섭외해야 한다. 오디션은 배역 경쟁을 통해 공연자의 자질과 능력 향상, 능력 있는 신인 배우 발굴, 배역에 가장 적합한 배우를 공정하게 캐스팅하는 데 그 목적이 있다. 공연 제작 감독은 예술 스태프인 연출가, 음악 감독, 작곡가, 지휘자, 안무가 등과 협의하여 공연에 등장하는 주요 배역을 선발하기 위한 오디션 실시 계획을 마련한다. 일반적으로 공연자 섭외 및 관리 등의 업무는 선사 또는 선

박과 계약된 전문업체를 통해 이루어진다.

3) 특별 공연 운영

특별 계획에 따른 특별 공연은 운항 노선의 특성, 운항 시기(크리스마스, 연말, 연초 등)을 반영한 테마 공연을 의미한다. 공연을 위한 최적의 분위기를 만드는 것은 관객 관리자의 최고 의무인데, 이를 위해서는 두 가지 다른 분야에 대해 관심을 갖는 관리자가 필요한데, 한 명은 물리적 시설을 관리하고, 다른 한 명은 관객을 관리해야 한다.

공연이 있을 때 관객에게 하우스 매니저나 로비 직원이 가장 중요하다. 왜냐하면 관객에게는 이들이 가장 근접 거리에서 접촉할 수 있는 스태프이고, 공연에 대한 첫 인상을 형성하는 사람들이기 때문이다. 관객이 공연을 통해 기뻐하고 성공적이라고 느낄 수 있으려면 하우스 매니저, 안내원, 매점원과의 관계에서 좋은 경험을 얻고, 불편함이 없이 공연을 관람하며, 관객이 요구한 사항이 잘 해결되어야 한다.

그림 8-6 로얄 캐리비언의 선상 드림웍스 파티

크루즈 디렉터는 선상의 모든 엔터테인먼트의 책임자로 엔터테인먼트 부서를 총괄하는 직무를 수행한다. 드라마 〈사랑의 유람선(The Love Boat)〉에서 Lauren Tewes가 연기한 Julie McCoy가 바로 크루즈 디렉터이다.

- 엔터테인먼트 및 선상활동, 이벤트 일정수립(Scheduling of entertainment, activities and social events)
- 공보(Public Announcements)
- 안전 브리핑, 비상대피훈련 수행 및 감독(Conducting and supervising safety briefings or drills for both passengers and crew)

그림 8-7 크루즈 디렉터의 크루즈 부문장 소개 이벤트 주관

2. 인터넷 라운지 관리

1) 위성통신 운용

바다에서 데이터를 주고받을 수 있는 방법은 위성통신뿐이다. 하지만 일반적으

로 한 달에 수백만 원 이상의 비용이 드는 위성통신 사용료와 설치비가 비싸서 크루즈 등 대형 선박들이 주로 사용하고 있다. 중 · 소형 선박은 무전기를 통해 음성 정보를 주고받지만 정확한 내용 전달이 어렵고, 속도가 느려서 많은 정보를 송 · 수신하기가 어렵다. 이동 통신용 주파수(극초단파)는 5㎞ 정도만 날아갈 수 있어 넓은 바다에 중계 기지국을 세우지 않으면 서비스가 불가능하다.

선상의 위성통신을 통해 항로 정보 교환, 위험 경고, 기상 정보 전송 등 선박 사고를 예방할 수 있고 긴급 상황도 간단히 알릴 수 있다. 또한 크루즈 선상에서는 위성통신을 통해 여러 가지 WiFi와 모바일 접속 상품(이용 횟수 또는 선불 가격 계획)을 구입하여 온라인 사용에 맞추어 사용할 수 있다.

로얄 캐리비언 크루즈(Royal Caribbean Cruises Ltd.)와 글로벌 위성 서비스 제공 업체인 O3b와 수백만 달러 규모의 다년 계약을 체결하여 세계 최대 규모 크루즈 여행선의 초고속 위성통신 해상 브로드밴드 서비스를 제공하고 있다. 이를 통해 기존 위성통신 제공 업체의 비용 일부만으로도 크루즈에 승선한 수천 명의 투숙객, 직원, 선원에게 가정이나 사무실에서 위성 권역과 광통신 수준의 속도와 같은 증강된 인터넷 통신 연결을 가능하게 하고 있다.

그림 8-8 선상 인터넷 기술을 활용한 고객 정보서비스

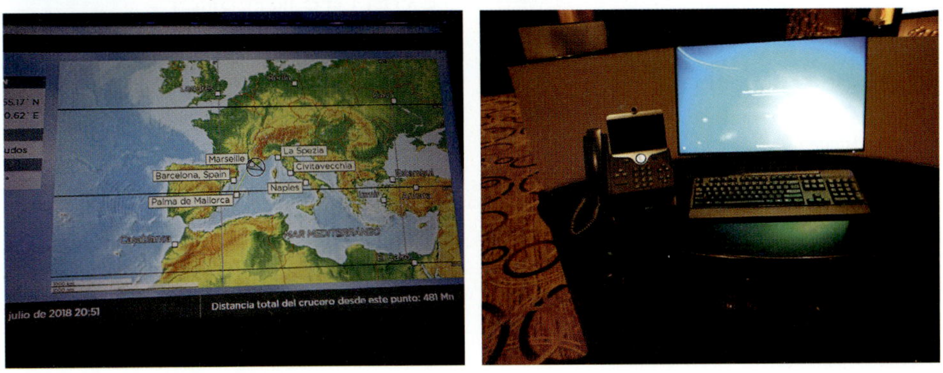

2) 인터넷(네트워크) 운용

선상에서는 지상과 달리 인터넷이나 전화 등 통신 기계 사용에 매우 제한적이다. 선상에서의 인터넷이나 전화 등 모든 통신 수단은 인공위성(Satellite)을 이용할 수 밖에 없기 때문이다. 대부분의 크루즈 선에는 인터넷 시스템이 잘 갖춰져 있어 필요한 정보와 메일 서비스를 이용할 수 있다. 인터넷 서비스 역시 선사에 따라 운영 방법과 사용 규정에 차이가 있다.

보이저호의 '로얄 캐리비안 온라인(Royal Caribbean Online)'이라는 인터넷 이용 시설에 비치된 컴퓨터에 승선카드(Sea Pass)를 인식시킨 후(신용카드를 긁는 듯한 기계) 컴퓨터를 쓰면 되는데, 국제 전화처럼 인공위성을 이용하기에는 요금은 1분당 75센트 정도로 비싸고, 인터넷 속도도 느릴 뿐 아니라 설정 또는 접속에 Error가 발생하여서 사용한 것보다 많은 요금이 부과되는 경우가 있다.

그림 8-9 프린세스 크루즈의 모바일 인터넷

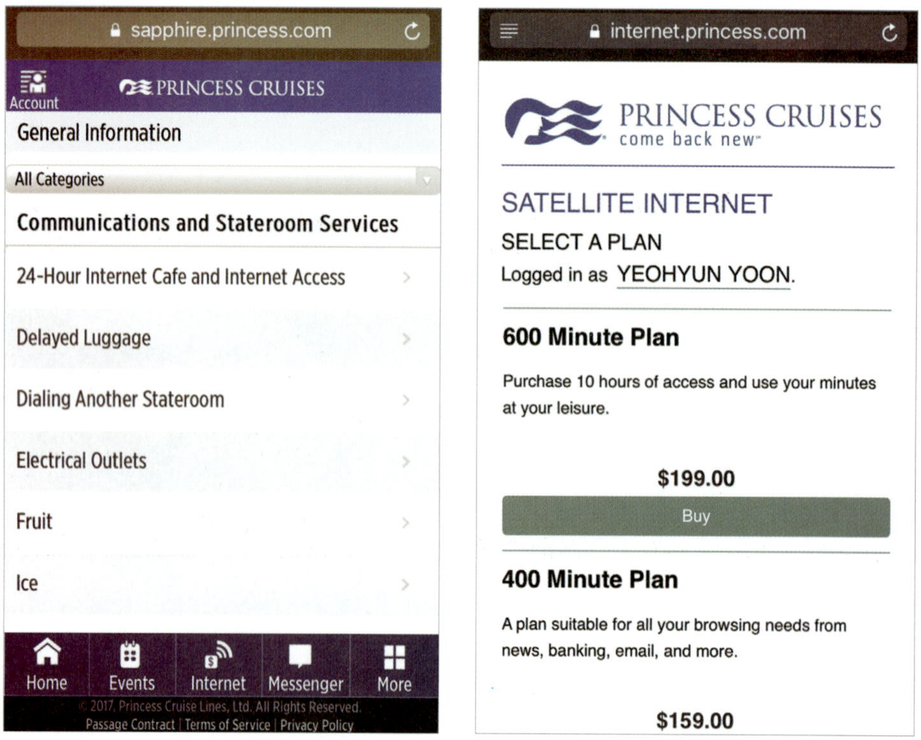

무선 인터넷 Wi-Fi도 가능하다. 라운지나 수영장, 바, 카페 등에서 와이파이를 이용할 수 있다. 개인 노트북을 지참한 경우라면 미리 크루즈 선사 홈페이지에서 온라인으로 와이파이 계정을 만들어서 지정한 ID와 패스워드를 입력해 사용할 수 있는데, 유람선에 따라 무선 연결이 가능한 와이파이 존인 무선 인터넷 구역(Hot Spot)이 별도로 지정되어 있으므로 확인한 후에 사용하면 된다. 이 역시 접속 순간부터 승선카드(Sea Pass)에서 이용료가 결제된다. 일반적으로 아침부터 저녁까지 인터넷 업무 관련 종사자가 근무하고 있어 필요한 서비스를 제공받을 수 있으며, 도서관, 바, 휴식 공간 등에 마련된 컴퓨터를 사용할 수 있다.

3) 인터넷 라운지 운영

선상에서의 인터넷 라운지의 관리는 인터넷 통신 상태, 컴퓨터 및 주변 기기 관리, 비용 지불 시스템 관리 등을 포함한다.

① PC 내부 청소의 필요성

- 불량률 최소화
- 전기 관련 사고, 화재 사고 등을 예방
- PC의 성능 유지, 수명 보장, 수명 연장

② 내부 청소 주기 및 요령

크루즈 인터넷 라운지는 대개 24시간 운영되므로 최소 3개월 단위로 PC 케이스를 열고 분해하여 청소 후 조립하는 등의 대청소를 실행해 주는 것이 좋다. 지출을 줄이기 위해 권장하는 방법은 정기적으로 일정한 대수의 PC 케이스를 열어 청소해 주는 것이다.

그림 8-10 MSC 뮤지카 호의 사이버 카페

③ 인터넷 라운지 멤버십 서비스 제공

크루즈 내 인터넷 라운지에서도 멤버십 서비스를 제공하는데, 대표적인 멤버십 서비스로 '크루즈 연계 서비스'와 '등급별 서비스'가 있다.

크루즈 연계 서비스의 경우 크루즈로 이동할 때부터 선내 서비스를 이용할 때까지의 모든 서비스를 최상으로 제공하는 프로그램이다. 맹인 또는 저시력자를 위한 음성지원 시스템이 장착된 컴퓨터와 점자, 타자가 불편한 승선객을 위한 음성 변환 문자 입력기 등 다양한 편의 시스템이 지원된다.

등급별 서비스는 탑승 횟수에 따라 누적되는 멤버십으로 무료 인터넷과 전용 라운지 이용의 서비스가 있으며, 등급에 따라 할인율이 적용되는 별도의 쿠폰북으로 음료, 기념품, 스파, 카지노, 게임, 기념품 등을 구입하거나 이용 시 할인받을 수 있다.

3. 건강시설 관리

1) 피트니스 시설 관리

(1) 크루즈 선상의 피트니스(건강) 시설

크루즈 여행 중에는 무한정 먹을 수 있는 음식과 다양한 음식을 권유하는 승무원으로 인해 누구나 체중이 늘고 있음을 느끼게 된다. 그래서 선사에서는 오랜 시간 해상에서 지내게 되는 승객을 위해 크루즈의 규모와 상관없이 선내 건강시설을 갖추고 다양한 프로그램을 운영하고 있다. 건강시설은 크루즈의 규모에 따라 차이가 있으며, 중소형보다는 초대형 크루즈선이 보다 다양하다. 건강시설이나 프로그램에 따라 승객에게 무료로 제공되는 것과 승객이 별도의 요금을 지불하는 것으로 구분된다.

① 피트니스 센터((Fitness Center)

러닝머신과 사이클, 웨이트 머신 등의 운동 기구 외에 풀 사이즈 복싱링 등의 최첨단 시설을 갖추고 있는 피트니스 센터에서는 무료 강좌인 스트레칭, 에어로빅 프로그램뿐만 아니라, 유료 강좌로 요가, 필라테스, 스트레칭, 사이클링 등의 운동 강좌 프로그램을 미리 승객에게 예약을 받아서 운영한다. 피트니스 센터 안의 테이블에 시간대별 프로그램 신청서를 비치하여 승객이 신청서에 본인의 이름, 객실 번호, 신청 프로그램을 기입하게 하여 신청한다.

피트니스 센터에서는 승객이 크루즈 중에 육체 훈련과 휴식을 위해 다양한 종류의 운동 기계와 기구를 갖추고, 피트니스 전문가를 피트니스 센터 내에 배치하여 승객의 운동하는 상태를 도와주고 있다. 피트니스 센터는 승객이 자유롭게 이용할 수 있으나, 크루즈에 따라 24시간 개방하는 곳도 있고 시간을 정해 놓기도 한다.

그림 8-11 피트니스 센터

② 암벽 등반(Rock Climbing)

암벽 등반 시설은 로얄캐리비안 크루즈의 대표적 스포츠 시설이다. 안전사고를 대비하여 기상이 좋지 않을 때는 열지 않을 때도 있으며, 운영시간 내에는 훈련된 스포츠 스텝이 상시 안내한다.

그림 8-12 로얄 캐리비안 보이저호의 암벽등반시설

③ 스포츠 코트(Sports Court)와 조깅트랙(Jogging Track)

스포츠 코트는 크루즈 갑판의 최고층에 위치하는데, 농구, 배구, 축구 코트 등 다용도의 야외·경기장으로 활용된다. 이용하기 전에 승객이 미리 사용 시간을 예약해야 하며, 예약할 때 종목을 알려주면 액티비티 센터(Activity Center)에서 구기 종목에 필요한 공이나 네트 등 각종 장비를 무료로 대여해 준다. 대부분의 크루즈는 걷기 운동과 조깅을 즐기기에 충분한 공간을 확보하는데, 일반적으로 200~400m에 달하는 조깅트랙이 갖추어져 있다.

그림 8-13 로얄 캐리비안 보이저호의 갑판 조깅트랙

④ 골프(Golf)

로얄 캐리비안 크루즈사의 프리덤 페어웨이(Freedom Fairways)는 9홀 미니 골프장으로 퍼팅 연습과 재미있는 골프 경기를 즐길 수 있는 곳이다. 우리나라의 스크린 골프장에서 사용되는 최신식 기계를 설치한 골프 시뮬레이터(Golf Simulator)는 사전 예약이 필요하며, 별도의 이용료를 부과한다. 예약 시간 기준으로 24시간 이내에 취소할 경우 수수료를 지불해야 한다.

그림 8-14 MSC 포에시아호의 선상 미니 골프 코스

⑤ 아이스링크(Ice Rink)

아이스링크는 낮에는 탑승객이 아이스 스케이팅을 즐길 수 있도록 개방되며, 저녁이 되면 아름답고 환상적인 아이스 쇼가 진행된다. 다양한 주제를 통해 피겨스케이팅 선수 출신 공연단의 프로덕션 아이스 쇼가 펼쳐진다.

그림 8-15 로얄 캐리비안 크루즈 얼루어호의 아이스링크

⑥ 수영장 및 기타 시설

선박에 따라 실내 · 외 수영장, 성인–아동 수영장이 구분되어 운영되기도 하며, 별도로 워터슬라이드, 파도타기 시설 등을 갖추고 있다.

그림 8-16 사파이어 프린세스호의 수영장과 자쿠지, 물기 제거 작업

그림 8-17 사파이어 프린세스호의 선베드 대여 안내

그림 8-18 로얄 캐리비안 파도타기 시설

(2) 크루즈 선상의 피트니스 건강시설 관리

피트니스 시설의 관리는 수영장, 스포츠 코트, 미니 골프 코스, 볼링장, 암벽 등반 시설 등 스포츠 시설을 포함한다. 피트니스 시설의 관리 유지 보수는 시설물의 기능 유지와 재건 활동(수영장: 수질 관리, 타올 관리, 비치 베드 관리, 골프 코스: 클럽 관리, 그린 관리, 토너먼트 운영 관리, 볼링장 관리: 볼링핀 관리, 공 관리, 라인 관리, 경기 운영 시스템 관리 등)을 포함한다.

① 시설물 관리 유지

시설물 관리 유지는 기본적인 청소, 쓰레기통 비우기, 수건 교체, 화장실 휴지 교체, 바닥 쓸기, 바닥 닦기, 먼지 닦기 등과 같이 매일매일 해야 하는 일이다. 이 일은 전체적인 피트니스 시설물을 보기 좋게 만들고, 기능적으로 만들어 준다. 시설물 담당 직원은 기본적인 매일의 청소 업무를 수행하도록 훈련받는다.

② 일반적인 보수 관리

일반적인 보수 관리는 관리 유지까지도 포함하는 내용으로 시설물을 작동할 때 고장이나 결점에 대해 바로 반응하고 수리하는 것을 목적으로 한다. 일반적인 유지 보수 활동은 증기 카펫 청소, 벽 페인트 칠, 타일 바닥의 청소와 광내기, 주차장 비자루질 등이다. 그리고 계절적인 고려 사항과 미적인 우선권을 기초로 규칙적으로 일반적인 유지 보수가 이루어진다.

③ 예방적 보수 관리

예방적인 유지 보수는 헬스 피트니스 시설물에서 보수 관리를 위한 노력에서 중요한 부분을 차지한다. 유지 보수 프로그램은 정기적인 간격과 전문적인 고용인에 의해 수행된다. 예방적인 유지 보수가 무시될 때, 차후 비용이 커지며 잠재적인 위험한 실수가 자주 일어나게 되므로 유지 보수 프로그램이 매우 중요하고 우선시 되어야 한다. 그러므로 실패를 사전에 예방하기 위해 피트니스 운동 기구의 일상적인 정밀 검사와 서비스 프로그램을 수립해야 한다.

2) 스파 시설 관리

(1) 크루즈 선상의 스파 관련 시설

스파(Spa)의 사전적 의미는 마사지나 물의 열, 부력 따위로 온몸의 혈액 순환을 촉진하여 피부를 관리하고, 몸의 스트레스를 해소할 수 있는 시설을 갖추어 놓은 샵을 의미하고, 영어의 사전적 의미는 온천, 광천, (건강)휴양시설, 자쿠지(Jacuzzi) 등이다.

크루즈 여행 중에 승객이 피로를 풀고 기운을 회복할 수 있도록 하기 위한 스파 관련 시설을 통틀어 크루즈십 스파(Cruise Ship Spa)라고 한다. 크루즈십 스파는 크루즈 내의 스파 서비스, 피트니스, 웰니스(Wellness), 스파 퀴진(Cuisine: 승객의 건강 진단을 통한 영양식 제공) 등의 프로그램을 완비한 호텔 / 리조트 스파 시설과 유사하며, 최근에는 가장 급속도로 성장하는 사업 가운데 하나가 크루즈 선상에서의 스파 프로그램이다.

그림 8-19 스타 크루즈 수퍼스타 버고호의 스파 및 뷰티살롱

① 크루즈십 스파(Cruise Ship Spa)의 주요 시설

- 개인용 트리트먼트 룸
- 전신 및 얼굴 테라피의 완비

• 운동 및 체력 시설
• 휴식 공간
• 헤어, 미용, 매니큐어 및 페디큐어 서비스가 가능한 헤어살롱 서비스
• 종류별 하이드로 테라피 시설
• 개인 운동 및 수업 프로그램
• 자격을 갖춘 전문 테라피스트

사우나를 제외한 스파 관련 서비스(마사지, 사우나, 지압, 헤어, 매니큐어, 페디큐어, 미용 등)에 대해서는 별도의 이용료를 지불해야 한다. 사우나는 건식 사우나실과 증기 사우나실로 구분되어 있고, 수영복 착용은 필수이다. 크루즈 선사에서는 크루즈의 등급과 크기가 클수록 스파시설에 더 많은 투자를 하고 있다.

② 스파 숍(Spa Shop)

헤어 케어와 마사지, 팩, 디톡스((Detox), 지압 등은 물론 치아 관리, 침술까지 다양한 서비스를 받을 수 있는 에스테틱 숍이다. 검은 돌에서 전해지는 온기를 이용한 테라피가 차크라 스톤 테라피(Chakra Stone Therapy)이다. 차크라 스톤 테라피는 따뜻하게 데운 돌을 몸의 에너지 포인트인 차크라(Chakra)에 올려 차크라를 연 후 마사지를 하고 다시 닫아주는 것으로 림프의 흐름을 원활하게 해준다.

③ 사우나(Sauna)

사우나 시설을 유료화하는 크루즈 선사도 있지만 대부분의 크루즈 선사가 승객 서비스차원에서 무료로 제공하는 선사도 있다. 건식 사우나실과 증기 사우나실이 있으며, 사우나실의 통유리로 바다를 보며 크루즈의 속도감을 느낄 수 있다. 사우나 안에 샤워 시설도 갖추어져 있어 편리하게 이용할 수 있다.

④ 자쿠지(Jacuzzi)

크루즈의 규모에 따라 미니 온천에 해당하는 자쿠지가 3~4개까지 갖추어져 있다. 20명 가까이 들어 갈 수 있는 자쿠지에는 안마 효과가 있는 공기 구멍의 수압이 물방울을 일으키며 사람을 밀어낼 정도로 강력하므로 시간 제한 없이 무료로 물 마사지를 받을 수 있다. 크루즈에 설치된 실내외 수영장과 자쿠지 역시 입수에 앞서 간단하게 샤워를 하는 것이 원칙이다.

(2) 크루즈 선상의 스파 시설 및 장비 관리

고급스럽고 규모가 큰 스파(Spa)가 스파 체험의 질과 분위기를 더 좋게 만드는 것이 사실이지만, 세심한 곳에도 주의를 기울이고 기능적인 환경에 더 관심을 기울인다면 큰 비용 없이 만족스러운 트리트먼트를 제공할 수 있다.

부드러운 조명 여러 개를 사용하는 것이 밝은 등 하나를 사용하거나, 트리트먼트 룸의 조명을 너무 어둡게 하는 것보다 더 편안하고 아늑한 느낌을 준다. 양초는 우아하고 근사한 분위기를 연출하기는 하지만, 밀폐된 공간에 노출된 불꽃은 위험 요소가 되기도 한다. 그러므로 양초보다는 차라리 티(tea) 라이트를 사용하는 것이 더 적절하다.

① 크루즈십 스파(Cruise Ship Spa)의 주요 장비

- 핫타월 히팅기기(Hot Towel Heating Unit): 타월을 데우고 따뜻하게 보관
- 핫타월 온장고((Hot Towel Cabinet): 트리트먼트 테이블 근처에 두고 사용
- 하이드로콜래터(Hydrocollator): 주로 핫팩으로 이용하거나, 핫타월이나 핫시트 용도로 사용
- 아이스 박스(Soda Cooler): 온장고에서 수건을 꺼내서 아이스 박스에 놓고 사용
- 테이블 워머(Table Warmers): 트리트먼트 테이블 위 시트를 데우는 데 사용

② 트리트먼트 룸, 장비, 제품 용기의 관리

- 트리트먼트 시작 전 테라피스트는 자기의 손의 오염 물질 제거 후, 트리트먼트 룸(트리트먼트 의자, 테이블, 선반, 바닥 등)과 장비, 손잡이, 수납장, 도구 등의 표면에 있는 오염 물질을 인증된 살균제를 이용하여 제거
- 모든 스파 제품을 소독한 숟가락이나 주걱을 이용하여 원래 담겨 있던 용기에서 펴낸 다음, 미리 소독을 한 용기에 담아 트리트먼트를 하는 동안 사용할 수 있게 준비
- 스파 제품은 뚜껑이나 랩으로 덮어 사용 전에 오염이 되는 것을 방지하고, 사용 후 남은 제품은 원래 용기에 다시 담지 말고 폐기 처분
- 거즈, 스펀지, 플라스틱 바디 랩 등 1회 용품은 사용 후 휴지통에 투하 처리
- 사용한 수건, 시트, 작업복, 헤어 랩 등은 세탁실로 옮길 때까지 뚜껑이 있고 통풍이 잘되는 용기 안에 보관
- 재사용이 가능한 철제 / 플라스틱 그릇, 주걱, 브러시, 아이스박스 등은 사용 후, 뜨거운 비눗물로 씻은 다음 알코올로 소독 처리
- 고객과 직접적으로 접촉하지 않았던 장비의 표면도 트리트먼트가 끝난 후 알코올 소독 처리
- 고객이 사용한 샤워실을 청소하고 샤워 커튼과 샤워실 바닥을 소독한 후 건조
- 여러 사람이 번갈아 가며 사용하는 일반 비누는 위생적이지 않기 때문에 액체 비누와 샤워 젤만 사용
- 고객이 한번 사용한 욕조도 표백제나 소독약을 사용하여 청소한 후 건조

③ 테라피스트(Therapist)의 위생 관리

- 테라피스트는 트리트먼트를 하는 동안 망과 핀으로 머리를 뒤로 묶어 고객의 몸에 닿지 않게 해야 하고, 위생과 고객의 편의를 위해 손톱은 짧고 정리가 잘 되어 있어야 하고, 손톱 끝은 부드럽게 손질함
- 테라피스트가 입었던 유니폼과 옷은 일과가 끝나면 세탁

- 테라피스트의 소매가 고객의 피부에 닿아 감염을 일으킬 수 있기 때문에 긴 소매 옷보다는 짧은 소매 옷을 착용
- 고객에게 상처를 낼 수 있는 반지와 손목시계, 팔찌, 목걸이 등과 같은 액세서리는 착용 제한
- 트리트먼트 전, 트리트먼트 중, 트리트먼트 후 알코올이 함유된 손 소독제로 손을 닦아 오염 물질 제거
- 트리트먼트 중 오염이 많이 된 발 같은 신체 부위에서 얼굴 같은 깨끗한 신체 부위로 옮겨갈 때에도 알코올 손 소독제로 소독
- 제품 용기와 같이 위생적이지 못한 물건과 접촉을 한 후 고객의 피부를 만질 때도 알코올 손 소독제로 소독함
- 테라피스트의 손에 상처가 났거나 베인 곳이 있다면 반드시 장갑을 착용
- 테라피스트가 알러지가 있거나 기침이 심하면, 마스크를 반드시 착용

3) 특수 프로그램 계획 및 관리

(1) 특수 프로그램 계획

성공적이지 못한 프로그램은 프로그램 자체 때문에 실패한 것이 아니라, 고객에게 어떻게 보였는가의 문제이다. 프로그램이 실패한 후에 "회원들이 좋아하지 않았어요.", "회원들이 관심을 갖지 않았어요.", "아무도 나타나지 않았어요.", "아무도 등록하지 않았어요."라는 변명을 하게 될 것이다. 하지만 프로그램의 실패는 스태프의 노력과 사후 점검이 부족하였기 때문이다.

프로그램 유지에 있어서 가장 중요한 정보는 시스템, 협의 사항, 체크리스트, 장려, 마케팅 기술, 의사소통 기술, 평가, 사후 점검의 절차인데, 이것은 모두 프로그램 개발에 시용된다. 그러나 많은 관리자와 프로그램 지도자는 성공적인 프로그램을 어떻게 짜야 하는지 모르는 경우가 많다.

비활동적이거나 탈퇴한 회원을 다시 끌어들이기 위해서는 특별한 프로그램을 운영해야 한다. 새로운 회원을 한 명 더 유치하는 것이 기존의 회원 한 명을 지키는 것보다 4~6배의 비용이 더 나가므로 기존 회원 유지를 위해서라도 특별한 프로그램을 통해 기존 회원이 적극적으로 프로그램에 활동하고 만족할 수 있게 해야 한다. 또한 신규 회원을 활동적으로 만들기 위해서는 회원 간 사교 도모 프로그램을, 헌신적이고 활동적인 회원을 위해서는 경쟁 프로그램을, 건강에 대해 잘못된 생각을 가지고 있는 회원을 위해서는 교육 프로그램을 만들어야 한다. 이 모든 것은 재미있고 편안한 환경에서 이루어져야 한다. 그리고 의사소통 기술이 뛰어난 지도자에 의해 지휘되어야 한다. 가장 성공적인 피트니스 및 스파 업장은 전문화된 특별한 프로그램을 운영하는 곳이다.

(2) 고객 관리

피트니스 / 스파 산업에서 고객이 원하는 바와 필요로 하는 것이 무엇인지 이해하고 거기에 대응하는 것이 중요하다. 사업자가 생각하는 고객이 원하는 바와 고객이 정말로 원하는 바에 대한 인식의 차이는 미흡한 서비스를 낳는다. 고객 만족도 조사, 고객의 소리 게시판, 소비자 그룹 토의와 같은 장치를 활용하거나, 사업장을 직접 돌아다니면서 고객이 제공받는 서비스에 대해서 어떻게 생각하는지를 묻는 등 고객과의 접촉을 유지해 나가는 것이 좋다.

① 고객은 환영 받기를 원한다.

미소와 함께 고객의 눈을 바라보며 친절하게 인사하는 것이 고객을 맞는 기본 자세이다. 또한 고객을 맞이하며 고객의 이름을 불러주는 작은 노력은 큰 차이를 만들어 낼 수 있다.

② 고객은 깨끗한 환경을 원한다.

피트니스 및 스파 기구는 업장에서 일하는 직원이 항상 깨끗하게 청소하여야 한다. 모든 기구에는 먼지, 흙, 모발, 카펫의 보풀 등이 쌓일 수 있으므로 기구를 정기적으로 청소하고 닦아내면 고객을 위한 청결한 환경이 유지되고, 기구의 수명도 늘어난다. 깨끗한 환경과 친절한 분위기는 고객의 편안함에 대한 욕구를 만족시킨다.

③ 고객은 효율적인 서비스를 원한다.

대부분의 고객은 기다리는 것을 좋아하지 않는다. 잘 정리된 기구는 효율적인 환경을 조성하고, 빠르고 쉬운 예약 및 체크인 시스템은 회원 기록을 항상 최신 데이터로 유지하는 동시에 고객이 기다리는 시간 없이 업장을 드나들 수 있게 한다.

④ 고객은 그들의 체력 목표를 달성하는 데 도움을 줄 다양한 프로그램을 원한다.

고객은 다이어트, 근육량 증가, 체지방 감소, 콜레스테롤 감소, 근력 증가, 체지방 감소, 혈압 감소, 유연성 증가, 전반적인 건강 증진, 사람들과의 친선 도모 등을 원할 수 있다. 신규 회원으로부터 얻어진 정보는 목표, 욕망, 요구를 파악해 회원이 목표를 달성하는 데 도움을 준다.

⑤ 고객은 지식이 풍부하고, 도움을 주는 종업원(퍼스널 트레이너, 테라피스트)을 기대한다.

그룹 피트니스 수업을 듣거나, 다른 기구를 이용할 때에도 고객이 마음 편하게 느낄 수 있도록 종업원은 고객의 불만이나 혼란을 느끼고 있다는 느낌을 받을 때 즉시 다가가 도움을 주는 것이 중요하다. 혼란을 겪고 있는 고객에게 먼저 다가가 도움을 주는 것은 고객이 안심하고 편안하게 운동을 하는 데 많은 도움을 준다.

4. 숍 관리

1) 면세점 운영 및 관리

(1) 승객 선호도가 높은 면세품 조사

면세점은 국외로 출국하는 여행자에게 편의를 제공하기 위해 주로 공항에 자리하고 있다. 공항 보세 구역이나 비과세 상점에 방문하는 내국인이나 외국인을 대상으로 면세품을 저렴한 가격으로 판매하기 때문에 과거에는 해외여행을 자주 가는 일부 계층의 특혜로 여겨지기도 하였다. 면세, 즉 듀티 프리(Duty Free)는 수입 관세, 내국세 등 일체의 세금이 면제된다.

그림 8-20 MSC 스플랜디다호 및 로얄 캐리비안 오아시스호의 화장품 매장

크루즈에서의 쇼핑은 기항지에서 즐기는 쇼핑에 비해 선택의 폭이 한정되어 있다. 하지만 크루즈 내의 모든 물건은 면세여서 가격은 비교적 저렴한 편이다. 그러나 면세점 이용객의 욕구는 더욱 다양화, 세분화되고 있고, 면세점 시장의 구조도 다변화하고 있다. 그러므로 크루즈 면세점 이용객의 정확한 욕구를 파악하여 적극적으로 마케팅을 수립하고 실행하는 전략이 필요하다. 마케팅 전략을 구사하기 위

한 방법 중에 판매촉진(가격 할인, 쿠폰, 사은품 · 경품 제공, 묶음 판매, 포인트 적립 등)을 통해 면세점의 수익을 극대화할 수가 있는데, 이는 면세점의 매출과 소비자의 커뮤니케이션에 직접적으로 영향을 미치는 요소이고, 필수불가결한 촉진 도구이다.

그림 8-21 주얼리샵의 할인광고

면세점에서는 화장품과 시계, 보석류 등을 취급한다. 더욱이 특정한 날짜에 열리는 세일 행사(하선이 가까워질수록 1+1, 빅 세일 등 특별 행사가 많음)에 참가할 경우 생각하였던 것보다 저렴한 가격으로 필요한 물품을 구입할 수 있다. 다만 와인이나 고급 코냑 등은 구입하는 즉시 양도받을 수 없으며, 최종 목적지에 도착하기 하루 전날 오후에 수령이 가능하다. 면세점 외에 생필품과 기념품을 판매하는 매장도 있다.

(2) 면세점 운영 및 관리

면세점의 선택 속성과 고객 만족과의 관계에 대한 연구는 꾸준히 진행되어 왔다. 선행 연구에서 각각의 비중은 조금씩 다르지만 상품, 판매원, 매장, 서비스 관련 속성 등이 만족도에 유의한 영향을 미친 결과는 그만큼 면세점 운영 및 관리에 해당 속성을 중요시해야 함을 시사하고 있다.

- 목소리: 도레미파솔의 '솔'음으로 인사하기
- 인사법: 손님을 향해 바라보고 눈을 마주친 후 웃는 얼굴로 45도 이상 고개 숙이며 "안녕하세요", "어서 오세요" 등으로 발음 끝까지 하며 인사하기
- 계산 서비스: 자리에서 일어나 손님을 향하고 두 손으로 돈을 주고받으며 "얼마 받았습니다. 거스름돈 얼마입니다. 감사합니다."라고 말하기
- 출근 전: 매장 앞에 도착해서 옷매무새 확인하고 표정 관리(웃는 얼굴) 및 발음 연습하기
- 출근 시: 매장 둘러보며 안면 있는 손님께 인사드리고, 눈이 마주치면 가볍게 고개 숙여 인사하기
- 인수인계 시: 정산 정확히 맞추기(인수인계 요령 추가)
- 카운터 정리 정돈(인계자가 할 내용이지만 인수자도 확인 후 세팅)

(3) 정산서 확인 방법

신분증에서 객실 출입 카드, 결제 도구 역할까지 겸비한 승선카드(Sea Pass)를 로열 캐리비안은 승선카드(Sea Pass)라고 부른다. 크루즈 내 카지노를 제외한 모든 선내에서는 현금이 통용되지 않으며 기항지 관광, 면세품 구입, 카지노 칩, 와인, 인터넷 이용 등 모든 결제가 승선카드(Sea Pass)로 지불이 가능하다. 물건을 계산할 때 신용카드와 같이 승무원에게 승선카드(Sea Pass)를 전달하면 승무원이 함께 영수증(Receipt)을 건네준다. 영수증에 룸 넘버를 기입하고, 서명하면 계산이 완료된다. 크루즈 일정 동안 승선카드(Sea Pass)로 결제한 사항은 하선 전날 객실에 전달하는 정산서를 보고 최종 확인한다.

승선카드(Sea Pass)를 분실할 경우 문제를 최소화하기 위해 이용 요금 청구 번호 혹은 폴리오 넘버(Folio No.)를 사용한다. 이는 같은 객실을 이용하는 승객 사이의 결제 내용을 구분하기 위한 것이다. 일반적으로 같은 객실을 쓰는 사람은 최종 결

제 수단을 하나로 지정하기 때문에 청구 내역이 맞는지 확인하거나 각자 지불해야 하는 비용을 계산하기가 쉽지 않다. 이때 이용 요금 청구 번호로 누가 쓴 돈인지 확인할 수 있는 것이다.

대부분의 크루즈에서 카지노를 제외(카지노에서도 일정 부분 이용 가능)하고는 모든 결제가 승선카드(Sea Pass)로 이루어진다. 승선카드(Sea Pass)를 이용하기 위해서는 해외에서 이용할 수 있는 신용카드(비자, 마스터, 아메리칸 익스프레스, JCB, 디스커버, 다이너스 등)를 제시하거나 300달러(7박 이상의 일정에서는 500달러)를 보증금으로 미리 지불해야 한다. 하선 전에 보증금을 모두 소진할 경우 일정 중 추가 등록 절차를 밟아야 한다.

① 정산서 확인 방법

- 하선 당일 고객의 승선카드(Sea Pass) 사용내역(정산서)이 객실로 전달된다.
- 정산서의 이용요금 청구번호(Folio No.)가 승선카드(Sea Pass)의 번호와 동일한지 확인한다.
- 그동안 모아놓은 영수증과 정산서 내용을 비교 확인한다.
- 차액이 있거나 의심스러운 부분이 있다면, 하선 당일 오전 8시까지 프런트를 방문하여 문의한다.
- 금액이 맞을 경우에는 별도의 절차 없이 하선하면 수속 시 제시하였던 신용카드로 자동 청구된다.

② 선내 결제 방법

- 크루즈 내 카지노를 제외한 모든 선내에서는 현금이 통용되지 않으며 기항지 관광, 면세품 구입, 카지노 칩, 와인, 인터넷 이용 등 모든 결제가 승선카드(Sea Pass)로 지불이 가능하다.
- 현금 결제를 원할 경우 일단 승선카드(Sea Pass)로 결제한 후 하선 전에 고객 안내 서비스 창구를 찾아가 전액 또는 일부 금액의 사전 현금 결제를 요청하면 된다.

• 선내 이용 금액 확인은 고객 안내 서비스 창구에서 크루즈 여행 중에도 본인의 승선카드(Sea Pass)를 제시하면 확인할 수 있다.

그림 8-22 승선카드(Sea Pass)

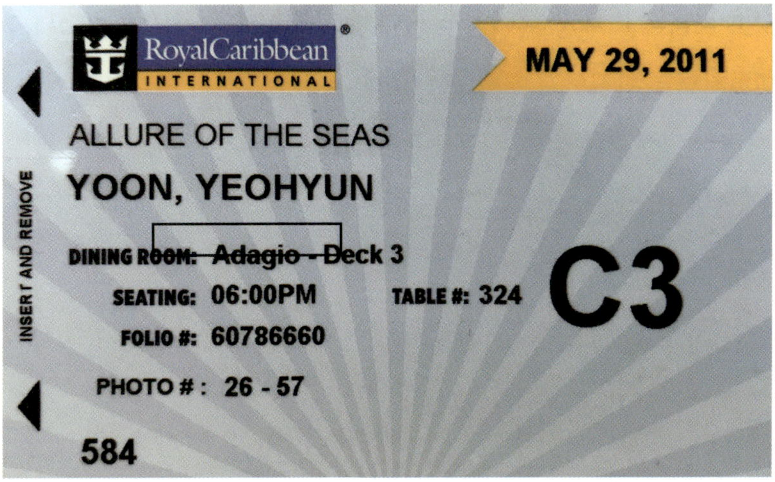

그림 8-23 하선 전 현금 정산하는 고객들

2) 로고 상품 개발 및 로고 숍 운영

(1) 로고 상품 개발

로고(Logo)의 유래는 의미 있는(Logic) 활자(Logo), 즉 로고 타입(Logo type)의 약자로 언어와 논리라는 뜻을 가진 그리스 어의 Logos에서 파생된 단어이다. 브랜드 네임을 의미적으로 확실하게 전달하기 위해 문자를 개성적으로 조화시켜 디자인된 것으로, 로고의 가장 기본적인 의미는 브랜드 네임을 시각적인 서체의 방식으로 표현한 이미지이다.

로고는 기업과 브랜드 커뮤니케이션에서 가장 쉽게 전파되는 요소이고, 모든 매체에서 가장 많이 반복되는 요소이다. 그러므로 로고의 역할은 다른 시각적인 요소보다 심도 있게 표현되어야 하고, 유사 브랜드와의 차별성을 강조하기 위해 자체 브랜드만이 가지고 있는 가독성 및 심미성을 최대한 발휘하여 소비자에게 인지하기 쉽게 로고 상품이 만들어져야 한다.

성공적인 로고 상품이 되기 위해서는 명확하고 독창적이며 기억하기 쉬울 것, 기업의 목적과 사업 성격을 전달하는 의미가 있을 것, 소비자가 인지하기 쉬울 것, 그리고 모든 마케팅 커뮤니케이션 매체에 적용할 수 있어야 한다.

그림 8-24 골프토너먼트(선상 프로그램) 후 포상으로 로고 기념품 증정 및 로고 숍 전경

(2) 로고 숍(매장) 운영 및 관리

소비자는 감각적인 감성에 의존하여 로고 상품을 선호하며, 제품의 가치를 체험하고 소비 선택을 결정한다. 이러한 과정을 통해 로고 상품을 접하는 몇 초 사이에 소비자의 감성적인 가치에 기반한 선택적 행동을 함으로써 구매 형태의 변화가 이어진다. 그러므로 로고 숍의 운영을 성공적으로 하기 위해서는 고객에 대한 관심이 지속되어야 한다.

고객에 대한 정보를 수집하고, 이를 효과적으로 분석해 마케팅 전략과 영업 활동에 반영하는 문제, 독특한 아이디어, 창조적이고 균형적인 사고, 매장의 효율성을 극대화하는 경영 및 로고 상품의 품질을 높이고자 하는 노력, 고객이 원하는 감성과 트렌드를 정확하게 간파하고, 고객 중심의 마케팅을 수행하려는 매장 종업원의 절대적인 의지와 노력이 중요하다.

① 매장에 들어 온 고객이 오래 머무를 수 있게 한다.

로고 숍에 들어 온 고객이 되도록 오랫동안 머물게 해서 다양한 상품을 구매하도록 유도해야 한다. 고객이 어떻게 하면 오래 매장에 머물 수 있을지 고려해 진열대와 진열 방법을 바꾸어 보기도 한다. 예를 들어 신발 옆에 양말을 두거나, 넥타이 옆에 넥타이 핀을 두는 등 관련 상품끼리 진열하는 것도 한 방법이다.

② 고객 1인당 소비 객단가를 올려 매출을 올린다.

고객의 방문하는 수가 한정되어 있는 크루즈 선상의 매장의 경우 다양한 세트 상품이나 이벤트 상품 등을 개발해 고객 1인당 소비 객단가를 높여 매출을 증대할 수 있다. 고객한 사람이 방문하더라도 다양한 세트 상품이나 이벤트 상품 등 로고 숍만의 독자적인 상품 개발을 통해 매출을 많이 올리는 것이 객단가를 올리는 전략이다. 또한 고객의 감성과 오감을 자극하여 상품의 질이 고급스러워 보이게 하거나, 가격을 높일 수 있는 진열을 연출하는 것도 객단가를 올리는 데 도움이 된다.

③ 고객의 재방문 빈도를 높인다.

고객의 재방문을 유도하기 위해 다양한 이벤트나 마일리지 적립, 고객 우대 쿠폰 제도 등을 마련하고, 특정 기간(하선 1일 전) 할인 행사 등을 실시하여 고객의 재방문 동기를 부여해야 한다. 여성 고객 우대 정책도 비교적 효과가 높다.

④ 공간을 효율적으로 정리해 매장 면적을 넓힌다.

매장이 좁을 경우 불필요한 공간을 정리하여 매장 면적을 넓힘으로써 고객이 매장 앞에서 쉽게 들어 올 수 있도록 유도하고, 더 다양하고 많은 로고 상품을 진열할 수 있다. 잘 팔리는 상품은 관련 상품을 강화하여 상품 양을 더 늘리고, 관련 부가 상품도 많이 취급함으로써 매출을 늘릴 수 있다.

⑤ 유니폼을 입고 서비스한다.

로고 숍의 경우 유니폼 착용(예: 크루즈의 경우 마린보이 복장 착용)을 활용하여 고객의 변화 욕구를 충족하며 분위기를 바꾸어 구매 심리를 자극하는 방법도 고려해 볼 수 있다. 유니폼과 명찰을 착용하면 종업원이 책임감이 생겨 행동과 서비스가 달라지기 때문이다. 또한 고객은 유니폼과 명찰을 착용한 종업원의 서비스가 높다고 생각하는 경향이 강한 편이다.

⑥ 권유 판매를 활용해 매출을 올린다.

권유 판매를 할 경우 종업원이 자신의 편의와 이익을 위해 질문하지 말고, 고객의 편의를 위해 질문하고 조심스럽게 다가가야 한다. 고객을 대할 때 절대로 성급하게 서두르지 않으며, 따뜻한 미소로 최대한 관심을 갖게 하는 등 정기적인 종업원 반복 교육 등을 통해 매출 증대를 시도해야 한다.

3) 포토 숍 운영 및 특별 판매 프로그램

(1) 포토 숍(사진관) 운영

포토 숍(Photo Shop)은 사진을 촬영하고, 사진을 구입할 수 있는 곳이다. 전문 포토그래퍼가 크루즈 승선, 기항지 하선, 선내, 파티, 정찬, 특별 행사, 기항지 관광 시에 사진을 촬영하고, 촬영한 사진을 포토 갤러리에 전시한다. 해당 승객은 원하는 경우에 가격을 지불하고 사진을 구입할 수 있고, 사진이 마음에 들지 않으면 수거 박스에 넣으면 된다.

그림 8-25 포토 숍 및 마이포토북 서비스

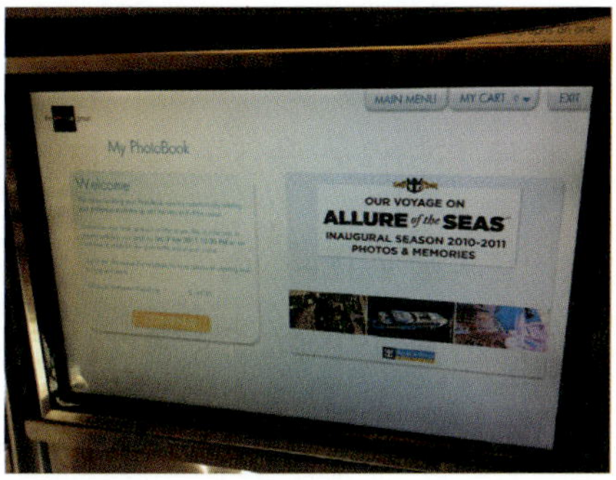

사진 가격은 촬영한 사진 모두를 인화하여 판매하지 못하면 폐기 처분해야 하는 사진이 많아 이를 감안하여 사진 가격을 책정하기 때문에 장당 20달러 정도로 비싼 편이다. 또 크루즈에서는 승객의 다양한 활동 모습이 DVD로 제작하여 판매한다. DVD에는 크루즈 여행 하이라이트, 기항지, 탑승객 선상 활동, 운항 일정 등의 내용을 담고 있으며, 하선 전날 포토 갤러리에서 구입(약 30달러)할 수 있다.

(2) 특별 판매 프로그램 기획

① 그림 경매(Art Auction)

승객 누구나 참여할 수 있는 그림 경매는 그림을 보여주고 가장 높은 가격을 제시하는 승객에게 그림이 낙찰되는 방식을 따른다. 재테크이기도 한 그림 경매는 실제로 미술 작품을 경매하는 것과 동시에 경매 교육을 실시하는데, 분위기가 자유로워 그림 경매가 처음인 승객도 경매 방법을 쉽게 배울 수 있다. 그림 경매는 여행 일정 중 대개 2~3차례 정도 실시한다.

② 선장 사인 티셔츠 판매

크루즈의 선장이 승선 마지막 날에 판매용 기념 티셔츠에 본인의 사인과 고객의 이름 기재한 후 고객과 기념 촬영을 하는 등의 선장 사인 티셔츠 특별 판매 프로그램을 시행하고 있다.

③ 크루즈 공연 기념품 판매

대공연장 쇼 공연 관람 전에 자세한 공연 정보를 얻으려는 공연 관객을 위한 프로그램북을 판매하거나, 공연 관람이 끝나면 공연장 출구에서 공연 관련 프로그램, 음악 CD, 캐릭터 상품(머그컵, 시계, 배지, 악세사리 등), 아트 포스터, DVD와 서적 등을 판매하고, 이를 구입하는 고객들에게 공연배우의 사인과 고객의 이름을 기재해 주고, 고객과 기념 촬영을 하는 등의 공연 기념품 특별 판매 프로그램을 시행하고 있다.

크루즈 공연 기념품 판매 수입만 해도 상당하므로 공연 관객들이 공연 전과 공연 후에 공연 기념품을 쉽게 구입할 수 있도록 효과적으로 공연장 로비의 관객 동선을 미리 파악하여 공연 홍보용 배너, 공연 포스터 등을 배치하여 공연 기념품 판매관리를 철저히 해야 한다.

그림 8-26 MSC 바이크투어 상품 판매

CHAPTER

09

기항지 관광

1. 기항지 관광 예약 관리
2. 기항지 관광 서비스 지원
3. 기항지 관광 절차 지원

Chapter

09 기항지 관광

기항지 관광은 선상 엔터테인먼트와 함께 크루즈의 체험을 가장 멋지게 제공한다. 기항지 관광은 본인이 자유롭게 할 수도 있지만 크루즈 선사를 통해서 구매한 상품은 안전하고 품질이 우수하므로 가능한 이용하도록 권장한다.

1. 기항지 관광 예약관리

고객으로 하여금 편하게 기항지 관광을 예약할 수 있는 수단을 제공하는 것과 기항지 관광을 제공하는 파트너의 품질관리를 어떻게 하느냐가 관건이다. 기항지 관광의 만족도는 크루즈 여행 전체의 만족도로 이어지고 이는 크루즈 선사에 대한 평가이기도 하다.

2. 기항지 관광 서비스 지원

기항지 관광의 판매는 승객이 크루즈를 탑승한 내내 기회가 주어진다. 따라서 객실과 공공장소에 끊임없는 기항지 관광 정보를 제공하는 것이 매우 중요하다. 특히 다이닝룸의 웨이터는 좋은 기항지 판매원이 될 수 있다.

3. 기항지 관광 절차 지원

기항지 관광은 승객이 크루즈 선 바깥으로 나가는 것이므로 항상 안전에 주의하여야 한다. 무사히 배가 출항하기 전까지 모든 승객들은 기항지 관광을 마쳐야 하므로 기항지 관광에 관여하는 파트너들과 긴밀한 협조관계를 유지하여야 할 것이다.

열쇠말

기항지 혹은 방문항(POC), 미팅 포인트, 반나절 주유관광(shore excursion tour), 활동 수준

NCS 학습모듈

학습 1. 크루즈 기항지 관광 예약 관리

1-1. 기항지 관광 예약 관리

- 기항지 관광 예약을 접수하여 승객에게 바우처를 발급하고 변경, 취소, 환불 등을 처리할 수 있다.
- 기항지 관광 에약 상황을 현지 에이전트에 전달하여 효과적인 예약 관리를 통해 관광을 차질없이 진행할 수 있다.

1-2. 기항지 관광 에이전트 관리

- 기항지 관광 에이전트의 관광진행을 관리하여 안전하고 만족도 높은 기항지 관광을 운영할 수 있다.
- 고객의 관광 불편사항을 수용하고 에이전트에 전달하여 개선을 요청할 수 있다.
- 에이전트의 기항지 관광진행 능력을 체계적으로 평가할 수 있다.

학습 2. 기항지 관광 서비스 지원하기

2-1. 기항지 관광 홍보 및 정보 제공

- 기항지 관광 프로그램을 홍보하여 판매에 기여할 수 있다.
- 기항지 관광 프로그램의 일정, 가격, 특성을 안내할 수 있다.
- 기항지 및 기항지 관광 관련 정보와 준비물을 안내할 수 있다.

2-2. 승객 불만 및 분실물 처리

- 승객의 불만을 접수하여 처리할 수 있다.
- 분실물을 접수하고, 습득한 분실물을 반환할 수 있다.

학습 3. 기항지 관광 절차 지원하기

3-1. 기항지 관광 절차 및 승하선 관리

- 기항지 관광객의 승하선을 관리할 수 있다.
- 기항지 관광 현지 여행사의 지원하에 관광 시간 및 일정에 따라 승객의 탑승 및 배차 등 기항지 관광을 진행할 수 있다.

3-2. 기항지 관광 안전관리

- 기항지 관광 중 발생할 수 있는 안전 사고를 예방하여 안전한 기항지 관광을 운영할 수 있다.
- 고령 및 장애인 관광객을 배려하여 관광을 운영할 수 있다.
- 안전 사고 발생 시 적절하게 대처할 수 있다.

도입사례

인천시민 크루즈 서포터즈, 크루즈 · 기항지 관광 콘텐츠 '인기'

인천항을 통한 크루즈 여행정보를 인터넷을 통해 손쉽게 얻을 수 있을 전망이다. 인천항만공사는 지난달 인천항 첫 모항 크루즈였던 코스타세레나(Costa Serena)호를 승선하고 체험한 경험을 갖게 된 '인천시민 크루즈 서포터즈'들이 크루즈와 인천항, 각종 관광프로그램을 알리기 위해 제작한 다양한 콘텐츠가 인터넷과 SNS 채널을 달구고 있다고 3일 밝혔다.

이번에 선발된 '인천시민 크루즈 서포터즈'는 지난달 4~10일 인천~일본(오키나와)~일본(이시가끼)~대만(타이페이) 코스를 운항한 코스타세레나호에서의 승선 경험과 기항지 관광 프로그램을 다양한 형태의 콘텐츠로 제작해 인터넷과 SNS 채널 등을 통해 알리고 있다. 현재 블로그, 페이스북 등 SNS 채널에서 '인천항', '크루즈관광' '인천관광' 등의 키워드를 검색하면 이들이 제작한 콘텐츠를 확인할 수 있다. 현재까지 집계한 결과 인스타그램 197건, 블로그 122건, 페이스북 26건, 카카오스토리 39건, 기타 SNS 등 33건 총 417건의 콘텐츠가 제작된 것으로 확인된다.

인천시민 크루즈 서포터즈 중 한 명인 A씨가 이번 코스타세레나호에 탑승한 경험을 유튜브에 업로드한 동영상을 본 시민들은 '신기하다', '크루즈 관광을 해보고 싶다' 등의 긍정적인 반응을 보이고 있다. 이런 콘텐츠들이 SNS 등을 통해 유통되고 호응을 얻으면서 인천항이 크루즈 항만으로서의 위상이나 인천항을 통한 크루즈 관광에 대한 대중의 인식을 개선하고 크루즈 관광과 인천 관광을 활성화할 수 있을 것으로 IPA는 내다보고 있다.

인천항만공사 김영국 글로벌마케팅팀장은 "크루즈 서포터즈 분들을 활용한 마케팅을 지속할 계획"이라며 "이와 같은 이벤트를 통해 내년 크루즈 전용 터미널 개장'의 활성화와 인천 관광의 저변을 확산시킬 수 있도록 노력하겠다"고 밝혔다.

출처: 아시아투데이(2018. 6. 3.).

example

1. 기항지 관광 예약 관리

1) 크루즈 기항지의 개념과 의의

(1) 기항지 관광의 개념

기항지 관광은 크루즈 여행을 하면서 배가 기항지에 정박할 때마다 각 기항지의 유명한 장소 방문하거나 체험활동을 하는 것이다. 예를 들어 알래스카를 방문하면 야생동물을 감상하거나 개썰매 타기 체험 등을 할 수 있다. 기항지 관광은 하선 후 승선까지 시간이 많지 않기 때문에 반나절 주유여행(shore excursion)이라고 한다.

그림 9-1 기항지 관광의 개념

(2) 기항지 관광의 의의

방문객 입장에서는 선상체험 이외에 배에서 내려 보다 다양한 육상에서의 체험을 할 수 있다. 따라서 배위에서 갑갑함을 느낄 즈음에 눈을 뜨면 새로운 방문지에 대한 기대감이 몰려오는 맛이 있다. 선사 입장에서는 기항지를 주관하는 지역 여행사 및 지정쇼핑센터 등으로부터 부수적인 수입을 올릴 수 있다. 기항지에 속해 있는 지역은 크루즈 승객의 현지에서의 비용지출로 경제적 효과를 누릴 수 있다.

그림 9-2 크루즈와 기항지 지역관계

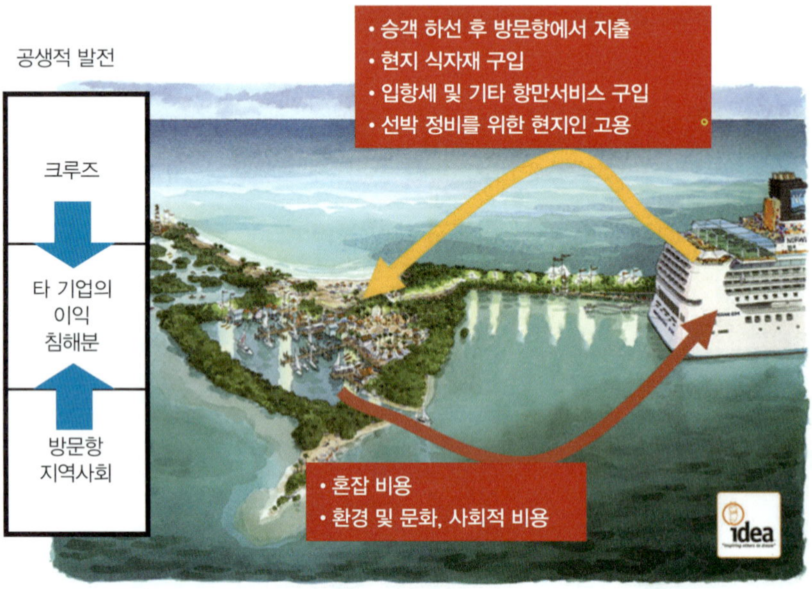

(3) 크루즈 승객의 거품(cruise tourist bubble)

크루즈 승객은 기항지를 방문하지만 매우 제한된 구역만 방문하기 때문에 기항지 전체의 지역사회에 큰 경제효과를 주지 못한다는 지적도 있다(Jaakson, 2004). 즉 기항지에서는 중심과 주변이 뚜렷하게 구분된다. 크루즈 승객은 그 특성에 따라서 쇼핑족(shopping browsers), 카페족(cafe crowd), 삼삼오오 이동족(pack) 등이다.

그림 9-3 크루즈와 기항지 지역관계

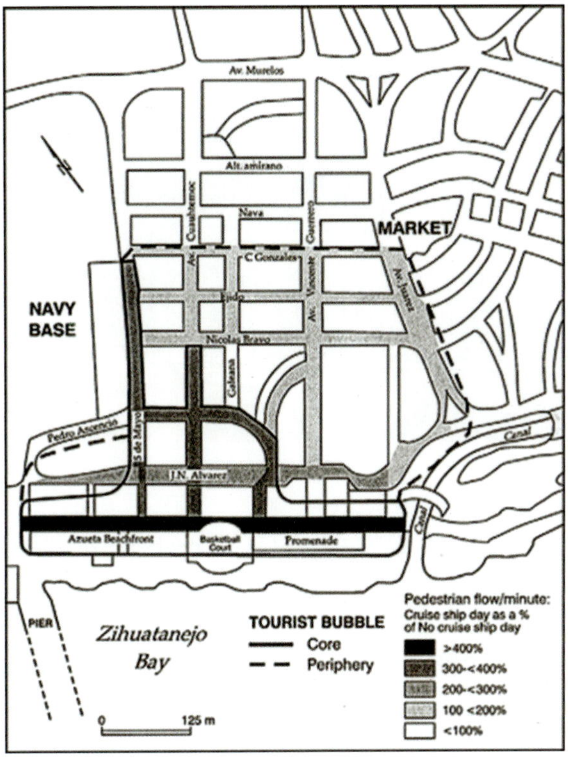

출처: Jaakson(2004).

2) 크루즈 기항지의 요건

크루즈는 출발항에서 도착항까지 단기 크루즈의 경우 2일에서 5일 정도의 짧은 여정이지만 보통 1주일 정도 여행을 하고, 세계일주 크루즈는 3개월 이상의 긴 여정으로 이어지는데 이때 30개 이상의 기항지(寄港地, port of call)에 머무른다. 기항지의 관광 매력물이나 관광 프로그램에 따라 오전에 기항지에 도착하여 오후에 다음 기항지로 떠나는 경우도 있으며, 하루 이상을 기항지에 머무는 경우도 있다.

그림 9-4 노르웨이 피요르드 크루즈, 기항지 관광을 하는 부부의 모습

크루즈 기항지 또는 크루즈 목적지는 크루즈 관광객에게 다양한 즐길거리를 제공한다. 크루즈 선박은 승객 만족에 의존하므로 크루즈 관광객의 피드백에 의하면 크루즈 기항지는 재미있어야 하고, 문화적으로 색달라야 하며, 안전하고 위협적인 요소가 없어야 하고, 친밀한 분위기와 접근성, 그리고 승객 중심의 서비스를 갖추어야 한다. 기항지는 크루즈 기항지로서의 매력과 기본적인 요건을 가지고 있어야 한다.

그림 9-5 이집트 알렉산드리아 기항지 관광

표 9-1 기항지의 매력 요인

독특한 경험	시내 중심부
• 평균 35ft(10.75m)의 간조 수위 • 흘수(배가 물 위에 떠 있을 때, 물에 잠겨 있는 부분의 깊이를 표시하는 단위)가 깊고 비를 피할 수 있는 정박지 • 크루즈 기항지로의 접근이 뛰어난 출항지 • 출항지 자체가 관광 매력물 • 면세 지역 • 모항, 기항지 또는 크루즈 항으로 전환의 적합성 • 전문적인 서비스 • 섬 기항지의 다양한 관광 매력물 • 예술적 시설을 갖춘 크루즈 터미널 • 시내 관광 프로그램, 기항지 관광 프로그램 • 흥미진진한 나이트 라이프	• 쇼핑 • 초대형 크루즈 선박의 수용 능력 • ADA: 승객 출입용 교량 및 이동식 통로 • 편안함, 효율성, 안정성 • 이중 선박 터미널(dual-ship terminal) • 창고 공간(수납, 저장, 수화물 처리) • 파노라마식의 경치 • 국제 항공으로의 접근성 • 연중 온화한 날씨(크루즈 기항지 포함) • 문화적 · 역사적 유물 • 수상 · 육상 스포츠

크루즈 기항지는 크루즈 선박으로부터 상당한 수익을 창출하고 있으며, 이에 유명 기항지는 크루즈 관광을 위한 공격적인 마케팅을 실시하고 있다. 마케터는 크루즈 목적지 항구를 상품화하기 위해 업계 잡지, 직접 판매 등의 다양한 마케팅 커뮤니케이션 활동과 전시회, 컨퍼런스 등의 행사를 이용한다. 아래의 사이트는 개별적인 크루즈 항구와 이들 관련 컨소시엄 조직이 세일즈의 수단으로 인터넷을 활용하고 있는 좋은 예이다.

- 자마이카 항만공사(http://www.cruisejamaica.com)
- 두바이 관광진흥공사(http://www.visitdubai.com)
- 마르마리스 크루즈 항구 관리 회사(http://www.marmariscruiseport.com)
- 강원도 해양관광센터(http://gmtc.gangwon.kr)

표 9-2 크루즈 선사의 기항지 선정 고려 요인

구분	내용
상업적 측면	• 시장 수요와 수익성 • 항구 이용 시 경제성과 질 • 해당 지역에서의 경쟁 상태 • 판매 네트워크의 가용성(shipping agent, travel agencies, tour operators)
물류 · 운송	• 기반 시설의 기술적 조건(여객 터미널, 수심, 부두 길이 · 폭) • 항만 서비스(port service, 항해 · 예인 관련) • 타 항구와의 인접성 • 기항지 및 인근 지역의 관광 서비스 및 레저 시설 • 타 교통과의 접근성(공항 · 기차역과의 거리 등) • 연료 · 음식 · 식수 공급 가용성
표적시장 선호도	• 탑승객의 기항지 이미지와 선호도 • 관광 매력물과 기항지의 육상 관광 활동 • 현지 시장의 크루즈 수요에 대한 시장성 • 신변 안전 및 정치적 안정성

3) 기항지 관광 예약

(1) 예약 관리 업무

기항지 예약 관리 업무는 크루즈 선상에서의 매출 비중 중 상당 부분을 차지하는 기항지 관광 판매에 관여하므로 매우 중요하다. 기항지 관광의 예약을 접수하고 승객에게 바우처를 발급하며, 예약 변경 또는 취소 요청 시 예약 규정에 준하여 처리할 수 있어야 하며, 이에 대한 정보를 기항지 관광을 진행하는 에이전트(현지 여행사)에 전달하여야 한다. 이를 위해서는 기항지 관광과 기항지 관광 예약 방법, 예약 규정, 현지 에이전트와의 협업 등과 관련한 지식이 필요하다.

(2) 고객의 예약방법

기항지 관광을 예약하는 방법은 크게 승선 전과 후, 온라인 그리고 오프라인으로 구분할 수 있다.

① 승선 전 온라인 예약

크루즈 승선 전 기항지 관광을 예약하기 위해서는, 미리 예약한 크루즈 상품의 대금을 100% 완납(Full-payment)한 후 크루즈 출발 약 3~10일 전(선사에 따라 차등적임)까지 웹사이트를 통하여 기항지 관광을 예약할 수 있다. 이때 웹사이트에 예약 정보를 통하여 로그인할 수 있으며, 예약 번호(Booking No.)와 항해 시작일(Sailing Date), 선박명(Name of Ship), 예약자 영문명(Name in English)가 필요하다. 로그인한 후 항해 일자별 기항지의 다양한 기항지 관광 프로그램 가운데 선택할 수 있으며, 선택 후 결제까지 마쳐야 예약이 완료된다. 예약을 마친 후 온라인에서 발확정서를 발급할 수 있다. 크루즈 예약 정보와 기항 날짜별 기항지, 기항지 관광 프로그램, 비용, 결제 완료 내역 등이 명시되어 있다. 승선 시에 출력하여 지참하는 것이 바람직하다.

② 여행사를 통한 대리 예약

웹사이트를 통한 예약이 용이하지 않은 고객이거나, 크루즈 상품 예약을 의뢰한 여행사가 있을 경우 기항지 관광 예약을 대행하게 할 수 있다. 개별 예약(FIT)의 경우에는 웹사이트에 예약 정보를 입력하여 로그인 후 진행할 수 있으며, 그룹 예약(Group Booking)의 경우 크루즈 본사(Head Office)로 연락하여 단체 기항지 관광을 예약할 수 있다. 일반적으로 그룹 인원에 따라 전용 차량(버스)의 개별 관광으로 요청해 볼 수 있는데 가능 여부는 선사와 현지 에이전트(현지 인바운드 여행사)의 협의를 통해 결정한다. 그룹의 경우 그룹명으로 한꺼번에 예약할 수 있어 진행이 용이한 편이다. 승선 전 기항지 관광 예약은 반드시 대금 지불이 완료되어야 한다.

③ 승선 후 선내 양방향 TV로 예약

기항지 관광 예약을 하지 않고 승선한 경우 선상에서 예약할 수 있는 방법 중 가장 편리한 방법은 선실에 비치한 양방향 TV를 통해서이다. 이때 선실 번호와 예약자의 선상 계정(Onboard Folio Account)이 연결되어 있으므로 TV의 리모콘으로 구매한 기항지 관광의 내역이 계정의 선상 지불 내역에 차곡차곡 쌓이게 된다.

기항지 관광 또한 선상에서의 구매 내역이므로 선실 번호로 대별되는 ID Number의 선상 계정으로 누적되어 '정산 내역서(Cabin Statement/ Invoice)'에서 확인할 수 있으며, 계정에 연결된 신용카드로 자동 결제를 신청하거나 현금을 지불하여 결제를 완료할 수 있다. 선상에서 사용하는 승선카드(Sea Pass)로 선박명, 승선 일자, 탑승객 성명, 선실 번호, 레스토랑 및 테이블 넘버가 선상 생활 동안 유용하게 사용된다.

④ 선내 기항지 관광 오피스로 방문 예약

승선객이 기항지 관광에 대한 정보를 얻고 예약, 변경, 환불 등을 처리하고자 할 때 기항지 관광 오피스를 방문한다. 기항지 관광 오피스는 선상 신문에 공지한 개폐 시간에만 업무를 한다. 따라서 승선 전 기항지 관광을 예약하지 못했다면, 인기가 많은 프로그램은 조기에 마감될 수 있으므로 되도록 빠른 시간 내에 오피스를 방문하여 마감 여부를 확인하는 것이 유리하다. 기항지 관광 오피스에는 기항지 관광을 설명하는 안내서와 신청서가 비치되어 있다.

기항지 관광 상품은 예약 인원이 미달할 경우나 크루즈 항로가 기상 등의 이유로 변경되었을 때 예고 없이 취소할 수 있다. 예약을 완료하면 지불 영수증에 사인을 하고, 출발 전날 선실로 기항지 관광 티켓을 배달한다. 이 기항지 관광 티켓에는 관광 프로그램 이름, 예약자 성명, 출발 시간, 집합 장소, 구매 금액 등이 표기된다.

그림 9-6 기항지 관광 티켓 이미지

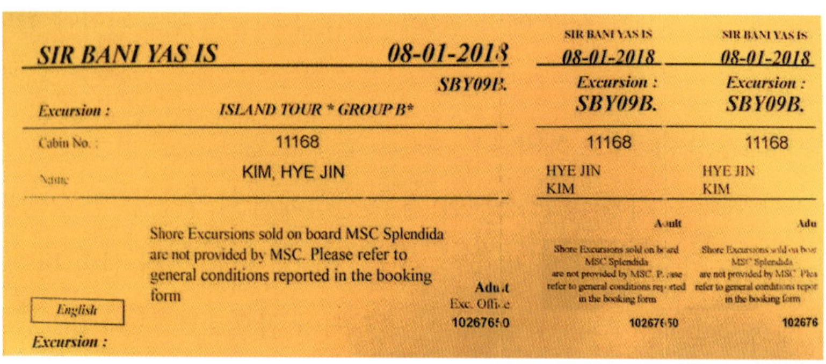

그림 9-7 기항지 관광 신청서

Seven Night Eastern Voyage
April 3, 2011

EXPLORATIONS!™ RoyalCaribbean

ALLURE of the SEAS

1 Order through RCTV for fast service and instant confirmation on your stateroom television by pressing the 'menu' key on your remote and selecting 'Explorations!' By using RCTV, you will know immediately if the tour you want is available and the tickets will be delivered to your stateroom within 24 hours. Cut off time is 4:00 pm the day prior to each port.

2 Choose a tour, circle a time on the order form, write the number of tickets you desire and indicate a second choice. Deposit in the Drop Off Box at Explorations!, Deck 5. Order forms are processed in the order received. Confirmation will be sent to your stateroom within 24 hours.

3 Purchase directly with Explorations! Staff at the Explorations! Desk, Deck 5 at the Clock Tower and SeaTrek Dive Shop, Deck 15. Please note that you may have to wait in line. (Refer to your Cruise Compass for opening hours.)

RCTV Book via RCTV - The fastest way to make a reservation. No need to wait in line.

NAME: ______________________

STATEROOM: ______________________

SIGNATURE: ______________________

SEAPASS: ______________________

IMPORTANT TIPS AND INFORMATION

Explorations!℠ Clock Tower: See your Compass for desk hours.
Explorations!℠ Talk: Pre-recorded for your convenience and replayed continuously on channel 15. Explorations! information is also available on demand through RCTV.
Weather Notice: All tours will go rain or shine unless considered unsafe by the tour operators. Bring sun protection.
Physically Challenged Guests: Please consult with our staff before booking a tour.
Exchanges or Cancellations: 11:00 am the day before a tour is the deadline required for exchanges or cancellations. No refunds will be given after the deadline.
Child Prices: Available for children 4 to 12 years.
Guest Under 18 years: Must be accompanied by an adult.
Towels: If you are on a water tour please be sure to bring a towel from the ship. Towels are not provided on the tour.
Tour Duration: Please note that these are approximate times, and may vary.
Lost and Found: Royal Caribbean International cannot be held responsible for any lost items during our excursions.

- Tours are sold on a **"First Come - First Served Basis".**
- Wild life is not guaranteed.
- Please check your tickets for departure time and location.

Level of Difficulty Indicators

MILD
To fully participate may require leisurely walking over primarily even surfaces. There may be a limited number of steps, a minimal amount of cobblestones or uneven surfaces, and some standing for extended periods of time.

MODERATE
To fully participate may require extended periods of walking over even and uneven surfaces, steep terrain and/or water activity in a slight current. There may be steps, inclines, cobblestone surfaces, and extended periods of standing. Participants with physical limitations should take this into account.

STRENUOUS
To fully participate may require extended periods of physical exertion, extensive walking, climbing, or biking. There may be numerous steps, inclines, cobble stones, and other rough terrain through out the excursion. These excursions are the most active and have been designed for participants in excellent health and very good physical condition.

WAIVERS
All participants on this tour are required to complete a waiver and/or release form. This document will be distributed by the tour operator prior to commencing the tour.

MEAL
Most tour departures complement the ship's meal service hours. If a meal is served on an excursion, it will be designated with this symbol.

LIGHT SNACK
Most tour departures complement the ship's meal service hours. If a snack is served on an excursion, it will be designated with this symbol.

SHOPPING
Time permitting, limited shopping is available during the tour.

Family friendly recommended Explorations!

Explorations!℠

ALL EXPLORATIONS! WILL BE OPERATED ON SHIPS TIME IN ALL PORTS-OF-CALL. PLEASE CHECK YOUR TICKETS FOR TIME AND LOCATIONS.

Learn SCUBA Diving This Week!

PADI SCUBA Diver
Certification Course
Minimum of 12 years to participate

Sign up early $249 Each ______
If you have always wanted to become certified, now is your chance. This is the first level of certification. Upon completion you can dive anytime, anywhere in the world under the supervision of professional Divemasters or Instructors. All training material and equipment except mask and snorkel is included. Classroom and pool instruction conveniently take place onboard. Your exciting open water training dives take place in St. Maarten. Upon successful completion of the course you will receive a PADI SCUBA Diver certification card. This course is designed for individual attention, space is limited. Sign up before noon on Sunday at the Dive Shop. *Medical questionnaire must be filled out before participation.

SCUBA Tune-Up

Come and enjoy a pool dive with one of our PADI diving instructors. Your instructor will refresh your skills and knowledge. We'll have you ready for a great day of tropical diving. The course will include your book, equipment and a pool dive. Please pick up your book and review prior to the pool dive. *Medical questionnaire must be filled out before participation. Sign up on Sunday before 6:00 pm. $50 each

DEMO the Best!

Rather than using standard rental gear while diving this week you can DEMO the best scuba gear on the market today. The DEMO package will include a Pro QD, Balance or Diva QD weight integrated BCD. These BCD's have built in weight pockets that will balance you underwater for amazing freedom of movement. Also included is a top of the line Regulator like the Titan LX or Legend regulator for unmatched ease of breathing.

2. 기항지 관광 서비스 지원

1) 현지 기항지 파트너

기항지 관광은 일반적으로 크루즈 선사와의 계약에 의해 해당 지역의 독립된 형태의 에이전트(현지 인바운드 여행사)에서 운영한다. 항구의 도시(기항지)에서 지역 관광이나 쇼핑을 할 수도 있고 목적지에서 체험할 수 있는 것을 선택할 수도 있다. 에이전트에서는 여행에 필요한 차량, 관광 일정, 가이드, 식사 등을 예약 인원을 감안하여 미리 수배하며, 크루즈 선박이 항구에 도착하는 당일 선박이 접안하는 항구에 차량과 가이드 등을 준비한다. 기항지 관광 프로그램은 각 항구의 자연적, 문화적, 지리적 특성을 감안하여 주로 자연을 산책하거나 각종 해양 스포츠, 고대 유적지 방문, 박물관 방문이나 공연 관람 등 각종 모험을 즐길 수 있는 프로그램이나 항구 주변을 가볍게 산책하며 기념품 또는 특산품을 쇼핑할 수 있는 프로그램 등으로 구성한다.

2) 기항지 관광의 종류

(1) 내용별 종류

기항지 관광은 관광 내용에 따라 구분할 수 있는데, 두 가지 이상의 형태를 혼합한 경우도 많다. 자연 경관을 감상하고 동 · 식물 생태계를 관광하는 생태 관광은, 흑해 크루즈의 다뉴브강 삼각주 관광(Danube Delta Tour)을 예로 들 수 있다. 정부 청사나 시 / 도청 등의 명소를 관광하는 상품으로 노르웨이 오슬로의 시티투어 상품(Oslo City Tour)은 매년 노벨상을 시상하는 장소로 유명한 시청사와 바이킹 박물관 등을 방문한다. 또 해당 지역의 고고학적 가치가 있는 유명 미술품을 전시하고 있는 박물관, 사적, 민속촌(민속 마을)을 방문하는 상품도 있다. 지중해 크루즈의 그리스 올림피아 기항지에서 올림피아 박물관 관광(Olympia Museum & Shopping)이나, 알라스카 크루즈의 케치칸 항구에서 색스맨 원주민 마을 관광(Saxman Native Village) 등이 대표적이다. 또한 F1 경기를 관람하는 기항지 관광을 선보이는 럭셔리 크루즈 선사도 있으며, 특히 하와이 크루즈는 유수의 저명한 골프장에서 라운딩하는 기항지 관광을 선보여 골프 마니아에게 인기가 식을 줄 모른다. 한 · 중 · 일 크루즈의 일본 벳부 기항지에서의 검은 모래찜질 체험 기항지 관광은 체험 관광 상품 중의 하나이며, 각 지역의 특산물과 기념품을 쇼핑할 수 있는 쇼핑 관광은 대부분의 기항지에서 빠지지 않는 상품이다.

표 9-3 크루즈 기항지 관광 상품의 유형

분류	내용
생태 관광	자연 경관, 동 · 식물 생태계 관광
지역 명소 관광	정부청사, 시 / 도청, 공원, 시장 등
역사 / 문화 매력물 관광	박물관, 사적, 교회, 민속촌 등
문화 이벤트 관광	쇼, 오페라, 콘서트, 공연 등
스포츠 / 레크레이션 관광	낚시, 골프, 스키, 수영, 승마 등
경관 감상 관광	요트 / 잠수함 투어, 헬리콥터 투어
쇼핑 관광	지역 특산품 또는 기념품 쇼핑 등
(문화) 체험 관광	다도 체험, 전통 음식 체험, 마사지 등

(2) 활동 수준에 따른 분류

크루즈 관광의 특성상 주요 고객이 50~70대로 노년층이 상당 비중을 포함하므로 기항지 관광의 활동 수준(Activity Level) 또는 난이도(Level of Difficulty)가 기항지 관광 선택의 중요한 기준이 되기도 한다. 일반적으로 선사에서는 기항지 관광을 활동 수준에 따라 구분하여 심볼 마크 등으로 표기한다.

이러한 활동 구분에 따른 구분과 표기는 고령 또는 환자이거나 허약한 관광객뿐만 아니라 장애를 가진 관광객에게도 매우 유용한 선택 기준이 된다. 주로 활동수준은 약(Mild), 중(Moderate), 강(Strenuous)으로 구분하여 표기하며, 특히 장애인 관광객을 위하여 'Must transfer from Wheelchair'로 표기하는 경우 휠체어나 스쿠터를 사용하더라도 관광버스로 옮겨 탈 때 2~3개의 계단을 올라가야 하며 휠체어 등의 활동 보조 기구의 사용을 위해 도움이 필요하다면 동반자가 반드시 있어야 한다는 내용을 표시한다. 관광 하이라이트와 준비물, 복장, 주요 공지 사항 등을 안내하는데 이때 오래 걷는 관광의 경우 걷는 거리에 대한 정보와 상시 휠체어나 스쿠터를 사용해야 하는 장애인에게 적합한 관광인지 여부에 대한 내용도 공지한다.

그림 9-8 셀러브리티 선사의 기항지 관광 활동수준에 따른 구분

ACTIVITY LEVEL: To assist our guests in choosing their excursions, all tours have been graded accordingly to the level of activity they entail. Please refer to the tour symbols(s), which appear in each tour description. Kindly note the below symbols act only as a guideline and guests must make their own judgment regarding participating in tours. The symbols represent the following:

Mild	To fully participate may require leisurely walking over primarily even surfaces. There may be a limited number of steps, a minimal amount of cobblestones or uneven surfaces, and some standing for extended periods of time.
Moderate	To fully participate may require extended periods of walking over even and uneven surfaces, steep terrain and/or water activity in a slight current. There may be steps, inclines, cobblestone surfaces, and extended periods of standing. Participants with physical limitations should take this into account.
Strenuous	Guests must consider their physical fitness level and medical history when determining whether this tour is appropriate. Guests with pre-existing neck, back, knee and/or shoulder injuries, cardiac conditions, asthma, diabetes, epilepsy, other heart or respiratory conditions or any other medical condition must take particular caution when selecting a tour - particularly tours categorized as "strenuous". Guests who have concerns must consult with their personal physician before engaging in any activity that may be strenuous for them.
Dress Code	Conservative attire is recommended when going ashore on this tour. No exposed shoulders or knees. Short pants and tank tops are not acceptable.
Family Friendly	These tours may be suitable for families with young children. Age restrictions may apply.
Headsets	This tour utilizes an audio system that provides guests with headset units to use during the course portion of the tour. These units will assist the users with hearing the narration provided by the guides. Units are to be returned at the conclusion of the tour program.
Light Snack / Refreshment	A light snack or refreshment is served on this excursion.
Meals	Most tour departures complement the ship's meal service hours. A meal will be served during this excursion.
Must Transfer from Wheelchair	For guests who use collapsible wheelchairs or scooters. Guests must transfer from their wheelchair or scooter to board the motorcoach, usually 2 or 3 steps. Guests should be self-sufficient. If assistance is required, guests should travel with a companion.
Shopping	Time permitting, limited shopping is available during the tour.
Waiver	All participants on this tour are required to complete a waiver and/or release form. This document will be distributed by the tour operator prior to commencing the tour.
	For guests who are full-time wheelchair users. Guests may remain in their wheelchair or scooter

SHORE EXCURSIONS
EXTRAORDINARY EXPERIENCES

Celebrity Cruises®
That's modern luxury.℠

이밖에도 가족과 함께 하기 좋은 관광은 가족 친화형(Family Friendly), 복장 제한이 있는 사원이나 성당 입장을 포함하는 관광의 경우 복장 규정(Dress Code)을 명시한다. 가벼운 스낵과 음식을 포함하는 경우에는 'Light Snack & Refreshment Meals'의 심볼로 나타내고, 헤드셋 사용이 필요한 관광지를 포함하는 경우에도 관광 후 헤드셋을 반납할 수 있도록 미리 안내한다. 쇼핑을 포함하는 경우에도 별도로 표기하여 관광 일정에 대해 미리 파악하여 선택할 수 있도록 한다.

3) 기항지 관광의 선택

크루즈 선사에서는 기항지 관광을 적극적으로 프로모션한다. 승객 입장에서도 기항지 관광을 크루즈 선사를 통해서 구입하는 것이 좋다.

- 숙련된 관광 운영 경험과 그것을 즐기는 승객들에 대한 이해가 높다.
- 관광 오퍼레이터와 가이드의 품질과 신뢰성을 미리 확인하고 검증했다.
- 크루즈 선사의 웹사이트를 통해 승선하기 전 온라인으로 편리하게 예약할 수 있다.
- 온보드 크레딧(on-board credit)을 적용함으로써 비용을 아낄 수 있다.
- 가이드 이외에도 승무원이 관광에 동행해 더욱 안전하고 비상 상황 발생시 문제 해결에 나설 수 있다.
- 선박은 당신의 관광이 지연되거나 선박으로 늦게 귀환하더라도 반드시 기다릴 것을 보장한다.

기항지 관광 독립공급업체를 선택해야 하는 이유는 다음과 같다(cruiseable 홈페이지).

- 특별한 관심과 취미, 경험을 반영하는 관광 일정을 선사 기항지 관광에서는 찾기 어렵다.
- 항구 인근에서 수영, 수상스포츠 또는 육상스포츠 시설을 동시에 이용할 수 있

는 원데이 패스(1 day pass, 1일 이용권)를 종종 제공한다.

- 때로는 더 저렴한 가격으로 유사한 관광을 이용할 수 있다.
- 크루즈 선사 기항지 관광에 비해 적은 수의 사람들과 여행할 수 있어 쾌적하다.
- 기항지 관광이 매진되거나 대기자 명단에 있을 때 적절한 대안이다.
- 기존 관광객들이 제공하는 상세한 리뷰와 사진을 감상할 수 있다.
- 출발 시간에 배로 돌아오는 것을 보장하거나 비상시 다음 항구로 갈 수 있도록 수송 비용을 지불하는 공급 업체를 찾아야 한다. 일반적으로 아침 출발하고 배가 출발하기 전에 돌아오는 일정을 예약하는 것이 좋으며, 서면으로 보증하는 것을 확인해야 한다.

3. 기항지 관광 절차 지원

1) 기항지 관광 상품 설명

기항지 관광 담당 스텝(Shore excursion staff)은 기항지 관광은 어떤 특성이 있고 어떠한 이점(benefit)이 있는지를 고객에게 설명할 수 있어야 한다. 셀러브리티의 두바이 기항지 관광 상품을 예시하면 다음과 같다.

Dubai, United Arab Emirates
16– Apr–2017

DA01 Dubai city tour	
Price Adult 39.75 / Child 23.75 USD	Duration 4 hr(s) 15 min(s)
Restrictions: N/A	Departure Time: 2:00 pm

Experience Dubai's unique blend of traditional Arabian culture and modernity on this panoramic city tour. View the city's renowned architectural marvels, in cluding Burj Khalifa, the world's tallest manmade structure. Other land mark sites featured on the tour including Jumerah Mosque, the city's largest place of worship, and the historic neighborhood of Bastakia, whose coral stone home feature an innovative cooling system. You'll also see an 18th century fort, converted into a museum dedicated to Dubai's past, as well as two vibrant market place.

Highlights

- See the incredible architectural innovations. Dubai is renowned for, including the world's tallest structure, as well as the city's oldest neighborhoods.
- Discover Dubai's historic past through the fascinating displays at Al Fahidi Fort, an 18th century for–tuned–museum.

What to bring

- SeePass card and photo identification
- Cash/credit cart
- Camera
- Sun protection

What to wear

- Conservative attire required(knees/shoulders covered)
- Hat and sunglasses
- A light pullover may be required during the cooler months

Important notice

- Guests must be able to walk approximately 1.5 miles over flat and uneven surfaces with some steps

2) 기항지 관광 출발

(1) 집합

선내에서 적정한 공공장소를 정하여 기항지 관광을 하고자 하는 승객을 모이도록 한다. 크루즈 선사 소속 기항지 관광스텝이 고객의 예약상황을 확인하고 모든 고객이 모이면 간단한 관광상품 설명을 한다. 설명이 끝나면 인솔하여 하선한다.

그림 9-9 기항지 관광을 위한 하선

(2) 하선 후 지상교통수단 탑승을 위한 이동

기항지 관광은 항구에서 떨어진 곳에서 주로 이루어지므로 개인적으로 이동하거나 준비된 셔틀버스를 통해서 이동하도록 한다. 인솔자는 단체객 중에서 손님의 교통안전에 유의하도록 하며 길을 잃어버리지 않도록 한다.

그림 9-10 0 지상 교통수단 탑승을 위한 이동

(3) 지상교통수단 탑승 및 기항지 관광지까지 도착

지정된 교통수단 혹은 개인적으로 적절한 교통수단을 이용하여 지정된 관광지까지 이동하도록 한다. 여름에는 간단한 음료수를 지참하고 여행을 제대로 즐기기 위해서는 브로슈어를 미리 보도록 한다.

그림 9-11 기항지 관광 안내서

(4) 기항지 관광 시작 및 종료

관광에 참여하는 승객들에게 미팅 포인트 장소(여행의 출발점과 종착점)와 시간을 알려주도록 한다. 혹시 늦거나 비상상황이 발생할 때도 있으니 인솔자 본인의 간단한 연락처를 제공해 준다. 모든 관광객이 돌아오면 인솔자는 차례대로 탑승시키고 크루즈 터미널로 이동한다.

CHAPTER 10

여행사 판매지원

1. 판매대리점 평가, 선정, 계약체결
2. 크루즈 판매촉진
3. 판매대리점 관리 및 지원
4. 용선 업무 지원

Chapter

10 여행사 판매지원

여행사는 크루즈 선사 입장에서 볼 때 판매의 최전선에 위치한 전사(戰士)들이다. 그럼에도 불구하고 크루즈 선사에 속해 있는 판매부서가 아니기 때문에, 어느 선사의 티켓을 팔 것인가는 아무도 모른다. 따라서 누구를 위해 싸울 것이냐는 매우 중요하다. 북미 크루즈 선사의 협의체인 CLIA는 여행사에 대한 교육과 팸퍼링(pampering)을 집단적으로 실시하고 있다.

1. 판매대리점 평가, 선정, 계약체결

판매대리점(Sales agent)은 크루즈 선사를 대신해서 크루즈를 판매하는 주체가 된다. 따라서 선사 입장에서 새로운 시장을 진출할 때 최적의 파트너를 선정하는 것이 무엇보다 중요하다. 본 절에서는 이러한 시작단계의 과정을 실무적으로 매우 상세히 제시한다.

2. 크루즈 판매촉진

판매촉진(프로모션)은 판매를 위한 마케팅(marketing) 활동의 일부가 된다. 따라서 선사 및 대리점 차원에서 전개할 수 있는 제반 판매촉진을 실무적으로 제시한다.

3. 판매대리점 관리 및 지원

선사가 업무 계약 후에 어떻게 판매대리점이 제 역할을 해 나갈 수 있는가 즉 관리와 지원을 위한 제반 실무 방법론을 제시하였다. 판매대리점이 단순한 중개자, 대리인의 의미를 가진 에이전트를 넘어서 주체로서 크루즈 베케이션숍(vacation shop)으로 다시 태어나는 것이 무엇보다도 중요하다.

4. 용선업무 지원

크루즈 선박의 건조는 대규모 자본투하가 이루어진다. 따라서 용선은 소유보다는 대여를 통해서 경영상태를 개선해 나가고 특수시장을 공략하는 데 매우 유용한 방법이다.

열쇠말

브로셔, 용선, 커미션, 판매대리점, 팸 투어, GSA, PSA

NCS 학습모듈

학습 1. 상품 개발 관리하기

1-1. 시장조사

- 승객의 욕구를 충족할 수 있는 크루즈 상품 개발을 위한 시장조사를 할 수 있다.
- 크루즈 승객을 위해 개발한 상품을 경쟁 회사 상품과 비교 분석 할 수 있다.

1-2. 원가 분석 및 가격 결정

- 크루즈 승객을 위해 개발한 상품의 원가를 분석하고 가격을 결정할 수 있다.
- 크루즈 승객을 위해 개발한 상품의 판매촉진을 위한 가격 정책을 시행할 수 있다.

학습 2. 판매촉진 관리하기

2-1. 판매촉진 방법

- 크루즈 승객에게 판매촉진을 위한 홍보를 할 수 있다.
- 크루즈 승객에게 상품 판매촉진을 위한 기법을 활용할 수 있다.

2-2. 판매촉진 효과

- 크루즈 승객들에게 상품 판매촉진 효과를 측정할 수 있다.

학습 3. 승객 관리하기

3-1. 고객 만족도 조사

- 크루즈 승객에게 상품 구매에 대한 사후 만족도를 조사할 수 있다.
- 표준 업무 수칙의 승객 응대 규정에 따라 크루즈 내의 불만 승객으로부터 민원을 처리할 수 있다.

3-2. 고객 관계 관리

- 크루즈 탑승 승객의 정보를 수집하여 특성을 분석할 수 있다.
- 신규 고객의 유치, 기존 승객의 관리, 상품의 교차판매를 위해 승객 관계 관리(CRM)기법을 활용할 수 있다.

학습 4. 에이전트 관리하기

4–1. 에이전트 평가

- 크루즈 에이전트 평가 기준에 따라 에이전트를 평가할 수 있다.
- 크루즈 에이전트 평가 결과에 따라 에이전트를 선정할 수 있다.

4–2. 에이전트 관리 및 지원

- 크루즈 에이전트 관리 기준에 따라 단위기간별 에이전트의 실적을 관리할 수 있다.
- 크루즈 에이전트를 위하여 판촉 서비스를 지원할 수 있다.

학습 5. 용선 업무 관리하기

5–1. 용선 업체 평가

- 크루즈 용선 업체 평가 기준에 따라 용선 업체를 평가할 수 있다.
- 크루즈 용선 업체 관리 기준에 따라 용선시 필요한 일정, 견적 내용을 평가할 수 있다.

5–2. 용선 계약 및 용선 업무지원

- 크루즈 용선 업체 운영 기준에 따라 용선 계약을 체결할 수 있다.
- 크루즈 용선 업체 운영 기준에 따라 용선 시 필요한 업무를 지원할 수 있다.

주: 학습모듈 8번 크루즈 마케팅의 1번 상품 개발 관리하기와 3번 승객 관리하기는 교과서 1장으로 포함시킴.

도입사례

홀랜드 아메리카 라인 크루즈 전문가로 만들어 드립니다

'홀랜드 아메리카 라인 & 시본 크루즈' 한국 사무소가 크루즈 전문가 양성을 위한 크루즈 스페셜리스트 교육을 진행한다고 11일 밝혔다.

이번 크루즈 스페셜 리스트 교육과정은 크루즈 전문 여행사 및 크루즈 상품에 관심 있는 여행사 직원을 대상으로 크루즈 전문가를 양성하기 위해 기획됐다.

교육은 △홀랜드 아메리카 라인 & 시본 크루즈 특징 및 강점 소개 △크루즈 운항 주기 및 지역별 특징 △여행사 크루즈 패키지 상품 기획 방법 △크루즈 예약 규정(그룹 및 자유여행객) 및 인센티브 크루즈 설명 △간략한 '폴라' 예약시스템 설명 순으로 진행된다.

이번 크루즈 스페셜 리스트 교육 일정은 오는 23일 오후 2시부터 5시까지 서울 중구 서소문로 홀랜드 아메리카 한국사무소에서 시행되며, 모집 인원은 10명이다.

참여 신청은 신청자명, 회사명, 부서명, 직함, 연락처 등을 기재한 신청서를 홀랜드 아메리카 한국사무소 공식 이메일 주소(booking@hollandamericakorea.co.kr)로 보내면 된다.

한편, 홀랜드 아메리카 한국사무소는 지난 10일부터 크루즈 최신 정보를 담은 뉴스레터 서비스인 '크루즈 인사이더'를 선보이고 있다.

출처: 뉴스1(2017. 8. 11.).

example

1. 판매대리점 평가, 선정 및 계약체결

1) 판매대리점의 개념

(1) 에이전트의 어원

에이전트(Agent)이라는 용어는 스포츠 에이전트 비즈니스가 전문적으로 발전하기 시작한 1970년대부터 사용한 것으로 알려져 있다. 미국의 스포츠 에이전트법(The Uniform Athlete Agents Act)에 따르면 스포츠 선수를 모집하여, 이들과 에이전시(Agency) 계약을 통해 이윤을 창출하는 사람으로 에이전트를 정의하고 있다.

(2) 법률적 개념

한국 표준 산업 분류 기준에 따르면 에이전트는 매니저 업에 속하고, 스포츠인 등 공인을 대리하고 관리하는 산업 활동으로서 선수를 대리하며 스포츠 관련 사업체를 운영 기획, 지휘 및 조정하는 사람이다.

(3) 관광산업에서의 에이전트

관광산업은 판매의 애로사항을 극복하고 판매의 활성화를 위하여, 이러한 판매대리점(Agent) 구조를 활용하고 있다. 판매대리점은 GSA(General Sales Agency: 총판매대리점), PSA(Professional Sales Agency: 전문판매대리점), IPP(International Preferred Partners: 국제 판매 파트너), 일반대리점(Agency) 등으로 나눈다. 이외에도 수많은 형태의 위탁 판매계약을 체결하여 운영하고 있다.

2) 크루즈 전문 여행사

(1) 크루즈 전문 여행사의 개념

크루즈 산업에서 대표적인 대리점은 바로 크루즈 상품을 기획, 개발, 판매, 홍보를 하는 여행사가 대표적이다. 한국관광공사의 2013년도 자료에 의하면 크루즈 고객은 여행 상품을 주로 여행사(36.0%), 크루즈 선사(20.7%), 크루즈 선사 웹사이트(18.1%), 여행사 웹사이트(16.6%)를 통해 구입하는 것으로 조사 되었다. 크루즈 전문 여행사는 크루즈 선사들과 계약을 맺어 고객이 원하는 크루즈 상품을 찾아 예약과 결제를 도와주고 크루즈 선사에서 업무 대행 커미션(Commission)을 받는다.

(2) 고객이 대리점 이용할 때 이점

고객은 크루즈 전문 여행사를 이용함으로써 다양한 혜택을 얻을 수 있다. 예를 들면 대리점으로부터 좋은 캐빈의 선정, 가능한 프로모션 적용은 물론 트러블 발생 시 크루즈 회사에 고객 입장을 대변해 준다.

(3) 크루즈 전문 대리점

국내 · 외 크루즈 전문 여행사 이름과 웹사이트를 정리하면 다음과 같다.

표 10-1 국내외 크루즈 전문 여행사

국내 크루즈 전문 여행사	해외 크루즈 전문 여행사
Cruise.co.kr(www.cruise.co.kr)	Easy Cruise.Com(www.easycruise.com)
로얄 올림피아 크루즈(www.cruise4u.co.kr)	The Cruise Web(www.cruiseweb.com)
롯데 관광(www.lottetour.com/cruise)	Cruise.Com(www.cruise.com)
크루즈 나라(www.cruznara.com)	Best Price Cruise(www.bestpricecruise.com)
배낭속 크루즈(cafe.naver.com/cruisein	
크루즈 월드(www.cruiseworld.co.kr)	

3) 대리점 평가 및 선정

(1) 대리점에 대한 평가

대리점에 대한 평가요소로 관광 상품 기획 능력, 모객 능력, 홍보 능력, 여행 상품에 대한 승객 만족도 등이 있다. 또한, 회사 소개서, 법인 등기부 등본, 사업자 등록증, 재무제표 입증 자료, 금융기관 신용평가 등을 이용해 기본 자격 심사를 한다.

(2) 대리점에 대한 평가요소와 평가시기

① 대리점 평가 요소를 검토한다. 일반적으로 관광 상품 기획 능력, 모객 능력, 홍보 능력, 여행 상품에 대한 승객 만족도 향상 등의 지표를 사용한다.

② 평가 방법과 시기를 검토한다.

- 절대 평가를 할 것인지 혹은 상대 평가할 것인지 검토한다.
- 연 1회 6월 혹은 연 2회 6월과 12월 등과 같이 평가시기를 검토한다.

③ 평가 위원회를 구성하며, 위원회의 업무를 파악한다.

- 평가 대상 업체의 선정 및 조정
- 평가 제외 업체에 대한 자격 갱신 및 조정
- 평가 결과에 대한 최종심의 및 조정
- 평가 업체 평가 절차에 관한 제반 사항의 협의 및 조정

④ 전체 합계 점수를 도출한다.

⑤ 합계 점수를 바탕으로 적격 여부를 판단한다.

⑥ 평가자의 의견이 있는지를 확인한다.

(3) 대리점 선정

평가 결과를 바탕으로 일정기준을 상회하면 기존 대리점과의 거래를 지속하든지, 혹은 신규 대리점을 선정하게 된다.

- 우수 업체(A): 평점 90% 이상
- 양호 업체(B): 평점 89~80% 이상
- 보통 업체(C): 평점 79~60% 이상
- 보통 이하 업체(D): 평점 59~40% 이상
- 불량 업체(E): 평점 40% 미만
- 대리점(Agent) 평가하기

표 10-2 대리점(Agent) 평가 기준

<table>
<tr><th colspan="4">대리점(Agent) 평가 기준</th></tr>
<tr><td>회사 명</td><td></td><td>대표자</td><td></td></tr>
<tr><td>사업자 번호</td><td colspan="3"></td></tr>
<tr><td>소재지</td><td colspan="3"></td></tr>
<tr><td>업태</td><td></td><td>종 목</td><td></td></tr>
<tr><th colspan="4">평가 항목 및 기준</th></tr>
<tr><th>평가 항목</th><th>배점</th><th>평가 점수</th><th>조정 점수</th></tr>
<tr><td>크루즈 여행 상품 기획 능력
–기항지 및 선상 관광 포함</td><td>15</td><td></td><td></td></tr>
<tr><td>크루즈 관광객 모객 실적</td><td>15</td><td></td><td></td></tr>
<tr><td>고객 지원(비자 취득, 출입국 절차)</td><td>10</td><td></td><td></td></tr>
<tr><td>업무 수행 능력(인력, 조직, 예산 계획 등)</td><td>10</td><td></td><td></td></tr>
<tr><td>승객 만족도</td><td>10</td><td></td><td></td></tr>
<tr><td>프로모션 능력</td><td>10</td><td></td><td></td></tr>
<tr><td>대금 결재 조건</td><td>10</td><td></td><td></td></tr>
<tr><td>당사 거래 실적</td><td>10</td><td></td><td></td></tr>
<tr><td>기타(안전 매뉴얼 보유, 자격 가이드 고용 실적 등)</td><td>10</td><td></td><td></td></tr>
<tr><td>합계</td><td>100</td><td></td><td></td></tr>
<tr><td>평가 결과</td><td colspan="2">적합</td><td>부적합</td></tr>
<tr><td colspan="4">평가일 년 월 일</td></tr>
<tr><td colspan="2">평가자</td><td colspan="2">승인자</td></tr>
<tr><td colspan="4">평가자 의견</td></tr>
</table>

4) 총판매대리점(GSA) 계약체결

(1) GSA의 개념과 의의

GSA는 General Sales Agent의 약자로 총판매대리점이라고 한다. GSA는 크루즈 선사에서 일정한 지역 또는 한 국가에 대한 판매 독점권을 부여받은 업체인데, 크루즈 선사의 입장에서는 제대로 된 GSA를 확보하는 것이 사업의 성패를 가름한다.

(2) GSA 계약체결 과정

다음의 진행과정은 GSA가 되고자 하는 Agent 입장에서 정리한 내용이다.

① GSA 계약 체결을 위한 준비

크루즈 선사에 대한 조사가 필요하며 다음과 같은 점을 감안한다.

- 계약을 체결하고자 하는 선사의 선박의 수준이 우리나라 시장 고객들에게 적합한가?
- 계약을 체결하고자 하는 선사의 기본정책이 우리의 판매조직에 적합한가?
- 계약을 체결하고자 하는 선사가 국내의 다른 판매조직과 이미 계약관계가 아닌가?

조사가 어느 정도 진전되면 계약을 체결하고자 하는 선사와 접촉을 하여 GSA체결에 대한 의사를 전달한다.

- 의사 전달하는 방법은 직접 방문, 전화, 이메일, 지인 또는 관계자를 통해 전달
- GSA 계약 체결을 필요한 조건을 협의

② GSA 요청 프로포절(Proposal) 준비

계약을 체결하고자 하는 선사와 사전 접촉을 하고, 필요한 사항들을 조율한다.

- 준비하여야 할 자료

• 프레젠테이션(Presentation) 날짜 결정

③ GSA 요청 프리젠테이션

사전 조율을 한 프로포절 자료를 가지고 약속한 장소에 가서 GSA 계약을 요청하는 프레젠테이션을 실시한다.

④ GSA 판매 계약서 체결

프레젠테이션 과정에서 양방(크루즈 선사, 판매 조직)의 만족하면 '크루즈 GSA 판매 계약서'를 체결한다.

• 계약서
• 커미션
• 판매 지원 사항
• 마케팅 방법

⑤ GSA와 국내 위탁판매대리점과의 판매 계약 체결

크루즈 선사의 본사와 GSA 계약을 체결하면 그 계약서를 기초로 하여 국내 또는 일정한 지역에 있는 일반 여행사와 크루즈 판매대리점 계약을 체결한다. 이러한 크루즈 판매대리점들을 크루즈 본사에서는 세컨더리 에이전트(Secondary Agent)라고 부른다.

⑥ Holland America Line의 GSA 현황

2018년 기준 Holland America Line은 전 세계 총 133개국에 233개의 지역본부와 GSA, IPP를 확보하고 있다.

(3) GSA 계약체결 과정 사례

본 과정은 어느 국가에 소재한 여행사가 다른 나라에 있는 크루즈 본사와 크루즈

의 총괄 판매에 대한 계약을 체결해 나가는 과정이다. 한국의 마케팅 전문조직인 'Pison Global. Co., Ltd'가 미국의 Holland America Line Cruise 선사와 판매 계약을 체결해 나가는 과정을 예시로 제시하였다.

① 크루즈 본사와 'GSA 판매 계약' 체결

계약 체결할 크루즈 선사를 결정하는 과정에서 Pison Global은 회사의 주요 정책으로 크루즈 판매 의사 결정을 하고, 여러 경로를 통하여, 여러 선사를 대상으로 GSA 계약을 위한 검토를 하였고, 그 결과 Holland America Line 선사의 크루즈 판매 대행을 하고자 의사 결정을 하였다.

② GSA 요청 Proposal 준비

- 사전 점검: 크루즈 선사와 사전 접촉을 하여 프레젠테이션을 실시하기로 하였다. 아울러 일자, 장소, 참석자, 준비하여야 할 사항을 확인하였다.
- 프레젠테이션 자료 작성: 아래 내용은 선사 제시하기 위하여 Pison Global Co., Ltd에서 작성한 프레젠테이션 자료의 목차이다.

Contents

Ⅰ. General Overview of Pison Global Co., Ltd
  1. Company Overview
  2. Product Contents
  3. A Stockholder Status
Ⅱ. Business
  1. Business Process Stage
  2. Organization & Description
  3. Previous Performance
  4. Targets
    * Revenue
    * Passenger Sales
Ⅲ. Advisory Group
  1. The Role of Advisory Group
  2. The Members of Advisory Group
Ⅳ. Competition in Korea
  1. The Name of Travel Agency of GSA for Other Cruise Line
Ⅴ. Copies of a Certification of Incorporation and a Certification of Business Inscription
Ⅵ. Curriculum Vitae of CEO
Ⅶ. Marketing Plan for Holland America Line(2002–2004)

1. Goal
2. Overview
   1) Overview of Business Situation
   2) Revenue Targets
   3) Passenger Sales Targets
3. Previous Performance Analysis
4. SWOT Analysis
5. Competition Analysis
6. Strategies
   1) Concept Strategies
   2) Pricing Strategies
   3) Publicity/Advertising Strategies
   4) Products Strategies
   5) Channels

Ⅷ. Action Plan
1. Direct Sales
2. Incentive Sales Force
3. Travel Agency
4. Dealer Sales
5. Account Incentive & Seminar Meeting
6. Alumni Associations
7. Web Site

그림 10-1 Presentation 자료집 표지

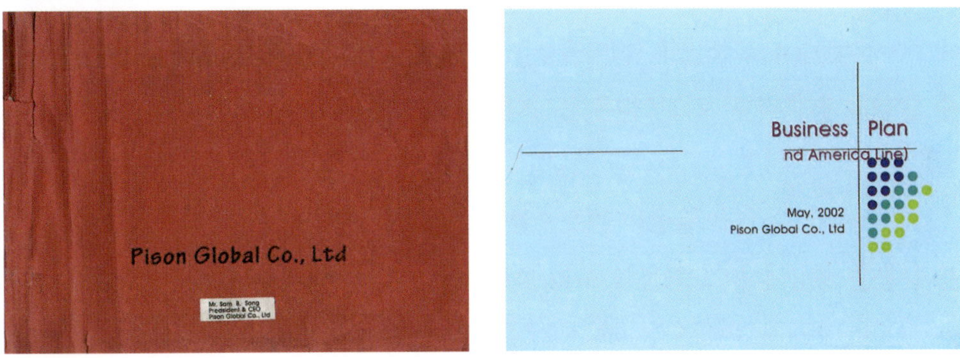

출처: Pison Global Co. Ltd.

③ GSA 요청 프리젠테이션

사전 조율 과정에 의하여 준비한 프로포절 자료를 준비하고 약속한 장소에 가서 GSA을 요청하는 프리젠테이션을 실시한다.

④ GSA 판매계약서 체결

프리젠테이션 과정에서 양방(크루즈 선사, 판매 조직)의 만족하면, 크루즈 GSA 판

매계약서를 체결한다. 다음 내용은 여행사와 크루즈 선사 간에 맺은 계약서 사본이다.

표 10-3 GSA Agreement 내용 목차

Holland America Line Inc. GSA Agreement

A. Agency
B. Sales Period
C. Sales Objectives
D. Commission Rates
E. Applicable Geographic Area
F. Pricing, Discounts, Tour Escort Concessions
G. Final Payment due Date
H. Deposit Requirements
I. Legal Requirements
J. Charter Agreements
K. Currency Matters
L. Inclusions
M. Basic Terms and Conditions
  1. Definitions
  2. General Provisions
  3. Commissions
  4. Marketing & Administrations
  5. Endorsement of HAL
  6. Procedural Matters
  7. Trademark and Intellectual Property Restrictions
  8. General Advertising Pricing Policy
  9. Internet Requirment and Guideline
  10. Assignability by Agency
  11. Indemnification
  12. Insurance

출처: GSA Agreement between Holland America Line & Pison Global Co. Ltd, Pison Global Co. Ltd.

그림 10-2 GSA Agreement

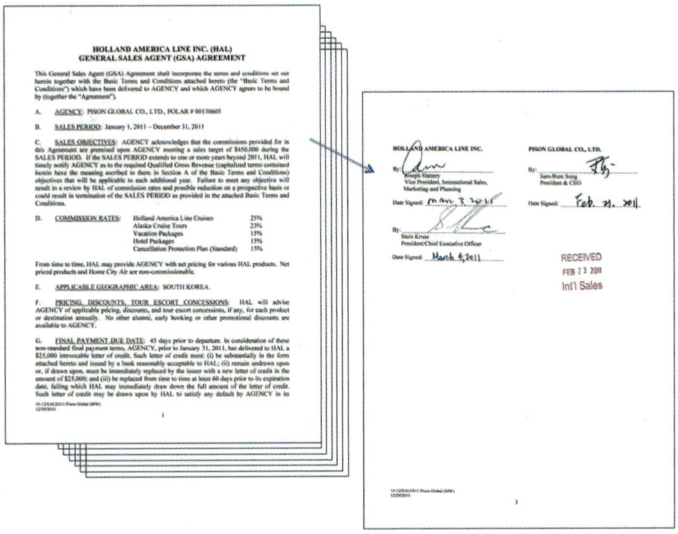

HOLLAND AMERICA LINE INC. (HAL)
GENERAL SALES AGENT (GSA) AGREEMENT

This General Sales Agent (GSA) Agreement shall incorporate the terms and conditions set out herein together with the Basic Terms and Conditions attached hereto (the "Basic Terms and Conditions") which have been delivered to AGENCY and which AGENCY agrees to be bound by (together the "Agreement").

A. AGENCY: PISON GLOBAL CO., LTD., POLAR # 00130605

B. SALES PERIOD: January 1, 2011 – December 31, 2011

C. SALES OBJECTIVES: AGENCY acknowledges that the commissions provided for in this Agreement are premised upon AGENCY meeting a sales target of $450,000 during the SALES PERIOD. If the SALES PERIOD extends to one or more years beyond 2011, HAL will timely notify AGENCY as to the required Qualified Gross Revenue (capitalized terms contained herein have the meaning ascribed to them in Section A of the Basic Terms and Conditions) objectives that will be applicable to each additional year. Failure to meet any objective will result in a review by HAL of commission rates and possible reduction on a prospective basis or could result in termination of the SALES PERIOD as provided in the attached Basic Terms and Conditions.

D. COMMISSION RATES:

Holland America Line Cruises	25%
Alaska Cruise Tours	23%
Vacation Packages	15%
Hotel Packages	15%
Cancellation Protection Plan (Standard)	15%

From time to time, HAL may provide AGENCY with net pricing for various HAL products. Net priced products and Home City Air are non-commissionable.

E. APPLICABLE GEOGRAPHIC AREA: SOUTH KOREA.

F. PRICING, DISCOUNTS, TOUR ESCORT CONCESSIONS: HAL will advise AGENCY of applicable pricing, discounts, and tour escort concessions, if any, for each product or destination annually. No other alumni, early booking or other promotional discounts are available to AGENCY.

G. FINAL PAYMENT DUE DATE: 45 days prior to departure. In consideration of these non-standard final payment terms, AGENCY, prior to January 31, 2011, has delivered to HAL a $25,000 irrevocable letter of credit. Such letter of credit must: (i) be substantially in the form attached hereto and issued by a bank reasonably acceptable to HAL; (ii) remain undrawn upon or, if drawn upon, must be immediately replaced by the issuer with a new letter of credit in the amount of $25,000; and (iii) be replaced from time to time at least 60 days prior to its expiration date, failing which HAL may immediately draw down the full amount of the letter of credit. Such letter of credit may be drawn upon by HAL to satisfy any default by AGENCY in its

1

HOLLAND AMERICA LINE INC.
By: Joseph Slattery, Vice President, International Sales, Marketing and Planning
Date Signed: Mar. 3, 2011
By: Stein Kruse, President/Chief Executive Officer
Date Signed: March 4, 2011

PISON GLOBAL CO., LTD.
By: Sam-Bum Song, President & CEO
Date Signed: Feb. 21. 2011

RECEIVED
FEB 23 2011
Int'l Sales

3

출처: GSA Agreement between Holland America Line & Pison Global Co. Ltd, Pison Global Co. Ltd.

⑤ GSA와 국내 위탁판매대리점 판매 계약 체결

크루즈선사의 본사와 'GSA 판매 계약'을 체결하면 계약서를 기초로 하여 국내 또는 일정한 지역에 있는 일반 여행사와 크루즈 판매대리점 계약을 체결한다. 이를 크루즈 본사에서는 세컨더리 에이전트(Secondary Agent)라고 부른다. 계약 체결시 GSA 회사가 갑이 되고 세컨더리 에이전트가 을이 되는 구조로 계약서를 체결한다.

업무제휴 계약서

1. 계약의 목적
2. 지위
3. 갑의 의무
4. 을의 의무
5. 크루즈 수배업무
6. 크루즈 수배 업무의 변경
7. 크루즈 비용
8. 현지에서의 수배 업무의 기본
9. 사고 처리
10. 브랜드 사용
11. 기밀 유지
12. 개인정보 보호
13. 계약기간
14. 계약의 해지
15. 계약의 양도
16. 업무제휴 계약서 부속 약정서

출처: Pison Global Co. Ltd 제공 크루즈 판매 업무제휴 계약서, 저자 작성.

그림 10-3 업무제휴 계약서

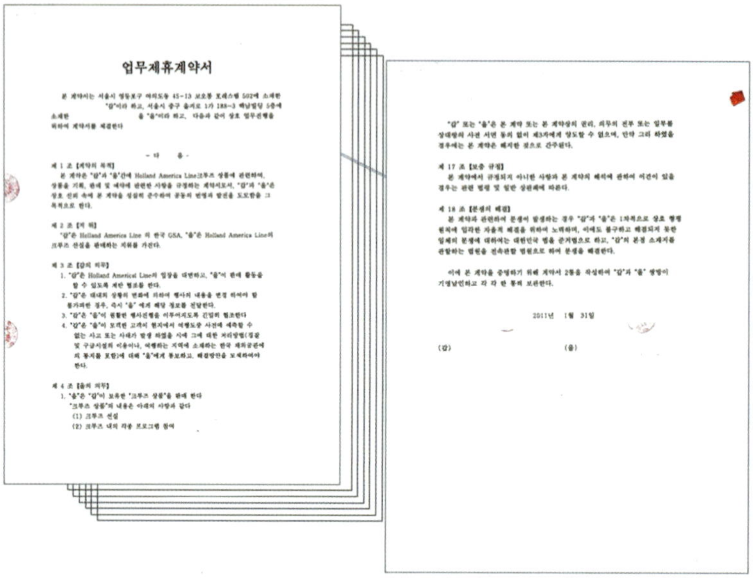
업무제휴계약서

2011년 1월 31일

(갑) (을)

출처: Pison Global Co. Ltd 제공, 크루즈 판매 업무제휴 계약서사본, 저자 적성.

5) 크루즈 본사와 IPP, PSA 판매계약 체결

(1) IPP(국제판매대리점)

IPP(International Preferred Partners)는 여행사가 크루즈 본사와 직접 체결하는 판매 계약으로 여행사가 보유하고 있는 판매 수단을 활용하여 자체 판매만을 할 수 있다. 따라서 다른 여행사를 활용하여 판매 행위를 하거나, 제3의 여행사와 대리점 계약을 체결하는 권한은 없다. 계약 체결을 위한 과정은 GSA 계약 체결하는 과정과 대동소이 하다.

Holland America Line의 IPP 계약서도 GSA 계약서와 형식은 같다. 다만 계약서의 내용이 GSA 계약서의 내용과 악간 상이할 뿐이다. 참고로 다음에 제시하는 [그림 10-4]는 IPP 계약서의 사본이다.

그림 10-4 IPP Agreement

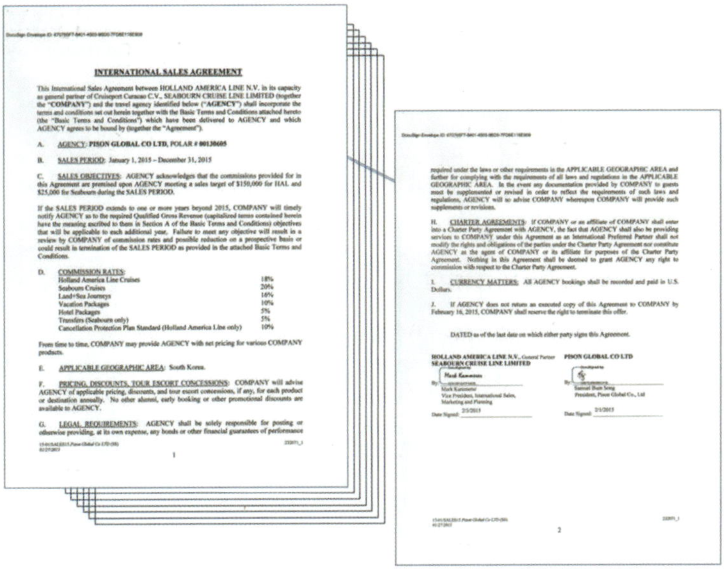

INTERNATIONAL SALES AGREEMENT

This International Sales Agreement between HOLLAND AMERICA LINE N.V. in its capacity as general partner of Cruiseport Curacao C.V., SEABOURN CRUISE LINE LIMITED (together the "COMPANY") and the travel agency identified below ("AGENCY") shall incorporate the terms and conditions set out herein together with the Basic Terms and Conditions attached hereto (the "Basic Terms and Conditions") which have been delivered to AGENCY and which AGENCY agrees to be bound by (together the "Agreement").

A. AGENCY: PISON GLOBAL CO LTD, POLAR # 00130605

B. SALES PERIOD: January 1, 2015 – December 31, 2015

C. SALES OBJECTIVES: AGENCY acknowledges that the commissions provided for in this Agreement are premised upon AGENCY meeting a sales target of $150,000 for HAL and $25,000 for Seabourn during the SALES PERIOD.

If the SALES PERIOD extends to one or more years beyond 2015, COMPANY will timely notify AGENCY as to the required Qualified Gross Revenue (capitalized terms contained herein have the meaning ascribed to them in Section A of the Basic Terms and Conditions) objectives that will be applicable to each additional year. Failure to meet any objective will result in a review by COMPANY of commission rates and possible reduction on a prospective basis or could result in termination of the SALES PERIOD as provided in the attached Basic Terms and Conditions.

D. COMMISSION RATES:

Holland America Line Cruises	18%
Seabourn Cruises	20%
Land+Sea Journeys	16%
Vacation Packages	10%
Hotel Packages	5%
Transfers (Seabourn only)	5%
Cancellation Protection Plan Standard (Holland America Line only)	10%

From time to time, COMPANY may provide AGENCY with net pricing for various COMPANY products.

E. APPLICABLE GEOGRAPHIC AREA: South Korea.

F. PRICING, DISCOUNTS, TOUR ESCORT CONCESSIONS: COMPANY will advise AGENCY of applicable pricing, discounts, and tour escort concessions, if any, for each product or destination annually. No other alumni, early booking or other promotional discounts are available to AGENCY.

G. LEGAL REQUIREMENTS: AGENCY shall be solely responsible for posting or otherwise providing, at its own expense, any bonds or other financial guarantees of performance

1

required under the laws or other requirements in the APPLICABLE GEOGRAPHIC AREA and further for complying with the requirements of all laws and regulations in the APPLICABLE GEOGRAPHIC AREA. In the event any documentation provided by COMPANY to guests must be supplemented or revised in order to reflect the requirements of such laws and regulations, AGENCY will so advise COMPANY whereupon COMPANY will provide such supplements or revisions.

H. CHARTER AGREEMENTS: If COMPANY or an affiliate of COMPANY shall enter into a Charter Party Agreement with AGENCY, the fact that AGENCY shall also be providing services to COMPANY under this Agreement as an International Preferred Partner shall not modify the rights and obligations of the parties under the Charter Party Agreement nor constitute AGENCY as the agent of COMPANY or its affiliate for purposes of the Charter Party Agreement. Nothing in this Agreement shall be deemed to grant AGENCY any right to commission with respect to the Charter Party Agreement.

I. CURRENCY MATTERS: All AGENCY bookings shall be recorded and paid in U.S. Dollars.

J. If AGENCY does not return an executed copy of this Agreement to COMPANY by February 16, 2015, COMPANY shall reserve the right to terminate this offer.

DATED as of the last date on which either party signs this Agreement.

HOLLAND AMERICA LINE N.V., General Partner
SEABOURN CRUISE LINE LIMITED
By: ____
Vice President, International Sales, Marketing and Planning
Date Signed: 2/5/2015

PISON GLOBAL CO LTD
By: ____
President, Pison Global Co., Ltd
Date Signed: 2/5/2015

2

출처: Pison Global Co. Ltd 제공. IPP Agreement between Holland America Line & Pison Global Co. Ltd.

(2) PSA(전문판매대리점)

PSA(Professional Sales Agent)는 전문판매대리점으로서 크루즈를 전문으로 판매하는 조직(여행사)이다. 비교적 계약이 수월한데 한 지역 내 또는 한 도시에도 여러 개의 PSA를 계약할 수 있다. 그리고 계약의 주체가 크루즈 본사의 경우도 있으며, 크루즈 지역 본부(예를 들어 아시아 지역 본부, 서부 유럽 지역 본부 등)가 될 수도 있다.

2. 크루즈 판매촉진

1) 판매촉진의 개념

(1) 판매촉진 개념

마케팅 믹스(marketing)는 시장에서 타사제품과 경쟁할 수 있는 마케팅 도구인데 제품(product), 가격(price), 유통(place) 그리고 촉진(promotion) 등 4P로 요약한다. 판매촉진(SP, sales promotion)은 소비자의 직접 구매를 유도하고 판매의 효율성을 높이기 위한 마케팅 커뮤니케이션 활동으로 광고, 홍보, 인적판매 등과 함께 촉진을 구성한다.

(2) 촉진수단

① 광고(Advertising)

광고주가 비인적 매체를 통해 소비자와 커뮤니케이션하며 자사 제품을 알리고, 설득하고, 상기하게 하는 것을 목적으로 한다.

② PR(Public Relations)과 홍보(Publicity)

PR은 기업이 사회와 이상적인 관계를 수립하기 위해 벌이는 활동을 말한다. 기업은 정부 기관, 언론, 각종 단체 등에 호의적인 이미지를 심어주기 위해 여러 가지 활동을 벌인다. PR활동은 홍보라는 수단을 통해서 기업에 대한 호의적 여론을 형성하는 것이다.

③ 판매촉진(Sales Promotion)

판매촉진은 소비자의 직접 구매를 유도하고 판매의 효율성을 높이기 위한 마케팅 커뮤니케이션 활동으로 광고, 홍보, 인적 판매 등을 제외한 촉진활동을 말한다.

④ 인적 판매(Personal selling)

판매원이 고객과의 직접 대화를 통해서 자사의 제품이나 서비스를 구매하도록 설득한다.

2) 크루즈 상품 판매촉진 방법

(1) 크루즈 개별 고객을 위한 판매촉진

개별 고객을 위한 판매촉진의 목적은 대량 구매와 충동구매를 자극하고, 비사용자의 시험 사용을 유도하기 위함이다. 뿐만 아니라 경쟁 제품을 사용하는 고객을 자사의 고객으로 전환하려는 목적을 가지고 진행한다.

(2) 에이전트를 위한 판매촉진

중간상을 위한 판매촉진의 목적은 다양한 판매촉진 도구를 이용하여 중간상이 자사 제품을 취급하고 판매에 열성을 갖게 하도록 동기 부여를 제공하기 위함이다. 또한, 자사 제품에 대한 중간상의 계속적인 지원을 확보하기 위한 수단으로 이용한다.

3) 촉진수단의 활용

(1) 개인을 위한 촉진방법

① 견본(Sample): 견본은 소비자에게 특정 제품을 무료로 제공하는 것을 말한다. 신제품 도입 시에 효과적인 판촉 수단이지만 가장 비용이 많이 드는 판촉 수단 중의 하나이다.

② 쿠폰(Coupon): 쿠폰은 소비자가 특정 제품을 구매할 때 할인 혜택을 받는 것을 말한다. 도입기나 성장기에 새로운 상표의 조기 사용을 유도하는 데도 효과적이다.

④ 프리미엄(Premium): 특정한 제품이나 서비스의 구매를 위한 자극제로서 구매자에게 사례의 뜻으로 무료 또는 염가로 제공하는 경품을 말한다.

④ 현금 환불(Cash refund offers): 소비자가 제품을 구입하는 시기에 가격 인하를 하는 것이 아니라 구매 후 가격 인하를 제공하는 것을 의미한다.

⑤ 소액 할인(Cent off deal): 할인 가격 촉진이라고도 하며, 정가에서 일정한 비율이 할인된 가격을 포장에 표시하여 판매하는 것을 말한다.

⑥ 무료 시용(Trial free): 잠재 구매자의 구매 자극을 목적으로 무료로 제품을 시용할 수 있도록 초대하는 방법이다.

⑦ 연계 촉진(Tie-in-promotion): 판매력을 강화하기 위하여 둘 이상의 기업이나 상표에 대하여 서로 공유하며, 사용할 수 있는 쿠폰, 환불 등의 수단을 서로 공동 사용하는 것을 말한다.

⑧ 콘테스트(Contest): 불특정 다수의 소비자를 대상으로 하며 추첨, 심사 등의 방법으로 상품을 제공하는 것을 말한다. 퀴즈 맞추기, 브랜드 짓기, 표어 짓기 등을 통해 자사 제품에 대한 호의적인 태도나 감정을 갖도록 한다.

(2) 에이젠트(PSA, 여행 대리점, 여행사 등)을 위한 판매촉진 방법

① 인센티브(Incentive): 판매 목표를 달성한 에이전트에게 그 대가를 제공하는 것이다. 크루즈 에이전트의 경쟁심을 자극해서 판매를 적극적으로 장려하기 위해서이다.

② 공제(Allowance): 에이전트에게 자사 제품 판매를 위해 노력한 대가를 보상하는 것이다. 자사 제품의 광고를 위해 노력하거나, 자사 제품을 일정량 이상 구매할 때(예: 호텔 객실 판매), 에이전트가 광고나 판촉을 할 때 이를 지원해 주는 것이다.

③ 리베이트(Rebate): 에이전트와 크루즈 사가 판매량, 판매 방법, 결제 조건 등 여러 가지 조건에 대해 약정하고, 약정한 조건의 결과에 따라 판매 장려금, 판매 수수료 등을 지급하는 방법이다.

4) 판매촉진 실행

(1) 판매촉진 목적을 명확히 한다.

판매촉진은 신상품 출시, 단기 매출 확대, 신규 고객 유치, 기존 고객 유지, 경쟁사와의 경쟁 등 다양한 목적으로 수행할 수 있다. 크루즈 기업은 신규 모항이나 기항지에 관련한 판매촉진을 할 경우 팸 투어(Fam tour), 체험 행사, 출시 기념 가격 할인, 기존 제품의 교환 등을 이용할 수 있다.

(2) 경쟁 업체 사례를 분석한다.

자사는 물론 타사의 판매촉진 사례 조사를 실시하여 자사의 판매촉진 목적, 방법, 대상, 시기 등을 결정하는 데 활용한다.

(3) 판매촉진 대상과 시기를 결정한다.

판매촉진은 시기에 따라서도 가정의 달, 연말 · 초, 명절, 휴가 · 관광 시즌, 입학 · 졸업시즌 등 월별/계절별로 판매촉진 계획을 수립할 수 있다. 가령, 버뮤다 크루즈 여행은 9월에서 11월 혹은 12월 초까지가 비수기이므로 요금 할인 행사가 많이 이루어진다.

(4) 예산 계획을 수립한다.

판매촉진 활동을 위한 예산이 충분히 확보되어 있는지를 확인한다.

(5) 판매촉진을 수행할 직원을 교육 훈련시킨다.

판매원의 판매 능력, 회계, 구매, 재고 등의 제반 업무를 효과적으로 수행할 수 있도록 교육, 세미나 등을 실시한다.

(6) 판매촉진 효과를 분석한다.

고객에게 촉진 커뮤니케이션의 효과가 어떻게 나타났는가를 조사한 후, 어떤 내용의 메시지를 인식 혹은 기억하고 있는가, 메시지를 통해 실제로 제품을 구입하였는지 등의 자료를 수집한다. 가령, 판매촉진을 통해 고객이 상표 전환이나 재구매 비율이 높았는지 분석한다.

(7) 효과 분석 결과를 토대로 문제점 도출과 개선 방향을 정한다.

효과 분석 결과의 피드백을 통해 조사 목적, 대상, 방법 등에 대하여 문제점이 있었는지를 조사해 본다. 또한, 분석 결과를 바탕으로 향후 개선 방향을 검토한다.

(8) 촉진 믹스의 장단점을 비교해 본다.

촉진 믹스 중 광고는 브랜드 인지도와 이미지 개선에, 홍보는 목표 고객에게 신뢰감을 심어주는데 효과적이다. 판매촉진은 광고나 홍보 등으로 형성된 호의적인 감정이 실제 구매로 이어지는데 직접적인 역할을 한다. 인적 판매는 고객과의 직접적인 관계 형성 발전을 토대로 판매 증대에 기여한다(권성길 · 김성용, 2013).

3. 판매대리점 관리 및 지원

1) 판매대리점 관리

(1) 판매대리점 평가와 관리의 목적

판매대리점을 평가하는 것은 판매대리점을 효과적으로 관리하고 더나가 상호 협력 파트너십을 형성하여 경쟁력을 확보하기 위함이다. 이를 위하여 대리점 관리 규정을 만들어 대리점 관리에 대한 책임과 권한을 명확히 해야 한다. 대리점 관리 담당자가 업무에 대한 이해도를 높일 수 있으며, 업무에 대한 과실을 최소화할 수 있다.

(2) 부실대리점 관리

부실대리점의 문제는 판매대리점 회사만의 문제가 아니라 선사의 대외 이미지에 부정적 영향을 미칠 수 있다. 부실대리점이라 판단되면 거래 중지 혹은 특별 관리할 필요가 있다. 크루즈 선사인 본사는 끊임없이 전 세계에 있는 판매 조직을 관리 또는 지원하여야 한다.

2) 판매대리점 지원

(1) 지원의 형태

선사가 전 세계에 있는 GSA나 IPP 등의 판매 조직에 제공하는 지원이나, GSA가 자국의 판매 지역 내에 있는 PSA나 판매대리점을 지원하는 내용은 동일하다고 볼 수 있다. 대체적으로 다음과 같이 지원을 한다.

① 관리 성격의 지원: GSA 세미나 & 미팅, 마케팅 펀드지원, 크루즈 설명회, 팸투어, 리포트 제출(연간, 분기별), 업계 순회 방문 등

② 판촉 성격의 지원: 세일즈북(Sales Book), 브로셔, 포스터, S-Banner, Video, 특별 프로그램(상품 개발) 제공 등

(2) 여행 상품 개발 기획 및 개발 지원

크루즈 판매대리점은 여행 상품을 기획 및 개발하고 판매한다. 선사는 크루즈 판매대리점의 이러한 상품 개발 및 판촉 활동을 지원한다. 이러한 업무를 크루즈 판매대리점이 담당하는 이유는 대리점이 고객과 빈번한 상호 작용을 하여 크루즈 관

련 최신 여행 정보를 더 많이 소유하고 있기 때문이다. 뿐만 아니라 대리점은 편리한 원 스톱 크루즈 여행, 즉 숙박, 오락, 식사, 쇼핑, 교통, 기타 활동 등 업무를 하기 때문이다.

(3) 브로셔(Brochure) 제작 지원

크루즈 판매대리점이 크루즈 여행 상품을 판매하기 위해 가장 널리 이용하는 수단이 브로셔인데 선사는 대리점의 브로셔 제작 시 크루즈 선박에 관한 각종 정보 및 기항지 관련 정보를 제공한다. 크루즈 브로셔 앞쪽 페이지에는 일반적으로 즐거워하는 승객 모습, 갑판에서의 활동, 음식, 기항지 사진 등으로 구성한다. 이를 통해 판매대리점 담당자는 크루즈 여행의 등급 수준을 이해할 수 있다. 브로셔 뒷부분에는 승객의 거주지에서 항구까지 항공 요금의 부과 여부, 계약금, 예약 취소 규정 및 예약 취소 보험, 팁 제도, 입출항 정보 등이 실린다.

(4) 특별 여행 상품 기획 지원

오늘날 많은 크루즈 선사가 특별 주제의 여행 상품을 개발하고 있다. 50년대와 60년대의 음악, 포커, 풋볼, 야구, 자연 연구, 고고학 체험 등의 크루즈 여행 상품의 개발이 좋은 예이다. 이러한 주제의 크루즈 여행 상품을 개발하고, 효과적 홍보를 위해서 크루즈 선사는 브로슈어 제작이나 인센티브 등을 지원한다.

3) 판매대리점 지원 실무

(1) GSA 세미나 & 미팅

다음은 Holland America Line에서 아시아/남태평양 지역 GSA 미팅 & 세미나를 호주에서 실시하였다. [그림 10-5]는 당시 미팅 일정표 요약이다.

(2) 크루즈 설명회

크루즈 선사에서는 새로운 선박이 취항을 하게 되거나, 선사의 중요한 정책의 변화가 발생하거나, GSA 미팅을 진행할 경우에 특별한 크루즈 설명회를 실시한다. 국내에서는 GSA 업체가 선사를 대신하여 PSA 업체나 일반 판매대리점들을 대상으로 사업설명회를 실시한다. [그림 10-6]은 '2004 HAL 세일즈 세미나'를 미국 플로리다 포트로러데일(FT. Lauderdale)항에서 실시하였을 때 자료집의 표지이며, 또 다른 하나는 '배낭 속 크루즈'라는 판매대리점에서 미래의 크루저들을 위한 사업설명회 자료의 표지이다.

그림 10-5 Holland America Line GSA Meeting 2003

Holland America

2003 Holland America
Asian & South Pacific G.S.A. Meeting

- Watermark Hotel, Queensland Australia
- October 19, 20 & 21, 2003

1. October 19
   - 18:30 - 21:30 Welcome reception and buffet diner
2. October 20
   - 09:30 - 10:45 GSA meeting
   - 10:45 - 11:00 Coffee Break
   - 11:00 - 12:00 GSA meeting
   - 15:00 - 15:15 Coffee Break
   - 15:15 - 16:30 GSA meeting
   - 18:30 – Cocktails and dinner at a location to be announced.
3. October 21
   - 09:30 - 10:45 GSA meeting
   - 10:45 - 11:00 Coffee Break
   - 11:00 - 12:00 GSA meeting
   - 12:00 - 13:30 Lunch
   - 13:30 - 15:00 GSA meeting
   - 15:00 - 15:15 Coffee Break
   - 15:15 - 16:30 GSA meeting

CASUAL BUSINESS ATTIRE FOR ALL MEETINGS AND FUNCTIONS.

Holland America

THE CHALLENGE OF
INCREASING "YIELD" IN 2004

1. Welcome by Paul Shortell
2. Asian regional sales versus total GSA sales
3. 2004 Brochure and CD review.
4. Compare Brochure destinations with your own achievements
5. Wholesalers Group Rates (Alaska & Caribbean)
6. Replies from GSA's i.e. Caribbean Wholesalers Rates.
7. Use of Action plans such as 5 day Flash or 30/60 day ES rates. Also "one world, one price"
8. E-mail returned - Box full
9. The "Myths" of sales
10. What worked and what did not work. Your most successful sales program during 2003
11. New reservation system in 04
12. Fleet increase in 04 is 11%. Min. Increase in sales over previous year
13. Sales Performance – New GSA contracts.

SAM BUM SONG
GSA-Korea

출처: Pison Global Co. Ltd.

그림 10-6 2004 HAL Sales Seminar & 배낭속 크루즈의 사업설명회

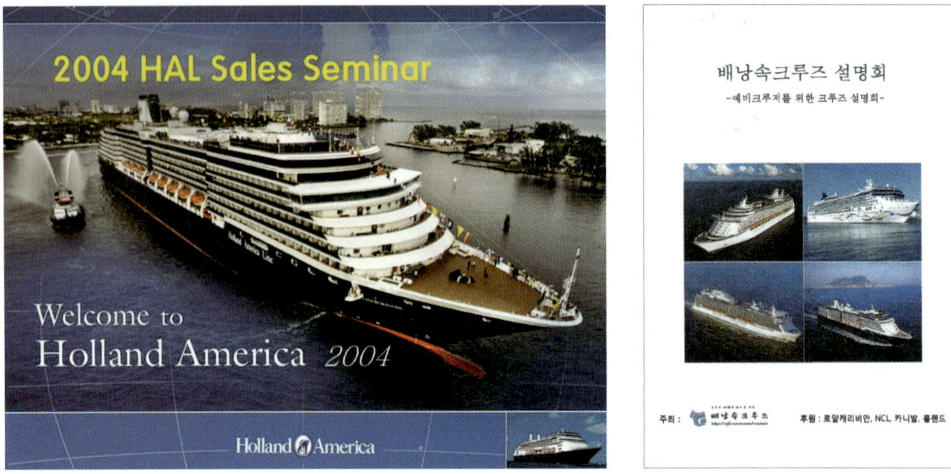

출처: Pison Global Co. Ltd.

(3) 팸 투어(Fam Tour)

크루즈 업계에서 FAM Tour가 중요한 마케팅 수단으로 활용되고 있다. 크루즈 산업은 일반인들이 일반적인 관광 시설보다 경험하기가 쉽지 않기 때문에, 판매 하는데도 애로사항이 있다. 그래서 적절한 크루즈 선박이 국내의 항구에 입항 하였을 때, 크루즈 관련자들과 함께 크루즈에 승선하거나, 단기간의 크루즈 체험을 하는 것이다.

[그림 10-7]은 2004년도에 Holland America Line의 m/s. Amsterdam호가 제주에 입항하였을 때, 국내의 유수 크루즈 관련자들이 함께 탑승하여, 팸 투어(Fam Tour)를 실시한 프로그램이다.

(4) 리포트 제출(Annual Report, Quarterly Report)

GSA는 크루즈 본사에 정기적인 리포트를 제출하도록 되어 있는데, 보고서 자체가 판촉을 지원하는 것은 아니지만 이러한 리포트를 제출하게 함으로써 GSA나 IPP 등의 판촉 조직(에이전트)들을 독려하는 역할을 한다. [그림 10-8]은 Annual Report(연간 마케팅 보고서)이다.

그림 10-7 2004 HAL Cruise Fam Tour

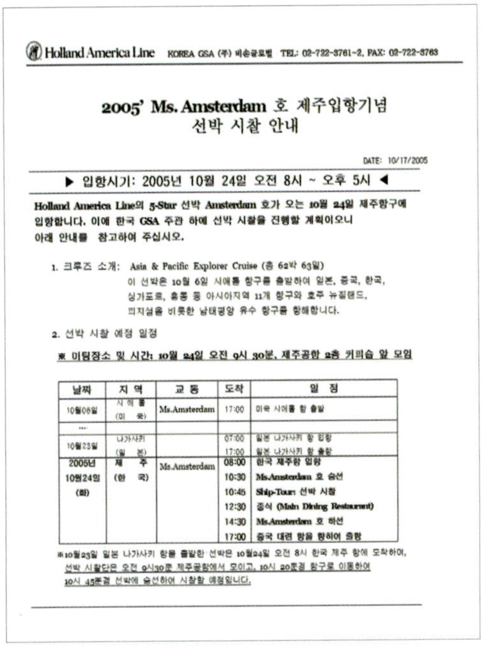

Holland America Line KOREA GSA (주) 비손글로벌 TEL: 02-722-3761~2, FAX: 02-722-3763

2005' Ms. Amsterdam 호 제주입항기념
선박 시찰 안내

DATE: 10/17/2005

▶ 입항시기: 2005년 10월 24일 오전 8시 ~ 오후 5시 ◀

Holland America Line의 5-Star 선박 Amsterdam 호가 오는 10월 24일 제주항구에 입항합니다. 이에 한국 GSA 주관 하에 선박 시찰을 진행할 계획이오니 아래 안내를 참고하여 주십시오.

1. 크루즈 소개: Asia & Pacific Explorer Cruise (총 62박 63일)
이 선박은 10월 6일 시애틀 항구를 출발하여 일본, 중국, 한국, 싱가포르, 홍콩 등 아시아지역 11개 항구와 호주 뉴질랜드, 피지섬을 비롯한 남태평양 유수 항구를 항해합니다.

2. 선박 시찰 예정 일정

※ 미팅장소 및 시간: 10월 24일 오전 9시 30분, 제주공항 2층 커피숍 앞 모임

날짜	지 역	교 통	도착	일 정
10월06일	시애틀 (미 국)	Ms.Amsterdam	17:00	미국 시애틀 항 출발
...				
10월23일	나가사키 (일 본)		07:00	일본 나가사키 항 입항
			17:00	일본 나가사키 항 출항
2005년 10월24일 (화)	제 주 (한 국)	Ms.Amsterdam	08:00	한국 제주항 입항
			10:30	Ms.Amsterdam 호 승선
			10:45	Ship-Tour: 선박 시찰
			12:30	중식 (Main Dining Restaurant)
			14:30	Ms.Amsterdam 호 하선
			17:00	중국 대련 항을 향하여 출항

※10월23일 일본 나가사키 항을 출발한 선박은 10월24일 오전 8시 한국 제주 항에 도착하여, 선박 시찰단은 오전 9시30분 제주공항에서 모이고, 10시 20분경 항구로 이동하여 10시 45분경 선박에 승선하여 시찰할 예정입니다.

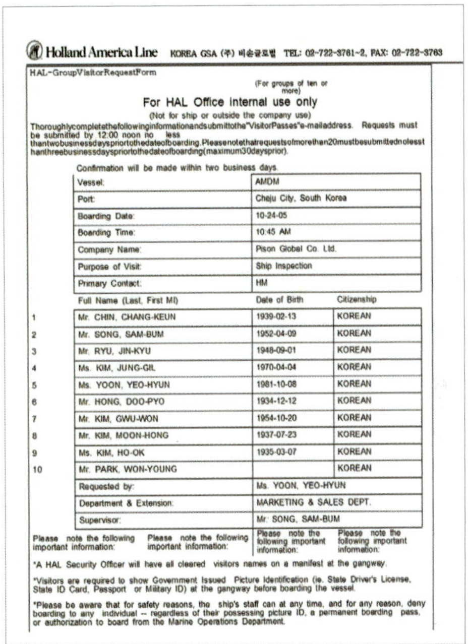

Holland America Line KOREA GSA (주) 비손글로벌 TEL: 02-722-3761~2, FAX: 02-722-3763

HAL-GroupVisitorRequestForm

(For groups of ten or more)

For HAL Office internal use only

(Not for ship or outside the company use)

Thoroughlycompletethefollowinginformationandsubmittothe"VisitorPasses"e-mailaddress. Requests must be submitted by 12:00 noon no less thantwobusinessdayspriortothedateofboarding.Pleasenotethatrequestsofmorethan20mustbesubmittednolessthanthreebusinessdayspriortothedateofboarding(maximum30daysprior).

Confirmation will be made within two business days.

Vessel:	AMDM
Port:	Cheju City, South Korea
Boarding Date:	10-24-05
Boarding Time:	10:45 AM
Company Name:	Pison Global Co. Ltd.
Purpose of Visit:	Ship Inspection
Primary Contact:	HM

	Full Name (Last, First MI)	Date of Birth	Citizenship
1	Mr. CHIN, CHANG-KEUN	1939-02-13	KOREAN
2	Mr. SONG, SAM-BUM	1952-04-09	KOREAN
3	Mr. RYU, JIN-KYU	1948-09-01	KOREAN
4	Ms. KIM, JUNG-GIL	1970-04-04	KOREAN
5	Ms. YOON, YEO-HYUN	1981-10-08	KOREAN
6	Mr. HONG, DOO-PYO	1934-12-12	KOREAN
7	Mr. KIM, GWU-WON	1954-10-20	KOREAN
8	Mr. KIM, MOON-HONG	1937-07-23	KOREAN
9	Ms. KIM, HO-OK	1935-03-07	KOREAN
10	Mr. PARK, WON-YOUNG		KOREAN

Requested by:	Ms. YOON, YEO-HYUN
Department & Extension:	MARKETING & SALES DEPT.
Supervisor:	Mr. SONG, SAM-BUM

Please note the following important information: Please note the following important information: Please note the following important information: Please note the following important information:

*A HAL Security Officer will have all cleared visitors names on a manifest at the gangway.

*Visitors are required to show Government Issued Picture Identification (ie. State Driver's License, State ID Card, Passport or Military ID) at the gangway before boarding the vessel.

*Please be aware that for safety reasons, the ship's staff can at any time, and for any reason, deny boarding to any individual -- regardless of their possessing picture ID, a permanent boarding pass, or authorization to board from the Marine Operations Department.

출처: Pison Global Co. Ltd 제공.

그림 10-8 Annual Marketing Plan 2012-2013 Report

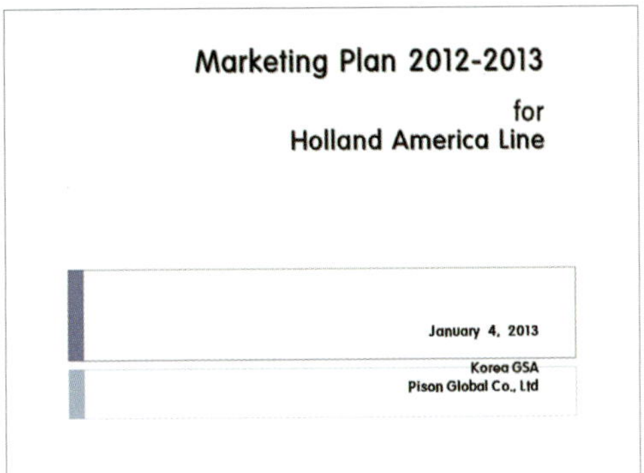

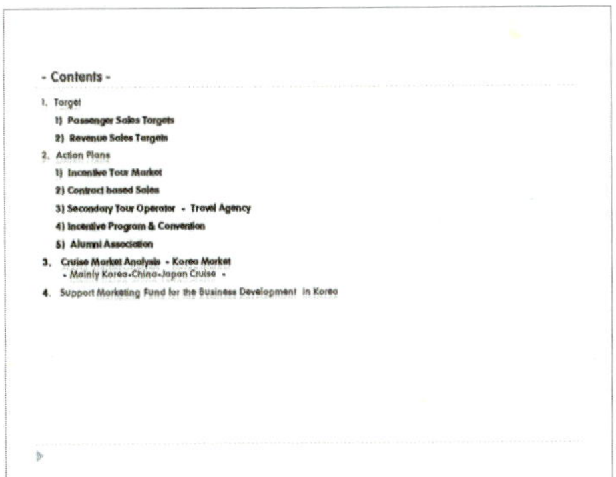

출처: Pison Global Co. Ltd.

(5) 업계 순회 방분 및 세미나 개최

크루즈 본사에서는 전 세계에 있는 많은 판매 조직을 잘 훈련시켜서, 최대의 효과를 올리도록 많은 노력을 기울인다. 그 일환으로 본사의 마케팅 직원들은 끊임없이 전 세계의 GSA나 IPP업체들을 순회 방문하면서 판매를 독려한다.

4) 판매대리점 판촉 성격의 지원 실무

(1) 마케팅 펀드(Marketing Fund) 지원

크루즈 본사 측에 한국 시장에 마케팅 활성화를 위하여 마케팅 자금 지원을 요청하는 요청서이다.

그림 10-9 Marketing Fund 요청서

4. Support Marketing Fund for the Business Development in Korea

1. Marketing Fund for extending the Market

• Necessary Fund is as follows:

Subject	Amount (Unit: Won)	Quantity	Remarks
"Cruise Holiday 2011 -2012" (Korean Version)	5,000,000	1,000 copies	• Use for the gift to the HAL Alumni
Advertising	8,000,000	12 times	• News Paper of Travel Business Dept.
		6 times	• Golf Guide Book
Travel Fair	5,000,000	1 time	• HANATOUR Travel Fair
Total	18,000,000		

2. Sales Material

- Need more brochure 500 copies : " Cruise Holidays 2013 - 2014 "
- Sales material for display
- New DVD, Photo (Very Good Quality - Use for the Travel Agency)

출처: Pison Global Co. Ltd.

(2) Sales Book 제공

크루즈 본사에서 새로운 시장은 개척하고자 할 때에 필요한 자료이다. 새로운 시장에서는 아직 크루즈에 대한 이해도가 높지 않기 때문에, 크루즈에 대한 상세한 교육이 필요하다. [그림 10-10]은 Holland America Line에서 제공하는 Cruise Source Book이다.

그림 10-10 Cruise Source Book

– Contents –
* Who We Are
* Our Ships
* Pricing & Booking
* Sales Tools
* On Board Service
  – Service
  – Dining
  – Entertainment
  – Shore Excursion
* Regulations
* Video & Movies
* Safety
* Port Informations
* Future Cruise

출처:HAL.

(3) 포스터(Poster) 제공

크루즈 선사나 GSA에서 판매대리점에 제공하는 판촉물 중에 가장 많이 활용되는 것 중에 하나가 포스터이며, 또한 가장 다양한 디자인을 사용한다.

그림 10-11 Poster

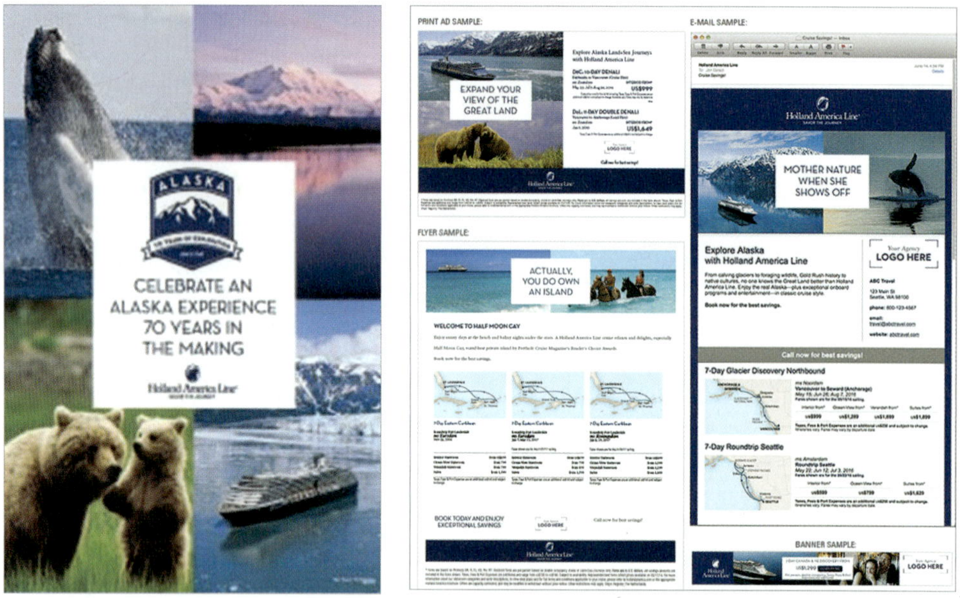

출처: holland america 제공.

(4) 브로셔(Brochure) 제공

브로셔는 매우 중요한 판촉수단이며 크루즈 여행에 대한 이미지를 담아내고, 또한 고객이 상담을 끝내고 소지함으로써 지속적인 커뮤니케이션 효과를 가진다.

(5) 비디오(Video) 제공

각 선사에서 중요하게 활용되고 있는 마케팅 수단이 바로 동영상이다. 최근에는 동영상 제작하기도 쉽고, 전달하기도 쉽고, 활용하기도 쉽고, 효과도 높은 마케팅 Tool이다.

(6) 특별 프로그램(상품 개발)

일반 판매대리점에서는 크루즈 상품에 대하여 많은 지식을 가지고 있지 않기 때문에 크루즈상품 판매에 어려움이 많다. 따라서 GSA에서 크루즈 상품을 개발하여 합동으로 판매하는 기회를 만들어 제공한다. [그림 10-12]는 Princess에서 추천하는 크루즈 상품을 기획한 것이며, 또 다른 하나는 비손글로벌에서 노르웨이 피요르드 상품을 기획해서 시장에 출시한 프로그램이다.

그림 10-12 크루즈 특별상품 소개서

출처: Princess Korea, Pison Global Co. Ltd 제공, 특별상품 제안 및 소개서, 저자 적성.

(7) 크루즈 선박 관련 교육

여행사 직원의 상품지식은 매우 중요하며 따라서 크루즈에 대한 기본적인 지식을 습득할 수 있는 교육이 매우 요구된다.

그림 10-13 Cruise Operation Manual

– Contents –

1. 예약 및 일반 규정
   1) Polar System
   2) FIT 예약하기
   3) Group 예약하기
   4) Incentive Group 예약하기
   5) 예약 일반 규정
   6) 기타 서비스 신청하기
   7) Group On Board 신청하기
   8) 취소료 규정
2. Cruise 예약 Tip
3. Cruise 여행 전 준비사항
4. Cruise 예약 FAQ
5. 선박별 안내 및 Deck Plan

출처: 동보항공 제공.

4. 용선 업무 지원

1) 용선업체

(1) 용선 업무

선주(船主)가 선박 이용자에게 선박의 전부 또는 일부를 빌려주어 이용할 수 있도록 하는 것을 용선(Charter)이라 한다(이광희 · 이원정, 2009). 선주란 선박 소유자 또는 소유권은 없어도 점유권이나 사용 수익권을 보유하여 선박을 임의로 제공한 자를 말한다. 선박을 빌려서 화물이나 여객을 운송하는 자를 용선주라고 한다. 크루즈 산업에서 주된 용선 업무는 배를 전체 임대하기보다는 이벤트를 위한 식음료, 뷔페 식당, 연회장 등과 같이 선박의 일부분을 용선한다.

(2) 용선 업체 선정 평가

용선 업체 평가는 자사 거래 실적, 가격 조건, 대금 결재 조건, 대외 인지도, 매출 규모, 자산 규모, 영업 이익, 거래처 신인도, 크루즈 용선 실적 등의 요소를 활용한다. 배 전체를 용선하는 경우에는 배의 안정성, 용선 후 국적취득 문제, 보험 문제, 비용 처리 문제 등도 잘 살펴 보아야한다. 선박의 안정성 체크 시에는 한국선급(Korean Register)에서 조사하는 선박 심사 점검표(Shipboard interview & verification) 등을 활용하면 유용하다.

(3) 견적서

견적서는 거래 당사자 간의 신규 거래 또는 새로운 품목 거래 개설을 위하여 거래 가격 및 조건을 미리 알아보고 결정하기 위해서 공급자(예: 용선업체)가 주문자(예: 크루즈 회사)에게 제출하는 문서이다. 견적서는 공급자가 주문자의 요구에 의하여 제공 가능한 최종 가격의 근거이다. 공급자는 이를 근거로 자신의 판단 기준을 정하는데, 제출한 견적서로 계약이 성립된다. 견적서는 쌍방 간에 이해관계가 있기 때문에 용선 계약을 할 때는 우선 그 견적에 의거하여 검토한 다음 쌍방의 합의가 이루어지면 계약이 성립된다.

2) 용선 계약 및 지원

(1) 계약의 의의

계약이란 일정한 법률 효과의 발생을 목적으로 2인 이상의 당사자 간에 서로 방향을 달리하는 의사 표시의 합의를 말한다. 즉, 당사자가 상대방에게 일정한 조건을 제시하고, 상대방이 이를 받아들일 때 성립한다. 계약이 체결되면 조건에 양 당사자가 구속되는 법적인 효과가 발생한다.

(2) 용선 계약 유형

용선 계약은 해상 운송인이 자신이 운항하는 선박의 일부 또는 전부를 하주가 지정한 항에서 항까지 위탁한 운송물을 운송하고 그 대가로 용선료(운임)를 받는 해상 운송 계약의 일종이다(김영호, 2004). 배 전체를 빌리는 용선 계약은 선주(배를 빌려주는 자)와 용선주(배를 빌리는 자)의 의무나 비용 부담 형태에 따라 나용선, 정기 용선 그리고 항해 용선이 있다(이광희 · 이원정, 2009).

① 나용선 계약(Bareboat Charter: BBC)

나용선 계약은 선주가 빈 배만 빌려 주고 나머지 선원 고용이나 운항은 용선주가 알아서 하는 일종의 선박 임대차 계약을 의미한다. 선주가 선박 자체뿐만 아니라 선박을 운용하는 선원 및 선박 관리 등의 모든 권한을 일정 기간 용선주에게 위임하고, 용선주는 선박 자본비를 제외한 선박 경비와 같은 비용을 자기의 책임과 비용으로 지불하며, 선박의 감항 능력 유지 및 동 선박을 이용한 운송 행위를 하는 용선 형태이다.

② 정기 용선 계약(Time Charter: TC)

정기 용선 계약은 선주가 배만 빌려 주는 것이 아니라 승선한 선원과 함께 배를 빌려주는 형태이다. 용선주는 나용선 계약과 마찬가지로 빌린 배를 가지고 자기 화물을 운송할 수도 있고, 또는 다른 용선주에게 다시 배를 빌려 줄 수도 있다. 선주는 선박의 운항권만 이전하는 것이므로 선박의 본래적 유지에 필요한 비용, 즉 선원비, 보험료, 선박 유지 보수비, 선용품비 등을 부담해야 한다. 용선주는 선박의 상업적 운항을 지시하고, 모든 운항비와 화물 선적 · 양하와 관련한 비용을 지불한다.

③ 항해 용선 계약(Voyage Charter)

운송물의 선적항과 양륙항 사이의 운송을 목적으로 용선을 인수하는 계약을 말한다. 용선주의 특정 화물을 특정 1항구 또는 수개 항으로부터 다른 1항구 또는 수

개항으로 선주의 선복을 이용, 운송하고 이에 대한 급부로서 선주는 용선주로부터 특정액의 운임을 취득하는 해상 운송 계약을 말한다. 선주는 자본비, 운항 준비비, 일반 관리비, 세금, 항해상의 추가 보험료, 연료비 등 변동 운항 경비까지 부담한다. 용선주는 수송의 대가로 선주에게 운임 지불 이외에 화물과 관련한 제반 비용을 부담한다.

(3) 용선 업무 지원

용선 업무 지원은 주로 계약에 관한 내용이 대부분이다. 용선 계약시 국적 문제, 계약 불이행에 따른 분쟁 해결, 선박 심사 사항 등에 대해 조언이 필요하다. 대부분의 용선 계약서 조항은 명시적 조항이다. 묵시적 조항도 이해해야 하는데 계약 담당자들도 상황에 따라 판단하기 어려운 경우에 봉착한다. 묵시적 조항이란 어떤 상항에 관한 의사가 외형적 또는 직접적으로 표시되어 있지 않지만 주위의 상황, 일반적인 말투, 당사자의 행위 등으로 추론되는 조항을 말한다. 이러한 내용에 대해서는 전문 법률 부서로부터 조언이 중요하다.

3) 용선 계약 및 지원 실무

(1) 계약의 의미가 무엇인지 이해한다.

계약서는 계약에 관하여 가장 기본적인 증거가 된다. 계약서 작성을 통해 당사자의 입장에 대한 이해가 증진된다.

(2) 용선 계약 유형과 내용을 살펴본다.

선주와 용선주의 의무나 비용 부담 형태에 따라 나용선, 정기 용선, 그리고 항해 용선의 3가지가 있다. 다른 계약과 달리 나용선 계약은 오직 선박만을 대상으로 하는 계약이다. 크루즈 산업에서 특정 이벤트를 위한 식음료 부분, 연회장 등과 같이 선박의 일부분을 용선하는 경우가 여기에 해당된다. 정기 용선 계약은 기간 용선이라고도 한다. 1항차 수행 기간 동안 정기 용선 계약을 맺는 1항차 정기 용선 계약과 일정 기간, 즉 몇 개월 또는 몇 년 동안 기간 단위로 계약을 맺는 기간 용선 계약으로 구분한다. 항해 용선 계약은 원칙적으로 일정 항로를 1회 항해함을 전제로 하는 계약이다.

(3) 용선 계약의 유형별 특징을 살펴본다.

계약별로 당사자 간의 선장 고용, 책임 한계, 운임 결정은 계약에 따라 다르며, 당사자 간에 사전 합의한 계약이 우선 적용된다.

표 10-5 용선 계약 유형별 특징

구분	나용선	정기 용선	항해 용선
선장 고용 책임	용선주가 선장/선원을 고용, 명령, 지시, 감독	좌와 동일	선주가 선장/선원을 고용, 급료, 명령, 지시, 감독
책임 한계	용선주가 선박 운항권을 가지고 일정 기간 운송 활동 수행	용선주가 선박 운항권을 지니고, 선주는 지시하는 항차를 수행	선주의 책임 하에 용선주에게 운송 서비스를 제공
운임 결정 기준	임차 기간에 따라 임차료 지급	기간에 의하여 결정	화물의 수량 또는 선복으로 결정
기항 담보	임차인은 용선자에 대하여 기항 담보 책임이 있음	용선자는 재용선자에 대하여 기항 담보 책임이 없음	용선자는 재용선자에 대하여 기항 담보 책임이 없음
선주의 비용 부담	감가 상각비	선원 급료, 선원 급식비, 선용품, 윤활유, 유지/수리비, 각종 세금, 보험료, 감가 상각비	선원 급료, 선원 급식비, 윤활유, 선용품, 유지/수리비, 각종 세금, 보험료, 감가 상각비, 연료비, 운하 통과료
용선주 비용 부담	감가 상각비를 제외한 모든 항목 부담	연료비, 항비, 운하 통과료, 대리점비 등의 운항비	용선자 비용 부담 항목 없음

출처: 이광희 · 이원정(2009). 용선 계약 실무.

(4) 계약 관련 전문 지식 등에 대해 자문을 구한다(예: 법무팀, 경리팀 등).

용선 계약 당사자 간에 계약 내용에 관한 각자의 실체적 의사가 일치하고, 또한 실체적 의사와 계약의 외형적 내용이 일치하는 경우에는 별다른 문제점이 발생하지 아니한다. 그러나 당사자 간의 실체적 의사가 서로 일치하지 아니하거나, 실체적 의사와 계약의 외형적 내용이 일치하지 아니하는 경우에는 계약의 해석 문제가 발생한다. 따라서 법률 계약서 조항의 삽입이나 해석 시 법률 전문가의 조언이 필요하다.

표 10-6 항해 용선 계약서 예시

<table>
<tr><td colspan="2">이 표준 항해 용선 계약서는 Baltic and International Maritime Council Uniform General Charter, GENCON 1994를 모델로 하여 작성한 것임.</td></tr>
<tr><td>1. 선박 중개인</td><td>2. 장소 및 일자</td></tr>
<tr><td>3. 선박 소유자 / 영업소(1조)</td><td>4. 용선자 / 영업소(1조)</td></tr>
<tr><td>5. 선박 명(1조)</td><td>6. 총 톤수 / 순 톤수(1조)</td></tr>
<tr><td>7. 재화 중량 톤수(DWT)</td><td rowspan="2">8. 선박의 현재 위치(1조)
8. 선박의 현재 위치(1조)</td></tr>
<tr><td>9. 선적 준비 예정일(1조)</td></tr>
<tr><td>10. 선적항 또는 장소(1조)</td><td>11. 양륙항 또는 장소(1조)</td></tr>
<tr><td colspan="2">12. 화물(1조) 만약 합의하였다면, 선박 소유자의 선택권이 있는 수량과 여유분이라고 기재하고, 화물의 중량과 용적의 최대한 적재가 합의되지 않았다면 "부분 화물"이라고 기재</td></tr>
<tr><td>13. 용선료(선지급 또는 착지급 기재)(4조)</td><td>14. 용선료의 지급(통화, 지급 방법, 수령인, 은행 계좌 기재)(4조)</td></tr>
<tr><td>15. 선박의 화물 처리 장치 사용 여부(5조)</td><td>16. 정박 기간</td></tr>
<tr><td>17. 선적 의뢰인 / 영업소(6조)</td><td>18. 대리인(선적)(6조)</td></tr>
<tr><td>19. 대리인(양륙)(6조)</td><td>20. 체선료 및 지급 방법</td></tr>
<tr><td>21. 계약 해제 일자(9조)</td><td>22. 공동 해손 정산 장소(12조)</td></tr>
<tr><td>23. 용선료 세금(선박 소유자 계산 기재)(13조c)</td><td>24. 중개 수수료 및 수령인(15조)</td></tr>
<tr><td>25. 준거법(19조) 및 중재 / 재판 관할(20조) 준거법 한국법</td><td>26. 합의된 특약 조항</td></tr>
<tr><td colspan="2">이 계약은 제1부와 제2부로 구성되는 이 용선 계약서에 규정된 조건에 따라 이행할 것을 상호 합의한다. 규정 조건이 상충되는 경우에는 그 상충의 범위 내에서 용선 계약서 제1부의 규정이 제2부 규정에 우선하는 것으로 한다.</td></tr>
<tr><td>서명(선박 소유자)</td><td>서명(용선자)</td></tr>
</table>

출처: 이광희 · 이원정(2009)

PART 04

경영지원

CHAPTER

11

지상지원

1. 인사 관리
2. 자재 관리
3. 회계 관리
4. 폐기물 관리

Chapter 11

지상지원

지상지원은 본사 조직이 개별 크루즈선박이 해상에서 고객들에게 출항 전에 한 약속(마케팅 메시지)을 충분히 지킬 수 있도록 도와주는 기능이다. 호텔로 보면 백오피스(back office) 역할에 해당한다. 크루즈 선사의 모항(母港)이 있는 곳에 위치한 본사조직이 크루즈 경영 전반을 아우른다.

1. 인사관리

인사는 만사(萬事)라고 했다. 특히 사람과 사람의 접촉이 중요한 서비스 산업에서는 아무리 강조해도 지나치지 않다. 크루즈 선사가 보유하고 있는 개별 선박에 몇 명의 인원을 적재적소에 배치할 것인가가 업무의 관건이다.

2. 자재 관리

크루즈를 운영할 때 유류비, 식자재비는 가장 큰 비중을 차지하기 때문에 글로벌 소싱(global sourcing)을 통해서 최고 품질의 자재를 가장 저렴한 원가로 구매하고 보유비용을 최소화하는 범위 내에서 자재를 관리해 나가는 것이 매우 중요하다.

3. 회계 관리

크루즈 선사가 보유하고 있는 선박은 독립적인 기업, 즉 전략적 사업단위(Strategic Business Unit: SBU)이다. 따라서 전략적 방향설정과 경영관리를 통해서 선박과 일정(itinerary)이 만들어 내는 상품군을 구성하기 위한 의사결정 자료를 만드는 데 주안점을 둔다.

4. 폐기물 관리

크루즈 산업이 성장함에 따라 환경에 대한 책임이 강조되고 있다. 따라서 IMO 등 국제기구가 폐기물 처리규정에 대한 약속을 한 것 이외에 개별 크루즈 선사는 스스로 자율적인 관리방안을 마련하여 폐기물 처리의 ABC(Above & Beyond the Compliance)를 만들어 나가고 있다.

열쇠말

계약시작 및 종료(Sign on & off), 규모의 경제, 수익관리시스템(Yield management), 전략적 사업단위(SBU), 준군사조직, ABC(Above & Beyond the Compliance), SCM(Supply Chain Management)

NCS 학습모듈

학습 1. 인사 관리하기

1-1. 인력 수요조사, 배치 및 운영

- 크루즈 선박별, 직종별 필요한 인력수요를 조사하고 배치운영할 수 있다.

1-2. 근로계약 및 인력 수급 계약 체결

- 크루즈 승무원의 직종별 근무조건을 파악하여 근로계약을 체결하고 급여체계를 수립할 수 있다.
- 크루즈 종사자를 위한 인력교육기관, 인력 수급업체와 인력 수급계약을 체결할 수 있다.

1-3. 교육훈련 계획 수립 및 실시

- 크루즈 종사자를 위한 교육훈련계획을 수립하고 이를 실천할 수 있다.

학습 2. 자재 관리하기

2-1. 필요 재재 수량 및 가격 변동 추이 파악

- 크루즈 기항지별로 필요한 자재 구매 요청할 수 있다.
- 크루즈 선박별/지역별 선박운행에 필요한 자재와 수량을 파악할 수 있다.
- 기항 지역별 필요한 자재 공급능력을 파악할 수 있다.
- 크루즈 기항 지역별, 자재별 가격변동 추이를 파악할 수 있다.

2-2. 자재 공급 가격 체결

- 기항지별 자재 공급 계약을 체결할 수 있다.

학습 3. 회계 관리하기

3-1. 상품 판매 수입 집계 및 분석

- 크루즈 선박별/상품별 상품 판매 수입을 집계하여 분석할 수 있다.

3-2. 자금 계획 수립, 집행관리, 운용자금 관련 재무제표

- 자금계획을 수립하고 자금을 집행하며 재무제표를 작성할 수 있다.

3-3. 회계 처리의 감사 및 오류 파악

- 회계 처리를 감사하고 오류를 파악할 수 있다.

학습 4. 폐기물 관리하기

4-1. 폐기물 및 위험물 파악

- 크루즈 운항 시 발생하는 폐기물 및 위험물을 파악할 수 있다.

4-2. 폐기물 처리능력 파악 및 외부업체 계약 체결

- 각 기항지별 크루즈에서 발생하는 폐기물의 처리능력을 파악할 수 있다.
- 각 기항지별 크루즈에서 발생하는 폐기물 처리업체와 계약을 체결할 수 있다.

4-3. 폐기물 처리지침과 국제법규 준수

- 크루즈 선내 직원을 대상으로 한 폐기물 처리지침을 작성할 수 있다.
- 해양 오염 방지 관련 국제협약을 준수할 수 있다.

도입사례

제주시, 크루즈선 음식물 폐기물 소각장 반입 불가결정

크루즈선에서 발생하는 음식물류 폐기물이 내달 5일부터 공공소각시설로 반입해 처리할 수 없게 된다. 26일 제주시에 따르면 외국에서 들어온 크루즈선에서 발생한 음식물류가 북부광역소각시설에서 처리되는데, 소각시설 노후화와 반입 쓰레기량 증가 등에 따라 소각장 반입 금지가 필요한 실정이다. 북부광역소각시설에는 일일 220t이 반입되고 이중 130t은 소각, 90t은 고형연료로 생산돼 전량 소각이 어렵다.

또 음식물류 폐기물 반입에 따라 수분함량의 증가 등 고형연료품질기준(수분함량 25% 이하, 저위발열량 3,500㎉/㎏)이 저하되고, 반입처리비용(6만 3,000원/t)도 고형연료 육지부 처리비용(16만 5000원/t)에 비해 턱 없이 낮은 실정이다.

이에 따라 제주시는 크루즈선 발생 음식물류폐기물 소각장 반입 불가를 결정하고, 크루즈 하선업체(2개소)로 등록된 업체와 폐기물 수집운반업체에게 음식물류폐기물 반입금지 사항을 알렸다. 이와 함께 사업장폐기물 배출자 신고업체에게는 처리계획을 변경하는 신고를 내달 4일까지 이행하도록 안내할 방침이다. 관세청 제주세관에는 폐기물 하선 허가시 음식물류폐기물은 하선 품목에서 제외토록 요청할 계획이다.

출처: 뉴시스(2016. 8. 26.).

example

1. 인사 관리

1) 인력수요 조사, 배치 및 운영

(1) 크루즈 직무체계

크루즈의 직무는 크게 나누면 현장 업무와 지원 업무가 있다. 현장 업무는 크루즈 고객을 선박에 태우고 해상에서 크루즈 체험을 제공하는 것이고, 지원 업무는 육상에서 각 선박이 이러한 일을 하는데 간접적으로 도와주는 역할을 한다. 본 장에서는 주로 육상의 지원업무를 소개한다.

(2) 인력의 수요조사

본사 지상지원조직의 인원 수는 선상근무조직 인원보다 비교적 과소하며 인력의 입출입이 빈번하지 않다. 스텝 혹은 지원 역할을 하기 때문에 해상근무조직에 대비하여 몇 명이 적당한지, 즉 생산성(productivity) 파악이 쉽지 않다. 그럼에도 불구하고 본사조직은 가능한 슬림함을 유지하는 것이 좋다.

수요조사는 매년 사업계획을 세울 때 직무 혹은 팀별로 필요인원과 과부족인원을 계산하여 월별로 얼마를 충원해야 하는지 결정하도록 한다. 본사 인사팀에서는 각 팀의 인력충원 요청을 취합하고 이를 모두 합한 후에 적정선을 산출한다. 부서가 요청하는 인원충원 수보다 본사 인사팀에서 적정하다고 판단하는 인원충원 수가 크게 마련이므로 전사적 차원의 인력계획에 의거하여 조정하도록 한다.

(3) 배치 및 운영 관리

본사 지상직원은 채용 후 입사 일부터 본사로 출근한다. 필요시 부서 배치를 받기 전에 소정의 공통교육을 받을 수 있으며 또한 배치 후에도 직무교육을 받는다. 대체로 현업에서는 근무하면서 일을 배우는 OJt(On Job Training)로 이루어진다.

각 선박의 선상직원은 본사 인사팀의 지시에 따라 지정된 선박이 출항하는 항구로 이동한다. 물론 선박 내에도 선상직원을 위한 인사부서가 있으므로 당일 계약시작(sign-on)에는 소정의 교육과 근무에 필요한 유니폼 등 용품을 수령한다.

새롭게 건조되어 출항하는 선박은 신입 혹은 각 선박으로부터 선발된 경력사원이 탑승하게 된다. 선박이 건조된 조선소로 이동하여 탑승 후에 모항(home port)으로 이동할 때까지 필요한 교육을 받게 된다. 또한 유료승객을 탑승 시킬 때까지는 승객이 있다는 전제하에 팀원들 간에 가상으로 운영(시뮬레이션)함으로써 팀워크를 다지고 가동률을 100%로 끌어올린다.

그림 11-1 지상지원 담당 본사조직도

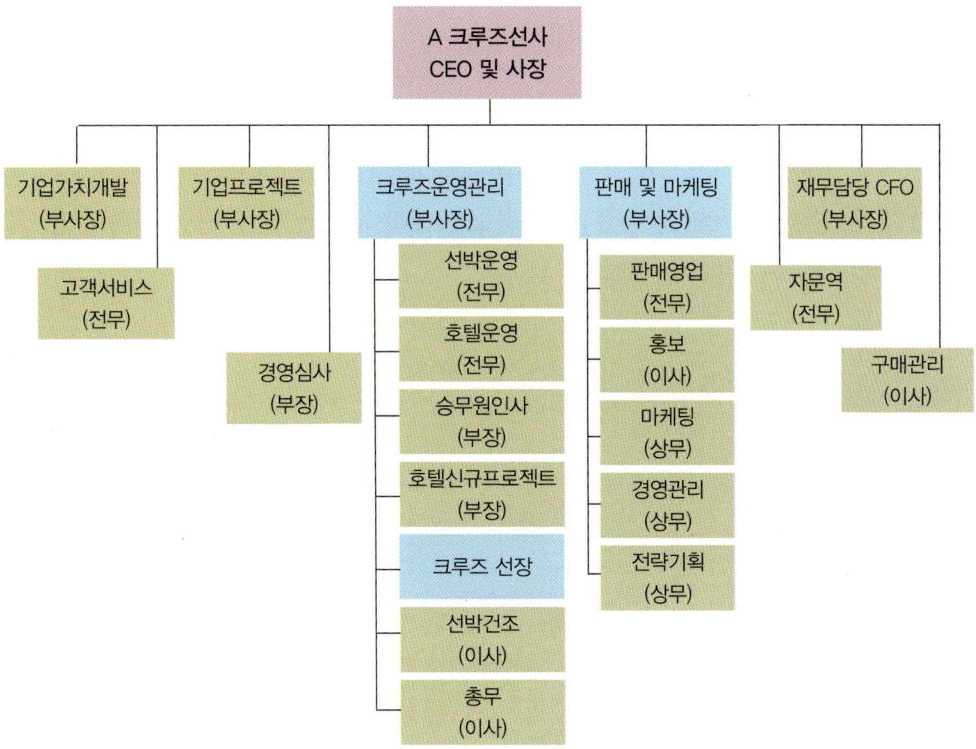

출처: 노르웨이지안 크루즈라인(NLC).

2) 근로계약 및 인력수급계약 체결

(1) 근로계약

근로계약이란 근로자와 사용자 간에 대가를 받을 것을 조건으로 하여 노무를 제공함을 약속하는 유상 쌍무계약이다. 근로자는 본사 스텝에 해당되고 사용자는 선사가 된다. 근로계약은 양자의 합의를 통해서 정해진 기간 동안 효력을 발휘하게 되며 기간이 초과되면 효력을 상실하게 된다. 본사지원 부문의 스텝은 회사와의 1대 1 고용계약을 한다.

(2) 인력수급계약

본사 인사팀은 선상근무직원 중에서 특히 일반승무원(crew)은 전 세계에 걸쳐있는 채용대행사에게 인력 수급을 위임하는 계약을 한다. 따라서 인력수급계약은 선사와 채용대행사 그리고 일반승무원 다자간의 계약형태가 된다. 물론 각 본사 산하 각 선박으로부터 필요한 승무원 수와 직무에 대한 요청을 받고 이에 대한 충원 적절성을 판단한 후에 배치를 한다.

그림 11-2 인력수급

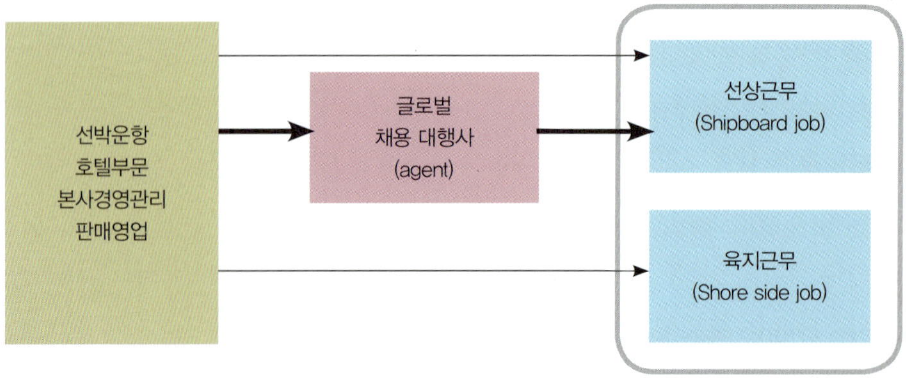

표 11-1 크루즈 선원 입사지원서

Mr.(Ms/Mrs) Full Name (이름) **E-Mail:** full name. example@someting.com (이메일주소) **Contact:** (+502) 0101-0101 (연락처) **Nationality:** Country (국적) **DOB:** MM/DD/YYYY (생년월일)	Photo (사진)
Summary (간단요약) 본인이 경험한 직업과 스킬에 대하여 작성 원하는 직무 및 기업의 형태를 작성 채용되었을 때 언제 입사할 수 있는지 작성	
Education (학력) Name of University you attended (학교명) Name of degree (학위)	City, Country (도시, 국가) Start date(M/Y) (입학년월) -End date(M/Y) (졸업년월)
Professional Experience (직업경력) Name of company (회사명) Name of position (직책명) - Activities and responsibility (업적)	City, Country (도시, 국가) Start date(M/Y) (입사년월) -End date(M/Y) (퇴사년월)
Language Skill (언어능력)	
Computer Skill (컴퓨터 활용능력)	
Coursework, Workshop, Training & Diploma (기타 교육 및 자격증)	

출처: Grupo SCT.

(3) 급여체계

본사 근무 직원 및 선박의 고위 승무원의 급여(salary)는 얼마동안 조직에서 일을 했느냐와 조직에서 무슨 일을 했느냐에 따라 결정된다. 전자는 연공급이고 후자는 직무급에 해당되는데 양자는 적절한 비율에 의거하여 금액이 결정된다. 서양에서는 직무급이 우세하며 동양에서는 연공급이 널리 받아들여지고 있다. 이외에도 업무 성과에 따르는 인센티브(incentive)가 있으며 직원들의 복지를 위한 필요 경비인 복리후생비가 지급된다. 물론 일정 기간이 지나서 퇴직을 하게 되면 퇴직금을 수령할 수 있다.

반면 선박의 일반승무원의 임금(wage)는 직무에 따라 결정되는 경우가 많다. 고객을 직접 대하는 객실 및 식음료 승무원은 선사에서 지급하는 기본급 이외에 승객에 의해 지급되는 봉사료 혹은 팁이 상당부분을 차지한다. 따라서 본인의 서비스 품질에 따라 상응하는 액수를 받을 수 있다.

3) 교육훈련 계획 수립 및 실시

(1) 교육훈련의 개념과 의의

교육훈련은 승무원을 채용한 후에 현업에서 지정한 직무를 수행할 수 있을 정도의 수준을 갖추는 과정이다. 교육훈련은 크게 교육(education)과 훈련(training)으로 나눈다. 교육훈련의 목적을 카스(KAS)로 요약하는데 지식(knowledge), 태도(attitude) 그리고 기술(skill)의 머리글자가 된다. 교육이 지식의 배양과 태도의 형성에 목적이 있다면 훈련은 기술습득에 해당한다. 교육훈련을 통해 피교육생은 좀 더 직무에 대한 애착을 가지게 되고 조직의 일원으로 거듭나게 된다.

(2) 교육훈련 계획 및 실시

교육훈련은 누구를 대상으로 하느냐(신입과 경력 승무원), 어떤 내용을 하느냐(공통교육훈련과 개별교육훈련 등), 누구로부터 받느냐(사외강사와 사내 승무원 등), 언제 받느냐(별도의 시간을 배정한 집체교육훈련과 현업에서의 근무를 병행하면서 배우는 교육훈련 등) 다양하게 나눌 수 있다. 교육훈련은 현재 상태에서 바람직한 상태 간의 차이(gap)를 채우는 과정이기 때문에 무엇보다도 교육 니즈(선사의 니즈와 승무원의 니즈)에 대한 분석이 필요하다.

(3) 크루즈 교육훈련의 특징

교육훈련은 조직문화에 대한 이해를 바탕으로 이루어져야 한다. 크루즈 선사는 지상조직과 선상조직으로 나누어 있는데, 해양을 근무지로 하는 선상조직은 지상조직의 육지문화와 구별되는 해양문화를 가지고 있다. 동양적 시각에서 바다는 위험으로 다가오는데 공포와 경외심 속에서 안전에 대한 기원과 풍요의 세계라는 이원적 성격을 지니는 반면 서양적 시각에서 바다는 탐험과 도전정신을 가진 인간이 자신의 위험을 극복해 나가는 과정의 장이 된다.

표 11-2 지상조직과 선상조직의 차이

지상(shore side)조직	선상(onboard)조직
지원업무(back-office)	실행업무
스텝(Staff): 장기적 관점, 추상적,	라인(line): 단기적 관점, 구체적
균질한 조직구성 및 조직문화	이질적 조직구성 및 조직문화 (선박운항 부서+호텔 부서)
고객과의 간접적 대면	고객과의 직접적 대면
근무자 국적 및 인종의 차이가 없음	근무자의 국적 및 인종차이가 많음
매출 및 손익의 책임이 덜함	각 선박별로 독립적인 매출 손익 책임

해상에서 근무하는 조직은 다양한 직무가 섞여 있는데 크게 해양부서(갑판 및 기관)와 호텔부서로 나뉘어져 있다. 조직 내에는 세계 각지에서 온 다양한 인종들이 공존한다. 따라서 기업조직문화와 인류학적 개념에서의 승무원 상호 간의 문화에 대한 이해가 필요하다. 상호 간의 문화를 이해하지 못하면 조직의 융합이 어렵고 단합된 힘을 발휘할 수 없다.

해상에서 근무하는 조직은 근무환경 상 육지의 리조트와 달리 안전의 확보가 무엇보다도 중요하다. 따라서 엄격한 규율과 통제가 필요하다. 따라서 준군사조직 혹은 유사 군사조직(para military organization)적 특성을 가진다. 이러한 특성은 고급승무원(officer)과 일반 승무원(crew)의 구분으로 구체화되는데 견장, 제복 등으로 표현된다. 선장(captain 혹은 master)은 선박의 안녕을 확보하는 총 책임자이므로 선상에서 모든 규칙을 수립하고 이를 실행할 책임과 권한이 있다. 이에 따라 계약 기간 동안 배에 승선한 모든 선원은 규칙을 준수해야 할 의무가 있다. 선상에서 근무를 할 때 명심해야 할 사항을 복무신조라고 한다.

다음은 선장이 승무원에게 제시하는 복무신조이다.

- 근무 중 음주 금지
- 불법 향정신성 의약품 및 불법 무기 소지 금지
- 부적절한 언어 사용 금지
- 직원 간의 소동이나 싸움 금지
- 근무 중이 아닐 때 고객이 있는 공공장소에 나타나지 않을 것
- 선박의 자산에 대하여 손상을 가하거나 훔치는 행위를 하지 말 것
- 상위 직급에 있는 직원에게는 항상 존경과 복종을 할 것
- 고객에게 항상 존경과 예를 취할 것
- 보트 훈련(boat drill)과 여타 안전 관련 훈련에 필히 참석할 것
- 출근은 항상 정해진 시간에 할 것
- 본인에게 주어진 숙소(crew cabin)를 유지 관리하며 불법적 변경을 할 수 없음
- 상위자에게 선박 바깥으로 나갈 때에는 항상 시간과 보고를 엄수: 선박이 출항하기 전 적어도 30분 전에 들어와 보고하고 정박하기 전 1시간 전에 보고할 것
- 선박에 들어오고 나갈 때는 본인의 직원 카드를 소지하고 필요 시 제시할 것
- 항상 규정에 맞는 복장으로 근무할 것
- 식사 시간은 항상 준수할 것
- 육상에 있다가 배를 놓치지 말 것
- 선상에서 직원 간의 도박행위는 금지
- 개인 숙소 내에서 침대 위 흡연은 절대 금지함

그림 11-3 안전교육 이수증

Royal Caribbean Cruises Ltd.

M/S Voyager of the Seas

Certificate No.: VY122/02

CERTIFICATE OF COMPLETION

Safety Course for Personnel Nominated to Assist Passengers in Emergency Situations

THIS IS TO CERTIFY THAT:

Last Name First Name Date of Birth

Country Position Employee No.

HAS SUCCESSFULLY COMPLETED THE SAFETY COURSE
"FOR PERSONNEL NOMINATED TO ASSIST PASSENGERS IN EMERGENCY SITUATIONS"
ACCORDING TO THE TRAINING OBJECTIVES OF IMO RESOLUTION A770.

THE CONTENTS OF THE COURSE ARE BASED ON STCW 95 A-VI/1:

*BASIC FIRST AID *SURVIVAL CRAFT BASICS *BASIC FIRE FIGHTING *HUMAN RELATIONSHIPS

John Rawson, Safety Officer
Safety Officer

Date Issued
Thursday Mar 21 2002

Captain Tor I. Olsen
Master

출처: RCL.

신입자 혹은 계약을 갱신하고 승선하는 승무원은 다음과 같은 사항을 숙지하여야 한다.

Sign on INFORMATION & GUIDANCE

1. MASTER RULE
2. If you have any problems understanding any of the rules and regulations, contact your divisional head. Privileges-Area's that can be used- Two stripe officers & above only in the Disco.

All others are not allowed in the Disco, including gift shop, photographers and the beauty salon & stage staff, crew members are reminded that those permitted in public areas must be dressed accordingly with name tags and be well behaved at all times. All crew members that are allowed in public areas have the privilege of having no curfew. Every crew members must be properly rested and fit for work. Other matters regarding rules and regulations can be found in SQM Human Resources Marine.5.27. These cover things like

a) Drug and alcohol policy

b) Chewing gum
c) Fighting
d) Spa centre solarium

3. Miami– "Windows" US Customs window protocol regulations regarding shore leave in Miami
The first "Window" will commence when the vessel is cleared by US Customs and Immigration and will remain open for one hour. Thereafter the "Window" will closed and open on the half–hour for thirty minutes. There will be a 90 minutes window from 11:30 AM ? 13:00 PM.
The first "Window" dependent on ship's time clearance.

09:00–10:00
10:30–11:00
11:30–13:00
13:30–14:00
14:30–15:00
15:30–16:00

Always ensure that you carry your i95 when you proceed ashore in Miami.

4. The crew pass that you have be issued with in an official document and must be held by you when proceeding on/off the ship. The exit and enter control boxes at the gangway are to be used going off and on the ship. This is for "Safety reason" as well as for security.

5. Normally on embarkation day, all crew are to be on board one hour 15 minutes prior to sailing. Thus is to ensure that everyone involved in passenger lift boat drill is in position at least fifteen minutes before the commencement of the drill. Also this procedure enable the crew purser to check that all the crew are ob board prior to sailing.

6. All other ports you are to be onboard 30 minutes prior to sailing unless otherwise ordered by the captain. Read the notice board at the gangway for times to be back on board ship when tendering the crew are to allow at least one hour for passengers to go ashore. Before coming to the gangway, when tendering the crew have to be back on e hour prior to sailing, not the last

tender. Remember the tenders are for the guest do not push in front. It will not be accepted.

7. Personal belongings, especially large sums of money are not to be left in your cabin. Money can be exchanged into Money Order with the Crew Relation Manager or open a bank account : a bank in Miami.

8. Due to different time that crew members work, it is very important to keep stereo and music system to a minimum in your cabin so that you do not disturb other crew or guests around you. Breaking this rule could be result in you having to land your music system.

9. **Food cooked or raw is not** to be brought on board th ship from ashore for public health reason.

10. **No food** to be taken into cabin area. This encourages cockroaches which one established are difficult to get rid of. **Food is not to be taken from the bell station or pizzaria by crew.**

11. The cabin is in your responsibility and must be kept clean. Cabin inspections will be carried out every week.

12. No unauthorized electrical equipment or appliances are allowed on board or to be used in cabin. This is for safety reasons. They might be a fire hazard, any electrical item which you have, must be checked by the Chief Electricians Department before using it on board.

13. Safety equipment must NOT BE tempered with. This included all alarm & fire detectors, fire detectors, fire extinguishers, sprinkler nozzle, life buoys and any other equipment with regards to safety.

14. **GUEST ELEVATORS ARE NOT TO BE USED BY THE CREW**, use the service elevators or stairs.

15. All passageways are no smoking areas. Crew are reminded not to walk about the ship smoking in crew or public area. When in your cabin no smoking in bed in case you fall asleep. Smoke in designated area. Read the smoking policy notices posted throughout the ship.

16. All trash bins are clearly marked to show which type of rubbish is to be placed in them. Separate the rubbish before disposal. Read the" Saved the Waves" document

17. NO GUESTS ARE ALLOWED IN CREW AREA AT ANY TIME AND NO CREW MEMBERS ARE ALLOWED IN GUEST CABIN UNLESS IN DUTY(READ WARNING SIGN POSTED THROUGH OUT THE SHIP).

18. Notices are posted around the ship and on different notice board. Pay particular attention to the security and safety notice board regarding training and information.

19. No weapons or knives are to be brought on board or taken from the galley for "safe keeping". down to your cabin. This includes the deck and engine department. No knives are to be carried around the ship when out of working hours.

20. The officer's/staff bar and crew bar are for your benefit are for your benefit please respect these areas and keep them clean. These bars will closed at 03:00 am and nobody is to bring their own alcohol or music systems into the mess areas

21. The mooring deck, deck2 is out of bounds at all times unless on duty. This is for your own safety and security.

22. When watertight doors are closed at sea, permission from bridge must be obtained before passing through them. Read warning signal posted at each doors.

23. BEFORE YOU CAN LAND ANY GOODS ASHORE YOU MUST OBTAIN A CUSTOMS DECLARATION FORM.

24. Visitors:
(1) Only immediate family members only(spouse, parents and children only)
(2) Request 48 hours in advance
(3) No visitors in crew area
(4) Captain decision
(5) Privilege revoked if rules are broken

6) No visitors in JAMAICA until further notice

25. No naked flames or candles are to be used in cabins, passenger or crew.

26. There is no curfew in public areas for those staff members that have privilege if using different lounges. This decision was made due to the excellent behavior of the crew. Also all bar areas are may be used except the champagne bar and casino bar & English pub. Do not abuse this privilege. Eating areas around the ship still apply.

27. The warning of " flip flops" around the ship is not permitted as these are dangerous and could cause an accident. Always wear sensible footwear for your protection.

28. The use of I-pod whilst walking round the ship is not permitted as again. This could cause an accident and you may not hear announcements or forklift truck moving

29. When taking drink from the mess you must have a closed top to stop spillage, other wish to drinks to be taken from the mess.

2. 자재 관리

1) 필요자재 수량 및 가격변동 추이 파악

(1) 자재 관리의 개념과 의의

기업 경영의 7M은 사람(person), 자금(money), 자재(material), 장비(machinery), 생산(manufacture), 판매(marketing), 경영방식(management)을 말한다. 자재(material)는 기업경영에 필요한 제반 물품으로 직접 만들거나 혹은 외부에서 공급을 받는 것이다. 직접 만드는 것(make)과 사는 것(buy) 간의 소요비용 및 품질 등을 비교하여 선택한다. 자재 관리는 상품 및 서비스로 전환되어 궁극적으로 크루즈 고객의 체험으로 바뀐다. 크루즈 운항에 소요되는 유류는 기항지까지 승객을 모시는 서비스로 전환되고 승객은 서비스를 소비하고 이를 체험화한다.

(2) 필요자재 수량 파악

자재 관리(material management)의 시작은 필요 물품의 구매로 시작한다. 따라서 구매 관리(purchase management)와 결국 밀접하게 관련되어 있으며 넓은 의미에서 구매 관리까지 포함한다. 연간 전사적으로 얼마의 자재가 필요할 것인가 계획이 이루어진다. 이때에는 지난 수년간의 실적 + 올해의 경영전략 + 시장의 상황 등을 전제로 각 선박에서 요청한 사업계획상의 필요자재 수량을 파악한다. 필요자재의 수량을 결정하는 것은 얼마의 매출목표를 달성할 것이고 그렇다면 얼마의 원가를 투입하야 하며(자재 구매 비용), 얼마의 이익을 낼 것인가에 의해 결정된다.

> A vast, cavern-like shop which is full of things that are eaten and drunk on board ship; where you can get everything to make her seaworthy and beautiful, from a set of chain-hooks for her cable to a book of gold-leaf for the carvings of her stern; and where her commander is received like a brother by a ship-chandler he has never seen before. There is a cool parlour, easy-chairs, bottles, cigars, writing implements, a copy of harbour regulations, and a warmth of welcome that melts the salt of a three months' passage out of a seaman's heart.
>
> 출처: Conrad, J. (1999).

(3) 가격변동 추이 파악

자재를 구매하는데 비교적 수량이 크고 단가가 높은 항목은 실시간으로 가격 변동 추이를 분석하여 최적의 의사결정을 해야 한다. 이러한 활동이 쉽지 않은 것은 구매를 둘러싼 경쟁자 간의 관계 등 경영환경이 바뀌기 때문이다.

2) 자재공급 계약 체결

(1) 자재공급계약의 개념

자재공급을 받는 크루즈 선사는 입찰을 통해서 구매를 한다는 것을 공개적으로 적시하여야 한다. 또한 공급하고자 하는 외주업자들이 공정하게 경쟁하게 할 뿐만 아니라 공평하게 가격과 품질이 좋다는 것을 설득할 수 있는 기회를 주어야 한다.

(2) 자재공급계약의 논리

자재공급에는 규모의 경제(Economy of Scale: EOS)를 활용한다. 즉 대량 구매하면 단위당 구매 원가를 낮출 수 있다. 즉 동일한 양이라도 싸게 살 수 있는데 구매자가 대량구매를 함으로써 협상에 우위를 점하기 때문이다.

경제적 주문량(Economic Order Quantity: EOQ)란 자재의 저장비용과 주문비용이 최소가 되는 발주량이 가장 경제적이라는 것이다. 발주량이 증가하면 주문비용은 줄어들지만 자재의 저장비용이 증가하며, 발주량이 감소하면 자재의 저장비용이 증가하는 반면 주문비용은 증가한다. 따라서 적정한 발주량을 찾는 것이 중요하다.

(3) 크루즈 산업의 자재공급관리의 특징

크루즈에서의 자재공급자관리(Supply Chain Management: SCM)가 중요하다. 크루즈 산업에 공급되는 자재의 특성은 다음과 같다(Veronneau & Roy, 2011).

- 글로벌: 세계 어디에서 최고의 품질, 최적의 가격으로 받을 수 있다.
- 다양성: 크루즈의 특성상 호텔 및 운항부분 자재가 매우 다양하다.
- 대규모: 크루즈가 대규모화됨에 따라 대량구매를 통해 단가를 줄여갈 수 있다.

그림 11-4 크루즈 비즈니스 자재의 특성

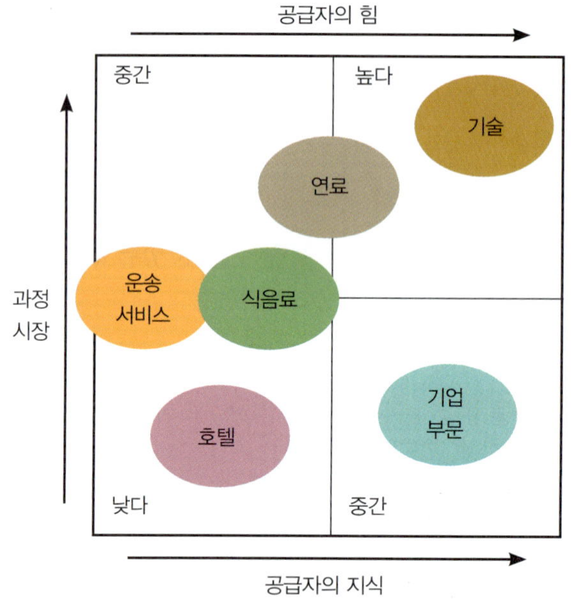

출처 : Veronneu, S., Roy, J., & Beaulieu, M. (2015). Cruise suppliers: A field study of the supplier relationship characteristics in a service supply chain. Tourism Management Perspective, 16, 76–84.

3. 회계 관리

1) 상품판매 수입 집계 및 분석

(1) 상품판매

상품을 판매하면 매출(revenue)이 발생한다. 그러나 매출을 발생시키기 위해서는 원가(cost) 및 비용(expense)이 투입되어야 한다. 그리고 매출에서 원가 및 비용을 제한 금액이 남으면 이익(profit), 남지 않으면 손해(loss)가 된다. 크루즈 매출은 다음과 같이 다양하게 구성된다.

- 크루즈 티켓 판매
- 크루즈 선상 수입
- 기항지 관광수입 및 기타 수입

(2) 상품판매 수입 집계 방법 및 극대화 전략

선박별로 판매수입을 집계함으로써 각 선박은 독립적인 회사로서 수익을 책임지도록 한다. 즉 선박은 전략적 사업단위(strategic business unit: SBU)로 간주되고 선장은 소사장(小社長)이 된다. 각 선박의 경영실적은 선박에서 근무하는 직원의 성과평가와 인센티브로 연결한다. 또한 전사적 차원에서 전략수립이 의미 있는 분석이 되기 위해 다음과 같이 다양한 방법으로 상품판매 수입을 집계한다.

- 개별 선박별: 선박의 경영실적
- 브랜드별: 고급시장, 대중시장, 염가시장 등 시장별 전략
- 운항지역별: 북미, 유럽, 아시아 등 지역별 전략

선상에서 매출 및 수익을 극대화할 수 있는 부문은 일정(itinerary)과 일정계획(고객의 하선 수를 보면서 기항지 선호도 분석), 선상 매출(카지노 및 선내 면세점 운영), 기항지 관광(유력한 여행사 발굴), 팁(tip) 및 서비스 차지(service charge) 등이다. 또한 육상 본사에서 매출 및 수익을 극대화할 수 있는 방안으로 판매계획(크루즈 전문 여행사와의 협력체계 구축 등), 티켓가격 믹스(수요에 연동하는 판가전략, 할인을 통한 수요 창출), 재고 관리(현지 구매를 통한 로지스틱스 최적화), 유통채널 관리(총판 등을 활용한 직접 마케팅) 등이 있다(Legoherel et al., 2013).

2) 자금계획 및 집행, 재무제표 작성

(1) 크루즈 자금 집행의 리스크

크루즈 운영을 위해서는 선박의 구입으로 대표되는 대규모 투자와 운항에 소요되는 비용 등이 필요하다. 따라서 운항 중 크루즈 선이 침몰하여 자산 가치가 상실되거나 무형적인 손해, 즉 이미지 손상으로 잠재 수요자가 감소하는 것 등이 중요한 리스크가 된다. 국제적인 원유가 상승은 크루즈 운항에 필요한 연료비 상승을 가져오고 원가 구조를 악화시킨다. 또한 크루즈 티켓 판매를 대부분 여행사에 의존하기 때문에 여행사에 판매 수수료(commission)를 지급하는 것이 경영을 압박하는 요인이다.

그림 11-5 크루즈 운영의 수익구조

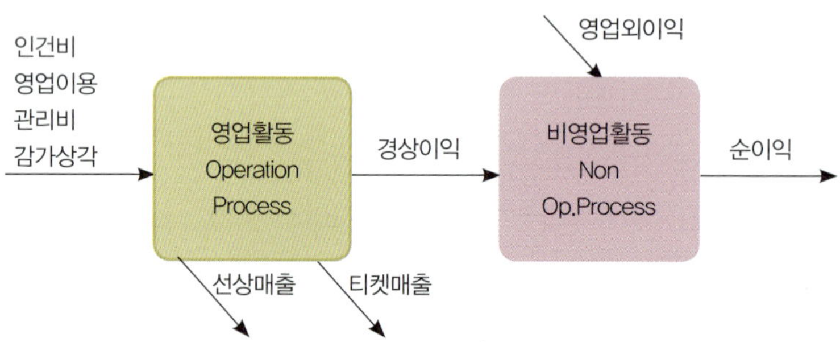

출처 : Chang, Y. T., Lee, S., & Park, H.(2017). Efficiency analysis of major cruise lines. Tourism Management, 58, 78-88.

(2) 운영 및 영업 관리 지표

크루즈객실이 판매되었는가는 항공기의 좌석과 호텔의 객실과 비교하여 더욱더 중요하다. 객실은 소멸성을 지니는데 오늘 팔다 남은 것은 내일 다시 팔 수 없다. 항공좌석은 시간단위, 호텔 객실은 일일단위로 팔 수 있지만 크루즈는 일단 모항을 떠나서 항해를 마치고 돌아올 때까지 손님을 태울 수 없다. 따라서 크루즈 업계는 빈 객실로 출항하기보다는 적은 가격이라도 받고 손님을 채우고 가는 것이 유리해서 출항에 임박해서 파격적인 가격(last minute sale)을 제시하기도 한다. 또한 일정 중간에 손님을 태우기도 한다.

이러한 점에서 수익관리시스템(revenue management) 도입이 필요하며 일드율(yield rate)에 대한 철저한 관리가 필요하다.

- Ability to segment market
- Relatively fixed capacity
- Perishable inventory
- Product sold in advance
- Fluctuating demand over time
- Low marginal sales costs/high marginal product cost

일드율은 잠재(판매가능) 매출액 대비하여 실재 매출액을 백분율로 나타낸다. 즉 최대로 팔수 있는 매출액을 얼마나 실현했느냐 달성도를 나타내는 영업실적 관리 지표가 된다.

$$일드율 = \frac{실재매출액}{잠재매출액}$$

실재매출액 = 판매객실 수 × 판매된 객실의 1개당 평균 요금
잠재매출액 = 보유객실 수 × 보유한 객실의 1개당 평균 요금

표 11-3 호텔과 크루즈 산업의 객실 재고 관리 차이

구분	호텔 산업	크루즈 산업
평균 객실 점유율	59%	95% 이상
유형자산	위치에 고정	움직일 수 있음
개인예약의 범위	단기	장기
웨이팅 리스트	없음	있음
보증금	1박	전체 여행기간
완전한 환불의 데드라인	24시간	70일
예약부도율	5.4%	1% 미만
예약부도 페널티	1박	전체 여행기간
예약보다 조기 체크아웃 페널티	50~70불	없음
조기 체크아웃 비율	5.3%	매우 낮음
Hold over rate	6%	없음
Walk-in rate	빈번함	빈번하지 않음
예약부도를 감안한 오버부킹	빈번함	없음
취소를 감안한 오버부킹	빈번함	매우 빈번함
전세	불가능	가능함

출처: Toh, R. S., Rivers, M. J., & Ling, T. W. (2005). Room occupancy: Cruise lines out-do hotels. Hospitality Management, 24, 121-135.

승객공간확보율(Passenger Space Ratio: PSR)은 주어진 선박공간에서 승객을 얼마나 태울 수 있는가를 측정하는 지표이다. 승객공간확보율이 높을수록, 즉 승객에 배정할 수 있는 공간이 넓을수록 쾌적한 서비스를 제공하기 쉽다. 그러나 공간이 넓어지면 비용이 증가하기 때문에 수익을 올리는 데 한계가 있다. 크루즈의 등급에 따라 승객 공간 확보율은 차이가 난다.

$$\text{승객공간확보율} = \frac{\text{최대수용인원 혹은 2인1실 기준 수용인원}}{\text{총 톤수}}$$

총톤수(gross registered tonnage: GRT)

(3) 재무제표

크루즈 기업에서 사업계획을 세우고 실적을 관리하는 데 다음과 같이 세 가지 재무관련 서류(financial statement)를 작성한다.

- 손익 계산서(Profit and Lost Statement: P/L): 수입과 지출
- 대차대조표(Balance sheet: B/S): 자산, 부채 및 자본 구조
- 현금흐름표(Cash flow: C/F): 현금의 증감

3) 회계처리의 감사 및 오류파악

(1) 회계감사 처리에 대한 감사를 준비한다

회계감사(account audit)는 회계담당자가 회계기록을 검사하는 것을 말한다. 회계는 경영활동을 숫자로 나타낸 것이다. 따라서 가장 정확하게 기록되어야 한다. 회계자료를 읽고 이해관계자가 의사결정을 내리는 데 도움을 주어야 할 것이다. 본 교과서에서는 크루즈의 운영관리를 주로 다루고 있으므로 회계감사의 내부통제적(internal control) 기능에 좀 더 초점을 맞추고자 한다. 따라서 최고경영자 혹은 관리자가 과거의 실적에 의지를 담아 미래의 계획을 세우는 데 있어 재무제표를 점검하는데 주요 포인트를 담았다.

다음은 크루즈 선사의 연차 보고서에 나와 있는 경영실적을 요약한 것이다. 경영자 혹은 관리자는 재무제표상의 수치를 통해 건전한 경영관리가 이루어졌는지를 판단하고 미래를 계획하는 출발점으로 삼는다.

표 11-4 카니발 크루즈라인과 P&O 연결 재무제표(일부) (단위: 백만 달러)

구분	2012	2011	2010
매출액(revenue)	$15,382	$15,793	$14,469
순이익(net income)	$1,298	$1,912	$1,978
주당이익(EPS)	$1.67	$2.42	$2.47
현금흐름(free cash flow)	$1,175	$1,070	$239
총승객수(PAX carried)	9,829	9,559	9,147
승객수용력(PAX capacity)	92,784	195,872	191,464
선박수(number of ships)	100	99	98
평균승무원수(number of employees)	90,000	90,000	87,000

출처: 카니발 크루즈라인.

매출액은 작년에 비해서 얼마정도 늘었는가? 순이익은 얼마나 늘었으며 매출액 대비 순이익의 비율은 어떻게 되는가? 순이익의 절대량과 비율이 줄어 들었으면 매출부진인가 비용이 과다하게 발생한 것인가? 주당이익을 점검하여 주식투자자에게 적절한 이익을 제공했는가? 현금흐름은 문제점이 없는가? 승객수는 지속적으로 늘고 있는가? 승객대비 매출액은 적절한가? 선박수는 늘어나는 매출액에 대응할 만큼 충분한가? 추가적인 신규선박 주문은 어느 시점에서 이루어져야 하는가? 평균승무원수는 얼마이며 매출 및 승객수 대비 적절한가? 등 다양한 검토가 가능하다.

(2) 회계처리의 오류를 피한다

회계처리의 오류는 회계감사의 대상이 회계처리의 오류를 알고 있느냐 모르고 있느냐, 즉 알고서도 잘못된 자료를 제공하지 않았는가, 회계감사의 주체가 회계처리의 오류를 발견했느냐, 발견하지 못했느냐, 즉 잘못된 회계처리를 수정하고 올바른 의사결정을 할 수 있도록 준비가 되어 있느냐 등이다. 다음은 크루즈선사의 손익계산서(P&L)이다.

표 11-5 카니발크루즈 및 P&O 연결손익계산서

(단위: 백만 달러)

	2012	2011	2010
매출 (Revenue)			
크루즈(cruise)			
티켓판매(PAX ticket selling)	15,047	15,311	13,976
선상판매 등(Onboard and other)	211	278	281
	15,258	**15,589**	**14,257**
원가 및 비용(Operating costs and expenses)			
크루즈 운영비용(op. cost & EXP)			
수수료, 지상교통 등(commission, transportation and other)	2,292	2,461	2,272
선상비용(Onboard and other)	588	506	474
유류비(fuel)	2,381	2,193	1,622
인건비 및 관련비용(payroll and other)	1,742	1,723	1,611
식자재(food)	960	965	869
기타 선박운영(other ship operating)	2,233	2,247	2,032
관광 및 기타(tour and other)	154	204	212
	10,196	10,095	8,880
판매비 및 일반관리비(selling and admin.)	1,720	1,717	1,614
감가상각	1,527	1,522	1,416
기타비용	173	–	–
	13,616	**13,334**	**11,910**
운영수익(Operating income)	**1,642**	**2,255**	**2,347**

출처: 카니발 크루즈라인.

단순한 계산문제, 즉 매출에서 원가 및 비용을 제하면 운영수익이 나와야 되는데 그러하지 못한 것은 초보적이면서도 치명적인 오류가 된다. 물론 현업에서는 이러한 수준의 실수는 나올 리가 없다. 다만 회계 상의 오류는 계정 하나하나가 제대로 집계되었는지에 의문을 가져보는 태도가 중요하다.

첫번째로 연도별 비교를 통해서 갑자기 매출이 증가한 경우이다.

$$\text{매출액 성장률(\%)} = \frac{\text{비교년도 매출액} - \text{기준년도 매출액}}{\text{기준년도 매출액}} \times 100$$

매출은 크게 티켓판매와 승객의 선상지출에 의한 수입으로 구성된다. 물론 크루즈 선사는 여행사의 판매수고에 대한 커미션을 지불해야 한다.

그림 11-6 크루즈 매출 및 수익구조

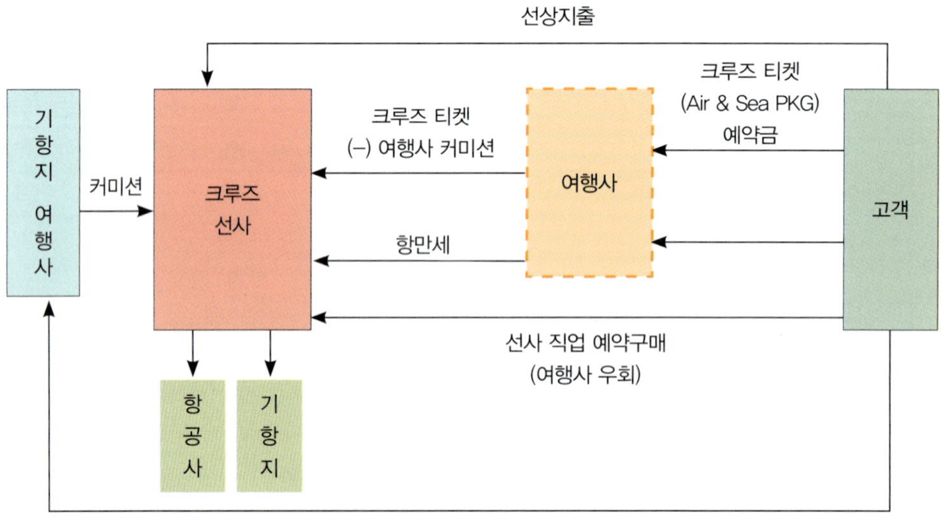

두 번째로 기준년도 내에서 계정항목 간의 비교를 통해서 알 수 있는데, 갑자기 원가 및 비용 절대금액이 크게 감소한 경우이다.

$$\text{원가 및 비용 비율(\%)} = \frac{\text{원가 및 비용}}{\text{매출액}} \times 100$$

4. 폐기물 관리

1) 폐기물 및 위험물 파악

(1) 환경적 이슈

선박이 대형화되고, 크루즈 권역에서의 크루즈 교통량이 증가함에 따라 해양에 투하되는 폐기물과 위험물질 등의 절대량이 많아지고 있다. 크루즈 1회 운항 시에 수천 명에 이르는 승객과 승무원이 승선하는 크루즈로부터 일주일에 배출되는 쓰레기의 양은 75만 리터, 생활오수는 380만 리터, 생활 쓰레기 8톤, 유해물질 500만 리터 등에 이른다(김우종 외, 2014).

그럼에도 불구하고 다행스러운 것은 폐기물은 해양에 절대 투하하지 말아야 한다는 공감대가 국제적으로 형성되고 있으며 선박의 현대화 기술에 힘입어 폐기물 자체 처리 능력을 확보하고 있다. 따라서 현재의 크루즈 선사는 친환경 크루즈선(green ship)을 표방하고 있다.

(2) 폐기물의 개념과 의의

폐기물은 그 상태로는 쓸 수 없는 물질로서 해양에 배출하는 경우 해양 환경에 해로운 결과를 미치거나 미칠 우려가 있는 물질이다(기름, 유해 약체물질 및 포장 유해물질에 해당하는 물질은 제외: 해양환경관리법 제2조 4호).

유해액체물질은 해양환경에 해로운 결과를 미치거나 미칠 우려가 있는 액체 물질(기름 제외)과 그 물질이 함유된 혼합액체물질로서 해양수산부령이 정하는 것을 말한다.

- 그레이워터(grey water): 정화처리를 통해서 다시 선상에서 재사용되는 물, 즉 객실 내 욕실용, 주방 및 세탁, 식기세척 등으로 쓴다.
- 블랙워터(black water): 정화시설 재생이 불가능한 화장실, 의료시설 등에서 나

온 물이다.

- 빌지워터(bilge water): 선저(bilge), 즉 배의 밑바닥에 고인 폐수로 각종 장비운용 및 물을 필요로 하는 곳에 공급되고 남은 기름성분의 물이다.
- 슬러지(sludge): 하수처리 또는 정수과정에서 생긴 침전물로 오니(汚泥)라고도 한다.

(3) 폐기물과 유해물질의 위험과 심각성

선박에 의한 오염물질 배출은 다음과 같이 해양과 대기로 배출된다. 육상환경에 비해 오염원인의 식별이 어렵고 또한 오염의 결과 장기간 축적된 후에 나타나 인과관계가 쉽지 않다(이학춘 · 이현주, 2017).

- 해양으로의 배출원인: 기름배출, 유해액체물질, 음식물쓰레기, 선박오수 등을 배출
- 대기로의 배출원인: 선박 쓰레기 소각, 엔진으로부터의 제한치를 넘는 질소산화물 배출

2) 폐기물 처리능력 파악 및 외부업체 계약 체결

(1) 폐기물 처리능력 파악

선박자체 내에서 폐기물을 처리하고 재생하는 능력이 갖추어져야 할 것이다. 다만 선박자체에서 해결할 수 없는 것과 자체 처리보다 외부업체와의 계약으로 처리하는 것이 보다 경제적인 경우에 외부업자를 물색한다. 다만 방문항에서 폐기물을 받아서 처리하고자 하는 의향이 있어야 한다.

(2) 외부업체와의 계약체결

방문항의 공공기관의 허가를 받은 폐기물 수집운반업체를 통해 크루즈에서 발생

하는 각종 폐기물 중 하선된 것을 처리할 수 있다. 폐기물 수집업체는 일정한 수수료를 받고 공공소각시설 등을 통해서 처리한다.

3) 폐기물 처리 지침과 국제 법규 준수

(1) 크루즈 선사의 폐기물 처리지침 사례

로얄 캐리비언 크루즈는 국제법과 각종 해상규약을 넘어서 자발적으로 보다 엄격한 규정을 관리원칙으로 하여 선도적으로 해양환경을 보호하고자 한다. 이를 ABC(Above & Beyond the Compliance)라고 한다.

"Our discharge of gray water exceeds the recommend of International Law at Sea and Unite State Coast Guards"

① RR(Recycle and Reuse): 알루미늄 캔, 복사지와 같은 폐기물은 별도로 분류하여 재활용함으로써 해양프로그램을 실천한다.

② PPP(Practice Pollution Prevention): 바다에 어떠한 것(담배꽁초, 종이컵, 냅킨 등)도 투기하면 안 되며 다른 종업원 혹은 손님이 하는 것을 목격하면 못하게 해야 한다. 배터리는 별도의 수거함을 배치하고, 기름 유출은 즉시 보고한다. 모든 쓰레기는 적절한 수거함으로 분류하고 어떠한 환경적인 위반을 목격할 시에는 환경담당 고급승무원(Environmental Officer)에게 보고하도록 한다.

③ CI(Continual Improvement): 환경 관련하여 준수사항은 지속적인 보완을 해나가야 한다. 화학물질 및 쓰레기 처리 기술 관련해서 승무원들은 회사에 개선을 위한 제안을 할 수 있다.

(2) 승무원의 의무 (식음료 승무원을 중심으로)

① Separate garbage(쓰레기를 분리하라): 손님의 테이블로부터 치워진 쓰레기는 가능하면 빨리 분류하도록 한다. 이렇게 함으로써 접시나 유리잔 등을 쉽게 랙에 꽂아서 식기세척기로 보낼 수 있다.

② "Save the Wave" Name Tag Logo(세이브더웨이브 명찰을 항상 부착한다): 항상 명찰을 자랑스럽게 부착하여야 한다. 유니폼의 일부로서 손님의 질문에 명찰의 의미와 회사의 정책을 바로 응답할 수 있도록 준비한다.

그림 11-7 로얄 캐리비안 크루즈의 자체 폐기물 처리 규정

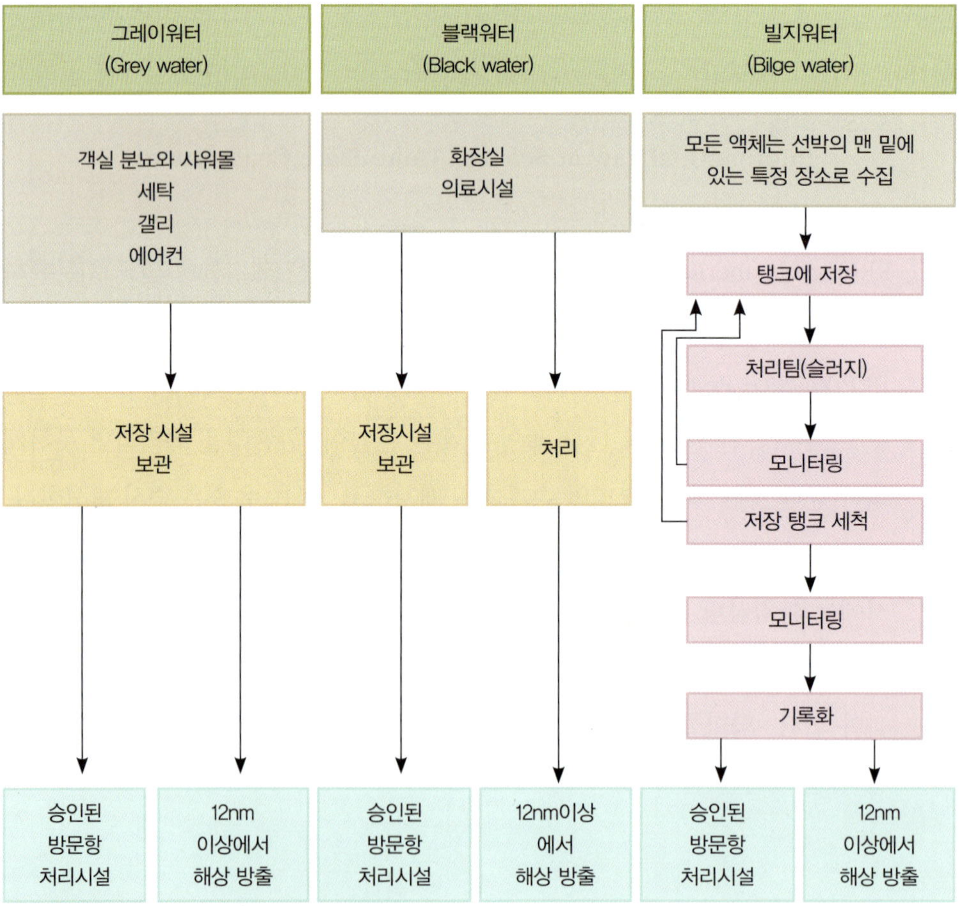

출처: 로얄 캐리비안 크루즈 자료를 바탕으로 재구성.

③ Know the Environmental Policy(환경정책을 숙지하라): 손님들에게 ABC, RR, PPP and CI 등 환경관련한 회사의 정책을 설명할 수 있도록 준비가 되어 있어야 한다.

④ Emergency Preparedness(위기상황을 준비하라): 환경적인 사건/사고의 발생 시에 어떻게 대처할 것인가 준비되어 있어야 한다. 즉시 911을 눌러 사건, 사고를 신고하고 오염된 지역에 다른 사람이 못 들어가도록 폐쇄해야 한다. 사건, 사고는 반드시 수퍼바이저에게 보고되어야 한다.

그림 11-8 로얄 캐리비안 크루즈의 자체 폐기물 처리 규정(CONT.)

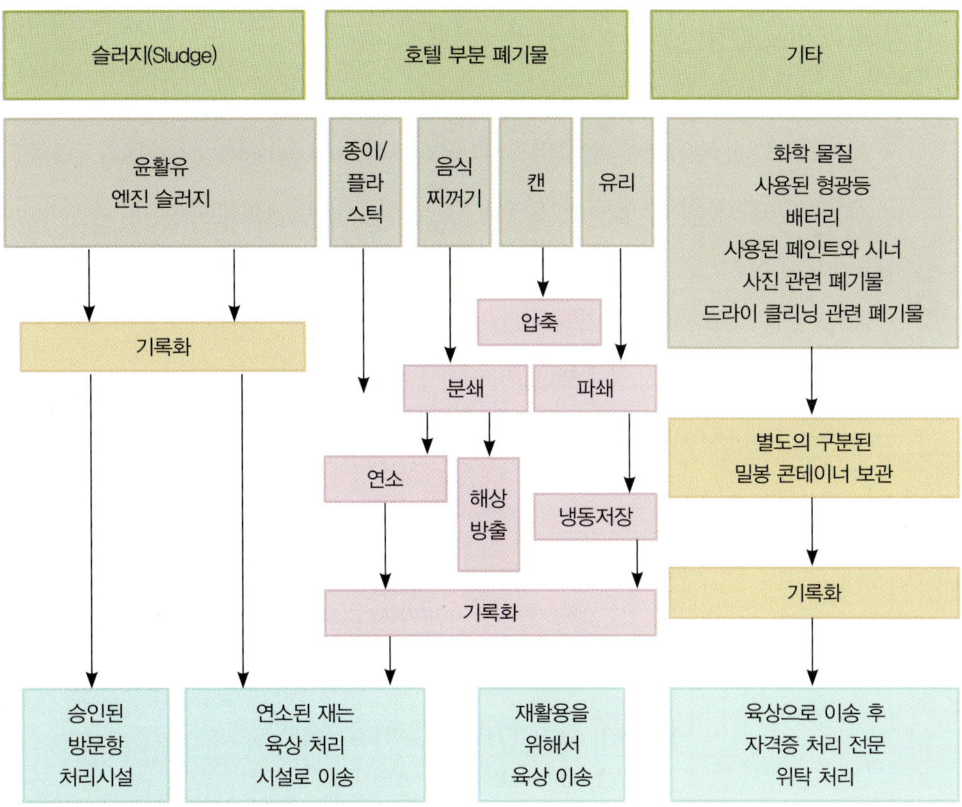

출처: 로얄 캐리비안 크루즈 자료를 바탕으로 재구성.

(3) 환경관련 국제해상법규

선박에 의한 대기 및 해양오염의 위험과 심각성에 대하여 국제사회는 공감대를 가지고 각종 국제협약을 체결하여 공동노력을 할 것을 다짐하였다(하원재, 1991).

- 기름에 의한 해양오염방지국제협약(International convention for the prevention of pollution by oil): 1954년 영국의 주도에 의해 채택 및 이후 개정되었다.
- 선박에 의한 해양오염방지국제협약(International convention for the prevention of pollution from ship: MARPOL): 1973년 IMO에서 개최되어 기름에 의한 해양오염뿐만 아니라 유해액체물질, 포장된 형태의 유해물질, 하수 및 쓰레기 투기 등까지 규정, 상기 협약이 78년 의정서를 통해서 다시 개정 발효되어 오늘날 매우 포괄적이고 엄격하게 지켜지고 있다.
  - Annex(부속서) I: 기름오염규제(prevention of pollution by oil), 1982
  - Annex II: 유해액체물질 오염규제(noxious liquid substances in bulk), 1987
  - Annex III: 포장된 형태의 물질오염 규제(harmful substances in packaged form), 1992
  - Annex IV: 오수 오염규제(sewage), 2003
  - Annex V: 폐기물 오염규제(garbage), 1988 발효, 2013 개정
  - Annex VI: 대기 오염 규제(Air pollution), 2005

Saving Energy (Energy consumption)
Water consumption
Laundry Operation

WHAT ARE THE SIGNIFICANT ENVIRONMENTAL ASPECT?

Safe storage and proper use of chemicals

Chemicals are used for cleaning and for treating water. We operate safely by using the information on Material Safety Data Sheet (MSDS's). WE store chemical properly. If we have any questions on chemicals. We contract the environmental officer.

Reduce the use of plastics and chemicals:

If you have ideas about reducing the amount of plastics of chemicals, give your suggestions to your supervisor.

Storing and Removal of Garbage

A lots of garbage is produced on the ship. Some of this water, dry cleaner spot remover, acid, batteries & medical waste can be hazardous, We can only land this waste in certain ports to special contractors. We make sure that we put garbage into the correct containers.

Saving Energy

We schedule ship for most fuel consumption. We burn shipboard paper to help burn

Water consumption

We try to conserve water by only changing towels when guest leave them on the floor. We recycle water from HVAC system. We fill water glasses, ONLY on request from guest.

Laundry Operation

We make sure that we have the equipment maintained to assure the most efficient use of water and energy. We use the equipment to maximize efficiency by doing full loads of wash.

WHAT ARE SOME ENVIRONMENTAL PROGRAMS THAT RCCL HAS APPROVED FOR THE YEAR 2000?

Reduce number of chemicals on board by 15% Optimize fuel efficiency
Eliminate PERC by 2000
Institute a formal hearing conservation program(CCL)

Reduce hazardous waste treatment/disposal unit cost by 20%
Increase shipboard incinaration of waste currently landed by 50%
Install Gray Water treatment systems
The above 7 program are objectives and target

WHAT DO YOU DO IF SOMETHING DOESN'T FOLLOW SQM PROCEDURES?

Report to supervisor or division head.
They may choose to report the event on a Preventive Action Report of Action / Incident Report

WHO ASSUMED THE FOLLOW-UP ON ENVIRONMENTAL ISSUES NOTE IN PREVENTIVE ACTION REPORT?

The Environmental Officers and Safety Officer

WHO ASSUMED THE FOLLOW−UP ON HAVE HAVE YOU RECEIVED ANY TRAINING FOR EMS?

Yes

CHAPTER

12

선상지원

1. 승무원 인사 관리
2. 선상 안전 관리
3. 승하선 관리
4. 의료서비스 관리

Chapter 12

선상지원

선상지원은 개별 크루즈 선박 차원에서 해상에서 고객들에게 출항 전에 한 약속(마케팅 메시지)을 충분히 지킬 수 있도록 구현하는 기능이다. 호텔보면 프론트오피스(front office)에 해당한다. 앞의 지상지원 조직이 육지에 위치해 있는 직업군(shore side job)이라면 선상지원 직업군은 개별 선박에서 업무를 수행한다.

1. 승무원 인사 관리

크루즈 선박에는 호텔부문과 해양부문으로 크게 나뉘는데 각각 서비스와 안전을 책임지게 된다. 그리고 준군사조직으로 고급승무원과 일반승무원의 위계를 가지고 있다. 선장은 CEO이자 안전의 총책임자로서 육지의 호텔과 다른 인사조직 관리를 해야 한다.

2. 선상 안전 관리

크루즈의 안전은 갑판 및 기관 관련 승무원들이 제 역할을 해서 무사히 목적으로 하는 항구로 귀환하는 것에만 국한되지 않는다. 호텔부문 승무원들 역시 "고객이 편안함을 느끼게 하는" 서비스를 함으로써 안전을 만들어 낸다.

3. 승하선서비스

승객이 배에 오르고 배에서 내리는 일련의 과정은 "승선한 승객이 만들어낸 공동체가 이방인에 의해 깨지지 않게" 엄격한 보안 속에서 물흐르는 것과 같이 그리고 감시를 받는 불쾌함 없이 이루어져야 한다.

4. 의료서비스 관리

선박의 대형화에 따라 승객의 발병확률은 높아가고 또한 육지로부터 멀어질수록 의료 서비스를 받을 수 있는 확률은 역으로 낮아진다. 이때 중요한 역할을 하는 것이 배 안에 위치한 의료서비스인데 역설적으로 승객이 찾지 않을수록 성공하는 서비스가 의료서비스이다.

열쇠말

고급승무원과 일반승무원(Officer & Crew), 고용증명서, 구명정 훈련, 승하선, 안전관리매니저, SOLAS(Safety of Life at Sea), USPH

NCS 학습모듈

학습 1. 공용장소 관리하기

1-1. 공용장소 관리하기

- 공용장소 관리 매뉴얼에 의하여 공공장소의 시설물을 관리하고 청결을 유지한다.
- 공공장소 관리 매뉴얼에 따라서 선박의 염분 세척 작업을 할 수 있다.
- 공용장소의 시설별 안전 관리를 할 수 있다.

학습 2. 선상승무원 인사 관리하기

2-1. 선상승무원 인사 관리하기

- 선상승무원 인사 관리하기
- 선상 내 승객이 주문하기 전에 음료와 주류판매(sale)를 권할 수 있다.
- 선상승무원 근로계약을 체결하고 복리후생을 위해 필요한 조치(식사, 숙소, 휴게시설 등)을 설치하고 관리할 수 있다.
- 선상승무원의 근로기간 중에 필요한 교육(OJT)과 근로의욕 고취를 위한 상벌 제도를 운영할 수 있다.

학습 3. 선상 안전 관리하기

3-1. SOLAS 규정에 의한 안전 관리하기

- SOLAS에 의한 선상 안전 훈련을 실시할 수 있다.

3-2. SOLAS 규정에 의한 안전 훈련 매뉴얼 교육하기

- SOLAS에 의한 안전 훈련 매뉴얼을 숙지하고 승객 안전 훈련을 실시할 수 있다.

3-3. SOLAS 규정에 의한 화재 및 구명정 관리하기

- SOLAS에 의한 화재 및 구명정 훈련을 실시할 수 있다.

학습 4. 승하선 안전 관리하기

4-1. 승하선 안전 관리하기

- ISM. ISPS에 관하여 숙지하고 승하선 절차를 관리할 수 있다.
- ISM, ISPS에 의거하여 승하선 승객의 안전을 위하여 안전 시설을 설치 운영할

수 있도록 한다.
- 승객의 승하선 시 필요한 편의시설을 설치 운영할 수 있다.

학습 5. 의료 서비스 관리하기

5-1. 크루즈 의료 서비스 관리하기

- 선상 의료 시설과 의약품을 이해하고 이에 관련한 관리 규정을 이해할 수 있다.
- 응급 사태 발생 시에 기항지의 긴급 의료 시설과 긴급 연락체계를 확보한다.
- 선상 위생 관리를 위하여 필요한 교육 등 조치를 할수 있다.

주: NCS 학습모듈 10번, 선상 지원 관리하기의 1. 공용장소 관리하기는 객실 이외의 모든 장소에 대한 시설 관리에 해당되는 내용으로 객실 관리를 응용하면 됨. 따라서 교재목차 6장 캐빈 관리와 갈음 가능하기 때문에 본 12장에서는 생략하였음.

도입사례

More cruise ships failed sanitation inspections in 2017 than any other year

Cruise lines have never had a cleanliness problem this big.

In 2017, cruise lines failed their sanitation inspections at the highest rate ever since the Centers for Disease Control and Prevention' s Vessel Sanitation Program started holding cruise ships to its Operations Manual guidelines in 1990.

Fifteen ships earned failing scores last year, a figure that dwarfs the average failure rate of about two to four ships a year, a Miami Herald analysis of the CDC' s historical inspection data found. The only year that comes close to 2017' s all–time–high figure is 2013, with 10 failures. In 2016, just four ships flunked their inspections, and from 2009 to 2011, there was only one failure a year.

In 2017, the failures included five cruise ships from Doral–based Carnival Cruise Line, one from Miami–based Norwegian Cruise Line, one from Miami–based Oceania Cruises and one from Deerfield Beach–based Bahamas Paradise Cruise Line. A Caribbean ferry, Ferries Del Caribe's Kydon, failed its inspection twice.

출처: 마이애미 헤럴드(2018. 2. 14.).

example

1. 선상승무원 인사 관리

1) 선상승무원 인사 관리

(1) 인사관리의 핵심

성공적인 인사관리(human resource management)의 핵심은 가능한 적은 수의 인원과 최소의 인건비 수준을 유지하면서 높은 수준의 업무수행 능력과 고객 서비스 품질을 확보하는 것이다. 크루즈 서비스에 대한 고객의 기대는 일반 호텔보다 높고 크루즈는 공간 제약적이기 때문에 많은 승무원을 태울 수 없어 서비스 제공에 제한적이다.

승무원 수를 늘이면 업무 및 서비스의 품질이 높아지고 고객의 만족 및 재방문으로 이어지나 인건비 증가로 인한 수익 압박이 발생한다. 따라서 일당백(一當百)의 원리에 따라서 승무원의 능력을 극대화할 필요가 있다. 따라서 전략적인 관점에서 인사관리가 필요하며 최종적으로 기업의 목적에 부합되어야 한다(Wheelhouse, 1989).

로얄 캐리비안 크루즈는 모든 승무원들이 최고의 서비스를 제공하기 위해 다음과 같은 행동지침을 제시하고 있다.

Anchored in Excellence

We always provide service with a friendly greeting and smile
We anticipate the needs of our guests
We make all effort to exceed our guest's expectation
We take ownership of any problem that is brought to our attention
We engage in conduct that enhance our corporate reputation and employee moral
We are committed to act in the highest ethical manner and respect the rights and

dignity of others
We are loyal to Royal Caribbean and strive for continuous improvement in everything we do

The Best Vacation
Begins with You

(2) 채용, 배치 및 평가

① 조직

선상에서 근무하는 직원은 세 가지로 나뉘는데 고급승무원(officer) 및 일반승무원(crew)으로, 라인계통, 그리고 기타직원(staff)이다. 인력의 배치는 적재적소(right men at right position)가 원칙이며 적성이 맞지 않을 때는 업무순환 등 조치가 필요하다. 극단적으로 승무원이 내향적 성격을 가졌거나, 영어 구사 능력이 부족할 때 고객과 직접 대면하지 않는 업무를 배정하는 것이 조직과 개인을 위해 도움이 된다. 다만 크루즈 업무가 크게 항해 업무와 호텔 업무로 나누어져 있는바 계약 당시의 법적 지위와 스킬 등을 고려하지 않을 수 없다.

그림 12-1 크루즈 호텔부문 조직도

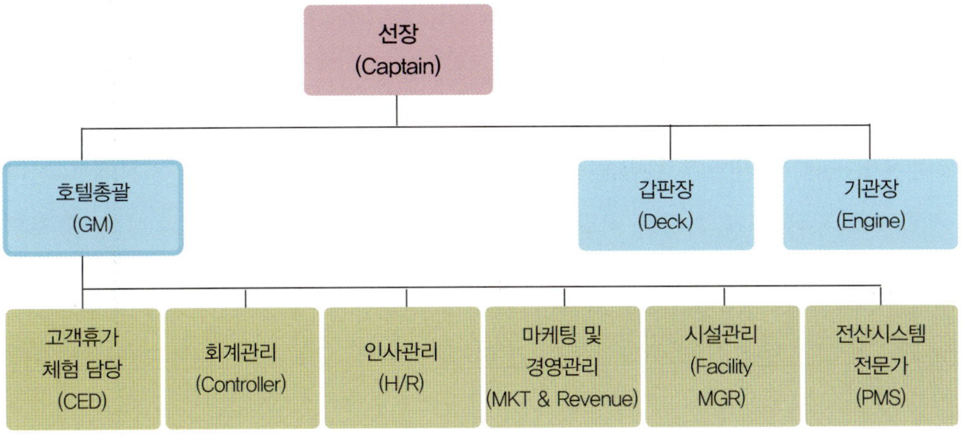

선장은 캡틴(captain) 혹은 마스터(master)라고 불리는데 후자가 공식적인 명칭이다. 선박의 격(class)을 유지하는 업무를 보고 있다. 부선장(staff captain 혹은 deputy captain) 혹은 갑판장은 배의 안전한 항해와 배의 보존을 책임지며 산하에 안전, 환경, 무전교신 등을 담당하는 고급승무원을 지휘 감독한다. 기관장 혹은 기관부문장(chief engineer)은 선박의 기계적 운항을 담당하는데 선박의 추진력, 조종장치, 난방, 환기, 냉방, 조명, 냉장 등 보조동력시스템 담당 등과 관련된 고급승무원을 지휘 감독한다.

호텔 디렉터(hotel director)는 육상호텔의 GM(General Manager)에 해당하며 호텔 부문을 총괄하는 수장으로서 선박운항을 제외한 모든 부문을 총괄한다. 따라서 갑판장 및 기관 부문장과의 커뮤니케이션을 원활히 하고 서로 상충되는 이해관계를 잘 조정해야 한다. 호텔 디렉터의 밑에는 퍼서(purser), 즉 호텔의 프런트데스크에 해당하는 매니저가 있으며 고객과 승무원 담당으로 세분화된다. 또한 기항지 관광 담당 매니저(Shore excursion), 크루즈 다이렉터(Cruise director, 승객의 엔터테인먼트 및 정보제공), 선상의 식음료 생산을 책임지는 수석요리사(Executive chef), 객실관리, 공공장소 및 기타 선박 청소 및 청결을 책임지는 하우스키핑 매니저(Head housekeeper 혹은 Chief steward) 등이 있다. 또한 식당관리 및 식재료 조달, 재고관리를 책임지는 식음료 관리 매니저(Food and beverage manager), 메인 다이닝룸 서비스를 책임지는 다이닝룸 매니저(Dining room manager), 카지노 운영 및 회계를 책임지는 카지노 매니저(Casino manager) 등이 있다.

② 채용

채용(recruit)는 새로운 승무원을 선발하는 과정이다. 적재적소의 원칙에 의거하여 해당 직무에 가장 적합한 사람을 뽑는 것이 중요하다. 크루즈는 크게 호텔 직무(퍼서 오피스, 레스토랑, 객실 등)와 항해직무(갑판과 기관 부문)가 있다. 또한 크루즈는 직무별로 세계적인 분업화가 되어 있으므로 본사 직원을 제외하고는 대체로 각국에 에이전트를 두고 이를 활용한다. 예를 들어 항해부문은 선박운항 전통이 강한 북유럽 승무원이 다수를 이룬다.

그림 12-2 고용증명서

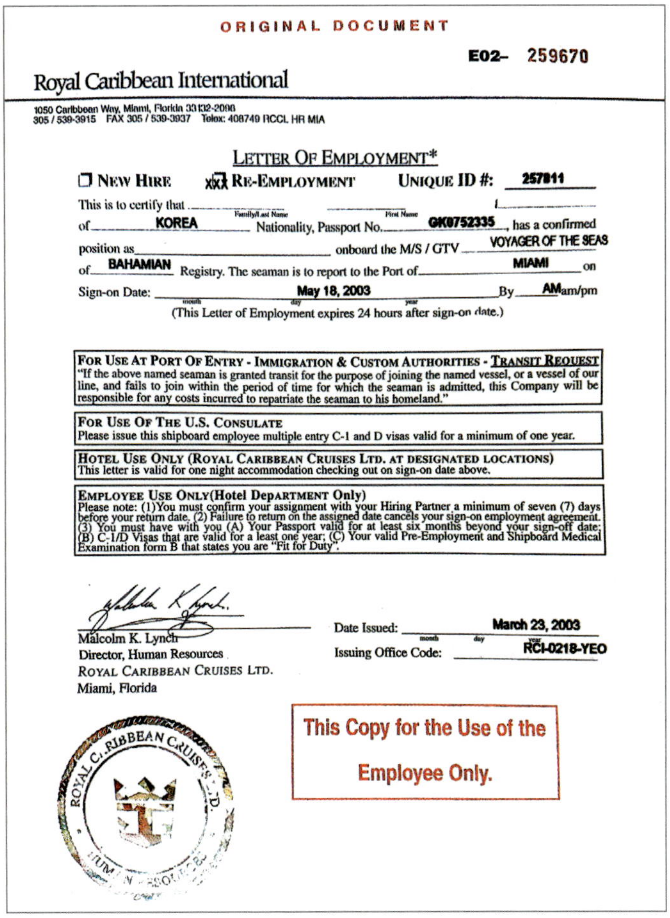

ORIGINAL DOCUMENT

E02- 259670

Royal Caribbean International

1050 Caribbean Way, Miami, Florida 33132-2096
305 / 539-3915 FAX 305 / 539-3937 Telex: 408749 RCCL HR MIA

LETTER OF EMPLOYMENT*

☐ NEW HIRE ☒ RE-EMPLOYMENT UNIQUE ID #: 257811

This is to certify that ______ (Family/Last Name) ______ (First Name) ,
of KOREA Nationality, Passport No. GK0752335, has a confirmed
position as ______ onboard the M/S / GTV VOYAGER OF THE SEAS
of BAHAMIAN Registry. The seaman is to report to the Port of MIAMI on
Sign-on Date: May 18, 2003 (month day year) By AM am/pm
(This Letter of Employment expires 24 hours after sign-on date.)

FOR USE AT PORT OF ENTRY - IMMIGRATION & CUSTOM AUTHORITIES - TRANSIT REQUEST
"If the above named seaman is granted transit for the purpose of joining the named vessel, or a vessel of our line, and fails to join within the period of time for which the seaman is admitted, this Company will be responsible for any costs incurred to repatriate the seaman to his homeland."

FOR USE OF THE U.S. CONSULATE
Please issue this shipboard employee multiple entry C-1 and D visas valid for a minimum of one year.

HOTEL USE ONLY (ROYAL CARIBBEAN CRUISES LTD. AT DESIGNATED LOCATIONS)
This letter is valid for one night accommodation checking out on sign-on date above.

EMPLOYEE USE ONLY(Hotel DEPARTMENT Only)
Please note: (1)You must confirm your assignment with your Hiring Partner a minimum of seven (7) days before your return date. (2) Failure to return on the assigned date cancels your sign-on employment agreement. (3) You must have with you (A) Your Passport valid for at least six months beyond your sign-off date; (B) C-1/D Visas that are valid for a least one year; (C) Your valid Pre-Employment and Shipboard Medical Examination form B that states you are "Fit for Duty".

Malcolm K. Lynch
Director, Human Resources
ROYAL CARIBBEAN CRUISES LTD.
Miami, Florida

Date Issued: March 23, 2003 (month day year)
Issuing Office Code: RCI-0218-YEO

This Copy for the Use of the Employee Only.

출처: 로얄 캐리비안 크루즈.

승무원(crew)과 고급승무원(officer)은 다음과 같은 서류를 통해 계약이 이루어진다.

- 항공티켓: 본사(shoreside management job) 혹은 선박의 모항이 위치한 곳
- 확인된 고용증명서(letter of employment: LOE): 본사 혹은 에이전트(hiring partner)에 의해 발부됨

- C1/D(복수) 비자(승무원, 선원비자)와 1년 이상의 유효기간이 있는 여권
- 공인된 의료검진 증명서(medical certificate)
- 직무명세서(iob description): 승무원이 담당해야할 업무를 적어 놓은 것
- 신입교육훈련 책자
- 계약 종료 시 필요한 귀국 항공티켓(신입에 한함)

표 12-1 채용대행사에서 요구하는 조건

항목	요구조건
키	남성 5' 7", 여성 5' 4"
나이	26세 미만(크루즈 무경험) 혹은 31세 미만(크루즈 유경험자)
용모	매력적, 적당한 몸무게, 몸에 이상이 없을 것
언어능력	유창한 영어(예외 없음)
직업경험	최소 5성급 호텔에서 1년 이상 근무자
성격	규정을 지키는, 원만한, 침착한, 외향적(심리테스트함)
건강	완벽

출처: Terry, W.(2011).

최초로 채용되거나 혹은 계약 갱신으로 다시 승선을 하는 승무원과 고급승무원은 다음과 같은 절차를 거쳐야 한다. 아래 내용은 승무원이 다시 승선하게 되었을 때 안내하는 내용이다.

M/S Voyager of the Seas

Welcome Aboard

Crew Office Information

Crew Office Business Hour:

Monday to Friday

8:00 AM to 12:00 PM & 4:00 PM to 6:30 PM

Saturday
8:00 AM to 12: 00 PM & 3:00 PM to 6:00 PM

EMBARKATION DAY(SUNDAY) CLOSED FOR REGULAR BUSINES!!

Crew Relation Manager: Albert De Matas. Trinidad
2nd Purser Crew: Blessie Hernandez, Philippines
3rd Purser Crew: Dean Sibary, United Kingdom

Crew Activities Manager: Tim Gimbert, United Kingdom

Training & Development Manager: Suzanne Vucurovic, Australia

Service available from the Crew Office:

Money Order:
Available at sea days from Crew Purser from 8:00 am–noon & 4:00 pm to 6:30 pm. Also at Port days from 4:30 pm to 6:30 pm. Each money order costs $1.00. Can be made up to $1,000 each. Should be accepted worldwide, Check your bank first to be certain.

Cabin Keys:
If you are locked out of your cabin and crew officer is closed– You must contact your roommate or beep security B No #62. Crew Officer will replace lost keys and charge $10.00. All funds go into the Crew Welfare Fund.

Crew Card:
Lost Crew / Supercharge Card–Report to Crew Purser and Gangway immediately. $40 fee paid into the Crew Welfare Fund.

Cabin Maintenance Request: Dial 3117 between 7:00 am– midnight

Cabin Inspection: Right after boat drill

Full Crew Drill: Between Ocho Rios, Jamaica and Cozumel, Mexico. Make sure you know your Emergency Instruction.

Mountain Bike: Available for hire at the Slop Chest– No deposit required only a $5 per day charge. You need to make a reservation at the Slop Chest the night before.

Rental: We have a variety of video for rental– Selections available upon request. Also Play Stations and Games, Golf Sets, Tennis Racquets, Table Tennis bats and balls, Dart and a choice of board game!!. All available at the Slop Chest.

Payroll Service: Payroll distributed through department heads twice per month (Tuesday in the middle and end of the month). Uniform payment, crew signing card charge, airline ticket payments accepted during office hour.

Supercharge Bill: Statement of account must be collected from your division head every pay period. All Supercharge accounts must be paid off every pay period.

Uniform Store: Twin Deck, Sunday 2:30 PM to 6:00 PM
Monday / Tuesday / Thursday & Saturday only.
10:00 AM to 12:00 PM & 3:30 PM to 5:00 PM
Wednesday & Friday closed.

Crew Activity Team
  Representatives from each department
  Anyone can attend– schedule meeting
Mail : Distributed through department from the crew office

PEASE ENSURE YOUR
FRIENDS/RELATIVES PUT YOUR FILL NAME AND
DEPARTMENT ON YOUR MAIL
RCI Ship's address are available at the Crew Office

Other Department Crew Service

Crew Gym: Deck 3. aft. & Deck 5 fwd
Crew Day room: Deck 2. aft. & Deck 5 aft
Crew Desk: Deck 3. aft. (with Jacuzzi)
Slop Chest: Deck 3. aft. (crew disco)
Medical Services: Hour: 8:00am–9:00 am and 3:00pm–4:00pm
Bring Medical Examination form(available from supervisor)
Dial Extension 51 for emergency nurse on duty
Visitors: Complete and submit request form at least 48 hours in advance – immediate relatives **ONLY**

Emergency Phone calls at Sea:
TEL: 011–874–331–131711/20/22
FAX: 011–874–331–131722
Mail Address: Name:___________________
Department: ___________________
M/S Voyager of the Seas
P.O. BOX 019645
Miami, FL 33101–9645.

Laundry Services: 6:00am – 11:00 am and 1:30pm–4:00pm, Twin Deck
Self Service Laundry: Crew Laundry located at Twin Deck, next to the Print Shop, Staff Laundry located at Deck 1 and Officers Laundry located on Deck 10, next to bridge
Phone Calls: Phone Cards available on Deck 3 and Deck 5, Crew, Staff & Officers Mess– follow the instruction posted. Dial the speed button beforehand. Be patience–remember it's satellite.

WHEN YOU DEBARK THE SHIP TO GO ASHORE FOR THE DAY ONLY:

DON' T FORGET TO SWIPE YOUR CREW CARD WHEN LEAVING THE SHIP AND RETURNING FROM ASHRE.
FOR U.S PORT YOU WILL BE REQUESTED TO HAVE YOUR I–95.

선상에서 근무하는 승무원은 통상 6~8개월의 근무(sign on)와 3개월 정도의 휴가(sign-off)를 부여받는다. 이에 따라 휴가를 나가는 승무원은 선내 인사부서(crew office)의 도움을 받아 다음과 같은 절차를 밟는다.

SIGN OFF INFORMATION
CREW NAME
4751

SATURDAY

- Crew Card will be **de-activated** at 11:00 am.
- **4:00 pm~5:00 pm**: In order to be able to collect your pay and vacation pay.. YOU MUST BRING the following.
  1) I-95, 2) Door Label 3) Crew Card
    - Emergency card must be returned to your supervisors*

- **4:00 pm~6:00 pm**: All luggage must be screened by security(opposite Medical Facility), where they will be checked and sealed by security personnels
- If you are carrying more than $10,000 in cash, money order or cheque, please inform the Crew Offices as you are required to fill out a special form for Customs.

SUNDAY

- **Before 7:00 am**: Luggage must be placed near the Facilities Office on Deck 1 fwd. with the proper Crew Tag at Coz mel crew gangway. Crew Tag can be obtained at the crew office.

- **At 7:30 am**: You must present yourself to immigration at Deck 3 aft, Crew Disco.

- **8:00 am**: You must vacate your cabin by this time. Please, make sure your cabin has been inspected. Please bring the attached form signed by your supervisor. This is for cabins that have no assigned Cabin Attendants, Bar-staff and Dining Room staff. Airline ticket s refund & safety belt refund can be collected at the Crew Office on submission of proper, original receipt. No payments will be made without the proper receipt. Collect your Sign-Off envelopes consisting of Customs Form, Letter of Employment, Medical and Training Records.

인사고과는 일정 기간 동안에 승무원이 수행한 업무의 성과(job performance)인 업적을 평가한 것이다. 인사고과는 대상인원의 육성방향 설정(교육, 직무 이동, 이직), 보상의 결정 등을 결정하는 데 참고가 되는 자료이다.

좋은 인사고과를 받기 위해서는 가장 중요한 것은 직무명세서에서 명시된 업무를 잘 수행하는 것이다. 그러나 상급자와의 관계, 동료와의 관계, 하급자의 관리 등 인간적인 측면도 중요하다. 인사고과는 불완전한 인간이 불완전한 인간을 평가하는 아주 힘든 일이기 때문이다.

크루즈에서 생활하면 다음과 같이 좋은 점이 있다(Grupo SCT, 2015).

- 이국적이고 아름다운 관광지를 볼 수 있다.
- 적지않은 수입이 있다.
- 전 세계 다른 국가로부터 온 친구(crew)를 사귈 수 있다.
- 5스타급 환경에서 일을 배울 수 있다.
- 매일 색다른 시나리오(scenario)에서 일을 한다.
- 위험없이 안전하게 스스로 여행을 할 수 있다.
- 새로운 직업스킬을 새로운 직업환경에서 배움으로서 경력을 쌓는다.
- 가족과 친구들에게 이야기해 줄 놀라울 만한 기억들을 만든다.

그림 12-3 크루 인사고과

JOB PERFORMANCE EVALUATION

SERVICE PERSONAL

DINING ROOM / BARS

SHIP:________________________ DATE: ____________

CREW NAME : ________________________ ID#:____________

POSITION:____

APPRAISED BY: ________________________ POSITION: ____________

		5	4	3	2	1
1	Attendance & Punctuality					
2	Personal Appearance & Cleanness					
3	Attitude, Personality & Friendliness					
4	Sincerity & Honesty					
5	Reliable, Dependable and Friendliness					
6	Listening & Follow-up					
7	Follow-up on Side Job					
8	Ability to Communicate (English)					
9	Professionalism & Proficiency					
10	Overall Cooperation					

	BAR PERSONNEL ONLY	5	4	3	2	1
1	Salesmanship					
2	Showmanship					

Additional Comment

	EXCEL	GOOD	AVERAGE	FAIR	POOR
OVERALL RATING					

Is individual Promotable? yes: no:

To what position?

Discussed weak and strong points with crew member? yes: no:

____________Singed: ____________ Crew Member: ____________

Dining Room Manager

____________Singed: ____________ Crew Member: ____________

FOOD & BEVERAGE Manager

출처: RCL 자료 변형.

(3) 교육훈련

교육훈련의 3대 요소는 KAS로 요약하는데 K는 지식(knowledge), A는 태도(attitude), S는 기술(skill)이다(Nadler & Nadler, 1994). 신입 승무원은 태도에 경력 승무원은 기술과 지식에 좀 더 초점을 맞추어야 한다.

최초 채용 후 혹은 재계약 후에 승선(사인 온, sign-on)하였을 때 현업 배치 후에 다음과 같이 집체교육을 실시한다. 교육에는 신입사원 적응교육, 안전(화재, 위험시 고객동선 관리 응급처치, 위험물질 등), 환경, 조직 적응력(다문화, 성희롱 및 성폭력, 마약 등 향정신성 약품 금지 등) 등 다양하다.

Voyager of the Seas
Training Schedule for SIGN-ONS

All Sign on's MUST attend All training highlighted in Grey. You will be informed if you need to go to additional training by your supervisors
FIRST TIME CREW must attend ALL the training on this schedule and please be on time!
Any question? Have you done the training already? If so, contact your supervisor or trainer for each course(See table below)
The Voyager team looks forward to your smile and friendliness during your time on board.

Date	description
"Sign-on" Sunday	1st week on board **Pre-departure safety training meeting** for ALL Sign-ons(PDST): Meet at Crew Relation Office 3:15 pm
Monday (Sea day)	**Shipboard Safety Operation Training** for ALL Sign-ons (SSOT, SAVWAV, ISOE) 8:30am-12:00pm Meet at Meet at Crew Relation Office 8:30 am Deck 1
Tuesday (Labadee)	**New Hire Welcome Orientation Training** NHWO 1 8:00pm -noon Conference Center Deck 2 FWD(Light Breakfast included) **Hazardous Material Training**(only designated employee-HMDG) Crew Disco Dk 3Aft 3:30pm-4:45pm

Wednesday (Ocho Rios)	BRAVO BRAVO BRAVO see Drill schedule
Thursday (Grad Cayman)	Crew Management Appropriate Training(CMAT) Crew Day Room Deck 3 Aft 10:00am–Noon
Friday (Cozumel)	ETH01 8:00am–9:00pm BRAVO BRAVO BRAVO see Drill schedule
Saturday (Sea day)	**Zero Tolerance Harassment & Sexual Harassment ZTOL** 9:00am–10:00am **Zero Tolerance for Manager/ Supervisors ZTOM** 10:00–10:45am Screening Room Deck 2 Fwd
Sunday (Miami)	**2ne Week on board**
Monday (Sea day)	**Diversity and Personal Survival PAIE** Crew Day Room Deck 3 Aft 1:00pm–4:00pm
Tuesday (Labadee)	**Narcotics Smuggling(NSSA) and Fire Fighting(PAIE)** Crew Day Room Deck 3 Aft 1:30pm–4:00pm
Wednesday (Ocho Rios)	**NHWO2** Conference Center Deck 2 Fwd 1:00pm–4:00pm
Thursday (Grad Cayman)	**FIRST AID(PAIE)** Deck 2 Aft 3:00pm–4:00pm
Saturday (Sea Day)	Last Saturday of every month: **Crisis Management Human Behavior(CMHB)** For designated people only 2:00pm Deck 3 Aft

CODE	Training Description	Trainer
SAVWAV	Save the Waves	Environmental Officer
ISOE	ISO 14001 training	Environmental Officer
HMDG	Hazardous Materials Training	Environmental Officer
PDST	Pre-departure Safety Training	Safety Officer
PAIE	Personnel Nominated to Assist in Emergency	Safety Officer

SSOT	Shipboard Safety Orientation Training	Safety Officer
CMAT	Crowd Management Training	Safety Officer
CMHB	Crisis Management Human Behavior	Safety Officer
NSSA	Narcotics Smuggling and Substance Abuse	Security Officer
NHWO	New Hire Welcome Orientation	Training & Development Manager
ZTOL	Zero Tolerance Policy	T&D manager
ZTOM	Zero Tolerance for Managers and Supervisors	T&D manager
BEP	Business Ethics Policy	T&D manager

One Drill Day follow this procedure

9:30 Drill(10:15 am Cozumel): Fulfill your drill responsibility

Immediately after drill, listen to announcement for designated station for Life Raft Demonstration. All sign-on's must attend- It's a SOLAS requirement.

Congratulation ! You have now completed SSOT requirement.

Please remember the majority of this training is a legal requirement as dictated by the International Maritime Organization & STCW '95. It is important to keep the certificates you received in a safe place.

All training ins part of normal work hours.

2) 선상승무원 청결교육(식음료 조리 및 서비스 중심)

(1) USPH의 요구사항에 대한 숙지

USPH(United States Public Health)는 미국의 공중보건담당 정부조직이다.

미국영토의 항구에 입항하는 선박소속의 매니저는 승무원에게 다음과 같은 사항을 숙지하고 이를 실천에 옮기도록 동기 부여 해야 한다.

• 세정용액은 모두 라벨을 붙여 인식되게 한다.

- 식음료 서비스 및 생산 구역에서 음식섭취 및 흡연은 금한다.
- 데크로부터 어떠한 물건이라도 가져와 갤리에 음식와 접촉하는 부분에 놓아서는 안 된다.
- 기침, 코풀기, 호흡 등을 통해서 음식이나 음식과 접촉하는 표면을 오염시켜서는 안 된다.
- 인가받지 않은 승무원은 음식을 준비하는 공간에 들어올 수 없다.
- 아물지 않은 상처를 가지고 음식이나 음료수를 다루면 안 된다.
- 감기가 걸린 채로 음식을 서비스하면 안 된다.
- 유리잔과 컵은 지정된 세척기를 통해서 세척하도록 한다.

(2) 세 가지로 분류된 양동이 시스템(Three bucket system)

음식과 접촉한 표면을 청결하게 하려면 다음과 같이 세 가지로 분류된 양동이 시스템을 준수한다. 매니저는 하루 일과 종료 시 승무원이 작업을 빨리 마무리 짓겠다는 유혹으로 서로 혼용하여 사용하는 것을 금지하고 철저히 감독해야 한다.

- 회색 양동이: 세척(wash) 전용, 비누와 온수(푸른 수세미 이용)
- 적색 양동이: 헹굼(rinse) 전용, 깨끗한 물(깨끗한 행주 이용)
- 흰색 양동이: 살균(sanitizing) 전용, 100ppm으로 희석한 염소와 온수(일회용 폐기용 걸레)

3) USPH 평가시트 숙지 및 실천

매니저는 USPH 평가시트를 숙지하고 주요 체크포인트에 따라서 승무원에게 업장에 대한 작업지시를 하고 이행 여부를 확인한다.

특히 미국 영토의 항구에 입항 시에 산하 CDC(Centers for Disease Control and Prevention)가 불시에 승선하여 청결 및 위생 상태를 평가할 수 있으므로 늘 준비태세를 갖추어야 한다.

그림 12-4 선박위생점검 레포트

CENTERS FOR DISEASE CONTROL AND PREVENTION

VESSEL SANITATION INSPECTION REPORT

Vessel Name	Inspection date		Port	Result Present to	Score:
Cruise Line	no. Pax	no. Crew	Inspection type	Inspected by	

Item no./ Point value /description Bold= Critical Item

DISEASE REPORT				EQUIPMENT	
01	4	Disease report			
02	1	Medical logs maintenance			
POTABLE WATER					
03	5				
04	5				
SWIMMING POOLS, SPAS				TOILET & HANDWASHING FACILITIES	
FOOD SAFETY				TOXIC SUBSTANCE	
	Personal				
	Food			FACILITIES	
				ENVIRONMENTAL HEALTH	
MEDICAL LOG REVIEW					

출처: USPH 제공자료 일부 변형.

2. 선상 안전 관리

1) 선상 안전 관리의 개념과 의의

(1) 바다 고유의 위험과 해상의 위험

바다 고유의 위험(perils of the seas)은 해상에서의 우연한 사고 또는 재액으로 풍파(바람과 파도)에 의한 자연적인 소모 또는 마모를 제외한 파선, 난파, 침몰, 좌초, 얹힘, 암초접촉, 충돌, 선박과 화물의 행방불명 등이다. 해상의 위험(perils on the seas)은 군함, 화재, 외적, 해적, 강취, 강도, 투하, 포획면허장, 보복포획면허장, 습격, 해상에서의 점유탈취, 모든 국적, 상황, 또는 성질에 관계없이 모든 국왕, 군주 또는 사람들에게 강제억류 또는 억지(抑止) 등의 억류, 선원과 해원의 상기하물, 상품악행 또는 그것의 일부파손, 훼손 또는 손상이 발생했거나 생길 수 있는 이외의 위험, 감실 및 불행 등이다.

(2) SOLAS 및 안전기준 보완

SOLAS는 선상 안전에 관한 국제 조약(International Convention for the Safety of Life of the Sea)의 약자이다. 1914년 타이타닉호 사고 이후 제정되었다. 비상상황에 대한 위기대처 준비를 통해서 안전을 확보하고 재난을 미연에 방지할 수 있다.

선박의 안전을 위협하는 요인들은 다음과 같다.

- 충돌: 선박 간의 충돌
- 좌초(grounding): 암초 등 해저지형에 걸려 올려짐
- 화재: 흡연, 화학물질 부실관리, 전기제품 이용 과실 등으로 화재가 발생을 함
- 폭발: 화학물질 간의 교합으로 폭발함. 위험 폭발물 등 탑재 후 부실관리가 원인이 됨
- 납치: 해적 및 테러리스트 등에 의한 선박 점거

1997년 이후 건조되는 모든 크루즈 선박은 새로운 안전기준에 의해 건조되어야 했다(이경모, 2006).

- 모든 승객객실, 복도, 계단 및 기타 공공장소에 화재감지기 및 화재경보기 설치
- 계단 및 복도와 같은 장소에 탈출로를 표시하는 낮은 위치의 조명장치 설치
- 선박 전체에 방화문을 선교(bridge)에서 통제할 수 있도록 하고 개폐 상태까지 알 수 있도록 설계
- 모든 선실에서 청취 가능한 비상경보를 확인

또한 이외에도 1997년부터 연기 감지기 미설치, 2010년 이후에는 가연성 물질이 사용된 크루즈 선박은 건조가 금지되어 기존의 수십 척의 선박이 기준을 충족하지 못하고 운항을 포기한 바 있다. 또한 2005년부터 자동살수 시스템을 설치하도록 되어 있다.

(3) 안전에 대한 인식

선박 전체에 대한 안전뿐만 아니라 각각의 부서는 해당되는 작업환경에서 발생할 수 있는 사고에 항상 주의를 기울여야 한다. 즉 사소한 오류의 발생(incident)이 안전사고로 발전할 수 있다는 것이다. "모든 사고는 예방될 수 있다"는 신념을 갖고 사고가 발생하면 사고발생의 원인 및 대체 미비 등을 집중적으로 검토하여 재발을 방지해야 할 것이다. 또한 모든 사고는 상급자에게 보고되어야 되고 상급자는 이를 조사해야 할 의무가 있다. 예를 들어 식음료 부서에서 발생하는 안전사고는 화상, 미끄러짐, 화재 등 있을 수 있으며 이에 국한되지 않을 정도로 많은 잠재요인들이 있다.

- 버티기 어려운 정도의 무거운 아이템을 운반하지 않는다(16개의 메인코스 음식 혹은 20파운드).
- 바닥은 항상 깨끗하게 말라 있어야 되며 균열이 생겼을 때 보고 조치하도록 한다. 위험이 예상되면 "주의" 표시나 " 물기주의" 등 사인보드를 활용한다.

- 상자, 대걸레, 빗자루, 먼지털이개 등은 바닥에 널려있으면 안 된다.
- 바닥의 타일이 깨져있거나 빠지려고 하면 상급자에게 보고한다.
- 작업장에서는 구두, 슬리퍼, 하이힐 등을 신지 말고 반드시 안전화를 착용하며 신발끈은 반드시 묶도록 한다.
- 아무리 바쁘더라도 뛰지 말고 걸어야 하며 문을 통과할 때에는 동료와의 충돌에 주의를 기울여야 한다.

그림 12-5 크루즈의 안전 관리

2) 안전매뉴얼 교육

(1) 안전매뉴얼 비치 및 교육 시스템

승무원은 정확하게 위기대처 능력을 발휘하기 위해서 크루스테이션빌(crew station bill), 비상계획행동지침(emergency plan)을 숙지해야 한다. 본 내용은 승무원 거주지역 벽에 붙어있으며 확실하게 이해를 하지 못할 때는 수퍼바이저나 안전매니저(safety officer)에게 문의하도록 한다.

SAFETY OF LIFE AT SEA

CREW #____________________
POSITION: __________________
EMERGENCY STATION: __________
EMERGENCY INSTRUCTION ( )___________________________
MUSTER STATION: ( )_________________________________

EMERGENCY TEL #: 911

EMERGENCY SIGNALS

- 7 SHORT 1 LONG BLAST: Get your life jacket, warm clothing and go to your emergency station.
- 1 LONG BLAST: Go to your Muster Station

CODE OF WORDS FOR EMERGENCY

Note: If you're not directly involved continue work and await further instruction.

- **BRAVO BRAVO BRAVO**: Fire / Code for grounding / Collision / Pollution
- **OSCAR OSCAR OSCAR**: Man overboard
- **ALPHA ALPHA ALPHA**: Medical Emergency
- **CHARLIE CHARLIE CHARLIE**: Bomb Threat

(2) 승무원 비상훈련

승무원 비상훈련은 매주 지정된 날짜에 이루어진다. 따라서 승무원은 화재진압 및 희생자 구호 훈련팀, 비상탈출 보트팀은 해당 훈련을 하고 나머지 승무원은 비상스테이션(emergency station)과 머스터스테이션(muster station)에 집결하고 고급 승무원은 승무원이 안전관련 각종 기물 및 사용절차, 행동지침 등에 대한 지식을 숙지하고 있는지 확인한다.

(3) 승무원 비상훈련 시 준비사항

승무원은 비상훈련 당일에 다음과 같은 사항을 체크하도록 한다.

- 긴 바지와 셔츠를 착용
- 발전체를 덮을 수 있는 신발 착용하며 하이힐이나 샌들은 금지
- 본인에게 지정된 구명조끼(life jacket)를 착용
- 선박 안에서 선글라스 착용 금지: 비상상황에 시계 확보 이유
- 스마트폰 등 연결된 이어폰 착용 금지: 상황에 대한 방송 청취 필요
- 지정된 스테이션으로 집결
- 가까이 있는 화재문 스위치 작동여부 확인
- 가까이 있는 소화기 비치장소, 소화기, 소화기 종류, 작동법 등 확인
- 바닥에 앉지 말 것
- 라이프애프트(lifeaft) 스테이션에 있으면 정숙하고 팀 이탈 금지
- 선장이 해산하라고 할때까지 머스터스테이션에 위치 고수

3) 화재 및 구명정 훈련하기

(1) 화재 훈련

화재에 대한 안전은 소극적 보호(예방적 차원), 즉 구조적 화재 방지, 탈출로, 방화문, 가연성 물질 사용 제한 등과 적극적 보호(사후대책 차원), 즉 화재 감지 및 소화 등 두 가지로 나눌 수 있다. 화재발생시 해당 구획의 방화문을 폐쇄하여 화재가 선박 전체로 번지는 것을 막을 수 있다.

표 12-2 화재 감지 장치

AUTOMATIC DETECTION(자동 감지)	MANUAL DETECTION(수동 감지)
SMOKE DETECTORS(연기탐지기)	Break glass alarm actuators (manual call point) 화재경보기의 유리를 깨고 활성화 (수동식 콜 포인트)
HEAT DETECTORS(열감지기)	
FLAME DETECTORS(화염감지기)	
SPRINKLER HEAD(스프링클러 헤드)	

출처: 김천중(2012).

실재로 화재 발생 시 다음과 같은 행동을 통해서 피해를 최소화한다. 다행히도 최근에 건조한 여객선은 수직 구획으로 세분화한 강철상자의 집합과 같은데 각 구획은 심각한 화재가 확대될 수 없도록 설계하였다.

표 12-3 화재 시 행동요령

상황별 단계	행동 요령
1. ALARM	전화나 수동 콜 포인트로 즉시 선교에 알린다.
2. BRING FIRE EXTINGUISHER	작은 화재일 경우 휴대식 소화기로 소화를 시도한다.
3. CONTAIN	화재가 커져서 휴대식 소화기로 진화가 불가능할 경우 화재로 영향을 받는 구역의 방화문 및 문을 닫는다.
4 DESCRIBE	근처 안전한 곳에서 안전관 혹은 비상 대응팀을 기다렸다가 그들에게 상황을 설명하여 준다.

출처: 김천중(2012).

(2) 구명정 훈련(Life boat drill)

구명정 훈련은 비상시를 대비하는 안전훈련이므로 반드시 SOLAS 규정에 의거하여 진행하여야 한다. 모든 승객은 승선 후에 선실 출입문 안쪽에 표시된 자신의 구명정 번호를 확인하고 또한 비치된 구명복(life jacket) 착용방법을 알고 있어야 한다. 또한 비상구를 통해서 구명정까지 통로를 알고 자신의 구명정 위치(boat station)에 도착할 수 있어야 한다. 구명정 훈련은 보통 출항 전에 승객들을 첫 저녁

식사를 하는 메인 다이닝룸으로 소집해서 식사장소를 알려주는 겸해서 이루어지는 경우가 많다. 또한 딱딱한 정보전달식이 아니라 마치 영화와 같은 스토리화된 영상물로 관심과 이해도를 높이고 있다.

그림 12-6 텐더보트 탑승 훈련 및 텐더보트 내부

3. 승하선 관리

1) 승하선의 개념과 의의

(1) 승선의 개념

승선(乘船, embarkation)은 크루즈를 이용하기 위해서 배에 오르는 행위이다. 따라서 최초의 승선 시 혹은 기항지 관광을 마치고 난 후에 크루즈 터미널에 도착하여 일련의 절차를 거쳐야 비로소 객실에 들어갈 수 있다. 승선은 배가 출항하는 오후 시간에 맞추어 이루어진다.

그림 12-7 크루즈의 승선

(2) 하선의 개념

하선(下船, disembarkation, debarkation)은 크루즈 이용을 마치고 배에서 내리는 행위이다. 따라서 최후의 하승 시 혹은 항해 중에 기항지 관광을 위해서 크루즈 터미널에 도착하여 일련의 절차를 거쳐야 비로소 선박 바깥으로 나갈 수 있다. 하선은 배가 모항에 입항하는 혹은 기항지에 입항하는 오전 시간에 맞추어 이루어진다.

2) 승하선 절차

(1) 승선 수속 절차

고객은 교통편을 이용하여 크루즈 탑승터미널에 도착하면 일련의 승선절차를 거치고 난 후에 본인의 객실로 이동한다. 다음은 로얄 캐리비안 크루즈 홈페이지에서 참고한 내용이다.

- 수하물 수속: 여행사 등을 통해서 받은 짐택에 필요사항(고객성명, 출항일자, 유람선명, 선실번호 등)을 기입한 후에 수하물에 붙이고 터미널에서 대기하고 있는 포터에게 전달함.

- 승선수속: 승선서류 또는 온라인체크인 완료 후에 보딩패스, 여권(유효기간 6개월 이상), 신용카드(해외승인 가능) 등을 수속카운터에 제출한 후에 승선카드(선실열쇠+신분증+신용카드로 활용)를 발급받음.
- 출국수속: 보안 시스템을 거치면서 사진 촬영을 통하여 승객 확인 및 안전상 검토를 거치면 승선함. 필요시 해당국 출입국 관리를 통과함.
- 선실 찾기: 배에 오른 후에 본인의 객실을 찾아 이동함.
- 수하물 픽업: 본인이 맡긴 수하물이 객실 문 앞에 도착했는지 확인함.

(2) 하선절차 준비

크루즈 여행을 마치고 모항에서 귀국을 위한 하선을 위해서는 다음과 같은 절차를 거쳐야 한다.

- 선내지출 비용정산: 본인이 소지하고 있는 신용카드와 연계된 승선카드를 통해 항해 중에 결제한 모든 금액이 맞는지를 확인한다. 하선일 아침에 사용된 금액이 정리된 것이 선실로 전달되며 항해 중에도 선실 TV를 통해서 확인 가능하다. 본인 고유번호(Folio number)상에서 청구금액이 틀릴 때에는 고객데스크에서 확인한다.
- 고객설문 응답: 항해기간 동안에 받은 객실 및 식사 서비스 등을 포함하는 제반 서비스에 대하여 평가를 한 후에 고객데스크 앞에 있는 설문함에 넣는다.
- 수하물 수속: 소지 가능한 물품 및 귀중품 등을 제외하고 캐리어에 짐을 꾸린 후에 짐택(baggage tag)에 필요 정보사항을 붙인다(전날 저녁에 선실 밖에 내 놓으면 승무원에 의해 취합되고 크루즈 터미널에서 찾을 수 있다).
- 하선하기: 항구 도착 후에 하선까지 대기시간이 있으므로 아침식사를 하고 난 후에 본인의 짐택 번호와 색깔이 불리면 갱웨이를 통해서 하선한다. 승선카드를 승하선 시스템에 넣어 최종 하선절차를 마치며 입국심사를 한다.
- 수하물 픽업: 터미널에 도착하여 본인의 짐을 찾는다.

그림 12-8 하선 시 출입국 관리 통과 안내

IMMIGRATION NOTICE
3 Day Cruise

This notice is for all non U.S. citizens, Canadian, alien residents of the U.S or any person who boarded in Nassau. It is a United States law that all non–U.S. citizens must clear with U.S Immigration on Monday morning as flow:

PLEASE TO INDIA-PROMENADE DECK
MONDAY 6:15 AM

Each individual must present to pick up their own document. Also please bring you complete custom declaration form(one per family).
Thank you for your co–operation !!!

출처: CCL.

(3) 갱웨이

갱웨이(gangway)는 현문(舷門)이라고도 하는데 크루즈 선박과 크루즈터미널 시설을 연결하는 좁은 통로이다. 해당 시설은 승객용과 승무원용으로 서로 나누어 질 수도 있고 같이 사용할 수도 있다. 보통 갱웨이로 나갈 때 승객은 승선카드(Sea Pass)를 찍고 나가며, 기항지가 위치한 국가의 출입국 절차를 약식으로 갈음하기도 한다.

3) 승하선 보안 및 안전관리

(1) 보안 및 안전

크루즈는 수많은 승객과 승무원이 타기 때문에 외부인이 들어올 때 쉽게 발견할 수가 없다. 출항때 뿐만 아니라 기항지에서 자주 승 · 하선이 이루어지기 때문에 엄격한 보안을 통해 승객의 안전을 확보해야 한다. 허가되지 않은 사람을 선별하고 이들의 승선을 제한한다.

① 크루즈 승·하선시 승객 및 승무원 이외의 사람들, 즉 출발항에서의 자재 공급 인력, 기항지에서 청소용역 인력 등에 대한 관리, 승선 후 반드시 하선

② 크루즈 승객의 허가되지 않은 승무원 거주지역 방문 및 승무원의 업무 이외에 크루즈 객실 접근 등 금지

③ 크루즈 승무원의 본인 업무 지역 이외의 지역 접근 금지 등

(2) 보안 및 안전관리 담당

보안 및 안전관리 매니저(security manager) 및 안전요원(security guard)은 고객과 승무원의 안전한 환경을 제공하는 데 노력한다. 보안 및 안전관리 매니저의 역할은 다음과 같다(노르웨이지안 크루즈).

- 선상 혹은 항구에 정박해 있을 때 보안 및 안전 운영을 책임지며 특히 매니저는 승무원 전체와 일선 보안 및 안전요원의 교육훈련을 실시한다.
- 고객과 승무원 등에서 사건 혹은 사고가 발생 시에 조사자로서 역할을 수행하고 상세한 조사 및 보고서 작성을 한다.
- 선상에 안전관리시스템을 숙지하고 비상행동지침 등에 따라 보안 및 안전관리 부서를 지휘 통솔한다.
- 보안 일지(security logbook)를 정기적으로 업데이트하고 이를 유지 관리토록 한다.
- 갱웨이를 통과하는 승무원의 승인 및 명단 유지 관리와 함께 방문국의 출입국 관리 등에 협조한다.

로얄 캐리비언 크루즈는 보안관련 업무를 다음과 같이 소개하고 있다.

> Our onboard security department provides our guests and crew a safe and secure environment, in which they can enjoy their work or their cruise vacation. Our security service's mission is to prevent security incidents and deliver a highly trained staff which will provide an immediate response to all security related issues. This team is also responsible for the access control to the ship, the screening operation at the gangways, video security monitoring, investigations, security patrols, and more.
> If you are interested in possibly joining our security team, we invite you to explore the available opportunities. Potential candidates must meet minimum requirements, including compliance with law enforcement credentials and other regulations such as the ISPS Code.

이외에도 에이전트사 직원, 항만국, 세관, 검역 등 제반 안전업무와 관련된 사람들은 구별할 수 있도록 신분증을 착용하고 합당한 절차에 의해 임부를 수행한다.

(3) 선내 반입 제한 물품

액체류(물, 주류 등), 진공포장이 되지 않은 음식물, 드론, 폭발물류, 독성물질, 인화성 물질(다리미), 도검류(과도, 칼 등), 총기류, 공구류 등은 선내 반입이 불가하다. 이는 고객의 안녕을 위해서 이루어진다. 기항지에서 고객이 구매한 주류는 하선 때까지 예치하는데, 선내 음료소비를 촉진하기 위함이다. 이외에도 질병을 야기할 수 있는 음식물 반입제한도 있다.

4. 의료서비스 관리

1) 크루즈 의료시설

(1) 크루즈 의료시설의 필요성

크루즈 선박에 의료시설이 필요한 이유는 다음과 같다.

- 육지를 떠나서 공해상에 발생할 경우에 대한 신속한 대응이 필요함.
- 절대적으로 많은 탑승객으로 인해 사고와 발병 확률이 높음.
- 승객은 육지에 비해 익숙하지 않은 해상, 선상이므로 위험에 노출됨.
- 선상승무원의 직업적 특수성으로 인해 안전사고가 발생함.

의료기관은 운영시간은 있으나 선박의 특성을 감안하여 24시간 대기근무가 이루어지고 있다. 또한 배멀미약, 아스피린 등 간단한 약 처방에서 간단한 수술 등이 가능하나 심각한 상태인 환자는 응급 처치를 취한 후 헬기를 통해서 긴급이송을 하거나 기항지에 도착하여 육상 병원에 인계한다.

(2) 인력 및 조직

선내 병원은 선박의 낮은 층(lower deck) 중앙부에 위치하여 비교적 선박의 흔들림을 덜 느끼는 안정된 상황에서 진료와 치료가 가능하도록 하고 있다. 선상의료팀(medical department)은 2명의 의사와 2명 혹은 4명의 간호사가 근무한다. 의사(Principal Medical Officer: PMO, doctor)는 선내에서 발생하는 승객과 선원 중 신체의 병적 증상이 있는 환자의 건강과 치료를 담당하며 부선장(staff captain)에게 업무를 보고한다. 이외에도 선박의 규모 및 지향하는 서비스 질에 따라 약제사와 물리치료사 및 치과의사가 근무한다.

> Meeting the medical needs of our guests and crew is our highest priority. When the unexpected happens, our medical team is there to help! Working in a well equipped medical center on board, our doctors and nurses consistently strive to provide high quality primary and immediate care.
>
> If you are a doctor with a minimum of three years post graduate training in areas that include Emergency Medicine, Internal Medicine or Family Practice or a nurse with a minimum of three years recent emergency room or ICU experience with ACLS and BLS certifications and want to be part of this dynamic team, please explore our exciting opportunities.

(3) 비용정산

선상에서 치료과정 중 발생한 비용은 하선시에 청구되며 승객은 보험사로 견적을 제출한다. 해외여행 보험은 여행 취소, 출발일 연기, 수하물 분실 그리고 의료비까지 포함된다. 최근에는 선사에서 방어적 의료 개념을 넘어 고객의 완전한 크루즈 체험을 위해서 적극적으로 의료를 실시하고 있으며 이를 선사의 수입 원천화하기도 한다.

2) 탑승객의 질병 관리

(1) 예방접종

여행 일정상 말라리아 등 바이러스 감염위험이 있는 곳을 여행한다면 사전에 예방접종을 하는 것이 좋다. 기항지에서는 가능하면 길거리 음식을 섭취하거나 밀봉되어 있지 않은 물은 마시지 않는다.

(2) 배멀미

배멀미를 통해서 승객의 만족도가 저하되지 않도록 크루즈에서는 파도가 크게 일지 않는 곳을 항해한다든지, 배가 요동치는 것을 막기 위한 물리적 장치를 선박에 구비하고 있다. 그러나 배멀미는 개인의 차에 따라 있을 수 있으며 이를 위해서 크루즈 선박은 최선의 노력을 하고 있다. 그러나 무엇보다도 고객이 먼저 사전예방 및 신속한 자기처방이 중요하다.

표 12-4 고객이 준비하는 배멀미 사전예방 및 행동요령

배멀미 사전예방	행동 요령
– 멀미방지 피부 부착제: 귀 뒤에 붙이면 약 3일간의 효과를 볼 수 있다. – 내복약을 승선 하루 전에 복용하고 미식거림을 방지하는 효과가 있다. – 손목에 차는 밴드는 현기증을 방지하고 임산부에 좋다.	– 유동식 음식을 피하고 눕지 말 것 – 수평선을 바라볼 수 있는 데크에 나가 신선한 공기를 마실 것 – 엘리베이터 등 사면이 막혀 답답한 곳을 피할 것 – 사과나 크랙커 등을 다량 섭취할 것

출처: 류기환, Philip Oh(2003).

(3) 기타 질병

크루즈를 타게 되면 평소의 식사량에 비해 과식을 하면 소화불량 등이 발생할 수 있다. 이외에도 상한 음식을 섭취해서 생기는 식중독, 선상에서의 이용기구를 타다가 발생하는 신체적 상해 등 다양하다.

3) 선상에서의 제반 의료 관련 규정 준수

(1) 크루즈 의료진 및 의료 시설의 ACEP 가이드 라인 준수

CLIA는 모든 회원사 크루즈에 미국 응급의학회(American College of Emergency Physicians: ACEP)의 가이드라인에 따르는 의료 서비스를 구비하도록 하였다. 크루

즈 내 의료기관은 치료와 진단을 할 수 있는 적절한 장비들을 보유해야 한다. 즉 휠체어, 들것, 척추고정용 등판, 심전도계, 세동제거기, 심장박동 모니터 등이다. 또한 24시간 대기하는 의료진이 배치되어 있어야 한다. 의료진은 졸업 후 3년 이상의 현장체험을 보유하여야 하며 응급의학, 가정의학, 내과 등 관련 의료 면허증이 있어야 한다.

(2) 강제적 질병 격리 의무 준수

크루즈는 정책적으로 승객이 질병을 앓거나 혹은 질병으로 예측할 수 있는 유사한 증상을 보일시에는 의사에게 보고하도록 명시하고 있다. 의사가 질명이 전염 가능성이 있다고 판단되면 해당 승객을 객실에 강제적으로 격리(quarantines)할 수 있다. 또한 이러한 조치는 고객이 자의적으로 판단할 수 있는 권고사항이 아니기에 고객 카드키는 작동 정지되며 임의적으로 객실 바깥으로 나가는 것이 금지된다. 이러한 조치를 위반할 경우에 고객은 법적 책임을 물을 수 있으며 향후 크루즈 이용이 금지된다. 격리기간 동안에 고객은 객실에서 머물러야 하며 72시간 이상 증상이 일어나지 않을 때까지 모든 음식은 배달된다.

(3) 승무원의 응급처치

크루즈 승무원은 고객의 위기 상황에서 응급처치를 할 수 있어야 한다. 심폐소생술(cardiopulmonary resuscitation: CRP)은 조치시간 내에 적절한 순서에 따라서 진행하면 심장정지에 따른 돌연사를 막는 데 매우 효과적이다. 첫 번째로 환자의 반응을 확인하고, 의료진을 부르며(주변에 심장충격기가 있으면 즉시 사용한다), 호흡 확인 후 가슴압박과 인공호흡을 반복한다.

그림 12-9 선내 의료시설

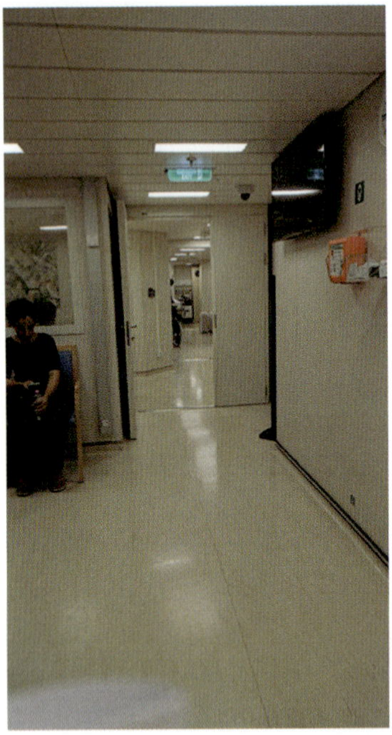

참고문헌

Reference

강남국 (2009). 고객 서비스 경영. 서울: 학현사.

권혁률 (2010). 관광 서비스론. 서울: 현학사.

김송이 (2008). 도시림의 여가기능 향상을 위한 휴가기회스펙트럼(ROS) 정립. 서울대학교 석사학위논문.

김승욱, 강기두 (2008). 고객 관계 관리 원론. 서울: 법문사.

김우종, 한아름, 하정아, 류기상 (2014). 도덕적 행동 측면에서의 계획행동이론 확장을 통한 에코 크루즈 이용 의도 예측에 관한 연구. 한국호텔외식경영학회, 23(5): 67-85.

김천중 (2008). 크루즈 관광의 이해. 서울: 백산출판사.

김천중 (2012). 해양 관광과 마리나 산업. 서울: 백산출판사.

김천중 (2014). 요트와 보트. 서울: 도서출판 미세움.

류기환, 필립오 (2003). 유람선여행. 서울: 대왕사.

문보영, 양승훈 (2016). 연안유람선의 서비스 전략화. 관광학연구, 40(1), 185-198.

문화체육관광부 (2010). 2010 크루즈 관광 활성화 방안.

미야타 히데야기 (2006). 요트의 과학. 홍성완 역. 서울: 지성사.

박대환, 정구점 (2013). 호텔객실관리와 시설관리. 서울: 백산출판사.

박아름, 이윤희 (2010).크루즈 선박 객실 배치 계획 및 디자인 특성에 관한 연구. 한국실내디자인학회 논문집, 19(1), 226-235.

박혜정 (2011). 고객 서비스 실무. 서울: 백산출판사.

변량선 외 (2012). 크루즈선 인테리어 디자인. 서울: 일진사.

부산발전연구원 (2006). 싱가포르 대형 크루즈 개발 기금 $100만 투자. 한국해양대학교.

사외 센페이 (2017). 현대해사용어의 어원. 김성준, 남택근 공역. 서울: 문현.

서범석 (2000). 광고 기획론. 파주: 나남.

신준용, 정명환 (2000). **원가 관리 회계**. 서울: 학현사.

안광호, 하영원, 박흥수 (2010). **마케팅 원론(제5판)**. 서울: 학현사.

안운석, 장형섭 (2011). **마케팅 이론과 실제(개정판)**. 서울: 대진.

양승훈 (2018). 크루즈에 대한 은유적 표현: 부산지역을 중심으로 한 세미 크루즈 활성화를 위한 제언. **부산연구**, 16(1), 1−13.

양승훈, 정혜민, 권다영 (2018). **환대산업 서비스**. 서울: 이프레스.

원유석, 조춘봉 (2015). **호텔식음료 서비스관리론**. 서울: 이프레스,

윤영선 (2002). 크루즈 선박 객실 공간 디자인 특성에 관한 연구. 울산대학교 대학원 석사논문.

이경모 (2004). **크루즈 산업의 이해**. 서울: 대왕사.

이경모 (2016). **크루즈산업의 이해**. 서울: 대왕사.

이광희, 이원정 (2009). **용선 계약 실무**. 서울: 박영사.

이영삼, 김영모 (2002). **여객선**. 대구: 해인출판사.

이원각 편(2013). **도해: 크루즈 요트 용어사전**. 서울: 생각나눔.

이유재 (2013). **서비스 마케팅**. 서울: 학현사.

이창우, 고종권, 전규완 (2001). **원가 관리 회계**. 서울: 박영사.

이학춘, 이현주 (2017). 선박으로 인한 해양오염 규제와 MARPOL 73/78. **법학연구**, 58(3), 151−175.

정부 관계부처 (2016). 해양산업 육성과 경제활성화를 위한 제11차 크루즈산업 육성 기본계획.

정영수, 강경화 (2004). 인터넷 쇼핑몰 사이트의 데이터 마이닝 기법 적용 사례 분석. **경영경제 연구**, 27(1), 139−156.

제일기획 (1998. 11). 과학적 광고 예산의 산출. 사보(1998년 11월호~1999년 2월호).

조동성 (2014). **전략 경영 2**. 서울: 서울경제경영.

조인희, 이인희 (2012). **서비스 경영학**. 서울: 학현사.

지삼업 (2013). **마리나 관리와 운영론**. 서울: 대경북스.

진달래, 이규백 (2003). 시기별 크루즈 선박 승객거주구역의 공간구성 및 실내디자인 특성에 관한 연구. **디자인학연구**, 16(4), 215−224.

진양호 (2014). **호텔&외식산업 원가관리론**. 파주: 지구문화사.

최문용, 양승훈 (2016). 크루즈와 엔터테인먼트. 해양관광학회 프로시딩.

하나금융경영연구소 (2009). 국내 해운 산업 전망 및 주요 업체 분석.

하원재 (1991). 선박에 의한 해양오염방지에 관한 국제협약. **대한조선학회지**, 28(2), 19-28.

하인수 (2016). **크루즈 휴가산업**. 서울: 대왕사.

한국관광공사 (2000). 동북아 4개국 연계 크루즈 관광 상품 개발.

한국관광공사 (2012). 크루즈 통계 표준화 방안 연구.

한국관광공사 (2013). 2013년 외래 크루즈 관광객 실태조사.

한국관광공사 (2015). 2015년 외래 크루즈관광객 실태조사.

한국문화관광정책연구원 (2003). 해외 관광 · 홍보 활동 평가 및 효율화 방안.

한여정, 이형룡 (2016). 호텔의 서비스스케이프에 따른 직원의 감정반응과 동기부여가 서비스 제공행동에 미치는 영향. **외식경영연구**, 19(1), 243-264.

한창용, 이한석 (2018). **세계의 여객선**. 서울: 그린.

Ballard, R. (1987). *Discovery of the titanic*. Madison press books.

Brinnin, J. (1981). *Beau voyage: Life abroad the last great ships*. Bracken Book.

Dickenson, B, and Vladimir, A. (1999). *Selling the sea: An inside look at the cruise industry*. John Willey & Sons, Inc.

Blum, E. (2002, 2003). *The Total Guide to World Wide Cruising. 14th Edition*. Mansfield, Ohio: BookMastes.

Goff, O. (1999). *Ocean liners*. Chartwell books inc.

Golden, F. (1998). *The complete idiot's travel guide to Cruise vacation*. Alphabooks.

Holland America Line Cruise Ship. Room Statement, Pass Key, Letter, Baggage Tag, On Board News Letter, Flyer. Cruise Ship: Front.

Holland America Line N.V. "Voucher, Baggage Tag". Seattle: Holland America Line N.V.

Holland America Line N.V. & Pison Global Co., Ltd. (2014). Agreement of the GSA.

Holland America Line N.V. (August, 2014). Cruise Atlas (2015-2016). London: The European Union.

Holland America Line N.V. (June, 2014). Cruise Holiday 2015. London: The European Union.

Isalel, G., & Miller, L. (1999). *Dictionary of cruise industry*. Sea Trade Cruise Academy Publication.

Jaakson, R. (2004). Beyond the tourist bubble?: Cruiseship passengers in port. *Annals of Tourism Research, 31*(1):44-60.

Kappa, M., Nitschke, A., & Schappert, P. (1995). *Managing Housekeeping Operation*. AHMA.

Katsigris, C., & Porter, M. (1991). *Bar & beverage book*. John & Willey Book.

Kendall, L. (1986). *The Business of Shipping*. Cornell Maritime Press, Centreville MD.

Kotler, P., Bowen, J. T., & Makens, J. C. (2014). **호텔 · 외식 · 관광 마케팅**. 김영태, 최현정 공역. 서울: 석정.

Lansky, S., & Hause, A. (1999). *On Cooking*. Prentice Hall.

Legoherel, P., Poutier, E., & Fyall, A. (2013). *Revenue management for hospitality and tourism*. Oxford: Goodfellow Publishers.

Lois, P., Wang, J., Wall, A., & Ruxton, T. (2004). Formal safety assessment of cruise ships. *Tourism Management, 25*, 93-109.

Loverlock, C., Wirtz, J., & Chew, P. (2011). **서비스 마케팅**. 김재욱, 김종근, 김준환, 이서구, 이성근, 이종호, 최지호, 한계숙 공역. 서울: 시그마프레스.

Maxton-Graham, J. (1997). *The only way to cross*. Barns & Nobles book.

Nadler, L., & Nadler, Z. (1994). *Designing training program*. Gulf Publising Company.

Newman, D., & Hodgetts, R. (1998). *Human resource management*. Prentice Hall.

Ninemeier, J. (1995). *Food and beverage control*. AHMA.

Orams, M. (1999). *Marine Tourism: Development, Impact and Management*. NY: Routldge.

Rediker, M. (2001). **악마와 검푸른 바다 사이에서**. 박연 옮김. 서울: 까치.

Robertson, T. (1971). *Innovative behavior and communication*. Holt Renehart & Winston, Inc.

Royal Caribbean Cruise Ltd. (2013). Cruise Industry Trends 2014 & Deployment Drivers.

Seabourn Cruise (2013). The Cruise Collection (*2014*). USA: Seabourn.

Seabourn Cruise Line & Pison Global Co., Ltd. (2014). Agreement of the GSA.

Tercek, J. (2013. 11). Cruise industry trend 2014 & deployment drivers. CLIA

Conference. Proceeding, Miami. FL. USA.

Terry, W. (2011). Geographic limit to global labor market flexibility: The human resources paradox of the cruise industry. *Geoforum*, *42*, 660–670.

Verde Group–Baker Retail Initiative at Wharton (2006). *Retail Customer Dissatisfaction Study*. Wharton: University of Pennsylvania.

Veronneau, S., & Roy, J. (2011). *Cruise lines'purchasing and logistics managent*. Researchgate.net.

Wheelhouse, D. (1989). *Managing human resources in the hospitality industry*. AHMA.

Wood, R. (2000). Caribbean Cruise Tourism: Globalization at Sea. *Annals of Tourism Research*, *27*(2), 345–370.

〈홈페이지〉

https://www.azaclubcruises.com

https://www.carnival.com

https://www.celebritycruises.com

https://www.costacruisesasia.com

https://www.cruiseable.com

https://www.cruisecritic.com

https://www.cruisemarketwatch.com

https://www.cruiseworld.co.kr

https://www.cruising.org

https://www.crystalcruises.com

https://www.cunard.com

https://www.disneycruise.disney.go.com

https://www.hollandamerica.com

https://www.hollandamerica.com

https://www.hollandamerica.com

https://www.msccruises.co.kr

https://www.msccruises.com

https://www.ncl.com
https://www.oceaniacruises.com
https://www.princess.com
https://www.regentcruises.com
https://www.royalcaribbean.com
https://www.seabourn.com
https://www.silversea.com
https://www.starcruises.com

찾아보기 Index

ㄱ

ㄴ

ㄷ

ㄹ

ㅁ

ㅂ

저/자/약/력

■ 양승훈

신라대 국제관광경영학부(호텔크루즈 전공) 교수

고려대 사회학과 학사
플로리다 주립대(FIU) 호텔경영대학원 석사
한양대 대학원 관광학 박사

LG전자
JW메리어트 호텔
로얄 캐리비안 크루즈
NCS '크루즈운영관리' 학습모듈 대표집필

■ 송삼범

강원도립대학교 크루즈승무원과 교수
(주) 비손글로벌 대표이사

경기대학교 서비스경영대학원 경영학석사
가천대학교 대학원 경영학박사(마케팅 전공)

신라호텔 마케팅 팀장, 제주신라 마케팅 총괄팀장
(주) 휘닉스파크 마케팅 본부장
(주) 휘닉스마케팅 대표이사
(주) 참벨 대표이사
NCS 기반자격 평가문제 출제위원, 시험감독위원
NCS '해양자원탐사관리' 문제원형 검토위원
NCS 신자격 일·학습병행, 인증기준, 검증기준, 문제원형 개발위원
NCS '크루즈 운영관리' 학습모듈 집필위원
NCS 신자격 제도(크루즈 운영관리) 개발위원

■ 윤여현

강원도립대 크루즈승무원과 교수

한양대 국제관광대학원 국제관광학 석사
서울과학종합대학원 크루즈 경영학 박사

NCS '크루즈운영관리' 개발위원(산업현장전문가)
NCS '크루즈운영관리' 학습모듈 집필위원
아세아 크루즈 인재양성센터
STX그룹 ㈜포스텍 레저사업팀
크루즈갤러리(주)
Holland America Line 한국GSA

NCS 해설

크루즈 관광 경영실무

초판발행 2019년 9월 5일 **1판 1쇄 인쇄** | 2019년 9월 10일 **1판 1쇄 발행**

지은이 양승훈 송삼범 윤여현
펴낸이 최용구 | **펴낸곳** 도서출판 **이프레스**
주소 (04316) 서울시 용산구 원효로 89길 19 (원효로1가)
전화 02) 537-1720(영업부), 537-1721(편집부), 537-1711(팩스)
이메일 epress01@naver.com | **홈페이지** www.epress1.com
등록 2009년 12월 10일 제16-2710호
기획마케팅 최용구 장만동 송대용 최충구 | **책임편집** 석기은 황가연 | **표지** SDY

ISBN 979-11-87570-43-1 93690
정가 32,000원